Capacity Planning IT

Una aproximación práctica

José Juan Mora Pérez

Capacity Planning IT
Una aproximación práctica

ISBN-13 : 978-1-48020-875-9

Diseño de la cubierta: **arsbinaria.com**

INFO ABOUT RIGHTS

Para María por su amor,
para Marcos y Pablo
por sus sonrisas.

Tabla de contenidos

Tabla de gráficos

PREFACIO

Sobre este libro

Este libro nace con un objetivo claro, presentar al lector una forma de abordar la creación de un plan de Capacidad IT, pero no desde una perspectiva puramente técnica, sino haciendo hincapié en el proceso en sí, es decir, identificando todas las fases y tareas que serían necesarias ejecutar para poder construir un plan de capacidad IT. El contenido del libro intenta convertirse en un puente entre los dos componentes principales de cualquier organización moderna, el Negocio y la Tecnología.

Uno de los principales problemas a los que se enfrenta cualquier organización hoy en día es afrontar los cambios que se producen en los procesos productivos gracias a la tecnología y conseguir sincronizar dichos cambios con el ritmo marcado por el propio Negocio de la organización, por tanto, las organizaciones deben sincronizar perfectamente las evoluciones tecnológicas con las necesidades del Negocio y el problema es que el ritmo con el que avanza la tecnología obliga a reducir el tiempo de sincronización, por tanto las compañías deben disponer de un conocimiento profundo sobre su Capacidad para hacer frente a los cambios en la demanda del Negocio.

El principal problema al que se enfrenta cualquier persona a la hora de iniciar un Capacity Planning es conocer cuales son los pasos que debemos seguir para comenzar y sobre qué elementos de la organización debemos actuar. Este tipo de cuestiones son normales cuando necesitamos estudiar cual es la capacidad IT de nuestra organización, el problema es que dicho estudio se realizar desde una perspectiva puramente IT, sin tener en cuenta cuales son las necesidades del Negocio, este error es que el intenta corregir el libro, invitando al lector a que fije su mirada en el Negocio y cual es la capacidad IT real que tiene la organización para hacer frente a las necesidades del Negocio.

Quién debe leer este libro

El libro no ha sido escrito en función de un conjunto concreto de posibles lectores, es un libro que trata de manera introductoria qué es un Capacity Planning y cuales son los pasos que una organización debe abordar para iniciarlo y la importancia que tiene para toda la organización disponer de un plan de Capacidad, lo que significa que cualquier persona que participe, tanto de forma activa, como pasiva en la construcción de un plan de Capacidad, puede encontrar interesante el contenido del libro.

Cómo está organizado

El libro está organizado en ocho capítulos y cuatro anexos:

*   *Capítulo 1 – Capacity Planning IT.* Este capítulo es una introducción a cuales son los elementos principales que participan en una Capacity Planning, intentando dar una visión general sobre el impacto sobre los distintos componentes de la organización.

- *Capítulo 2 – Fase I : Análisis de las Necesidades*. Esta es la primera fase en la que se estructura el Capacity Planning, el objetivo principal es entender cuales son los objetivos que espera conseguir la organización al abordar la construcción de un Capacity Planning. En este capítulo se establece el componente básico para el estudio de la Capacidad, la Unidad de Trabajo del Capacity Planning.

- *Capítulo 3 – Fase II : Estudio de la Capacidad*. Esta es la segunda fase del Capacity Planning, en la que se realiza un estudio sobre la capacidad de los distintos componentes de la plataforma IT en función de la relación que tienen con los elementos de negocio de la organización, utilizando como herramienta las Unidades de Trabajo definidas en la fase anterior.

- Capítulo 4 – Fase III: Planificación de acciones. La última fase para la construcción del Capacity Planning, trata sobre la importancia de que cualquiera de las acciones que se establezcan a partir del Capacity Planning, estén perfectamente integradas con el resto de planes de la organización. También trata sobre la importancia de la que la información del Capacity Planning llegue al de forma clara y sencilla a toda la organización.

- *Capítulo 5 – ITIL v3, Gestión de la Capacidad*. Es una introducción a ITIL y cómo está integrada la gestión de la Capacidad dentro de ITIL.

- *Capítulo 6 – Medición*. Para poder tomar decisiones sobre la Capacidad IT de una organización, es fundamental tener unos principios claros sobre qué y cómo podemos medir los componentes IT. En este capítulo se aborda una introducción sobre cuales son las distintas familias de elementos IT y qué variables de dichos componentes son interesante estudiar.

- *Capítulo 7 – Modelos de escalabilidad*. Este capítulo es una introducción a la forma en la que los distintos componentes estándar de una plataforma IT pueden crecer o decrecer, ya que para poder gestionar la Capacidad de una plataforma IT es necesario conocer cómo podemos aumentar o disminuir los recursos IT y el impacto que tendrá en el Negocio.

- *Capítulo 8 – Cloud Computing y Capacity Planning*. El capítulo aborda una introducción al nueva paradigma que se está imponiendo en el mundo IT y cómo el Capacity Planning, lejos de ser un elemento a desaparecer, se convierto en una herramienta crítica a la hora de adoptar el Cloud Computing como una solución óptima dentro de nuestra organización.

La continuidad de este libro

El objetivo de este libro no ha sido plasmar un conjunto de reglas rígidas, las cuales hay que seguir para crear un plan de Capacidad, nada más lejos de la realidad. Como hemos comentado anteriormente se trata de una aproximación a la forma que el autor entiende que se debe abordar un Capacity Planning. Poniendo especial atención en el hecho de que la gestión de la Capacidad debe entenderse como un proceso cíclico que debería amoldarse a las características propias de cada organización.

Por tanto, este libro pretende convertirse también en un proyecto vivo que evolucione con nuevas aportaciones y mejoras. Para conseguir mantener vivo este libro vamos a mantener en paralelo un proyecto en la Web, que tomará como base este libro, pero que pretende tener un enfoque más dinámico, que permita desarrollar casos prácticos o resolver dudas concretas, comentarios y opiniones de todas aquellas personas que quieran colaborar y estén interesadas en la gestión de la Capacidad IT.

http://Capacity-Planning-IT.com

info@capacity-planning-it.com

Licencia y registro

He decidido dotar a este libro de una licencia Creative Commons *Reconocimiento –
No Comercial – Compartir igual*. La licencia se encuentra en el Anexo D para que
pueda ser consultada

- En cualquier explotación de la obra autorizada por la licencia hará falta
reconocer la autoría.

- La explotación de la obra queda limitada a usos no comerciales.

- La explotación autorizada incluye la creación de obras derivadas siempre
que mantengan la misma licencia al ser divulgadas.

Este modelo de licencia cumple perfectamente con la protección que quería para la
obra, que no se pueda plagiar, que nadie pueda hacer un uso comercial de ella sin
la autorización del autor y que si alguien la modifica tenga que aplicar el mismo
tipo de licencia.

El libro ha sido registrado en *Safe Creative* la plataforma online de registro,
información y gestión de Propiedad Intelectual.

ID	1211192703467
Registro	19-nov-2012 9:26 UTC
Licencia	Creative Commons Reconocimiento-NoComercial-CompartirIgual 3.0
Autor	José Juan Mora Pérez

http://www.safecreative.org/work/1211192703467

Agradecimientos

Este libro nunca hubiera visto la luz sin las aportaciones de un enorme grupo de gente, que de manera consciente, en algunos casos e inconscientes en otros, me han ayudado a concluir este proyecto. Esta lista de agradecimiento debe empezar, como no puede ser de otra forma por mis padres. Quiero agradecerle a mi madre su profundo y desinteresado amor, su apoyo y sobre todo sus palabras de aliento en todos aquellos momentos que lo han requerido, de la forma en la que solo una madre sabe darlas.

A mi padre, agradecerle tres de los valores que he aprendido de él y los cuales se han convertido en pilares fundamentales en mi vida, *la constancia*, *el trabajo duro* y *el respeto*, gracias a los cuales, he conseguido tanto logros profesionales, como personales. Es necesario reconocer en estas líneas su apoyo e interés por esa rara afición de su hijo a los ordenadores, más cuando mi padre nunca ha tenido una formación informática, pero aún así, supo alentar, con sus preguntas y comentarios, un hobby que comenzó con un ZX Spectrum cuando yo solo era un crío y que se ha convertido en mi forma de vida. Mi padre ha jugado un papel importante en este libro, aun sin ser consciente de ello, ha sido el motor invisible que ha empujado este proyecto, sobre todo en aquellos momentos donde mi propia confianza flaqueaba sobre su finalización. Por tanto, sirvan estas líneas para agradecerle el enorme esfuerzo que realizó, durante todos los años que trabajó como operador de planta en la industria química de Huelva, para que sus hijos pudieran adquirir la formación que él no pudo tener y sirva este libro cómo reconocimiento del profundo agradecimiento que tengo hacia él, por todo lo que ha hecho por sus hijos.

Otra persona fundamental para la finalización de este libro ha sido María, a la que conocí en mi época universitaria y que se ha convertido en uno de los pilares maestros de mi vida, como amiga y como madre de mis hijos. Ella ha sufrido el tedioso proceso de elaboración de este libro, las explicaciones caóticas, los momentos de euforia y los de desánimo. Sus palabras de aliento me han ayudado a comprender cual era la verdadera razón para emprender un proyecto de este calibre. Su crítica constructiva me guió en el complejo proceso de transcribir mis ideas al papel. Ella ha creído en este proyecto más que yo mismo, empujándome cuando lo he necesitado. Sin María todo esto se hubiera quedado en simples ideas y nunca se hubieran realizado.

En el plano profesional, me gustaría citar a un grupo de personas que han estado involucradas en distintas fases de este proyecto:

- *Juan Manuel Muñoz,* por aguantar de manera estoica mis charlas maratonianas sobre el libro y leer la mayoría de los borradores, sus comentarios e ideas han ayudado a perfilar gran parte del libro y sus palabras de ánimo me empujaron en los momentos difíciles.

- *Antonio Díaz, Luis Expósito y Miguel de Iturriaga,* compañeros de trabajo y amigos, con los que he compartido comentarios e ideas durante esas charlas de café.

- *Joaquín López Lérida,* que me animó a comenzar este proyecto y al que considero un auténtico mentor, por su forma enormemente positiva para afrontar cualquier problema.

- *Enrique V. García,* amigo y extraordinario diseñador gráfico, que ha sabido plasmar en imágenes mi vaga idea sobre la portada del libro.

- *Miguel Urosa e Iván Fernández,* por regalarme parte de su tiempo revisando capítulos.

- *Guillermo Amodeo, Miguel Ángel Sánchez Benítez y Pedro Román,* por sus comentarios de apoyo durante todo el proceso, tan necesarios en una carrera de fondo como ésta.

Y por último quiero citar en esta lista de agradecimientos a la persona que despertó mi afición a la escritura, el profesor *Juan José Taboada,* el cual fue mi tutor de beca en la Universidad de Huelva y me permitió participar en la creación de varios artículos para revistas de Tecnología.

Sobre el autor

He estado ligado a la industria IT durante más de 12 años, en este periodo he trabajado, principalmente en la administración de sistemas Unix, en distintas compañías como BT o Telefónica. Durante todo este tiempo he tenido la oportunidad de desarrollar mis tres pasiones profesionales: La administración de sistema UNIX(Tru64, Solaris y Linux), la monitorización de sistemas con herramientas tales como HP-Openview o Nagios y la programación en lenguajes como C, C++, Perl, D y PHP.

Actualmente vivo en Madrid y trabajo como Responsable de Sistemas y Comunicaciones, en una compañía del grupo Telefónica. También mantengo un blog personal sobre temas relacionados con los Sistemas y la Tecnología.

Blog   http://jjmora.es

Twitter   @jjmoraunix

Prólogo

Según el diccionario de la Real Academia Española, "raro" es aquello poco común o frecuente, escaso en su clase, en su especie o sobresaliente en su línea.

Después de esta definición, me puedo aventurar a decir que estoy ante un libro raro; y a este adjetivo podría añadirle el de "ejemplar" como algo digno de ser propuesto como modelo original o prototipo. Y digo esto porque me consta que desde que sólo era un proyecto, hace ya unos años, el autor ha estado depurando cada una de las ideas hasta convertirlas en textos y gráficos cargados de su sobrado conocimiento que transmite en esta obra única.

Tras una lectura afanosa y reflexiva, reconozco las acepciones anteriores en el autor que de forma bastante didáctica introduce al lector en el mundo de la planificación de capacidades hasta convertirla en un asunto accesible.

La planificación de capacidades en la actualidad es una labor que no se realiza con el detalle, ni se le da la importancia que realmente tiene. En un mundo donde las economías de escala son cada vez más importantes, y los sistemas de información en gran medida están en la base de la mayoría de estos modelos económicos, la adecuada planificación de cómo van a ser estos sistemas se convierte en una labor crítica e imprescindible que normalmente no es atendida como se debiera, en gran medida por el desconocimiento existente. Los sistemas de información son una de las creaciones más complejas realizadas por el ser humano, por lo que dimensionarlos adecuadamente es una labor sumamente compleja adornada de un nivel de abstracción importante. A esto hay que añadirle la combinación del software que opera sobre los mismos, de naturaleza algorítmica e impredecible en todos los casos y de conocimiento casi exclusivo para los creadores. Sin embargo el autor ha sabido afrontar toda esta materia desde un punto de vista sencillo y accesible, con un vocabulario y una introducción de conceptos progresiva que le permite al lector sumergirse en este mundo con pasos medidos y con la certeza de escoger el camino correcto.

Centrándome en el contenido del libro, me gustaría destacar algunos aspectos de los ocho capítulos que lo componen.

El primer capítulo es una aproximación general y certera al contenido completo del libro, para posteriormente introducir una fase de análisis y medición, que se desarrolla en el segundo y tercer capítulo. Estas fases son casi inexistentes en la mayoría de los proyectos en los que he podido tomar parte y cuando existen, su desarrollo se reduce a la experiencia e intuición de los participantes.

Me quedo sin duda con el tercer capítulo; una guía detallada, sistémica y ordenada del cálculo de capacidades. Ese capítulo por sí solo justifica el libro completo.

La segunda mitad del libro, a partir del cuarto capítulo, se centra en los aspectos de dirección asociados a acciones, gestión, monitorización y escalabilidad. El libro no sólo se queda en los aspectos técnicos, sino que se enriquece con la asociación a la dirección de proyectos de sistemas de información. Por su importancia y estructura, reclamo al lector su atención sobre el capítulo seis dedicado a la medición; una compleja combinación de métricas y parametrizaciones fácil de seguir y comprender.

Comentaba al principio que era un libro raro. Aunar tecnología y gestión con este grado de detalle es un aspecto raro y mucho más en libros de naturaleza tan técnica como éste, y en este caso se ha conseguido de forma brillante.

La sensación que causa la lectura del capítulo octavo es que lo mejor estaba por venir. Las tecnologías cloud son el futuro de la computación sin ninguna duda. El hardware en la actualidad se está convirtiendo en un artilugio demasiado complejo como para ser gestionado localmente. En un futuro que ya está aquí, el hardware no tendrá sentido alojado localmente en los CPDs de las empresas, por lo que la nube pasará a serlo todo. Los sistemas de información son ya servicios básicos para la sociedad, como lo son el agua, el gas o la electricidad. Si no tiene sentido tener un generador local de electricidad, tampoco va a tener sentido tener un generador local de información. La nube se convierte en la única alternativa viable en los próximos años al aunar complejidad en cuanto a los sistemas alojados y sencillez en cuanto a su gestión. En este futuro donde estaremos subidos a la nube, la gestión de las capacidades se convertirá en la labor prioritaria. Quien mejor sepa gestionar estas capacidades sabrá optimizar mejor los modelos de negocio para hacerlos más rentables y viables.

Por último me gustaría hablar del autor. He seguido de cerca su buen hacer con este libro y puedo dar fe de su dedicación continua, de su grado de pormenorización poco frecuente, de su detalle. Es un contenido desarrollado durante muchos más años de los que él dice porque su profesionalidad se ha encargado de gestarlo a través de una labor cuidada en el tiempo, en cada día, en cada hora, en cada proyecto.

A nivel personal, puedo decir que ha sido una lección sobre el tiempo, el trabajo, la dedicación y la paciencia. Es un amigo de tiempo, de aroma de nuestra tierra, de futuro…

Sin embargo esto no empaña el que pueda garantizar que estamos ante una obra extraordinaria que está llamada a convertirse en un referente para todos los profesionales que quieran sumergirse en la prometedora aventura de especializarse en la gestión de las capacidades de los sistemas de información.

Y en este sentido, reto a cualquier lector a que me demuestre que no es así.

Joaquín López Lérida

Dr. Ingeniero de Telecomunicaciones

CAPÍTULO 1

CAPACITY PLANNING IT

Podemos describir el concepto de Capacidad como la habilidad o aptitud que posee un elemento para realizar una actividad concreta con éxito. Aunque en nuestra vida diaria solemos emplear el concepto de Capacidad en la forma de sinónimo de Cantidad, ya que hacemos referencia al término como la habilidad que un elemento tiene para contener una cantidad concreta de otro elemento, por ejemplo:

- La capacidad de un recipiente para almacenar una cantidad de líquido.

- Un recinto deportivo tiene capacidad para 5.000 espectadores.

- Este modelo de avión tiene la capacidad para transportar 200 pasajeros.

En el contexto de las tecnologías de la información o IT[1], el término Capacidad, se emplea tanto para describir la cantidad de información que es capaz de contener o almacenar un dispositivo, como la habilidad que tienen los componentes IT para tratar los datos y convertirlos en información.

---

1 Son las siglas en inglés de Information Technology

Esta doble interpretación del término Capacidad se aplica de igual forma cuando estamos desarrollando un Capacity Planning IT, ya que el objetivo principal es estudiar, tanto la Capacidad – habilidad para realizar – que tiene los componentes IT para desarrollar las actividades que demanden los procesos de Negocio, como la Capacidad – habilidad para alojar – necesaria para almacenar la información requerida para el desarrollo del Negocio.

Para cualquier compañía, independientemente del producto que desarrolle, existen tres factores claves para sobrevivir en el mercado actual, aquellas organizaciones que logran controlar estos tres factores, modelándolos para cubrir en la medida de lo posible las nuevas necesidades del mercado, conseguirán colocar sus productos en una posición dentro de los mercados, con una ventaja muy superior a la de sus competidores. Estamos hablando de:

- *La información.* Hoy día el principal activo de cualquier compañía, independientemente de la naturaleza de su Negocio es la Información. Tanto la información de la propia compañía, como la información sobre los mercados, clientes, competencia, etc. Aunque resulte paradójico, hoy día la información que maneja una compañía se ha convertido en un elemento más crítico para ésta que el propio producto o servicio que oferta en el mercado, ya que por muy bueno que sea un producto, si la compañía no dispone de la cantidad de información con suficiente calidad, no podrá posicionarse dentro del mercado de una forma correcta.

- *El cliente.* El modelo de Negocio de las compañías de manera global, está evolucionando gracias al impacto que los Sistemas de Información tienen en nuestra sociedad. Las organizaciones están inmersas en un proceso de transición entre el modelo tradicional, en el cual la compañía generaba un producto que los clientes consumían, al modelo actual en el que las compañías buscan la fidelización de los clientes, realizando una tarea de de creación de nuevos productos según las necesidades del mercado. Por tanto, para las compañías es imprescindible disponer de estrategias que permitan satisfacer las necesidades de los clientes anticipándose en la medida de lo posible a la aparición de dichas necesidades, para evitar que los clientes recurran a los productos o servicios de la competencia.

- *Time-to-Market*. El mercado está inundado de productos similares, lo que favorece la competencia entre las compañías para realizar mejoras que permita aumentar o al menos mantener su cartera de clientes. Entre los factores que mayor impacto tiene sobre el mercado está el tiempo de respuesta que una compañía necesita para ajustar su producto a las nuevas necesidades del mercado. Aquellas organizaciones que disponen de procesos de Negocio optimizados para mantener la calidad y reducir los tiempos de respuesta, poseen una ventaja competitiva sobre sus adversarios que les puede permitir acceder a una posición de privilegio en el mercado. Como podemos ver en las dos figuras 1.1 y 1.2 al reducir el Time-to-Market aumentamos el área de oportunidad.

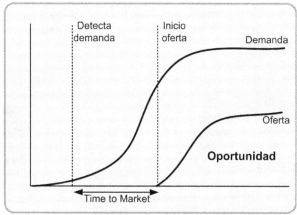

Fig 1.1: Ejemplo A de Time To Market.

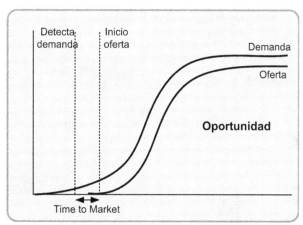

Fig 1.2: Ejemplo B de Time To Market.

Según lo que hemos comentado, para cualquier compañía es imprescindible gestionar de manera eficiente la Información, para conocer cuales son las necesidades del cliente, es decir, identificar tendencias y disponer de una estrategia que permita a la compañía hacer frente a los cambios en la demanda de los mercados y reducir los tiempos necesarios para que la compañía pueda ajustar las características de su producto a las nuevas necesidades de los clientes.

El *Capacity Planning* es la herramienta que permite a las compañías gestionar de forma eficiente todos los recursos necesarios para el desarrollo de su Negocio. Disponer de un plan de gestión de la Capacidad, permite a cualquier organización abordar, con ciertas garantías, la gestión del cambio en la demanda de los mercados, identificando carencias o riesgos en la implementación de los procesos de negocio, permitiendo realizar estudios para la predicción de situaciones y analizar si la propia organización está capacitada para absorber un cambio en la demanda de los clientes.

En resumen, el Capacity Planning facilita a las compañías la posibilidad de disponer de un plan de actuación que las ayude a resolver con éxito aquellas situaciones que supongan un cambio en la demanda, permitiendo disminuir los tiempos de implementación de dichos cambios y así como reducir los costes derivados de una mala gestión del cambio.

En este capítulo abordaremos la cuestión de qué es un Capacity Planning desde la perspectiva de las Tecnologías de la Información (desde ahora en adelante utilizaremos las siglas IT) y responderemos a cinco cuestiones clave sobre un plan de Capacidad, que toda organización debe afrontar cuando se plantea abordar un proyecto de esta índole:

- ¿Qué es?
- ¿Por qué?
- ¿Cuándo?
- ¿Quién?
- ¿Cómo?

1.1 Sistemas de Información

Antes de comenzar con la descripción de los procesos y tareas relacionadas con un Capacity Planning, vamos a dedicar unos minutos a reflexionar sobre un término, que en la actual sociedad de la información es cada día más habitual, nos referimos a los Sistemas de Información. Podemos decir que un Sistema de Información (SSII) es un conjunto de elementos que interrelacionan para obtener, procesar, almacenar y distribuir información, con un propósito determinado. Los sistemas de información tienen como objetivo gestionar de forma eficiente la información que maneja la compañía. Las distintas actividades que desempeña un Sistema de Información pueden ser clasificadas en:

- Recogida o Recepción de la información.

- Procesamiento de la información.

- Almacenamiento de la información.

- Presentación o distribución de la información.

Actualmente la Información es el principal activo de las compañías y por consiguiente, los Sistemas de Información se han convertido en el eje central sobre el que orbitan la mayor parte de los procesos de una organización. Existen un número enorme de razones que justifiquen la existencia de los Sistemas de Información y muchas de estas razones dependen de la propia naturaleza del Negocio de la organización. Del conjunto de buenas razones podemos destacar las siguientes:

- Con la explosión del uso, tanto de las nuevas tecnologías relacionadas con la información como el uso de Internet, se ha producido un incremento exponencial en el volumen de la información con la que trabaja cualquier organización, además no solo ha crecido la cantidad de información sino que se ha incrementado de forma considerable las fuentes que generan esta información, aumentando la complejidad de los procesos de adquisición de dicha información. Un término que está adquiriendo un peso considerable en el actual marco de desarrollo de la Información y cuyo impacto en las compañías será crucial para el éxito de éstas es el conocido como *Big Data.*[2]

- El incremento del volumen de información de una organización supone un doble reto para éstas, por un lado gestionar de manera eficiente el volumen total de información y por otro lado, reducir los tiempos de análisis de la propia información. Estos dos objetivos persiguen evitar el colapso de la propia compañía debido a la cantidad de información que gestiona.

- Ha crecido la complejidad de los procesos de Negocio, como consecuencia los flujos de información han inundado todos aquellos rincones organizativos de las compañías, que hasta hace poco tiempo no tenía una dependencia definida de los Sistemas de Información.

- Las compañías están evolucionando desde un esquema vertical de responsabilidades hacia un esquema horizontal de conocimiento. Donde la información se comparte entre todas aquellas áreas organizativas que en mayor o menos medida participan en el desarrollo del Negocio de forma horizontal, frente al modelo tradicional donde la información se comparte verticalmente, es decir, la información circula desde la dirección a las capas inferiores y viceversa.

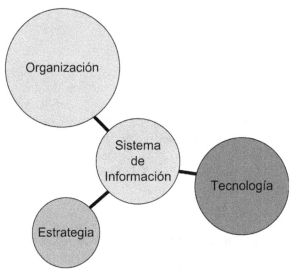

Fig 1.3: Sistema de Información.

---

2   El concepto de Big Data hace referencia al conjunto de datos que tanto por su volumen como por lo heterogéneo de las fuentes que los generan, hace que los métodos tradicionales de gestión de la información queden obsoletos, obligando a las organizaciones a emplear estrategias alternativas para el análisis de la información.

Los Sistemas de Información de una compañía tienen como propósito poner a disposición de la organización un conjunto de herramientas y procedimientos que ayuden a en la gestión de toda la información que la compañía debe manejar y permita a ésta incrementar el conocimiento que tiene sobre sí misma y la forma en la que desarrolla su Negocio. Es habitual utilizar indistintamente los términos *Sistemas de Información* (SSII) y *Tecnología de la Información* (IT), cuando en realidad el término Tecnología de la Información es un subcomponente de los Sistemas de Información, ya que hace referencia a la tecnología sobre la que se implementan total o parcialmente los procesos de un Sistema de Información. Podemos entender IT como la base sobre la que se construye el Sistema de Información, dependiendo de la forma en la que los procesos de Negocio estén implementados dentro de la compañía, IT y Sistemas de Información pueden coincidir en mayor o menor grado.

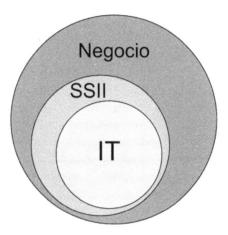

Fig 1.4: Relación Negocio, Sistemas de Información y Tecnología.

A lo largo del libro hablaremos del término IT parea referirnos al conjunto de aquellas tecnologías que nos ayudan a trabajar con la información y utilizaremos el término de sistemas de información para referirnos al conjunto de elementos, incluidos los IT, que interrelacionan para trabajar con la información.

Existe una clasificación que permite situar a las herramientas IT según la parte del Negocio en la que participan:

- ERP (Enterprise Resource Planning)

- SCM (Supply Chain Management)

- CRM (Customer Relationship Management)

- KM (Knowledge Management)

Un Sistema de Información dispone de tres características que podemos considerar clave para cuantificar la calidad de la información que es gestionada por el Sistema. Es necesario implementar procedimientos para medir de forma constante cada uno de estos tres valores clave. Con el objetivo de identificar desviaciones entre la calidad esperada y la que realmente tienen la información de nuestro sistema.

- *El tamaño de la información.* Las compañías tienden a emplear cada vez más información para desarrollar el conjunto de actividades que constituyen su Negocio. Con la implantación de las plataformas basadas en tecnologías de la información, el crecimiento de los datos de una compañía se dispara de forma exponencial, lo que supone un problema, tanto para gestionar esta cantidad enorme de información, como para intentar extraer información útil para el Negocio de tal cantidad de datos. Disponer de una monitorización que alerte del crecimiento de la información es imprescindible para cualquier compañía.

- *Cantidad de información útil.* No toda la información que posee una compañía puede ser catalogada como útil, es frecuente que las distintas áreas de una organización trabajen con información obsoleta y almacenen de forma incontrolada datos por la sencilla razón de que pueden ser útiles en un futuro. Gestionar toda la información inútil, supone asignar recursos IT para información que no aporta ningún valor a la compañía y por tanto significa malgastar recursos que por otra parte tienen unos costes asociados, lo que incurre en un aumento de los costes operativos frente a los beneficios esperados. Identificar la información útil permite gestionar de una forma inteligente los recursos disponibles para aumentar el rendimiento de los componentes IT de la plataforma.

- *Caducidad de la información.* Toda la información de una compañía tiene una vida útil, durante la cual juega un papel más o menos importante en el desarrollo del Negocio, después de este periodo de utilidad se convierte en información obsoleta, con nada o poco valor para el Negocio. Cualquier Sistema de Información necesita gestionar la caducidad de la información para evitar que se haga un uso ineficiente de los recursos IT y sobre todo, que la información que esté desactualizada sea empleada por la organización para tomar decisiones. Por tanto disponer de una política para la gestión del ciclo de vida de la información es esencial para cualquier compañía.

La figura 1.5 muestra la representación de la curva de crecimiento del volumen de información y la capacidad de almacenamiento necesaria para dicho crecimiento. En una situación ideal, la curva de crecimiento de la información debería ir más o menos pareja a la curva de capacidad de almacenamiento, es decir, cuanta más información tengamos, más capacidad de almacenamiento de esta información necesitaremos. El problema aparece cuando ambas curvas no tienen una relación lineal la una con respecto a la otra y se produce una desviación entre ambas curvas. Normalmente este tipo de desviaciones son el resultado de una mala gestión de la información, que desencadena que la necesidad real de almacenamiento no vaya paralela al crecimiento de la información, sino que dibuje una curva cuya pendiente refleja una clara desviación con las necesidades óptimas de almacenamiento de la información.

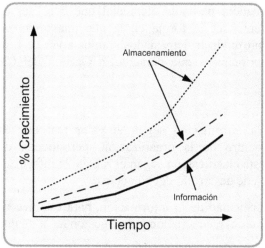

Fig 1.5: Desviación en la necesidad real de almacenamiento.

Ejemplo: *Un compañía dispone de varios unidades de red para almacenar la información de las distintas áreas, se ha catalogado la información destinada a estas unidades como crítica, por lo tanto se le aplican todos los procedimientos de backups y contingencia necesarios para cumplir el plan de continuidad de Negocio. El área de Marketing, por desconocimiento, utiliza su espacio de almacenamiento para guardar una serie de datos de carácter histórico sin comentar con el área de IT esta decisión. El área de IT desconoce la criticidad real de la información, por tanto en un primer análisis dentro de las estimaciones de crecimiento del almacenamiento se incluirá toda la información de carácter histórico del área de Marketing lo que provocará un aumento de los costes de explotación de los recursos de la plataforma de almacenamiento destinados a información de carácter crítica.*

La gestión del Ciclo de vida de la Información o ILM (*Information Lifecycle Management*) es un proceso imprescindible en cualquier organización actual, ya que permite mantener alineados el crecimiento de la información con las necesidades de infraestructura IT. Gestionar de forma eficiente el ciclo de vida de toda la información de una organización supone no solo la optimización de los procesos de Negocio, también permite gestionar la Capacidad de la infraestructura IT de manera más inteligente, aumentando las sinergias entre Negocio y Tecnología, reduciendo costes tanto de operación, como de implantación y simplificando toda la gestión relacionada con la información.

No es el propósito de este libro profundizar sobre los detalles del *ciclo de vida de la información*, ya que para ello necesitaríamos dedicar otro volumen únicamente a este tema, ya que la Información como elemento clave de las organizaciones actuales, es la verdadera partícula elemental que debe ser analizada de forma concienzuda para entender la forma en la que una organización desarrolla su Negocio. Pero sin profundizar demasiados, vamos a ver de forma genérica cuales son los objetivos principales que persigue la Gestión del Ciclo de Vida de la Información:

- Clasificar la información según el valor real que ésta tenga en cada momento dentro de la organización, permitiendo de forma periódica modificar esta clasificación según el rol que la información juega dentro de los procesos de desarrollo del Negocio.

- Definir la criticidad de la información, para establecer procedimientos de acceso, creación, recuperación y destrucción de la misma.

- Identificar todos los costes de mantenimiento asociados a la información.

- Definir las exigencias legales a las que está supeditada la información.

- Tiempo de vida útil.

- Procedimiento de acceso a la información, que establezcan la forma en la que la información es accedida y modificada.

Podemos decir que el objetivo de ILM consiste en gestionar de la forma más eficiente posible la información, ajustando de una manera razonable los costes asociados y garantizando la accesibilidad a la información. Para cumplir con estos objetivos es imprescindible que las herramientas encargadas de manipular la información, la muevan entre distintos tipos de tecnología que garantice los objetivos principales. Este conjunto de herramientas permite que la información sea gestionada en cada estadio de su ciclo de vida de la manera más óptima.

Para la gestión del ciclo de vida de la información dentro de una organización se emplean una serie de herramientas que dependerán de factores propios de la organización. Entre este grupo de herramientas, destacan aquellas que están directamente relacionadas con el mundo IT como son:

- Gestores de contenidos.

- Bases de Datos.

- Aplicaciones de minería de datos.

- Almacenamiento jerárquico.

El Almacenamiento jerárquico o HSM (*Hierarchical Storage Management*) es una herramienta IT que ayuda en la gestión del ciclo de vida de la información optimizando el uso que la información, en sus distintas representaciones, hace de los recursos IT de la organización. Básicamente podemos describir HSM como una arquitectura de almacenamiento, compuesta por distintas capas las cuales tienen características concretas para desarrollar una serie de funcionalidades específicas. Entre estas características podemos citar, los costes, la fiabilidad, los tipo de acceso, los tiempos de lectura y escritura, etc.

Los sistemas de almacenamiento jerárquico gestionan la información almacenando los datos en un tipo de dispositivo dependiendo de un conjunto de políticas definidas sobre un grupo de datos concretos. Este tipo de atributos pueden ser la accesibilidad, los costes, la criticidad, etc. Por tanto, el tipo de dispositivo empleado para almacenar ciertos datos estará condicionado por la política aplicada a la información que representan estos datos.

La figura 1.6 muestra de forma resumida un esquema de la infraestructura básica de un sistema de almacenamiento jerárquico. En la figura podemos ver que existen tres tipos de dispositivos de almacenamiento, un almacenamiento basado en tecnología de Fibra, un segundo almacenamiento basado en tecnología SATA y un tercer almacenamiento basado en tecnología de Cintas. Los usuarios acceden a la información contenida en el documento "Doc A" de forma totalmente transparente, gracias a que la capa de almacenamiento jerárquico oculta al usuario sobre qué tipo de dispositivo está trabajando.

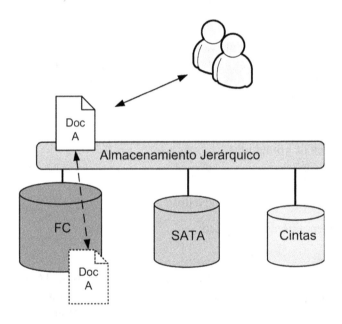

Fig 1.6: Ejemplo A: Almacenamiento jerárquico.

En un momento determinado, que estará establecido por las políticas aplicadas a nuestro documento "Doc A", es movido por el sistema de almacenamiento jerárquico desde los dispositivos de almacenamiento de tipo FC (*FibreChannel*) a otro dispositivo de almacenamiento con tecnología SATA (*Serial Advanced Technology Attachment*), como muestra la figura 1.7. Este movimiento de información es desencadenado por un conjunto de condiciones, las cuales están reflejadas en las políticas que rigen el sistema de almacenamiento jerárquico. Por ejemplo, que el documento sea catalogado como no crítico o que el número de accesos a dicho documento haya caído por debajo de un umbral determinado. Para nuestro ejemplo, vemos como el documento sigue siendo accesible por los usuarios de la misma manera y lo único que ha cambiado es el tipo de tecnología en la que está almacenado.

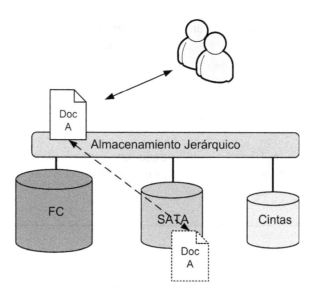

Fig 1.7: Ejemplo B: Almacenamiento jerárquico.

Este sencillo ejemplo muestra la utilidad que el ILM y en concreto el HSM tienen para gestionar la capacidad de una plataforma IT de manera más inteligente, al plantear la necesidad de utilizar un tipo de tecnología acorde con las necesidades reales del Negocio, permitiendo reducir los costes y alinear de forma más eficaz el binomio Negocio-Tecnología.

1.2 ¿Qué es un Capacity Planning?

Hasta ahora hemos realizado una breve introducción sobre el concepto de Capacidad y Sistemas de Información, en esta sección vamos a profundizar sobre el término Capacity Planning. Una definición formal, con la que podemos comenzar podría ser:

El estudio sobre la Capacidad que tiene una organización para afrontar un aumento o cambio en la demanda de los bienes o servicios que provee a sus clientes.

Para estudiar la capacidad real que posee la organización, debemos analizar todos aquellos elementos que participan de una forma u otra en el desarrollo del Negocio, incrementando el conocimiento que la propia organización tiene sobre la forma en la que desarrolla su Negocio. Adquirir este conocimiento es el paso previo para iniciar un proceso de optimización, que desemboque en un aumento del rendimiento obtenido de todos los elementos de la organización que participan en el desarrollo del Negocio.

Aunque a lo largo del libro expondremos un conjunto amplio de razones que justifiquen el abordar un proceso como el Capacity Planning, en esta etapa inicial podemos exponer dos razones con el peso suficiente para que cualquier organización emprenda un proceso como éste:

- Disponer de un plan que ayude al proceso de toma de decisión de la organización frente a un conjunto de situaciones futuras.

- Conocer cual es el estado real sobre el funcionamiento de la organización.

El objetivo principal de un Capacity Planning es construir un plan director con el que gobernar de forma eficiente la gestión de la Capacidad de la compañía, mediante la planificación de acciones que impacten sobre el desarrollo del Negocio, en todas aquellas situaciones en las que un cambio en la estrategia o en la demanda puedan suponer un problema para la Capacidad de algunos de los componentes que participan en el desarrollo del Negocio. Los cambios en la demanda de los Servicios no son eventos que una compañía pueda predecir con facilidad, por tanto el objetivo del Capacity Planning es construir un plan que ayude a la organización a afrontar con ciertas garantías un conjunto de situaciones posibles, pero esto no garantiza que el futuro de la organización pase por las situaciones esperadas.

El Capacity Planning nos ayuda a identificar aquellos elementos de la organización que pueden ser el origen de situaciones de riesgo para la compañía en unas circunstancias determinadas, permitiendo alinear las estrategias de la compañía con la Capacidad de ésta para afrontar la demanda del mercado. El estudio de la Capacidad es una poderosa herramienta que permite a las empresas disponer de una ventaja competitiva frente a sus competidores, al marcar un plan de actuación en un momento de crisis[3], permitiendo focalizar el esfuerzo de la compañía en decidir cómo actuar, evitando malgastar tiempo y recursos en el análisis de las causas de dicha crisis.

Consejo

El Capacity Planning es una herramienta que ayuda a la organización a minimizar el impacto que tiene sobre el Negocio un cambio en la demanda de los mercados.

El que una organización se proponga comenzar un proyecto para la elaboración de un Capacity Planning es un éxito por sí mismo, ya que prepara a la organización a enfrentarse con sus propias limitaciones. Otro aspecto diferente es medir el éxito de un Capacity Planning por el impacto que tendrá el plan de actuación del mismo para permitir mantener alineada la estrategia del Negocio y la demanda del mercado. Debemos entender que son dos componentes distintos, nacidos ambos de una misma necesidad y en ningún caso debemos considerar un fracaso, obtener un impacto negativo, sino que debemos considerarlo como una desviación que debemos rectificar.

---

3   Entendiendo crisis no como algo únicamente negativo, sino como un momento de cambio que puede desembocar también en algo positivo.

Aunque ya hemos comentado que no existe una fórmula maestra, cuya aplicación permita garantizar el éxito de un Capacity Planning, sí existen un conjunto de claves que permitirán aumentar el grado de acercamiento entre la estrategia y el cambio en la demanda. Podemos enumerar las siguientes claves que nos ayudarán a garantizar el éxito de la implementación del Capacity Planning:

- *Entender el Negocio.* Es crucial para el éxito del Capacity Planning comprender perfectamente en qué consiste el Negocio de la organización. Aunque este punto puede parecer obvio, es demasiado frecuente iniciar un Capacity Planning sin disponer de un conocimiento claro sobre la naturaleza real del Negocio de nuestra organización y es extremadamente complejo diseñar un plan de Capacidad cuando desconocemos en profundidad todos los detalles sobre el Negocio de la compañía.

- *Conocer la estrategia del Negocio.* La estrategia establece la forma en la que la organización debe actuar para afrontar ciertas situaciones en el futuro. Un Capacity Planning no tendrá éxito si no comprendemos en profundidad cuáles son los planes estratégicos de la compañía para el Negocio. El propósito es ajustar el plan de gestión de la Capacidad a la estrategia en la medida de lo posible, y si fuese necesario cambiar la estrategia en base los resultados obtenidos del estudio de la Capacidad.

- *Medir la Capacidad de la organización.* Es fundamental cuantificar la Capacidad de los distintos componentes que intervienen en el desarrollo del Negocio. Al disponer de mediciones reales sobre la capacidad actual podemos simular, mediante modelos de extrapolación, el impacto que algunos de los componentes de la compañía tendrán en la estrategia del Negocio.

- *Construir un plan para gestionar la Capacidad.* Es indispensable disponer de un plan de acción que sirva a la organización como guía para agilizar la toma de decisión en momentos críticos para el Negocio. Dicho plan recoge sobre qué elementos hay que actuar, cuándo hay que hacerlo, cómo deben ser las acciones. En resumen, el plan de la Capacidad permite cumplir con las expectativas sobre la Capacidad de la organización para desarrollar el Negocio que se han descrito en la estrategia.

El Capacity Planning abarca el estudio de todos los elementos de la compañía, tanto los elementos de Negocio, como los componentes de Tecnología, ya que se trata de un análisis transversal de la propia organización, que permite gestionar la capacidad tanto de los procesos lógicos, que definen la forma en la que la organización desarrolla el Negocio, como de todos aquellos componentes de la infraestructura IT, sobre la que se soporta el Negocio.

Debemos comprender que abordar la construcción de un plan de Capacidad consiste en el estudio de todos los elementos de una compañía que de manera directa o indirecta intervienen en el desarrollo del Negocio, sean componentes de Negocio, Tecnología, recursos humanos, procesos o flujos de información. Con los resultados obtenidos del estudio, se puede construir un plan de acción que permita proyectar todas las tareas necesarias para gestionar el cambio en la organización e intentar mantener o aumentar las ventajas competitivas del Negocio en el mercado.

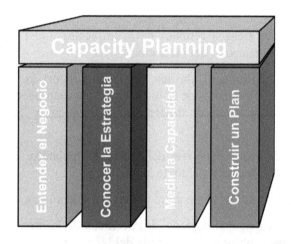

Fig 1.8: Las 4 columnas de un Capacity Planning.

Tal como hemos comentado en la introducción del capítulo, este libro trata sobre el Capacity Planning IT, es decir, aborda el proceso de desarrollo de un Capacity Planning desde la perspectiva de la Tecnología y en concreto desde la perspectiva de las Tecnologías relacionadas con los Sistemas de Información, pero con una profunda orientación hacia el Negocio, cumpliendo con una de las premisas fundamentales para el éxito de un Capacity Planning, construir una estrategia IT para dar respuesta a las necesidades del Negocio.

Algunos de los objetivos que persigue una organización cuando decide ejecutar un Capacity Planning son, entre otros, los siguientes:

- Analizar los costes, buscando el máximo rendimiento de cada uno de los componentes que intervienen en el desarrollo del Negocio, estudiando la Capacidad de los mismos para desarrollar las tareas en las que participan.

- Plantear alternativas tecnológicas que permitan a la infraestructura IT ser más competitiva.

- Analizar el cumplimiento de los niveles de servicio acordados para el desarrollo del Negocio.

- Plantear cambios en la infraestructura IT que permita que la organización puede ejecutar sus planes de estrategia con el mínimo riesgo posible.

- Ofrecer a los órganos de dirección una herramienta de apoyo a la toma de decisión, basada en parámetros reales que midan el rendimiento del Negocio.

- Enumerar los riesgos actuales de la infraestructura IT y el impacto que tendrá en el desarrollo del Negocio.

- Medir el rendimiento de los componentes de la infraestructura IT. Identificar componentes de la plataforma que sean poco productivos o que intervengan poco en el desarrollo del negocio y la mejor forma de sustituirlos.

- Disponer de una imagen real del estado de la plataforma IT y las distintas posibilidades de crecimiento de la misma.

- Aumentar el alineamiento entre Negocio y Tecnología.

- Evaluar la capacidad de todos los recursos de la organización para hacer frente a los cambios de la demanda del Negocio.

Desde un punto de vista organizativo, es frecuente, que la visión que tengamos de las organizaciones es que están formadas por un conjunto de áreas y departamentos, estructurados sobre un modelo jerárquico. Los distintos componentes del modelo jerárquico tienen asignadas un conjunto de responsabilidades sobre parte del desarrollo del Negocio de la propia organización.

Este modelo de estructura jerárquica con nichos de responsabilidad, suele derivar en un problema dentro de la propia organización sobre la visión que cada uno de los componentes de la misma tienes sobre la compañía. Es habitual que esta visión sea sesgada y parcial, ya que está condicionada por las relaciones que tienen unas áreas con otras, y también por problemas de indefinición funcional de parte de sus actividades.

Esta visión parcial de la Compañía desemboca en un problema al intentar definir cuales son los objetivos de las distintas unidades organizativas, que se acentúa cuando nos abstraemos dentro de la propia jerarquía para obtener una visión más genérica de la compañía en dos superconjuntos, el Negocio y la Tecnología.

Es habitual en las compañías con una fuerte componente IT escuchar hablar de la desalineación Negocio-Tecnología, que consiste sencillamente en el grado de desviación entre los objetivos del Negocio y los objetivos de la Tecnología. Esta diferencia tendrá impacto en los resultados del Negocio al no estar todos los recursos de la compañía totalmente sincronizados para trabajar con un objetivo común.

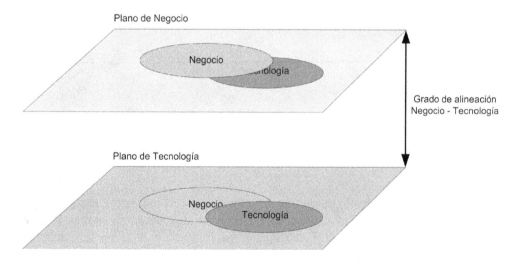

Fig 1.9: Fuerte desalineación Negocio-Tecnología.

Podemos representar la visión de las unidades de Negocio y de Tecnología en dos planos paralelos, los cuales representan las dos realidades de la organización. La visión en el Plano del Negocio que se antepone a la Tecnología y por el contrario en el plano de Tecnología se antepone a su visión a la de Negocio. Ambos puntos de vista provocan un distanciamiento entre los dos planos. A este distanciamiento entre el plano de Negocio y el plano de Tecnología lo denominar Grado de Alineación.

Para que una compañía pueda reducir el impacto que sobre el Negocio tendrá la desalineación Negocio-Tecnología, debe trabajar en la línea de aproximar ambos planos de tal forma que la visión que la unidades de Negocio y las de Tecnología tengan sobre la organización sean parecidas y que ambas partes intente trabajar en la integración y comprensión de la otra, de esta forma se generar una sinergia que se traduce inmediatamente en los resultados del Negocio. La figura 1.9 representa un aumento de la alineación producto de la visión similar que Negocio y Tecnología tienen sobre la organización y sobre ellas mismas.

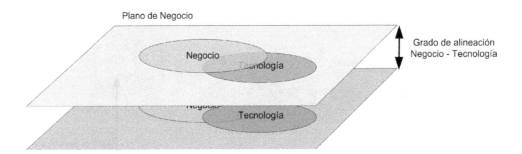

Fig 1.10: Débil desalineación Negocio-Tecnología.

En el contexto de desarrollo de un Capacity Planning, debemos ser conscientes que el Capacity Planning IT es el estudio de la Capacidad de componentes IT que pertenecen al subgrupo de la Tecnología y en concreto a IT. Para la compañía podríamos hablar de Capacity Planning del Negocio, el cual abarca a todos los componentes que participan en el Negocio y por tanto, el Capacity Planning IT sería un subconjunto de tareas.

La elección de un ámbito u otro, dependerá de lo ambicioso que sean los objetivos marcados para el CP, ya que no requiere la misma cantidad de recursos y esfuerzos, realizar un Capacity Planning que abarque completamente el Negocio que realizarlo únicamente de una de las partes sobre las que se apoya el Negocio, como es la Tecnología IT:

- *Negocio.* El estudio cubre a toda la organización, definiendo las capacidades de todos los elementos de la organización que intervienen directa o indirectamente en el desarrollo del Negocio, entendiendo como Negocio todas las actividades a las que se dedica la organización.

- *Tecnología.* El Capacity Planning se centra en la parte de tecnología, con el propósito de estudiar los componentes que conforman la plataforma IT, independientemente de que estén dando soporte a uno u otro servicio de la organización. En este caso, se realiza un estudio detallado de algunos componentes de la infraestructura para identificar problemas, riesgos o limitaciones que ciertos componentes pueden tener en la plataforma. El análisis de la infraestructura IT tiene como propósito realizar un estudio sobre el impacto de la plataforma IT sobre el desarrollo del Negocio. No se trata de estudiar la capacidad de la plataforma IT por sí sola, ya que esto no da respuesta a ninguna necesidad. El estudio debe estar orientado hacia el Negocio y como la tecnología se encarga de dar soporte físico al desarrollo del negocio como elemento potenciador de la capacidad de la organización para afrontar los retos que el Negocio plantea.

Consejo

El propósito de un Capacity Planning IT es dar respuesta a cuestiones del Negocio, la tecnología por sí sola no aporta ningún valor. Mantener una orientación hacia el Negocio, intentando por todos los medios evitar una implementación de un Capacity Planning desde y hacia la Tecnología.

Uno de los principales obstáculos que se puede encontrar cualquier organización a la hora de afrontar un Capacity Planning es la falta de estándares que definan una metodología con la que poder establecer cuales son los procesos y actividades que hay que desarrollar. Detrás del concepto Capacity Planning solo existen un conjunto de recomendaciones y buenas prácticas a seguir, dependiendo de factores tales como la organización interna de la compañía, el grado de penetración de la tecnología en el desarrollo del Negocio, la cultura corporativa propia de la organización, etc. Esta falta de estandarización del proceso desemboca en que muchas organizaciones fracasen en el intento de implantar un Capacity Planning. Podemos destacar dos razones principales como causa del fracaso de un Capacity Planning:

- No se han cumplido las expectativas generadas en el propio seno de la organización.

- La ejecución ha sido deficiente y ha generado problemas con los tiempos o costes previstos.

Por último, el Capacity Planning no debe ser visto desde la perspectiva de un plan para gestionar un aumento de la Capacidad, aunque es verdad que el 90% de los casos el plan de Capacidad se utilizará como herramienta para planificar las acciones necesarias para absorber un aumento en la demanda, también debemos ser consciente que el plan de Capacidad nos puede ayudar en el proceso inverso, es decir, aumentar el rendimiento de los procesos de negocio, ajustando los recursos necesarios aun cuando este ajuste signifique una reducción de los recursos.

Consejo

Disponer de un plan de Capacidad IT, permite a las organizaciones mantener el rendimiento más óptimo de los recursos disponibles, ya que posibilita planificar los ajustes necesarios para mantener la Capacidad y el cambio en la demanda alineados.

1.3 ¿Qué no es un Capacity Planning?

En el mundo IT, es bastante frecuente emplear el término Capacity Planning para hacer referencia únicamente al proceso mediante el cual se mide la capacidad de los componentes IT, sin analizar el impacto que dicha capacidad tiene sobre los procesos de Negocio. Realizar un estudio de la capacidad únicamente desde la perspectiva IT y sobre todo, con unos objetivos centrados únicamente en los componentes IT, no aportará ningún beneficio a la cadena de valor del Negocio, solo conseguiremos un valor residual sobre la propia Tecnología. Ésta es la razón por la que durante el proceso de construcción de una Plan de Capacidad debemos mantener una visión orientada al Negocio, para que la Tecnología se transforme en un elemento potenciador del Negocio dentro de la compañía y no únicamente en un recurso necesario. A grandes rasgos podemos decir que un Capacity Planning NO tiene como propósito:

- Medir el rendimiento de los componentes IT.

- Rediseñar los procesos de Negocio.

- Establecer la estrategia de la compañía.

Es imprescindible para disponer de un plan de Capacidad realmente útil para la compañía que las áreas de IT adquieran una visión de la compañía, orientada al Negocio y no solo a la Tecnología, permitiendo de esta forma aportar valor al Negocio, dando respuesta de manera óptima a las necesidades del Negocio.

Si las áreas de IT entienden el Capacity Planning como un conjunto de tareas propias de Tecnología, cuyo ámbito de aplicación se circunscriben únicamente a los componentes IT, descartando una perspectiva de Negocio, el plan de Capacidad no podrá medir el impacto que una incidencia en la capacidad de algún componente IT tendrá sobre el Negocio, solo servirá para conocer cuando una máquina tiene un rendimiento pobre o se ha agotado el espacio de almacenamiento disponible. El resultado desde el punto de vista operacional para la organización no tendrá demasiado valor, ya que solo se obtendrán datos de IT sobre componentes de IT.

Estudiar el rendimiento de los componentes IT es fundamental para conocer como están desempeñando los distintos trabajos que tienen asignados dichos componentes y su estudio ayuda en la identificación de los problemas relacionados con la Capacidad de dichos componentes para realizar algunas funcionen concretas, pero el rendimiento IT por sí solo, no aporta valor al Negocio y no se convierte en un factor diferenciador que permita potenciar el Negocio de la organización, ayudando a la compañía a identificar aquellos componentes con riesgos. Podemos poner varios ejemplos de como podríamos plantear la medición de distintas partes de la infraestructura IT para cuantificar su rendimiento:

- Medir el número de instrucciones por segundo que ejecuta un procesador.

- Conocer el tiempo de trasmisión de un fichero entre 2 sistemas.

- Calcular el número de máquinas virtuales que puede ejecutar un sistema.

- Analizar la tasa de transferencia del sistema de almacenamiento.

Estos son algunos ejemplos de parámetros que podemos medir para establecer el rendimiento de componentes IT, por sí solos no aportan ninguna información al Negocio, ahora bien, si planteamos la medición del rendimiento de los componentes como una actividad orientada hacia el Negocio, en la que podamos identificar aquellos componentes que impactan en los procesos de Negocio, en este caso las áreas de IT aportaran valor e incrementarán la eficiencia del desarrollo del Negocio.

- Medir el número de instrucciones por segundo que ejecuta un procesador, para calcular el número de transacciones que se pueden ejecutar en una máquina y poder medir cuantas operaciones de negocio se procesan por hora.

- Conocer el tiempo de trasmisión de un fichero entre 2 sistemas, para tener una idea clara de cuantas operaciones de envío se pueden realizar por hora antes de que tengamos un problema con el ancho de banda de la línea de comunicación.

- Calcular el número de máquinas virtuales que puede ejecutar un sistema, para estimar el número máximo de usuarios operativos por servidor de virtualización.

- Analizar la tasa de transferencia del sistema de almacenamiento, para conocer los momentos de valle y/o pico del uso del almacenamiento y medir el impacto que tiene sobre el tipo de operaciones de las distintas franjas horarias.

En los ejemplos anteriores, hemos planteado la medición de ciertos componentes para establecer el rendimiento de los mismos, primero desde la perspectiva puramente IT y posteriormente desde una perspectiva orientada la Negocio. En ambos casos podemos hablar de estudio de la Capacidad en cuanto al análisis de la capacidad de la plataforma IT, pero debemos ser conscientes de la aportación que el planteamiento puramente IT ofrece al Negocio, frente el conocimiento que adquiere la organización sobre el impacto de la capacidad de la tecnología en el desarrollo del negocio.

Consejo

El Capacity Planning no tiene como objetivo servir de pretexto para comenzar una reingeniería de los procesos de negocio (BPR, Business process re-engineering). Puede ayudar en la identificación de procesos poco eficientes o con riesgo para el Negocio, pero nunca debe convertirse en una metodología para aplicar reingeniería.

Otro aspecto importante que debemos comprender a la hora de iniciar un Capacity Planning es que no consiste en una actividad para la reingeniería de los procesos de Negocio, ya que no es su función. El Capacity Planning se basa en analizar los procesos actuales para medir la Capacidad de la organización. Desde el plan de Capacidad podremos alertar sobre el comportamiento de un determinado proceso de Negocio, pero no iniciar una transformación del mismo, ya que es responsabilidad de los propietarios del proceso su mantenimiento y reingeniería.

Es importante, cuando estemos inmersos en el proceso de construcción de un plan de Capacidad, que esta tarea no tiene como objetivo conducir el proceso de diseño de la estrategia del Negocio, puede llegar a condicionar algunas de las acciones de la estrategia, pero no es el propósito del plan de capacidad establecer la propia estrategia, ya que el proceso de creación del plan de capacidad se alimenta del plan estratégico que establece la forma en la que se desarrollará el Negocio.

-El Capacity Planning puede condicionar ciertos aspectos de la estrategia, aconsejando algunos cambios para evitar riesgos, pero para comenzar a estudiar la Capacidad necesitamos partir de una estrategia del Negocio.

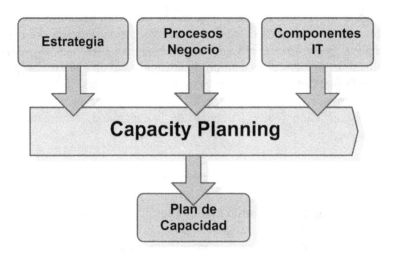

Fig 1.11: Entradas y Salidas del proceso Capacity Planning.

1.4 ¿Por qué realizar un Capacity Planning?

Cualquier organización, independientemente de cual sea la naturaleza de su Negocio, tiene una gran cantidad de razones que justifiquen dedicar recursos, tiempo y dinero a la ejecución de las actividades relacionadas con un Capacity Planning, pero entre todas estas razones, existe una que está por encima de todas ellas y que permite contestar a la cuestión que da título a esta sección.

"Para incrementar el conocimiento sobre cómo ser más eficiente desarrollando el Negocio."

La afirmación anterior posee las dos claves necesarias para justificar la decisión de iniciar un Capacity Planning, incrementar nuestro conocimiento sobre el Negocio y ser más eficientes desarrollándolo. Estas dos claves permiten a cualquier compañía aumentar su ventaja competitiva en el mercado, que por otro lado, es uno de sus objetivos principales. Para alcanzar esta meta, es imprescindible conseguir el rendimiento adecuado en el desarrollo del Negocio que cumpla con la fórmula del éxito, reducir costes y aumentar la satisfacción de los clientes.

El éxito del Negocio de una compañía se basa en la búsqueda del equilibrio entre los costes asociados al desarrollo del Negocio y la satisfacción de los clientes que los consumen. Es un equilibrio frágil que puede empujar a las organizaciones a reducir costes con el consiguiente detrimento en la calidad del producto y por tanto en la satisfacción del cliente o por el contrario un aumento injustificado de los costes puede empujar al cliente a no estar satisfecho con el precio que se paga por el producto.

Una compañía tiene varias fórmulas para aumentar el rendimiento de sus Negocio, cada una con sus ventajas e inconvenientes y sobre las que no vamos a profundizar en este libro, al estar fuera de su contexto. Pero existe una fórmula que permite a las compañías aumentar el rendimiento de sus Negocios y que sí nos interesa analizar, consiste sencillamente en estudiar todos y cada uno de los procesos que intervienen en el desarrollo del Negocio, analizando la capacidad de cada uno de los componentes que intervienen en los distintos procesos, la forma en la que se relacionan y la cantidad de datos con los que trabajan, para disponer de un análisis profundo sobre cual es la Capacidad real de la organización para desempeñar su Negocio.

Un examen crítico de todos los elementos que participan en los distintos procesos de Negocio permitirá aumentar el rendimiento del Negocio, evaluando de forma cuantitativa como de óptimo es el proceso, cuales son los recursos empleados y estudiar si el uso que se hace de los recursos es el adecuado desde el punto de vista del rendimiento. Aumentar el conocimiento que la organización tiene de sus procesos de Negocio y la forma en la que gestiona la información, permitirá a la propia organización avanzar a través de la jerarquía *DIKW*[4] cambiando su estadio actual u otro estadio superior.

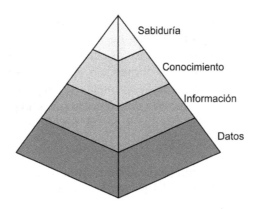

Fig 1.12: Pirámide DIKW.

Aunque la razón de aumentar el conocimiento que tenemos sobre la compañía es una justificación suficiente para iniciar un Capacity Planning, desde una perspectiva más operativa, para la compañía existen otras causas que pueden ser el detonante para comenzar un Capacity Planning.

---

4   La pirámide DIKW (Data, Information, Knowledge, & Wisdom) hace referencia a la jerarquía piramidal de cuatro estadios empleada en la gestión del conocimiento, el Dato, la Información, el Conocimiento y la Sabiduría.

La necesidad puede surgir de:

- *Necesidades de Negocio.* Los mercados están en constante evolución y las reglas que rigen sus cambios son difíciles de conocer, por el continuo movimiento en las tendencias. Cualquier compañía necesita de forma periódica realizar un análisis del estado de los mercados en los que está presente para intentar descubrir posibles variaciones en las necesidades de sus clientes. Disponer de la información sobre cuando se puede producir un cambio en la demanda y cual será el grado de desviación sobre la demanda actual permite a las compañías reducir los tiempos de actuación para hacer frente a este cambio en la demanda. Disponer de un estudio sobre la capacidad de la organización ayuda a las compañías en la elección de las acciones que más alineadas estén con los mercados y con la disponibilidad de los recursos propios de la compañía. Es obvio que si la organización no conoce su actual capacidad para desarrollar el Negocio difícilmente podrá trazar un plan eficiente para gestionar el cambio de la demanda.

- *Necesidades de Proyectos.* Es frecuente que durante la ejecución de un proyecto la organización no disponga de una idea clara sobre qué necesita realmente para implementar la lógica que se está desarrollando, como se va a desarrollar y qué impacto tendrá sobre las expectativas que se tienen de los resultados. Dependiendo del proyecto una de las tareas puede consistir en crear modelos donde poder simular ciertas condiciones. Abordar un Capacity Planning durante la fase de ejecución del proyecto permitirá ajustar de forma eficiente los recursos físicos necesarios para cumplir las expectativas de Negocio, evitando desviaciones en el coste del proyecto sobre los beneficios esperados. La fase de ejecución del proyecto es idónea para rectificar posibles problemas en la implementación que se está realizando del Negocio, también permite aventurar una serie de hipótesis sobre estimaciones en el futuro que genere un conjunto de soluciones abiertas que permitan una mejora en la gestión del cambio, ahorrando esfuerzo y dinero.

- *Necesidades de Tecnología.* La tecnología que es la base de los Sistemas de Información, está en constante evolución, por tanto es habitual que elementos que utilizamos hoy en día, queden obsoletos en pocos años e inclusos meses. Esta obsolescencia de los componentes IT no está relacionada con su vida útil, que normalmente es mucho mayor, sino con un problema de integración con nuevos componentes que aparecen en el mercado y que provocan la aparición de nuevos estándares de facto, estos nuevos estándares generan problemas de integración con distintos subsistemas IT. Aparte de un problema de integración, los componentes IT por la propia naturaleza del mercado al que pertenecen y de la filosofía de los fabricantes están continuamente mejorando el rendimiento de sus características, estas mejoras permiten que las áreas de IT se planteen la sustitución de elementos con un mejor desempeño o en casos más drásticos modificar la arquitectura de la plataforma para adecuarla a un cambio en la tecnología de alguno de sus subsistemas. Realizar un Capacity Planning permite disponer de información sobre la mejor manera de gestionar el cambio y permitir mantener alineadas tanto la estrategia de Negocio como la de Tecnología.

Independientemente del origen de la necesidad que plantea a la organización abordar un Capacity Planning, ya sea por un cambio en la demanda del mercado, para identificar qué parámetros ayuden en la evaluación de la calidad de los procesos de Negocio, porque la implementación realizada durante un proyecto requiere estimar la Capacidad de dicha implementación para comprobar que esté ajustada a las necesidades reales del Negocio o bien porque la plataforma IT requiera de un proceso de actualización tecnológica, existen una serie de beneficios que se pueden obtener al desarrollar un análisis de la capacidad:

- Evaluar la Capacidad de la compañía.

- Organizar la información.

- Ayudar a la toma de decisión en la estrategia de Negocio.

- Predecir las necesidades IT.

- Gestionar el riesgo para el Negocio.

- Reducir los roces Negocio-Tecnología.

1.4.1 Evaluar la capacidad de la organización

Para cualquier compañía es imprescindible disponer de información real y actualizada sobre su propia capacidad para desarrollar el Negocio y en concreto información sobre la capacidad de todos aquellos componentes que, de una forma u otra, participan en el desarrollo del Negocio. Conocer la Capacidad de la compañía permite establecer objetivos en la estrategia del Negocio que se ajusten a la situación actual de la compañía, asumiendo limitaciones actuales o futuras y reduciendo el impacto de los riesgos derivados de situaciones futuras.

Desde la perspectiva de las áreas de IT, disponer de información actualizada sobre la Capacidad de la plataforma IT, permite afrontar de manera más eficiente todo el proceso de gestión del cambio, generado a raíz de la necesidad para asimilar las directrices establecidas en la estrategia del Negocio, el Capacity Planning ayuda en la reducción de los costes y los tiempos de implementación de las soluciones IT necesarias para cumplir con la estrategia del Negocio.

Para analizar la Capacidad IT de nuestra compañía debemos abordar el estudio desde varias líneas de trabajo como son:

- Identificar la relación entre Capacidad IT y estrategia del Negocio.

- Disponer de herramientas que permitan elaborar un marco de trabajo que refleje el estado real de la plataforma IT en cada momento.

- Adquirir el conocimiento suficiente sobre los componentes IT, que nos permitan elaborar métricas con las que evaluar parámetros en los componentes de la plataforma IT.

- Identificar todas las relaciones entre los distintos componentes IT y describir la forma en la que estas relaciones pueden condicionar la Capacidad IT de la organización.

- Identificar qué componentes de la organización pueden provocar un aumento en la desalineación Negocio-Tecnología.

Disponer de una imagen real y coherente de la capacidad IT y analizar la relación de dependencia entre Capacidad IT y estrategia del Negocio, permite a la compañía un mayor grado de actuación frente a cambios en las estimaciones iniciales sobre la demanda del Negocio en el mercado. Para los departamentos de IT tener conocimiento sobre los planes de Negocio a corto, medio y largo plazo, ayuda en el proceso de toma de decisión durante la gestión del cambio, para alinear dichas decisiones sobre la infraestructura IT con los intereses de la organización y por tanto al Negocio.

Es un error frecuente al tratar temas relacionados con el mundo IT es no catalogar los recursos humanos como un componente activo de la plataforma, considerando que el grupo de personas que interactúan con la plataforma IT son elementos secundarios, cuyo peso sobre el impacto del Negocio es inferior a otros componentes IT.

La bibliografía existente sobre el rol que desempeñan los Recursos Humanos en el desarrollo y explotación de una plataforma IT no es excesivamente numerosa, por no decir escasa. Los RRHH se han tratado como un elemento pasivo, dando mayor protagonismo a los componentes Hardware y Software, cuando estos elementos, aun siendo una pieza importante, no pueden hacer nada sin la inteligencia de las personas que los diseñaron, integraron y se encargan de su mantenimiento. Luego es importante para el análisis de la Capacidad IT estudiar, no sólo los elementos Hardware y Software, sino también al equipo humano que participa en el desarrollo y explotación de la plataforma IT.

Entre las actividades que afectan estudio de la Capacidad del equipo humano, podemos citar:

- Conocer la capacitación de todas las personas para desarrollar las funciones que tienen asignadas.

- Analizar si los equipos están correctamente dimensionados para la carga de trabajo

- Disponer de información sobre el ambiente de trabajo en los equipos, motivación, expectativas, carreras profesionales, etc.

- Examinar la relación que existe con otras áreas de la organización para detectar posibles problemas de comunicación que impidan el desarrollo de cierta parte del negocio de manera eficiente.

- Medir la diferencia entre el esfuerzo esperado y el esfuerzo conseguido, estudiando las posibles causas de las desviaciones, tanto positivas como negativas. Tan malo para el negocio es tener a un equipo con un sobre esfuerzo que no aporta valor extra al Negocio, como tener al equipo trabajando por debajo de sus posibilidades.

1.4.2 Gestionar la Información

En la actualidad el mejor activo que posee una compañía es la información que dispone para desarrollar su Negocio. La información se ha convertido en el elemento diferenciador que permite a una organización fracasar o triunfar en la búsqueda de una fórmula que le permita aumentar la eficiencia de sus procesos de Negocio. Es fundamental para cualquier compañía, no sólo disponer de información suficiente, sino que esta información sea de calidad y que los procesos encargados de gestionarla lo hagan de la manera más eficiente posible.

La información, como principal activo de la compañía, necesita que sea gestionada de forma eficiente, lo que se traduce, por un lado en disponer de información de calidad y por otro lado que los procesos que la transforman lo hagan de la forma en la que el Negocio demanda la información. Otro factor que influye sobre la valoración de la calidad de la información que pueda realizar una organización, es el acceso que las distintas áreas de la compañía tienen a la información de trabajo. Los procesos encargados de distribuir la información deben implementar la suficiente inteligencia para evitar entre otros los siguientes problemas:

- Que las áreas dispongan de menos información de la que necesitan para desarrollar los procesos en los que intervienen, obligando a éstas a la creación de silos locales de información, que provocan problemas como la duplicidad y la inconsistencia de parte de la información.

- Que las áreas dispongan de más información de la necesaria. Generando problemas a la hora de extraer información útil del conjunto de datos. Delegando en las distintas áreas las labores de filtrado de la información. Es frecuente que un exceso de información también genere silos locales formados por subconjuntos de datos extraídos y almacenados de forma local. El exceso de información también provoca que las áreas adquieran una falsa sensación de control de la información que manejan y deben realizar tareas de filtrado y modelización de la misma, para que sea útil trabajan con ella, con el consiguiente coste en tiempo y recursos. Otro problema es la dependencia que se establece entre las personas que trabajan en el área y la cantidad de los datos a los que tienen acceso, las personas se acostumbra a trabajar de una forma concreta, en el que acceder a una gran cantidad de datos es imprescindible para desarrollar su actividad.

La información tanto por exceso como por defecto puede suponer un problema en el desarrollo eficiente de los distintos procesos de Negocio. El Capacity Planning ayuda a la organización en la identificación de cuál es el tipo y la cantidad de información necesaria para que un proceso de negocio tenga un rendimiento correcto.

Los Sistemas de Información de una compañía se encargan de almacenar, transmitir y modificar la información disponible, para modelarla siguiendo las directrices de los procesos de Negocio definidos por la organización. Hoy en día, los Sistemas de Información se basan casi en un 100% en tecnología IT. De esta relación entre la tecnología IT y los sistemas de información de la compañía podemos deducir que un análisis de la Capacidad IT en la compañía ayudará en la optimización de los procesos que gestionan la información, midiendo la cantidad de información que se almacena y/o transmite. La información que maneja una compañía la podemos clasificar, según dos criterios:

- *Información Externa o de Negocio*. Consiste en toda la información necesaria para el desarrollo del Negocio, como son los datos de los productos, procedimientos para el desarrollo del negocio, datos de los clientes, etc.

- *Información Interna de la organización*. A este grupo pertenece toda la información que la compañía maneja y que no está directamente relacionada con el desarrollo del Negocio, pero que es imprescindible para que la organización funcione, como son los datos de los empleados, la definición de los roles, la información de las nóminas, vacaciones, gestión financiera, etc.

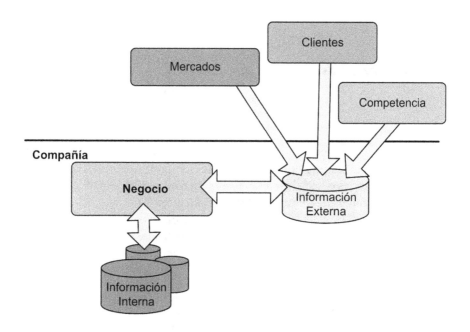

Fig 1.13: Información interna y externa.

Independientemente de aspectos tales como la clasificación que realicemos de la información que maneja una compañía, el volumen de ésta o la forma en la que la información es procesada, el análisis de la Capacidad IT puede ayudarnos en los siguientes puntos:

- Descubrir carencias en la información que manejan ciertas áreas de la organización.

- Identificar las fuentes de información, para que las áreas que la necesiten la reclamen de forma correcta.

- Medir la calidad de la información que utilizan los distintos procesos de Negocio.

- Descubrir silos de información, los cuales no son públicos para la compañía y pueden generar problemas de duplicidad e inconsistencia de parte de la información que maneja la compañía.

1.4.3 Ayudar en la toma de decisión

Las compañías se enfrentan continuamente a situaciones que requieren tomar decisiones, y el éxito de una compañía depende en gran medida del acierto en las decisiones tomadas, por esta razón, las organizaciones destinan cada vez más recursos para disponer de herramientas que faciliten la toma de decisión. Los Sistemas de apoyo a la Decisión (*DSS, Decision Support System*) están ganando terreno dentro de las compañías como herramientas estratégicas que permiten aumentar la ventaja competitiva de la empresa, mediante la toma de decisiones correcta.

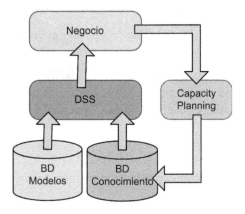

Fig 1.14: Relación entre DSS y Capacity Planning.

No es el propósito de este libro profundizar en el estudio de los DSS, ya que esto requeriría otro volumen de igual o mayor tamaño del de este. Como mera introducción podemos decir que los DSS son sistemas que forman parte de los Sistemas de Información de una compañía y ayudan a los órganos de decisión a tomar decisiones en base a ciertos criterios que el DSS permite identificar.

De forma breve podemos decir sobre los DSS que:

- Son herramientas cuyo propósito no es automatizar las decisiones, sino generar la información necesaria para apoyar en el proceso de toma de decisión.

- Permiten realizar simulaciones de las posibles situaciones generadas a partir de las decisiones que se decidan, para evaluar su impacto.

- Los DSS se alimentan con toda la información posible de la compañía para reducir en lo posible el área de incertidumbre del contexto en el que se deben tomar que las decisiones.

- Los resultados de los análisis están basados sobre datos y parámetros cuantificables, sobre los que aplicar reglas y patrones.

- El propósito de los DSS es ayudar en el proceso de toma de decisiones no estructuradas.

- Las herramientas de apoyo a la toma de decisión permite automatizar el proceso de recolección de la información necesaria para la toma de decisión, lo que disminuye parcialmente el tiempo de ejecución del proceso y ahorrando costes asociados a decisiones erróneas.

- La organización debe comprender que un Capacity Planning es una herramienta de ayuda para la toma de decisión no sólo de los órganos directivos, sino que ayuda a todos los niveles de la organización independientemente de la implicación que tengan en el desarrollo del Negocio.

Consejo

El Capacity Planning no es una herramienta DDS por sí misma, pero puede convertirse en una fuente importante de información para alimentar al sistema de ayuda a la toma de decisión de la compañía.

El Capacity Planning no es una herramienta de ayuda a la decisión por sí misma, los DSS necesitan que los alimentemos con información sobre todos los aspectos que intervienen o pueden intervenir en el Negocio, y es en este punto donde el Capacity Planning entra en acción, ya que podemos alimentar las entradas de nuestro DSS con los resultados obtenidos del Capacity Planning, aportando de esta forma una herramienta que permite al DSS disponer de información real y fiable sobre la Capacidad IT de la organización para afrontar ciertas situaciones que no estaban reflejadas en los condicionantes de la estrategia del Negocio.

Para considerar que una decisión es acertada debe ajustarse a las expectativas que se tienen del negocio, sin que se produzcan desviaciones sobre los resultados esperados, es decir cuando alguno de los componentes toma una decisión que afecte al negocio, el Capacity Planning ayuda a identificar cual de las posibles elecciones es la correcta según la estrategia definida por la organización y la capacidad actual.

Un Capacity Planning ayuda a la organización en la toma de decisiones correctas, en base al conocimiento que la organización tiene sobre el estado y la capacidad de la plataforma IT y como dicha capacidad impacta en las necesidades del Negocio. Por tanto, el Capacity Planning ayuda en la toma de decisión en aquellos escenarios en los que se necesite información sobre el estado de la plataforma IT para realizar estimaciones, sobre la posibilidad de que dicha plataforma pueda absorber la carga que se espera según la estrategia del Negocio. El Capacity Planning dispone de un plan de actuación para ajustar de forma eficiente, en tiempo y costes, los cambios IT necesarios para cumplir con la estrategia de Negocio.

Para que las decisiones que toma una compañía sean lo más acertadas posible, la organización debe conocer el mayor número de parámetros críticos de rendimiento (*KPI, Key Performance Indicators)* para el desarrollo del Negocio. Hablamos de parámetros críticos como aquellas variables que podemos medir, de cualquier componente que interviene en el desarrollo del negocio y que nos ayudará a controlar las desviaciones que se pueden producir en aspectos tales como la calidad del producto, los costes, la imagen de la organización por ofrecer dicho producto, etc.

Tener control sobre la evolución de estos parámetros críticos y disponer de tendencias sobre el comportamiento de los mismos es el primer paso para comenzar a trabajar en posibles cambios, adelantándonos de esta forma a los problemas que puedan aparecer en el futuro, permitiendo reducir costes en nuevas inversiones, aconsejando cambios de tecnología y exponiendo de forma clara la criticidad de los cambios y enumerando los riesgos que la organización está y/o estará corriendo.

1.4.4 Gestionar el cambio IT

La plataforma IT de una organización es un sistema complejo, compuestos por subsistemas que interactúan entre sí para transmitir, crear, modelar y presentar la información necesaria para que los distintos procesos de Negocio finalicen con éxito. Todos los elementos que forman parte de una plataforma IT podemos clasificarlos, según su naturaleza, en tres superconjuntos:

- *Recursos Software*. Consiste en el conjunto de todos los elementos abstractos e intangibles de la plataforma, con los cuales se modela la lógica del Negocio. Los componentes software constituyen todos aquellos elementos lógicos de una plataforma IT, como son los programas y aplicaciones, así como los datos.

- *Recursos Hardware*. Son el soporte físico sobre el que se implementa la lógica del negocio. Los elementos software necesitan de un componente físico para poder interactuar con el mundo físico. Los componentes hardware son las máquinas, las redes de comunicación, los elementos de almacenamiento de la información, etc.

- *Recursos Humanos*. Todas aquellas personas que de una forma u otra operan en la plataforma IT, ingenieros, programadores, administradores de sistemas, arquitectos, operadores, etc.

Fig 1.15: Recursos IT.

El estudio de la capacidad de cada uno de los componentes de la plataforma, permite construir un mapa detallado sobre la capacidad que tiene la plataforma IT para gestionar los cambios que se produzcan en el Negocio. Podemos clasificar en dos grupos los tipos de cambios a los que la plataforma IT debe enfrentarse para responder a las necesidades del Negocio:

- *Cambio en la estrategia del Negocio.* Por una razón u otra la estrategia del Negocio cambia y la plataforma IT debe absorber de la forma más eficiente posible este nuevo cambio de estrategia. El cambio de estrategia puede estar provocado, por ejemplo por un cambio en la demanda, el mercado cambia y la organización debe adaptarse de forma rápida para ajustarse al nuevo cambio. La estrategia también puede cambiar debido a un re-ingeniería de los planes de expansión, por ejemplo, o que la compañía aplique una nueva estrategia de reducción de costes. En cualquier caso, sea cual sea la razón, el Capacity Planning ayuda a la organización para reducir el tiempo de ajuste a la nueva estrategia.

- *Actualización IT.* La segunda de las causas por la que una plataforma IT debe evolucionar no está relacionada con un cambio en la estrategia del Negocio sino con la necesidad de actualizar parte de los subsistemas IT de la plataforma, bien por actualizaciones necesarias para el cumplimiento de los soportes, por ejemplo versiones que quedan obsoletas o hardware que el fabricante ha descatalogado. La actualización de los componentes IT, a veces, conlleva cambios en la arquitectura de la plataforma que tendrán un impacto directo sobre el Negocio. El impacto puede ser positivo, en el caso de que se actualicen componentes que suponían una limitación en cuanto al rendimiento de parte de la plataforma. Pero a veces podemos tener la desagradable sorpresa de que una actualización provoca un impacto negativo sobre el Negocio, por ejemplo, que se actualice un componente o subsistemas que cuya actualización no es compatible con el resto de la plataforma, lo que obliga a realizar una inversión para actualizar en cascada todos aquellos subsistemas afectados.

Mala práctica

Los componentes IT, debido a los calendarios que los fabricantes establecen para la salida de nuevos productos, están marcados por una obsolescencia que nos empuja a asumir que son antiguos o que no presentan el rendimiento que necesitamos frente a las características de los nuevos productos del mercado. Una plataforma IT, por definición es un sistema complejo en el que interactúan distintos componentes con un propósito colaborativo, debemos ser extremadamente cuidadosos con los cambios que planteemos realizar dentro de este conjunto de elementos. Cualquier cambio, por insignificante que nos pueda parecer puede afectar de forma negativa al rendimiento, quizás no al rendimiento del componente en sí, sino al de los flujos de información dentro de la propia plataforma.

La gestión del cambio en la plataforma IT es una de las tareas críticas en cualquier organización, ya que modificar sistemas en producción o cambiar los diseños de plataformas en desarrollo supone unos costes que muchas veces la organización no puede soportar, por lo que disponer de un plan de actuación sobre qué debemos o podemos cambiar nos dará una ventaja tanto en tiempo como en costes. En cuanto a los costes disponer de la información sobre qué debemos actualizar o cambiar nos permitirá conocer cuáles serán los gastos a los que la plataforma IT tendrá que enfrentarse en el futuro y por tanto podremos realizar la reserva presupuestaria necesaria para cubrir dichos cambios.

Un Capacity Planning ayuda a las áreas de IT en la reducción de los costes de explotación, ya que permite identificar aquellos componentes IT cuyos costes no justifican los beneficios que generan, es decir, identifica elementos que podrían ser sustituidos por alternativas que permitieran reducir los costes con un impacto mínimo o nulo sobre el desarrollo del Negocio.

Otro aspecto importante para las áreas de IT, en el que un Capacity Planning puede ayudar es sencillamente en el proceso de justificación de futuras inversiones. El plan de capacidad ayuda a justificar aquellas inversiones dirigidas a cubrir cualquier cambio en la plataforma IT necesario para soportar un cambio en la estrategia del Negocio. Permitiendo diseñar soluciones que nos ayuden a realizar ahorros en las inversiones. Por otro lado, disponer de un plan para gestionar las estimaciones del futuro a corto y medio plazo nos permitirá ajustar los tiempos de actualización de la plataforma para que encajen perfectamente tanto en el plan de proyectos de la organización como en la estrategia global de la organización.

- *Reducir los tiempos de actuación*, ya que el Capacity Planning elimina el tiempo de análisis para la nueva situación, sencillamente porque durante la ejecución del Capacity Planning se realizó este ejercicio.

- *Justificación y reducción de costes*. Como el cambio que necesitamos realizar en la plataforma ya estaba analizado en el Capacity Planning y se ha podido realizar un estudio sobre la probabilidad de que una situación concreta se dé, podemos haber dispuesto de una reserva presupuestaria para afrontar los cambios, así como haber podido disponer de una solución de forma global que reduzca los costes.

A primera vista puede parecer que la reducción de costes no está garantizada mediante un Capacity Planning, pero debemos tener en cuenta que los costes asociados a las modificaciones en un sistema complejo como son los sistemas de información están directamente relacionados con la previsión que durante la fase de diseño se tuvo para incluir dichas modificaciones. Por tanto los costes en sistemas bien diseñados y construidos de forma que sea fácil añadir nuevos componentes que aumente de forma sencilla la capacidad de la plataforma, serán mucho menores que los costes que producirán las modificaciones en sistemas sobre los que no se ha previsto ningún cambio.

Consejo

El Capacity Planning puede ayudar a las áreas de IT a focalizar sus esfuerzos en la alineación con el Negocio, identificando no sólo nuevas necesidades del Negocio, también ayudando a justificar tanto los gastos como la inversión IT.

Uno de los factores, que en la mayoría de las organizaciones, determina la forma en la que se construye una plataforma IT son los costes (CAPEX y OPEX) que dicha plataforma suponen en la organización y como estos costes actúan directamente sobre los beneficios del Negocio. El cálculo de los costes de una plataforma IT es un ejercicio importante desde el punto de vista financiero ya que de estos costes dependerá lo eficiente que es la plataforma desde el punto de vista financiero y por consiguiente, como hemos comentado, repercutirá sobre los beneficios que se puedan obtener del Negocio.

El plan de Capacidad permite calcular el impacto de los costes de las diferentes soluciones en el Negocio, al cuantificar durante el desarrollo del mismo las distintas alternativas y como cada una de las opciones suponen unos costes y unos beneficios que impactan sobre el Negocio.

Consejo

Disponer de un plan de Capacidad IT que recoja las necesidades de inversión y gasto es una herramienta muy útil desde un punto de vista financiero, ya que permite aprovisionar unos costes que de otra forma supondrían un descuadre en el plan financiero de la organización.

1.4.5 Gestionar el riesgo

Cualquier organización que persiga el éxito en el desarrollo de su Negocio debe trabajar en la identificación de todas aquellas situaciones que pueden suponer un riesgo para el desarrollo del Negocio. Por tanto, además de disponer de las herramientas necesarias para descubrir cuales son los riesgos a los que se enfrenta la compañía, también debe elaborar un plan de acciones que den como resultado una disminución del impacto que los riesgos detectados tendrán sobre el Negocio.

La gestión del riesgo es una actividad que comparte por igual, ciertos matices de ciencia y de arte. La componente de ciencia la adquiere por tratarse de una actividad que debe conocer de forma detallada cómo funciona la organización, como trabajan cada uno de los componentes de la organización, como está preparada la organización para asumir la resolución de una incidencia sobre el Negocio, cuantificar tanto el rendimiento de los procesos de Negocio como la calidad de las salidas de dichos procesos. En resumen disponer del suficiente conocimiento sobre la organización para identificar cuales son los riesgos reales y potenciales para el desarrollo del Negocio.

La componente de arte se centra en aquellos aspectos del entorno donde la organización desarrolla el negocio, que son difícilmente cuantificables y por tanto caen en el lado de la intuición y la experiencia. Estamos hablando de aquellas situaciones que no dependen directamente de nuestra organización pero cuyos riesgos tienen un impacto directo en el Negocio, como pueden ser las catástrofes naturales, los cambios de tendencias en el mercado, la aparición de competencia en nuestro Negocio, problemas en la gestión de los recursos humanos, etc.

El Capacity Planning puede ayudar a la organización en la planificación de las acciones necesarias para asumir los riesgos en caso de que se produzca algún tipo de incidente o en el mejor caso, el Capacity Planning puede evitar todos aquellos riesgos que hayan sido contemplados, al disponer de un plan de actuación en el caso de que se produzca algún evento que pudiera suponer un riesgo. Cualquier riesgo tiene asociados unos costes derivados del impacto que las consecuencias de dicho riesgo tengan sobre el Negocio. Con un plan de Capacidad, la organización puede reducir los costes asociados a los distintos riesgos.

Una de las tareas de un Capacity Planning consiste en la creación de un modelo sobre el que analizar situaciones a la que se puede enfrentar la organización. Si al catálogo de situaciones a estudiar añadimos alguna de las situaciones de riesgo podemos conocer como se comportará la plataforma IT y/o qué debe la organización hacer para superar los problemas relacionados con un determinado riesgo.

Para una plataforma IT, gestionar de forma eficiente el riesgo es una tarea esencial que ayudará al desarrollo del Negocio. Vamos a definir en primer lugar qué consideramos un riesgo. A grandes rasgos podemos definir el riesgo como la posibilidad de que un acto suceda y como este acto tiene un impacto en nuestra organización.

Normalmente utilizamos la palabra riesgo para determinar la probabilidad de que un acontecimiento negativo suceda, por ejemplo, el riesgo de que un sistema se caiga o el riesgo de perder datos de una base de datos. Conocer todos los riesgos de una infraestructura IT, que afectan directa o indirectamente al negocio, es imprescindible tanto para el desarrollo de las estrategias, como para asegurar la calidad y la continuidad del servicio.

Para conocer los riesgos de una plataforma IT, debemos entender la diferencia entre *la gestión del riesgo* y *la percepción del riesgo*, que a primera vista pueden parecer expresiones que hacen referencia al mismo concepto, pero veremos a continuación que aún siendo parecidas no significan lo mismo.

- *La gestión del riesgo*, consiste en tener un conocimiento en profundidad de cuales son los riesgos reales a los que se puede enfrentar nuestra plataforma e identificar las acciones concretas, para en la medida de lo posible, eliminar o minimizar el impacto de dichos riesgos en el negocio de la organización.

- *La percepción del riesgo*, es tener constancia de la existencia de ciertos riesgos, pero no analizar el impacto de dichos riesgos sobre el negocio. Sin un análisis de los riesgos, podemos llegar a tener una percepción equivocada del riesgo, provocando que lo que nosotros suponemos son pequeños riesgos, en realidad tenga un impacto enorme en el negocio de la compañía.

Consejo

Para cualquier riesgo que pueda aparecer en una plataforma podemos calcular la probabilidad de que dicho riesgo aparezca. Esta probabilidad dependerá de muchos factores como son los elementos que intervienen y la arquitectura con la que está construido el subsistema que presenta el riesgo. Un Capacity Planning puede ayudarnos para determinar como minimizar la probabilidad de que se produzca el riesgo, así como definir un plan para disminuir en la medida de lo posible el impacto del riesgo sobre el Negocio.

Es habitual que las personas que trabajan en las áreas de IT confundan ambos términos provocando situaciones donde se compromete, de forma involuntaria, la disponibilidad del Negocio. Vamos a ver un sencillo ejemplo para entender la diferencia entre gestionar y percibir el riesgo, con el que intentaremos aclarar las diferencias existentes entre ambos términos.

Ejemplo: Una de las incidencias que se repite con mayor frecuencia en cualquier infraestructura IT son los fallos físicos de los discos que forman parte del sistema de almacenamiento. Para prevenir problemas derivados de los fallos de disco, existen técnicas de duplicación de la información como el RAID5 o el Mirror, mediante las cuales, la información se almacena de forma segura, bien duplicando la información o utilizando información de control, para evitar la perdida de la información. Normalmente los responsables y técnicos de las áreas de IT se sienten relativamente cómodos con este tipo de soluciones, siendo conscientes que los datos de la organización están almacenados en discos de forma duplicada.

Cualquier persona que haya trabajado con sistemas de almacenamiento en una plataforma IT sabe perfectamente que la tasa de fallo en los discos es muy superior a la tasa de fallo en otros tipos de elementos IT. Los discos fallan debido a que están constituidos por componentes mecánicos, los cuales por problemas de desgate terminan provocando el mal funcionamiento de los componentes que los utilizan.

*Saber que los sistemas de almacenamiento de una plataforma IT tendrán discos en fallo es tener **Percepción del Riesgo,** es decir, como responsables de la plataforma sabemos que los discos van a fallar en un futuro indeterminado, pero confiamos en la duplicación de la información para evitar la pérdida de los datos de nuestra organización. **Gestionar el riesgo** consiste en la realización de un análisis sobre todas las posibles situaciones en las que existe probabilidad de que aparezca un fallo de disco y determinar el impacto de estos fallos de disco sobre el sistema de almacenamiento y lo que es más importante sobre el Negocio.*

Cuando nos referimos al impacto que un riesgo puede tener sobre el Negocio estamos haciendo referencia no sólo a riesgos técnicos que se traducen normalmente en tiempo de indisponibilidad, nos referimos al impacto que la repercusión que un fallo tenga sobre aspectos económicos del negocio, daños sobre la imagen de la organización y problemas derivados de la pérdida de confianza de los clientes en los servicios que ofrece nuestra organización.

Realizar un Capacity Planning, ayuda a conocer cuales son los riesgos reales de la plataforma IT y como dichos riesgos impactan en el Negocio, con lo que conseguimos alinear los riesgos en la plataforma con el desarrollo del negocio. Con esto conseguimos informar a las distintas áreas de la compañía sobre la lista de situaciones posibles en las que no se puede garantizar desde la Tecnología el desarrollo del Negocio.

También permite crear condicionantes para que la estrategia del Negocio tenga en cuenta ciertas situaciones de riesgo, evitando que se tomen decisiones sobre desarrollo de Negocio, las cuales podrían generar situaciones comprometidas para la organización.

Consejo

La información obtenida del análisis sobre los riesgos debe ser escalada de forma clara y sencilla, expresada en un lenguaje de Negocio y no en un lenguaje técnico, con el propósito de que todas las áreas que intervienen en el desarrollo del Negocio de la organización comprendan cuales pueden ser las consecuencias de que se produzcan situaciones de riesgo y las consecuencias reales que dichos riesgos pueden tener sobre el Negocio. Debemos comprender y hacer comprender al resto de áreas que los riesgos afectan a toda la organización.

1.4.6 Reducir la fricción Negocio-Tecnología

La principal razón del aumento de la desalineación entre Negocio y Tecnología en cualquier organización, no son los procedimientos, la organización jerárquica, ni una mala definición de los flujos de información, sino las personas que forman los distintos equipos funcionales dentro de la organización. En cualquier grupo humano, y una organización no es una excepción, existen una gran abanico de relaciones dependiendo de la empatía que exista entre cada individuo del grupo, además compartimos con el grupo una afinidad nacida del sentimiento de pertenencia al propio grupo.

Las personas son el verdadero motor de una organización y al igual que ocurre con el motor de un vehículo, si las distintas pieza no están perfectamente ajustadas y sincronizadas, el motor no podrá generar el suficiente rendimiento para que el vehículo pueda circular de la forma esperada, lo mismo ocurre con las personas que colaboran en una organización, si no existe una relación fluida entre ellas, que permitan un ambiente colaborativo, no se podrán garantizar el éxito de los distintos procesos de Negocio.

El Capacity Planning no es por sí mismo un proceso que permita a una organización reducir en su totalidad la fricción entre Negocio y Tecnología, pero si ayuda a disminuir dicha fricción ya que permite a la organización, no solo conocer cual es la capacidad real que tiene para desempeñar su Negocio, también permite comparar la capacidad real de cierta unidad de trabajo respecto a la capacidad esperada, y aumenta la comprensión sobre las actividades, ideas y responsabilidades que las distintas áreas funcionales tienen del resto de la organización.

Al aumentar el intercambio de conocimiento entre las unidades de una organización, aumenta el rendimiento de los distintos procesos de la organización y por consiguiente se incrementan las posibilidades de existo a la hora de desarrollar el Negocio de la organización.

Consejo

Dar a conocer cómo funcionan las distintas áreas de la organización al resto de las áreas, intentando de esta forma, rebajar la tensión generada como producto de una delineación excesiva entre Negocio y Tecnología, causada por el desconocimiento mutuo que hay entre las distintas áreas. El trasvase de información sobre el funcionamiento de cada una de las áreas permitirá mitigar los roces naturales en cualquier organización.

1.5 ¿Quién debe realizar el Capacity Planning?

Esta es una de las cuestiones que más controversia genera a la hora de plantear la ejecución de un Capacity Planning en una organización. La decisión de quién debe ejecutar el Capacity Planning no es una cuestión trivial, que se deba tomar a la ligera, ya que su éxito depende de muchos factores, alguno de ellos situados en el futuro (por el carácter predictivo que pueden tener las conclusiones), pero sin lugar a dudas el equipo humano, su implicación y capacidad para entender la organización, el Negocio y la propia Tecnología son determinantes para el existo del estudio de la Capacidad IT.

En un principio, debido a la propia naturaleza del Capacity Planning como elemento vivo y dinámico dentro de todas las fases del ciclo de vida de una plataforma IT, en la ejecución del Capacity Planning deberían intervenir todas aquellas personas cuya labor en la organización está directamente relacionada con el desarrollo del Negocio. Pero no de una forma pasiva, cómo meros observadores del proceso, sino cómo componentes activos en el desarrollo de las distintas actividades, participando de las decisiones y las conclusiones del análisis de la Capacidad. Concienciar a la compañía de la importancia de participar en el Capacity Planning es una de las tareas de críticas que deberán desarrollar los responsables para que el valor de los resultados obtenidos permita a la compañía ser más eficiente.

Ya hemos hablado de quién debe participar y hemos dejado claro que es fundamental que toda la organización se involucre en el proceso. La segunda cuestión, no menos espinosa a la que nos debemos enfrentar es decidir quién debe ejecutar el proceso. Para esta cuestión, disponemos de dos alternativas, ambas igualmente validas pero con ciertos matices que dependerán de cada compañía:

- *Proceso interno*. El estudio de la Capacidad se plantea como un proceso interno a la compañía que será desarrollando con los recursos propios de la organización.

- *Proceso externo*. Se delega en otra compañía el proceso de ejecución del Capacity Planning.

Ambas opciones tienes ventajas e inconvenientes y la elección de la opción correcta estará ligada de forma inequívoca a factores propios de nuestra organización. Pero por encima de cualquier justificación que defienda la elección de un modelo u otro, debemos recordad que durante gran parte del capítulo hemos hecho hincapié que el propósito principal para que una organización decida embarcarse en un Capacity Planning es obtener un mayor conocimiento sobre la Capacidad IT que posee la compañía para mejorar los distintos procesos de Negocio.

Sería un error estratégico para nuestra organización delegar el trabajo de creación de un Capacity Planning a un empresa externa, por muy especializada que ésta sea en este tipo de proyectos, ya que perderíamos la oportunidad de adquirir ese conocimiento que no tenemos sobre ciertas facetas del Negocio y que podría ayudar a la mejora en el rendimiento de todo el proceso de Negocio.

Por otro lado, no todas las compañías cuentan con los recursos necesarios para iniciar un proyecto de la envergadura de un Capacity Planning, bien por restricciones en los recursos disponibles, los tiempos de ejecución o limitaciones en el conocimiento necesario de las personas encargadas para ejecutar un Capacity Planning. Cuando hablamos de limitaciones en el conocimiento de los recursos humanos nos estamos refiriendo a problemas relacionados con limitaciones sobre el conocimiento que se tienen del Negocio, falta de conocimiento sobre como medir el rendimiento de los distintos componentes que intervienen en el Negocio, como pueden ser los elementos de la plataforma IT, o bien por problemas de actitud de ciertas áreas o personas que son reacias a colaborar en el proceso de análisis de la Capacidad, porque se niegan a revelar al resto de la organización los procedimientos con los que trabaja.

Normalmente la falta de actitud del personal está relacionada con un problema de celo profesional frente a la propia organización o a parte de la organización, por creer que existen competencias, muchas veces ficticias, que nacen de la rivalidad profesional o personal.

No existe una fórmula que defina quién debe ejecutar un Capacity Planning, cada organización debe analizar esta cuestión de manera particular para examinar qué posibilidades de éxito tienen a la hora de implantar un Capacity Planning. Pero un modelo que se ajusta a la mayoría de los casos, es que la organización cree un grupo de trabajo multidisciplinar, constituido por una representación de todas aquellas áreas de la organización que intervienen en los distintos procesos del Negocio y si fuese necesario, apoyar a este equipo con la ayuda externa necesaria sobre las distintas áreas de conocimiento en la que podamos encontrar lagunas dentro de nuestra organización.

A veces, por un problema con la actitud de ciertas áreas y/o personas, que por intereses personales se oponen a la ejecución de proyectos como un Capacity Planning, la dirección puede llegar a pensar que la mejor opción para el éxito del Capacity Planning es la externalización de todas o parte de las tareas de un Capacity Planning, de esta forma, confían que los recursos internos acaten las directrices de la empresa externa sin ningún tipo de reticencias. En estos casos el conflicto interno puede aumentar ya que las áreas y/o personas afectadas pueden ver el Capacity Planning como una acción amenazadora para su continuidad en la compañía y ejecutada por una empresa externa. El primer paso en este tipo de situaciones es intentar solucionar el conflicto antes de comenzar un proceso que puede agudizarlo aún más.

Aunque hemos comentado, que tanto el modelo interno como el de externalización tienes sus ventajas e inconvenientes, vamos a enumerar algunas razones que justifican la externalización de los procesos como una decisión no demasiado acertada:

- Se puede perder conocimiento. Estamos repitiendo continuamente que uno de los objetivos de una Capacity Planning es adquirir conocimiento sobre la forma en la que nuestra organización desarrolla el Negocio. Esto significa que se crearan nuevos flujos de información entre las distintas áreas de la organización para que todas entienda como las otras intervienen en el proceso de desarrollo del Negocio.

- Se puede manipular el proceso real de desarrollo del Negocio. La externalización del Capacity Planning puede provocar para las personas que se muestran reticentes a su ejecución que dicho proceso se convierta en una especie de auditoria sobre la forma en la que trabajan, lo que puede provocar que la gente no diga la verdad sobre el proceso y el Capacity Planning se base en unos procedimientos inventados.

- Pueden aumentar los conflictos internos. Intentar evitar resolver conflictos internos mediante agentes externos es un error, ya que aquellas personas con las que haya un problema real, no acatarán la autoridad externa, lo que puede aumentar el conflicto.

Pero la externalización del proceso no solo presente inconvenientes, también existen ventajas, entre las que podemos citar:

- Disponer de un punto de vista externo que permite analizar la Capacidad desde una perspectiva más objetiva.

- No existen los condicionantes internos derivados de relaciones interdepartamentales o asignados a los distintos roles que se desempeñan dentro de la organización.

- Una visión externa permite aumentar el carácter crítico de análisis en tanto en cuanto no se deben defender posiciones partidistas que condiciones las observaciones sobre si algo es mejorable.

- En organizaciones que se encuentra en una situación de agotamiento creativo, la externalización del proceso permite insuflar una ráfaga de aire nuevo que plantee nuevas alternativas.

Una cuestión importante a la hora de constituir el equipo, el cual será el encargado de construir el Capacity Planning, es tomar la decisión sobre el tipo de implicación y la cantidad de tiempo que el nuevo equipo tendrá asignado para el desarrollo de las distintas tareas de todo el proceso. Por la propia definición de Capacity Planning no debemos considerarlo como si de un proyecto al uso se tratase, aunque para el arranque del mismo partamos de las mismas premisas que cualquier otro proyecto de la organización, debemos comprender que se trata de un nuevo Proceso que vamos a incorporar a la organización y que como tal, participará en el Negocio durante todo el ciclo de vida de éste.

En organizaciones en las cuales, tanto los recursos disponibles, como la complejidad de los propios procesos de Negocio, se pueda justificar de manera sencilla la constitución de un equipo de personas, junto con un conjunto de recursos asignados, de forma permanente cuya función principal sea la de mantener actualizado el plan de Capacidad de la organización. El gran enemigo del plan de Capacidad es su propia desactualización, con los cambios constantes en la demanda del mercado y los esfuerzos que deben realizar las compañías para gestionar los enormes volúmenes de información, es un problema grave para una compañía disponer de un plan de Capacidad desactualizado.

Consejo

En grandes compañía, el esfuerzo que supone arrancar un proceso como es el estudio de la Capacidad, solo queda justificado si se pretende dar continuidad a dicho proceso. Un plan de Capacidad desactualizado no tienen ningún valor operativo para la organización.

Por el contrario en organizaciones más pequeñas, en la que el volumen de datos es sensiblemente inferior, disponer de un equipo permanente sería un despilfarro de recursos, por lo que se podría optar por una solución donde los recursos asignados compartan su tiempo en otras actividades dentro de la organización.

Independientemente de que se asigne de forma temporal o permanente, recursos al nuevo proceso de la organización, que es el plan de Capacidad, lo que no debe hacer nunca la organización es abandonarlo dejándolo en espera, retomando el Capacity Planning periódicamente, únicamente cuando se necesite, ya que al retomar el Capacity Planning con datos desactualizados provocará desviaciones sobre los resultados esperados y no será la herramienta útil que la organización necesita, sino que puede convertirse en un foco de problemas al generar información errónea sobre la Capacidad real de la compañía.

Consejo

Todo el personal de la organización debe entender que el éxito en la creación del Capacity Planning depende y afecta a todos los niveles de la organización, por ser un proceso que permitirá reducir los tiempos de reacción y los costes relacionados con el cambio en la demanda del Negocio. Trabajar para evitar las reticencias de los equipos a colaborar en la ejecución del Capacity Planning será una de las tareas principales de los responsables de su ejecución.

1.6 ¿Cuándo realizar un Capacity Planning?

Debemos entender un Capacity Planning como una actividad continua durante todo el ciclo de vida de una plataforma IT y no como una actividad puntual realizada en un momento concreto por causa de un problema de capacidad de la plataforma IT. Al iniciar la ejecución de un Capacity Planning pretendemos obtener respuestas, entre otras cuestiones, al interrogante de si la plataforma IT está preparada para absorber las necesidades actuales y futuras del Negocio, lo que significa que debe ser un proceso vivo que actúe durante todo el ciclo de vida de la plataforma IT.

Por su carácter de proceso vivo dentro de la organización, la decisión sobre el momento en el que comenzar el estudio de la Capacidad dependerá de factores tales como los recursos disponibles, los cambios en la demanda del mercado, reestructuraciones internas de la compañía, fusiones y cualquier otro evento que impacte de manera más o menos visible sobre el Negocio. Por tanto no existe un momento que podamos identificar como malo o bueno, cada organización tendrá sus propios condicionantes que limitarán el momento concreto para comenzar un Capacity Planning.

Partimos de la premisa que el objetivo de comenzar un estudio de la Capacidad IT es disponer de un plan de actuación que permita a la compañía estar preparada para cualquier evento que esté relacionado con la capacidad IT, por consiguiente el Capacity Planning tendrá una primera etapa de implantación y una segunda etapa de mantenimiento.

Dependiendo del la fase dentro del ciclo de vida de la plataforma IT, en la que comencemos el Capacity Planning, los resultados que obtengamos los podremos orientar en un camino concreto para resolver cuestiones propias de la fase en la que nos encontremos.

Como norma general, podemos considerar que el momento idóneo para comenzar un Capacity Planning es el propio inicio del ciclo de vida la plataforma IT, de esta forma, conseguiremos mantener en paralelo el desarrollo de la plataforma y la planificación de la Capacidad IT, aumentando así la alineación entre la Tecnología y el Negocio.

1.6.1 Ciclo de vida de una plataforma IT

El ciclo de vida de una plataforma IT está constituido, principalmente por cuatro etapas principales, las cuales cubren desde el momento inicial en el que se plantea la necesidad de disponer una plataforma IT, hasta la fase final de explotación de la plataforma, en la que se encuentra totalmente operativa según las especificaciones del Negocio. Cada una las cuatro etapas del ciclo de vida está formada por un conjunto de acciones y tareas, las cuales deben ser ejecutadas y finalizadas con éxito para poder acceder a la siguiente fase del ciclo.

Las cuatro etapas principales son del ciclo de vida de la plataforma IT son:

- Fase de Análisis.

- Fase de Diseño.

- Fase de Implementación.

- Fase de Explotación y Mantenimiento.

La duración y complejidad de cada una de las etapas está estrechamente relacionada con factores propios de la compañía tales como la complejidad de los procesos de Negocio, los requisitos iniciales, las necesidades propias, los recursos disponibles, la inversión inicial, la política IT, los planes estratégicos, etc. Cada organización está estructurada de una forma determinada y su plataforma IT cumple unas funciones concretas, lo que desemboca en que el ciclo de vida de la plataforma IT tendrá unas características inherentes a la propia organización que variaran de una compañía a otra.

Fig 1.16: Ciclo de vida IT.

El ciclo de vida es un proceso recurrente que se ejecuta de manera continua sobre la plataforma IT, durante todo el periodo de vida de la misma. La importancia o criticidad de las distintas fases estará relacionada con el momento en el que se encuentre la plataforma IT y dependerá de factores como los recursos disponibles, la estrategia de la organización, los plazos de ejecución etc.

El carácter cíclico de todo el proceso, permite alcanzar dos objetivos fundamentales tanto para la Tecnología, como para el Negocio en cualquier organización. Por un lado mantiene actualizada tecnológicamente la plataforma IT, porque periódicamente se analiza el desempeño de la misma, se diseñan nuevas soluciones que se implementa según ciertas especificaciones propias de la plataforma IT, bien por que el negocio necesite estos cambios o bien porque la propia plataforma los requiera. El segundo objetivo consiste en mantener actualizada la alienación Negocio-Tecnología, gracias a que continuamente se están analizando las nuevas necesidades del Negocio y la forma en la que plataforma IT debe implementar los cambios necesarios para cubrir las nuevas necesidades del Negocio.

1.6.1.1   Fase de Análisis

Esta fase comprende el periodo durante el cual se recogen y estudian los requerimientos que debe cumplir la plataforma IT para dar servicio a las necesidades de Negocio de la compañía.

La fase de Análisis es especialmente importante, ya que si el análisis que se realiza sobre las necesidades del Negocio no es correcto, generará un problema en cadena sobre el resto de las fases, ya que las soluciones de diseño e implementación estarán basadas en unos requerimientos erróneos que no se ajustan a las necesidades reales del Negocio. Durante el análisis de la Necesidad realizaremos una estimación de los recursos necesarios para cumplir con las expectativas de Negocio.

Existen tres situaciones posibles para valorar la estimación previa de los recursos:

- *Por exceso*. Un exceso en la estimación de los recursos, lo que generará una serie de costes tanto directos e indirectos que repercutirán sobre los beneficios esperados y por tanto sobre los planes de negocio de la compañía.

- *Por defecto*. La estimación de recursos está por debajo de los recursos reales que demanda los requisitos del Negocio, causando un impacto en los niveles mínimos requeridos para el Negocio.

- *Correcta*. Esta situación es realmente extraordinaria para cualquier proyecto IT, en la que la estimación de recursos se asemeja a las necesidades reales.

La fase de Análisis tiene varios objetivos como hemos comentado antes, pero podemos destacar tres objetivos principales que debemos intentar conseguir durante esta fase:

- Identificar las necesidades del Negocio.
- Definir los Niveles de Servicio.
- Descubrir futuras necesidades del Negocio.

La tarea principal de la fase de Análisis es determinar de forma concisa y clara cuales son las necesidades reales del Negocio, en base a estas necesidades tendremos que realizar el análisis, cuyo resultado constituirá la base para construir los distintos diseños en la fase posterior del ciclo de vida. El grado de conocimiento sobre el Negocio que podamos adquirir durante la fase de Análisis condicionará las especificaciones de la siguiente fase del ciclo de vida, la fase de diseño. Asimismo debemos ser consciente que los errores cometidos durante la fase de Análisis puede quedar oculto en fases posteriores y aparecer de manera inesperada en cualquier de las fases en un futuro indeterminado, una vez descubierto el error, provocará que debamos emplear tiempo y recursos para mitigarlo, con los consiguientes impactos sobre el Negocio y los beneficios esperados.

Podemos definir las Necesidades de Negocio como la lista de requerimientos que la plataforma IT debe cumplir para que la compañía pueda poner en marcha el Negocio para garantizar unos umbrales mínimos de calidad y éxito. Veamos algunos ejemplos de Necesidades de Negocio que podemos encontrar en distintos tipos de organizaciones:

- Se debe almacenar todos los pedidos de los usuarios registrados en el sistema con un histórico de 2 años.

- El usuario podrá pagar con su tarjeta de crédito o bien mediante la transferencia.

- A todos los paquetes se debe asignar un identificador a modo de localizador único para poder realizar un seguimiento de los mismos por las distintas sedes.

- El acceso a la información por parte de los usuarios debe cumplir los estándares de seguridad.

- La base de datos de usuarios debe ser compartida por el área de Marketing y el área Financiera.

- Los usuarios podrán utilizar varios idiomas.

Los ejemplos anteriores representan Necesidades de Negocio que podemos encontrar durante la fase de Análisis, pero una plataforma IT no se construye únicamente con el estudio de las Necesidades de Negocio que debe implementar. Durante esta fase también debemos identificar cuales serán los Niveles de Servicio que debe cumplir la plataforma IT, para que se considere que el servicio se ofrecerá con unas garantías mínimas de calidad. Identificar las necesidades de Negocio nos ayudará a construir el esqueleto de la plataforma IT y conocer los Niveles de Servicio nos permitirá perfilar las características de los elementos que forman el esqueleto de la plataforma IT.

Consejo

Durante el desarrollo de la fase de Análisis, se debe recopilar toda la información sobre el Negocio y como la compañía desarrolla los distintos procesos de Negocio, para que las tareas de las fases posteriores no provoquen una desviación entre los objetivos del Negocio y los objetivos de la Tecnología.

Es normal que los responsables del desarrollo de la estrategia del Negocio, que normalmente no están directamente relacionados con la Tecnología, tengan en mente necesidades que se pueden plantear en un futuro determinado. Si durante la fase de Análisis se identifican estas posibles necesidades futuras, se podrían plantear diseños e implementaciones los cuales, con unos mínimos cambios estarían capacitados para soportar todas aquellas necesidades que las áreas de Negocio tuvieran en mente. Este planteamiento, en el cual la Tecnología está prepara para futuros cambios permite por un lado, reducir los costes de rediseño y modificación de la plataforma IT, así como los tiempos de implementación de los cambios y lo que es más importante permite desarrollar plataformas IT más competitivas que responden de forma rápida y eficiente a las necesidades del Negocio, ayudando a la compañía no sólo como elemento de ahorro de costes sino como generador de valor para el Negocio.

Ejemplo: *Durante la fase de Análisis se obtiene información sobre las necesidades de Negocio que nos permiten que durante la fase de diseño se opte por una solución concreta para implementar uno de los componentes de la plataforma, este componente consiste en la máquina que se utilizará para almacenar la información de la capa de datos de la plataforma.*

Durante la fase de diseño se decide que la máquina debe tener 4 CPUs de una velocidad determinada y una cantidad de memoria determinada para que esta máquina sea capaz de gestionar toda la información necesaria para que el servicio funcione correctamente. Por un error cometido durante la fase de Análisis, no se tuvo en cuenta ciertas necesidades futuras que estaban definidas en la estrategia del Negocio. Este error provocará que en un determinado momento la gente de negocio solicite nuevos requerimientos para intentar cubrir una nueva necesidad para el negocio. Esta nueva necesidad se traducirá en un aumento de la información con la que trabajará la plataforma y por tanto la necesidad de aumentar la capacidad de la capa de datos, por lo que tendremos que optar, bien por comprar una nueva máquina de 8 CPUs o bien por comprar una nueva máquina de 4 CPUs, ambas opciones estarán condicionadas a la arquitectura de nuestra capa de datos, pero en ambos casos supondrá un aumento considerable de los costes iniciales.

Si durante la fase de Análisis se hubiera descubierto esta nueva necesidad de la estrategia del Negocio, desde IT se podría haber planteado una solución basada en una máquina con una capacidad para 8 CPUs pero adquiriendo solo 4, esta solución nos hubiera permitido afrontar la nueva situación de manera más eficiente, ya que no tendríamos los inconvenientes de tener que crecer horizontalmente adquiriendo una nueva máquina de 4 CPUs, con los consiguientes costes relacionados de infraestructura, arquitectura y tiempos de implementación. O los inconvenientes provocados por la solución de adquirir una nueva máquina de 8 CPUs para sustituir a la máquina actual, esta solución tiene asociado una serie de impactos para el Negocio que habría que estimar.

Consejo

Cuidado con la fase de análisis, como ya hemos comentado antes, las personas tienden a pensar de forma lineal y la tecnología IT no se comporta siempre de forma lineal, que ningún área externa a la tecnología asume ideas que no son validadas por los responsables de IT.

1.6.1.2   Fase de Diseño

Durante la fase de Diseño se establecen las primeras ideas que formarán el germen de la futura plataforma IT. Este conjunto de ideas primigenias se construirán en base a la información recopilada durante la fase de Análisis, por lo que existe una relación directa entre la calidad de la información recogida en la fase de Análisis y la calidad de las ideas desarrolladas durante la fase de Diseño. Sin buenas especificaciones no se puede construir una idea sólida que de respuesta a las necesidades del Negocio.

El proceso de diseño es una de las tareas más creativas de todo el ciclo de vida IT, ya que en esta fase se generarán las ideas que permitirán transformar las necesidades del Negocio en un conjunto de elementos concretos como es la plataforma IT. El desarrollo de una buena idea durante el proceso de diseño se basa en dos factores fundamentales, la intuición y la experiencia. El peso que cada uno de estos factores tendrá en el desarrollo de la idea dependerá en gran medida de la solución que estemos buscando.

Debido a la naturaleza creativa de los procesos de diseño, la intuición sobre, lo buena o mala, que puede ser una idea de diseño, será un factor importante que ayudará a reducir los tiempos necesarios para la elección de la solución que mejor se ajusta a las necesidades que estamos intentando cubrir.

El otro factor clave en el diseño es la experiencia que tengamos en el campo de conocimiento que estamos utilizando para buscar una solución. La experiencia es un factor clave para la toma de decisión sobre la bondad de una opción de diseño, ya que permite aplicar el conocimiento que hemos adquirido gracias a la experiencia para evaluar los pros y contras de la implementación de una idea de diseño concreta.

La fase de diseño es un proceso cíclico que se inicia con un conjunto de ideas originadas de las especificaciones obtenidas de la fase de Análisis y que desemboca en la generación de un conjunto de especificaciones que definen de forma clara, la naturaleza, cantidad y arquitectura de los distintos elementos con los que tendremos que construir la plataforma IT, además de disponer de las especificaciones que establezcan el modelo relacional de todo el sistema. La fase de Diseño persigue los siguientes objetivos:

- Asegurar el cumplimiento de los requisitos de la fase de Análisis, para que la solución de diseño propuesta se ajuste al Negocio.

- Reducir los costes, sin perjudicar la calidad del servicio, evitando emplear componentes innecesarios, un buen diseño es simple y funcional.

- Asegurar en la medida de lo posible que el diseño elegido permitirá reducir el número de incidencias. El diseño debe dar una solución sólida.

- En la medida de lo posible, dejar la solución lo suficientemente abierta para que tanto ampliaciones en los niveles de servicio o requisitos, tengan un impacto mínimo en los costes de modificación de la plataforma. Es decir, buscar una solución abierta.

- Definir la forma en la que se comportarán los flujos de información dentro de la plataforma. Para definir el flujo de toda la información debemos tener en cuenta los condicionantes que hemos obtenido de la fase de análisis.

El problema principal del proceso de diseño es evaluar la calidad de las soluciones a las que lleguemos, ya que la única forma real de medir lo bueno o malo que es un diseñó es analizando el comportamiento de su implementación y como se ajusta dicha implementación a las necesidades reales.

Existen opciones, como es la construcción de modelos, que nos permiten evaluar de forma más o menos aproximada la calidad de un diseño, pero independientemente que no podamos tener la certeza de lo bueno o malo que es un modelo, existen dos factores que deben condicionar el proceso de creación de los diseños, ambos factores permitirán actuar de guías durante todo el proceso de diseño para evitar posibles desviaciones en el cumplimiento de los requisitos, buscar soluciones que cumplan estas dos directrices y en este orden:

- Cumplimiento de los requisitos. Las soluciones de diseño deben cubrir todas las especificaciones de la fase de Análisis.

- Reducción de costes. Debemos buscar diseños sencillos y funcionales que permitan unos costes de construcción y mantenimiento reducidos, pero sin descuidar la calidad.

Consejo

Debemos conseguir un diseño cuya implementación consiga maximizar los resultados, utilizando una cantidad reducida de recursos y cumpliendo todas las especificaciones.

Una buena práctica a la hora de diseñar sistemas complejos, como son los Sistemas de Información, consiste en emplear una estrategia de "Divide y Vencerás" con la que intentaremos dividir el sistema complejo, en subsistemas más sencillos y éstos a su vez dividirlos en conjuntos de componentes y elementos, para facilitar de esta forma el proceso de diseño. Al dividir en subsistemas podemos delegar el proceso de diseño de los subsistemas a personas o equipos especializados en áreas de conocimiento concretas, buscando en la especialización poder garantizar que los diseños de los distintos niveles son los más óptimos y eficientes. Al diseccionar de esta forma el sistema, debemos garantizar que la interrelación entre los distintos subsistemas y componentes presentan las mismas garantías en cuanto a su diseño, es decir, necesitamos que todas las interrelaciones en el Sistema sean las más óptimas y eficientes.

En una plataforma IT podemos encontrar los siguientes subconjuntos de componentes que conforman grupos de sistemas, los cuales podemos emplear como base para la construcción de sistemas complejos:

- Bases de Datos.
- Comunicaciones.
- Almacenamiento.
- Servidores de Aplicación.
- Servidores de Correo.
- Directorio de usuarios.
- Elementos de seguridad de acceso.
- Elementos de backup.
- Sistemas CRM, ERP, Business Intelligence.

La clasificación de los distintos componentes IT en alguno de los grupos anteriores, permite simplificar el proceso de diseño, pero por sí solo no refleja la lógica del Negocio. Existe una forma más coherente de crear grupos de subsistemas para ayudarnos en el diseño. Esta otra forma consiste en organizar los distintos componentes de la plataforma IT en capas funcionales, cada una de las cuales implementa parte de la lógica de los procesos de Negocio.

La arquitectura de capas permite aislar de forma lógica los distintos subsistemas para facilitar las labores de diseño y conseguir que las soluciones sean sencillas y eficientes. El número de capas que conforma la arquitectura IT dependerá de las características de la organización y las necesidades propias del Negocio.

Existe un modelo básico de arquitectura multicapa que sirve de base para casi cualquier plataforma, esta arquitectura está formada por tres capas, cada una de ellas con una especialización concreta:

- *Capa de Presentación.* Es la capa encargada de recibir las peticiones y presentar la información solicitada en dichas peticiones.

- *Capa de Aplicación.* En esta capa se implementa la lógica del negocio mediante una serie de aplicaciones las cuales se encargan de modelar los datos de las peticiones que se reciben en la capa de Presentación.

- *Capa de Datos.* Todos los datos con los que trabaja la plataforma IT se gestionan en la capa de Datos. Esta capa es la encargada de almacenar la información de manera permanente.

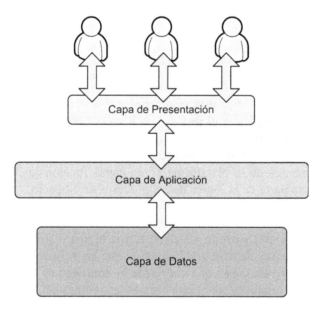

Fig 1.17: Arquitectura multicapa.

Un error común durante el proceso de diseño consiste en no analizar los costes de las soluciones que se plantean, pensando que el ajuste de los costes es una tarea que se puede ejecutar durante la fase de implementación. Este tipo de errores generaran un problema con la calidad de la plataforma ya que un buen diseño que no tenga en cuenta los costes se puede convertir en una mala implementación debido a la escasez de recursos. Básicamente los costes de una plataforma los podemos clasificar de la siguiente forma:

- *Costes directos*, son todos aquellos constes que son fácilmente imputables a la plataforma, por ejemplo la compra de sistemas, las licencias de software necesarias, los equipos de comunicaciones necesarios para interconectar los distintos elementos de la plataforma, etc.

- *Coste indirectos*, son aquellos que no son fácilmente imputables a la plataforma, por ejemplo, el uso de instalaciones para la explotación, PC, impresoras, la formación de la gente que trabaja en los distintos equipos, los mantenimientos, etc.

Vamos a ver un ejemplo de por qué debemos tener en cuanta los costes asociados a las soluciones que se presenten durante la fase de diseño. Supongamos que durante la fase de Diseño de una plataforma se presentan dos posibles soluciones, las cuales cumplen perfectamente con los requerimientos de la fase de Análisis.

- *Diseño A*, esta otra solución está basada en 16 máquinas de 2 procesadores y 4 GB de memoria RAM cada máquina. Las máquinas no tienen acceso a volúmenes de almacenamiento compartido, ya que el almacenamiento será en local en cada máquina. Cada máquina correrá una única aplicación.

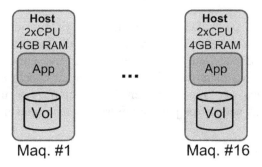

Fig 1.18: Esquema correspondiente al Diseño A.

- *Diseño B*, esta solución consiste en 4 máquinas de 8 procesadores, con 16GB de memoria RAM. Las 4 máquinas acceden a 4 volúmenes de almacenamiento mediante una red SAN, en cada una de las máquinas ejecutan 4 aplicaciones

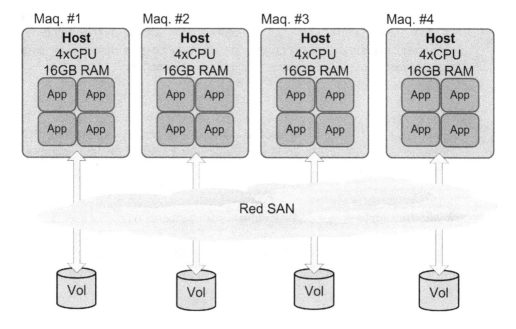

Fig 1.19: Esquema correspondiente al Diseño B.

Ambas soluciones son parecidas, pero no iguales, ya que aún considerando la solución A como mejor desde el punto de vista de los costes, las máquinas pequeñas son más baratas que las máquinas grandes, aunque el número de procesadores al final sea el mismo. Debemos tener en cuenta que los costes de mantenimiento pueden ser superiores en la solución A y también hay que considerar los recursos necesarios para administrar 4 máquinas no son los mismos que para 16 máquinas.

> **Consejo**
>
> En la medida de lo posible, durante la fase de diseño debemos asegurarnos de establecer las especificaciones concretas del mayor número de elementos posibles, para evitar problemas durante la fase de implementación, relacionados con las decisiones sobre cómo hacer algo. Debemos ser conscientes que el diseño define la implementación y que no podemos dejar ningún factor a la improvisación.

1.6.1.3 Fase de Implementación

La fase de Implementación tiene como objetivo principal dar forma y construir las ideas nacidas en la fase anterior, siguiendo los requerimientos técnicos, especificaciones, soluciones y consejos definidos durante la fase de Diseño.

Al igual que ocurre con las fases de Análisis y Diseño, la calidad de los trabajos desarrollados durante la actual fase de Implementación está directamente relacionados con lo buena que sea la información que se ha generado durante la fase de Diseño, en muchas ocasiones la falta de concreción en las especificaciones de un diseño determinado provoca que durante la fase de implementación tengamos dudas sobre la forma en la que hay que construir parte del Diseño, por lo que la decisión sobre la solución que vamos a seguir depende de factores externos a la propia plataforma IT, como puede ser los prejuicio que el equipo encargado de la implantación tenga sobre cierta tecnología. Lo que provoca la aparición de modificaciones en la implementación que no respetan el diseño original y en consecuencia no está garantizado el cumplimiento de los requisitos definidos en la fase de Análisis, con el consiguiente perjuicio para el negocio.

La fase de implementación debe cumplir los siguientes objetivos:

*   Cumplir con las especificaciones generadas durante la fase de Diseño. Es crucial para el desarrollo normal del ciclo de vida de la plataforma IT que durante la fase de implementación no se alteren las especificaciones de Diseño.

- Identificar errores en la fase de Diseño. Durante la implementación de los diseños puede aparecer problemas que impiden que se concluyan las tareas de construcción de los diseños o bien, que una vez construidos aparezcan errores visibles sin la necesidad de que el sistema esté funcionando.

Una regla fundamental que deben cumplir los equipos encargados de la implementación de los diseños es no alterar de manera considerable las especificaciones establecidas en la fase anterior, ya que este tipo de alteraciones generaran problemas de inconsistencia entre lo que se ha diseñado y el sistema que finalmente se ha construido. La fase de implementación no es una fase de rediseño, en todo caso se debe identificar el problema y volver a la fase de análisis y posteriormente a la de diseño para que generen, en el caso de que sea necesario, nuevas especificaciones.

Durante esta fase se deben establecer un conjunto de puntos de control que nos sirvan para medir la calidad de los diseños propuestos. Los diseños no dejan de ser ideas que deben ser implementadas y en muchas ocasiones la implementación de ciertas ideas saca a la luz fallos de diseño, bien por razones técnicas o de costes. Los procesos de implementación deben ser fieles a los diseños pero también ser críticos con ellos para intentar identificar posibles fallos.

> **Consejo**
>
> En la fase de implementación se debe emplear la tecnología definida en la fase de diseño y no debemos permitir que en la fase de implementación debido, bien al favoritismo, bien al conocimiento que tengamos de ciertos tipos de tecnología, incumplir los requerimientos de implementación. Implementar soluciones con una tecnología conocida, pero que no se ajuste a los requerimientos del diseño pueden provocar problemas en el desarrollo del Negocio durante la fase de explotación y/o mantenimiento.

Ejemplo: Veamos un ejemplo en el que durante la fase de diseño no se ha concretado uno de los aspectos que afecta a la forma en la que las aplicaciones accederán a los volúmenes de datos. Supongamos que durante la fase de diseño se ha decidido que una serie de servidores deben acceder a una serie de volúmenes con datos comunes. En el diseño no se ha especificado el tipo de acceso, por lo que el equipo encargado de la implementación plantea 3 posibilidades:

- *Acceso mediante NFS (Network Filesystem)*

- *Acceso mediante FC (FibreChannel)*

- *Acceso mediante iSCSI (Internet SCSI)*

Para nuestro ejemplo, supongamos que la plataforma de almacenamiento sirve los datos de forma nativa en cualquiera de las 3 tecnologías, por lo que no tenemos un condicionante en este aspecto. Cada una de las 3 opciones supone unos costes indirectos y para nuestro ejemplo vamos a suponer que el equipo de implementación elige NFS, por ser la solución más rápida de implementar y porque dicho equipo no tiene experiencia en las otras tecnologías. Se construye la plataforma y una vez terminada se comprueba que los servidores de aplicación están haciendo un uso intensivo de la I/O en el almacenamiento, lo que provoca ciertos cuellos de botella en el acceso a los recursos NFS.

El problema es que ahora tenemos que volver a diseñar la implementación del acceso a los datos por parte de los servidores de aplicación, en caso de elegir la tecnología FC, hasta tendríamos que comprar tarjetas HBA para el acceso Fibrechannel con el consiguiente coste, reconfiguración de los volúmenes en el almacenamiento, etc.

Como vemos en el ejemplo anterior, la falta de especificaciones en ciertos componentes críticos durante la fase de diseño puede desembocar en una mala solución durante la fase de Implementación, que se traduce en un impacto sobre la capacidad de la plataforma para dar respuesta al Negocio.

Consejo

Cuando en la fase de implementación se tengan dudas sobre la tecnología que se debe aplicar, es necesario parar la implementación y realizar un escalado del problema para que se analice la necesidad de iniciar un proceso de análisis y diseño o bien, en el caso contrario reconocer el riesgo y documentarlo para que todo el mundo sea consciente de dicha limitación.

Aunque la fase de implementación está fuertemente condicionada por los resultados de la fase de diseño, es importante que entendamos que será durante la fase de implementación cuando se construirá el sistema y por tanto, será en esta fase en la que se pueden producir errores que provoquen una desviación entre el resultado implementado y el diseño que se planificó. Uno de los componentes críticos en esta fase son los recursos humanos que participan en ella.

Es crucial, para evitar desviaciones en la implementación del diseño, por un lado realizar controles que certifiquen la calidad de la implementación y por otro lado disponer de una idea clara sobre la Capacidad de los equipos encargados de ejecutar las distintas tareas, ya que en ocasiones, bien por el desconocimiento para desempeñar ciertas tareas o bien por un problema con los ajustes de los tiempos asignados, las implementaciones que se realizan no cumplen con las especificaciones del diseño, lo que tendrá un impacto en el Negocio.

Durante el proceso de implementación es crítico monitorizar tanto los tiempos de ejecución para cumplir con los plazos establecidos, como los controles de calidad que garanticen que se cumplen las especificaciones del diseño, así como vigilar cualquier anomalía que pueda provocar en el futuro un problema para el Negocio.

Es fundamental que una de las últimas tareas de la fase actual sea la Certificación de la implementación realizada, donde los equipos se hagan responsables que la implementación cumple con los requisitos definidos en las fases anteriores. Dicha tarea supondrá la ejecución tanto de pruebas de funcionalidad como pruebas de carga, para evaluar la calidad de la implementación.

Malas Prácticas

Las certificación de las instalaciones es un tema que se ha descuidado mucho en las plataformas IT, ya que los fabricantes establecen certificaciones sobre el uso de sus productos y la lista de componentes con los que pueden interoperar, pero rara vez se realiza una certificación por parte de empresas independientes sobre la implementación que se ha ejecutado en su conjunto. Esta falta de control sobre la calidad de las implementaciones se traduce en verdaderos quebraderos de cabeza para las propias empresas, sobre todo en aquellas situaciones en las que se requiere un crecimiento de la propia plataforma.

En el mundo IT se ha establecido la idea de que el producto IT por su propia naturaleza generará fallos y que es algo normal entregar una versión con fallos que serán solucionados en versiones posteriores.

Esta cultura del "bug" provoca que desde el punto de vista puramente de ingeniería las implementaciones IT sean bastante pobres en cuanto a los criterios de calidad, ya que todo el mundo asume que la implementación tiene fallos que serán subsanados en fases posteriores mediante la aplicación de modificaciones, parches y nuevas versiones.

Es importante que desde nuestra posición, bien sea como técnicos, responsables IT o miembro de las unidades de negocio, entendamos que las ejecuciones de ingeniería deben tener una implementación correcta según las especificaciones y que cualquier desviación de dichas especificaciones tiene unos costes que alguien debe asumir, dependiendo de quien y cuando ha provocado la desviación.

1.6.1.4   Fase de Explotación y Mantenimiento

Un sistema IT es un elemento vivo que se encuentra sometido a constantes cambios, ya sean por que se deben implementar nuevas funcionalidades o porque que las funcionalidades implementadas no consiguen alcanzar los niveles mínimos requeridos para desarrollar algunos de los procesos de Negocio. En ambos casos

---

los Sistemas IT se deben enfrentar a un escenario de cambios para los que deben estar preparados. Por tanto, una tarea necesaria en cualquier sistema IT, para asegurar unos niveles mínimos en los resultados de su operación es el mantenimiento que ayude vigilar y rectificar cualquier problema que pueda surgir en el Sistema IT y que consiga desviar los resultados esperados de los resultados obtenidos.

En un sistema IT se producen anomalías, provocados por un sin fin de causas debido a la complejidad propia de cualquier sistema IT. Estas anomalías pueden desembocar en generar varios tipos de resultados, dependiendo de su naturaleza y del grado de impacto sobre el propio sistema. Podemos identificar como anomalías a todas aquellas situaciones que generan en el sistema IT alguna de las siguientes consecuencias:

- *Fallo hardware*. Los componentes hardware generan fallos principalmente por dos razones, están implementados de forma que no cumplen sus propias especificaciones lo que irremediablemente desemboca en un problema o bien por que haya excedido su vida útil.

- *Fallo software*. El software no es un elemento físico por lo que el tiempo no genera un desgaste y lo que significa que su vida útil no está marcada por condicionantes de tipo físico como ocurre con el hardware. Los fallos software se producen principalmente por una mala implementación de sus especificaciones y por tanto en un mal funcionamiento del componente software.

- *Degradación del rendimiento*. La degradación del rendimiento de un componente es tratada como una anomalía, ya que la propia naturaleza de un sistema IT donde un conjunto de componentes interactúan para transformar la información, el que uno de ellos no alcance el rendimiento esperado puede generar un efecto dominó que sea la causa de un problema que afecte a distintos componentes en el sistema.

- *Funcionalidad no implementada*. Este tipo de anomalías puede tener dos causas claramente diferenciadas. La primera es que durante la fase de Análisis se cometió un error al recoger cuales deberían ser las funcionalidades que la plataforma debería desarrollar. Otra causa que aunque no está directamente relacionada con ninguna de las fases del ciclo de vida sería que el usuario que interactúa con el sistema, ya sea una persona u otro sistema, cree que una funcionalidad concreta debe estar implementada, ya que es lo normal para este tipo de sistemas. En ambos casos, el impacto para el Negocio es similar, ya que impide que un cliente, sea de la naturaleza que sea, pueda interactuar de forma satisfactoria con el sistema.

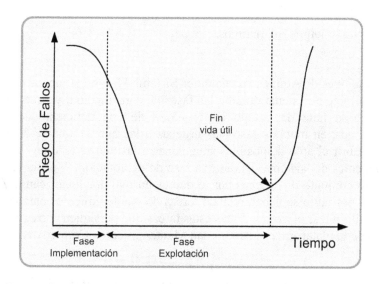

Fig 1.20: Distribución del riesgo de fallos en el tiempo.

Cualquier componente o conjunto de componentes tiene una función que representa el riesgo de que aparezca un fallo a lo largo del tiempo, la figura 1.20 muestra un ejemplo de la función que representa el riesgo de que aparezca un fallo en un componente. Tal como vemos el riesgo de fallo es muy alto durante la fase de implementación y una vez terminada la vida útil del componente. Para minimizar el riesgo de fallo durante la fase de explotación es importante que el uso del componente no supere su vida útil, reemplazándolo.

Dos las tareas críticas durante la fase de explotación y mantenimiento son las de vigilar la aparición de cualquier tipo de anomalías y trabajar en la prevención y corrección de cualquier tipo de problema que pueda impactar en el propio sistema.

Las operaciones de mantenimiento que se aplican a un sistema IT pueden ser clasificadas en cuatro grandes grupos, dependiendo de factores como el origen que desencadena la propia operación o el propósito que persiguen:

- Mantenimientos Correctivos.

- Mantenimientos Evolutivos.

- Mantenimientos Preventivos.

- Mantenimientos Adaptativos.

Uno de los talones de Aquiles en cualquier Sistema IT son los juegos de pruebas a los que se somete el sistema durante las fases de construcción, ya que por razones achacables a la falta de tiempo o por causa de una deficiente definición de especificaciones, en muchos casos las pruebas a las que se somete el sistema no consiguen cubrir el arco de posibles situaciones a las que se tendrán que enfrentar los componentes del sistema. Durante la fase de explotación, el sistema se somete al verdadero conjunto de pruebas por lo que es normal que aparezcan todo tipo de anomalías y por tanto se deben realizar tareas de mantenimientos para corregir los defectos y minimizar el riesgo. Todas estas tareas que persiguen corregir problemas detectados en la plataforma se denominan Mantenimientos Correctivos.

Los Sistemas IT deben evolucionar en el tiempo, para ajustarse de la mejor forma posible a las necesidades del Negocio, en la fase de explotación y mantenimiento se deben realizar tareas y acciones cuyo propósito sea mejorar determinadas características del sistema que los usuarios consideran que deben cambiar.

Los mantenimientos Evolutivos persiguen implementar mejoras en el sistema para mantener las necesidades de los usuarios alineadas con las funcionalidades del sistema. Existen dos tipos de mejoras que el usuario del Sistema puede plantear: Aquellas que pueden ser asumidas por el propio Sistemas mediante cambios sencillos en características concretas y aquellas mejoras cuya implementación suponen modificaciones drásticas en el diseño del propio Sistema.

Otro tipo de mantenimiento que encontraremos durante la fase de explotación en cualquier sistema IT es el mantenimiento Preventivo o Perfectivo, que engloba todas aquellas tareas cuyo propósito es modificar algunos de los componentes del Sistema pero sin alterar las funciones básicas que el sistema implementa. Algunos ejemplos de tareas englobadas en el mantenimiento preventivo:

- Reemplazar componentes que han cumplido su vida útil y por tanto aumenta el riesgo de que se produzcan fallos.

- Aumentar la cantidad de almacenamiento asignada a una aplicación para mantener un umbral de espacio disponible, que garantice que la aplicación dispone de espacio suficiente para que no se produzca una incidencia.

- Aplicar parches a las aplicaciones y SSOO, para mantener actualizado el software según los requisitos del fabricante y el soporte.

El mantenimiento Adaptativo se trata de todas aquellas tareas que supongan una modificación en las características de algunos componentes para adaptarlas a cambios en el propio sistema o en elementos externos con los que haya una relación de dependencia. El objetivo de los mantenimientos adaptativos es conseguir que el Sistema mantenga todas sus funcionalidades aunque se produzcan modificaciones en componentes, tanto internos como externos. Algunos ejemplos de tareas de mantenimiento Adaptativo serían:

- Modificaciones en una aplicación para adaptarla a la nueva arquitectura hardware sobre la que se ejecuta.

- Una aplicación de intercambio de información ha quedado obsoleta y el fabricante la ha sacado del soporte, por lo que se debe adaptar la plataforma para implementar otra forma de intercambio de información.

Existe una regla de oro para los sistemas que se encuentran en la fase de explotación que es:

"Si funciona, no lo arregles"

Esta frase hace referencia a las tareas de mantenimiento que se realizan en un sistema y a los efectos secundarios que estos mantenimientos pueden generar sobre el funcionamiento del propio sistema.

1.6.2 Capacity Planning en el ciclo de vida IT

Un Capacity Planning es un proceso cíclico cuyas fases pueden aplicarse durante todo el ciclo de vida de una plataforma IT, como parte de las tareas propias de la fase del ciclo de vida. El momento de inició del Capacity Planning dependerá de factores propios de la compañía, como los recursos disponibles o la propia cultura corporativa, independientemente del momento en el que se decida comenzar el Capacity Planning lo que debemos cumplir es que el análisis de la Capacidad acompañe a la plataforma IT durante todo el ciclo de vida, convirtiéndose de esta forma en un proceso autónomo en cuanto a su ejecución pero relacionado con la evolución de la plataforma.

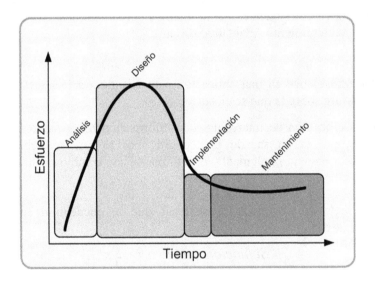

Fig 1.21: Curva de esfuerzo del Capacity Planning.

Si el planteamiento para el desarrollo del Capacity Planning es definir un horizonte temporal con una fecha de inicio y una fecha de finalización, sin contemplar la posibilidad de convertirlo en un proceso cíclico, todo el esfuerzo realizado durante el desarrollo del análisis de la Capacidad se perderá. Ya que el Capacity Planning es un proceso con una curva de aplicación logarítmica, como muestra la figura, donde el mayor esfuerzo se realizar durante las primeras fases en las que tenemos que recoger toda la información y comprender como se relacionan el Negocio y la Tecnología.

Consejo

La gestión de la Capacidad IT es un proceso cíclico que requiere revisiones periódicas, lo que significa que es imprescindible que la organización asigne un conjunto de recursos, acordes a tamaño de la organización, cuya responsabilidad sea mantener actualizado el plan de Capacidad.

Hemos comentado que durante todo el ciclo de vida de la plataforma IT podemos comenzar un Capacity Planning, pero debemos ser conscientes que dependiendo de cuando lo iniciemos, los primeros resultados que obtengamos nos ayudarán de una forma u otra:

- *Durante la fase de Diseño*, con el propósito de cuantificar la capacidad estimada de la plataforma IT en función de los diseños elegidos y ayudar de esta forma en la elección del diseño que mejor se ajusta a la estrategia del Negocio. Este cálculo se puede realizar mediante la creación de modelos en los que se puede simular el comportamiento de la plataforma en distintos escenarios. En esta fase el Capacity Planning nos ayuda a responder cuestiones relativas a las carencias o deficiencias en la definición de los diseños propuestos, con cuestiones como ¿Será suficiente el Diseño planteado para cubrir las necesidades y requerimientos del Negocio? ¿Con el diseño planteado podemos llegar a las N transacciones/seg? ¿Cuales son los costes de modificación del diseño elegido para aumentar el número de usuarios concurrentes?

- *Durante la fase de Explotación*. De forma periódica se debe actualizar el Capacity Planning para que refleje los posibles cambios en el comportamiento de la demanda sobre la plataforma IT y permitir identificar posibles cuellos de botella en componentes IT que impacten en los parámetros de rendimiento del Negocio, los cuales miden la calidad con la que se está desarrollando el Negocio, así como gestionar los nuevos riesgos para el Negocio que se puedan encontrar. las respuestas que nos ayuda a contestar el Capacity Planning son relativas a la capacidad de la plataforma para soportar la carga actual de trabajo. ¿Es la capacidad de la plataforma correcta para el normal desarrollo del Negocio de la compañía? ¿Tenemos algún componente o parte de la plataforma que a corto o medio plazo suponga un riesgo para el cumplimiento de los acuerdos de niveles de servicio? ¿Cuales son los márgenes de cumplimiento de los Niveles de Servicio actuales?

- Cuando los requisitos de la fase de Análisis cambien, es decir cada vez que la organización deba tomar una decisión sobre el Negocio, debería actualizarse el Capacity Planning para chequear que dicha decisión no impactan de forma negativa en la actual plataforma IT y por consiguiente en el Negocio. Durante la fase de Análisis, el Capacity Planning ayuda a responder cuestiones sobre la capacidad de la plataforma IT para absorber nuevos requisitos o funcionalidades y los riesgos que las nuevas funcionalidades pueden generar. ¿Está la plataforma preparada para añadir esta nueva línea de negocio?, ¿Podemos vender más productos en la plataforma?, ¿Habría riesgo para la plataforma que entrásemos en mercados extranjeros? ¿Está la plataforma preparada para soportar una eventual avalancha de pedidos?

En los ejemplos anteriores podemos ver como todas las preguntas se realizan desde la perspectiva del Negocio. Es uno de los objetivos del Capacity Planning trasladar las cuestiones planteadas desde la capa de Negocio hacia la capa de Tecnología, una vez realizado el análisis y obtenido unos resultados, trasladar toda la información hacia la capa de Negocio, para que se puedan tomar las decisiones correctas que mejor se acoplen a la estrategia del Negocio y menos riesgos implique su ejecución.

Consejo

El esfuerzo que debemos invertir en la ejecución de un Capacity Planning es inversamente proporcional al conocimiento que tengamos de la plataforma. Este concepto es obvio, cuanto más conozcamos la plataforma, más rápido encontraremos sus límites y debilidades.

De todas las fases del ciclo de vida IT, la única en la que la ejecución de una Capacity Planning no aporta demasiado valor es la de Implementación. La razón principal es que durante esta fase de debe construir los sistemas y subsistemas que formaran parte de la plataforma IT y no deberíamos interferir en dicha construcción, ya que como hemos comentado, en caso de encontrar alguna anomalía deberíamos volver a la fase de análisis y posteriormente a la de Diseño, por tanto, desde el punto de vista operativo nos interesa que la fase de Implementación finalices para comenzar una estudio de la Capacidad IT.

1.7 Fases de un Capacity Planning

Por la propia naturaleza del concepto de Capacidad, no existe un proceso estándar que defina un Capacity Planning, sino que cada organización debe desarrollar la forma en la que ejecutar un Capacity Planning adecuando las distintas tareas a las particularidades de cada organización. La compañías desarrollan distintos procesos de Negocio, diseñan estrategias específicas para su Negocio, implementan distintas arquitecturas IT en sus plataformas, etc. todas estas diferencia nos obligan a diseñar un Capacity Planning para una compañía en concreto. Pero este universo heterogéneo de posibilidades no significa que no podamos seguir un patrón gracias al cual poder organizar el desarrollo de un Capacity Planning en fases y tareas.

> *"La rueda ya está inventada, no me cuentes cómo es,*
> *cuéntame para qué la utilizas"*

Esta frase explica de forma concisa cual es el planteamiento que debemos tener al enfrentarnos al reto de iniciar un Capacity Planning. Se trata de un estudio de la Capacidad que pasa por analizar procedimientos, diseños e implementaciones de la plataforma IT, acciones que en la mayoría de los casos ya conocemos y estamos realizando, aunque no dentro de el marco de trabajo que pretendemos que sea el Capacity Planning.

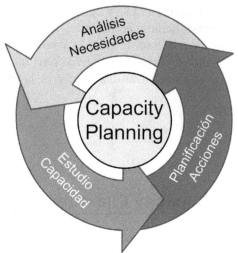

Fig 1.22: Fases de un Capacity Planning.

Para cualquier Capacity Planning podemos definir tres fases, las cuales constituyen el ciclo de vida del Capacity Planning y que describen el qué necesitamos estudiar, como analizamos la capacidad y cuales serán las acciones que tendremos que realizar, es decir:

- Fase I: Análisis de las Necesidades.

- Fase II: Estudio de la Capacidad.

- Fase III: Planificación de acciones.

1.8 Consejos para el éxito de un Capacity Planning

1. Define cuales son los objetivos que la organización espera conseguir del Capacity Planning.

2. En la construcción del Capacity Planning debe participar toda la organización, independientemente de cual es el grado de implicación en el desarrollo del Negocio.

3. Es mejor un mal plan de Capacidad que no tener ninguno.

4. Lo importante es el **NEGOCIO,** la tecnología es solo una herramienta.

5. Tienes que pensar en el Capacity Planning como una herramienta de la organización, que debe estar viva y actualizada.

6. La información que se genere gracias al plan de Capacidad debe ser distribuida a toda la organización, empleando todos los medios disponibles para que la información llegue al mayor número de personas.

7. El esfuerzo para la elaboración de un Capacity Planning es inversamente proporcional al conocimiento que tengamos de la organización. Es importante que antes de comenzar analicemos cual es nuestro conocimiento real sobre la propia organización.

8. El Capacity Planning no es una herramienta de ahorro de costes, es una herramienta para ajustar recursos en base a las necesidades del Negocio.

9. La organización debe tener una estrategia establecida para crear un plan de Capacidad.

10. De los tres componentes de una plataforma IT, el hardware, el software y las personas, este último jugará un papel principal en el plan de capacidad, ya que es el único que aporta la flexibilidad suficiente para adaptarse al cambio en la demanda del Negocio.

Capítulo 2

Fase I: Análisis de las Necesidades

En este capítulo abordaremos la primera fase de un Capacity Planning, que consiste básicamente en el análisis de las necesidades de la compañía, las cuales desencadena la decisión de iniciar un estudio sobre la Capacidad. El análisis de las necesidades de la compañía tiene como objetivo principal realizar una primera toma de contacto con el Negocio, que nos ayude a identificar aquellos procesos de Negocio críticos para la organización, así como estudiar cuales son las expectativas que la compañía tiene tanto del Negocio como de los resultados del estudio de la Capacidad. También analizaremos las relaciones de dependencia que se establecen entre los planes estratégicos de la compañía y el Capacity Planning.

Esta primera fase tiene como objetivo principal recoger toda la información necesaria para ejecutar los pasos posteriores del Capacity Planning y con esta información poder realizar las estimaciones necesarias sobre los recursos reales que la compañía tendrá que asignar, el tiempo de desarrollo y aspectos de índole económicos como los costes o inversiones.

A lo largo del capítulo también trataremos dos elementos clave para construir un Capacity Planning, los *Niveles de Servicio* y las *Unidades de Trabajo*. Los Niveles de Servicio establecen los umbrales mínimos de operación para garantizar cierto varemos sobre la calidad con la que se desarrolla el Negocio, ya sea un bien físico o un servicio. Por tanto los Niveles de Servicio deben ser considerados los controles, dentro de la organización, que miden las desviaciones en el desarrollo del Negocio.

Las Unidades de Trabajo son los componentes clave para establecer un nexo entre el Negocio y la Tecnología, mediante la relación que existen entre elementos de uno y otro lado. Una Unidad de Trabajo identifica aquellos componentes IT que son utilizados para que un elemento de Negocio pueda desarrollar su función. Las Unidades de Trabajo se convierten en la verdadera bisagra que permite articular la relación Negocio-Tecnología, facilitando la identificación del impacto que un problema en la Capacidad de algún componente IT tendrá sobre los elementos del Negocio.

Esta primera fase de Análisis de las Necesidades está conformada por el siguiente conjunto de tareas, que establecen el eje central sobre el que se desarrollan las distintas actividades:

- Establecer los objetivos.

- Definición de los roles del equipo responsable del Capacity Planning.

- Identificación de la estrategia del Negocio.

- Identificación de los Niveles de Servicio.

- Identificar los Procesos de Negocio.

- Identificación de los flujos de información.

- Identificación de las Unidades de trabajo

- Creación de la Documentación de la fase.

El conjunto de tareas anteriores persiguen una serie de objetivos entre los que podemos destacar a modo de resumen:

- Identificar las personas responsables de la ejecución del Capacity Planning.

- Definir los parámetros que se utilizarán para medir el rendimiento de los distintos procesos de Negocio, así como los valores mínimos que garanticen la calidad con la que se desarrolla el Negocio.

- Conseguir que los niveles de calidad establecidos estén acordes, tanto con la naturaleza de la compañía como con el Negocio.

- Comunicar a todas las áreas de la compañía, cuales son los objetivos y las actividades que el desarrollo del Capacity Planning tendrá en la organización.

- Analizar la estrategia que la organización ha establecido para el desarrollo del Negocio, intentando estimar a corto y medio plazo las posibles desviaciones de los Niveles de Servicio acordados.

- Concienciar a todas las áreas de la organización en la necesidad de que participen de forma activa en el desarrollo del Capacity Planning.

- Estimular la comunicación entre las distintas áreas, para incrementar la eficiencia de los flujos de información dentro y fuera de la compañía.

- Evaluar la calidad y la cantidad de la información procesada por los distintos procesos de Negocio y su impacto sobre la Tecnología.

2.1 Objetivos del Capacity Planning

El primer paso cuando comenzamos cualquier actividad es conocer qué propósito existe que justifique la realización de dicha actividad, es decir, conocer cuales son los objetivos que se pretenden conseguir. Esta primera tarea de la fase actual pretende identificar cuales son los objetivos que la organización plantea conseguir como resultado de la realización de un análisis de la Capacidad.

Es frecuente que las compañías no tengan una idea clara de cuales son los objetivos que pretenden conseguir con la ejecución de una Capacity Planning, por lo tanto este paso, no solo permite enumerar de forma clara las metas que se persiguen, sino que también consigue, en caso de que dichas metas no estén lo suficientemente claras disponer de una primera toma de contacto sobre las expectativas que la organización, tanto en el desarrollo como en los resultados del Capacity Planning. Esta información sobre los objetivos, nos ayudarán a establecer cual debe ser el marco de trabajo en el que encuadrar el estudio de la capacidad, así como a identificar aquellas partes del Negocio sobre las que tendremos que trabajar.

> **Consejo**
>
> El Capacity Planning debe dar como resultado un plan de acciones que ayude a la organización a gestionar de forma eficiente su Capacidad, por tanto, es fundamental que entendamos qué quiere conseguir la organización con el Capacity Planning, para ajustar de manera eficiente lo que se espera la organización con los resultados obtenidos.

El objetivo principal que nos marcaremos para la actual tarea consiste en identificar de forma clara y precisa los objetivos que la organización se ha marcado, independientemente de que estos objetivos no este suficientemente desarrollados, ya que aunque contemos con ideas o proposiciones que no tengan una profundidad suficiente, nos servirán para medir cuales son las intenciones de la compañía y como podemos guiar el desarrollo del Capacity Planning para que se ajuste a lo que la compañía espera.

Cuando la organización no tiene demasiado claro las metas que pretende conseguir con el estudio de la Capacidad que se está iniciando, es normal que la tarea de identificación de objetivos se convierta en una lluvia de ideas, las cuales hay que ordenar para dar cierto sentido al proceso. El primer paso consiste en clasificar los objetivos marcados según lo crítico que sea su estudio para el Negocio, por lo que necesitaremos que las personas de negocio prioricen entre objetivos principales y secundarios. Entendiendo como principales aquellos objetivos que tienen un impacto mayor sobre el Negocio.

El Capacity Planning es un proceso que comienza analizando componentes de Negocio y concluye midiendo componentes de Tecnología, al ser una herramienta que trabaja con ambos mundos es frecuente que los objetivos que se marcan desde el Negocio no coincidan con la realidad que nos podemos encontrar en Tecnología, lo que significa que durante la identificación de los objetivos y para garantizar la operatividad de los mismos, éstos deberían cumplir con los siguientes requisitos:

- *Reales.* El objetivo debe tener un alcance real, evitando que se establezcan metas que a simple vista son claramente inaccesibles para la organización, previniendo de esta forma, emplear tiempo y recursos para la consecución de objetivos imposibles.

- *Inequívoco.* La definición de los objetivos debe ser expresada con claridad y sin ambigüedades que provoquen la confusión dentro del equipo encargado de desarrollar el Capacity Planning y por extensión en la Organización.

- *Cuantificables.* Los objetivos deben ser medibles, con el propósito de establecer métricas que nos permitan medir tanto la proporción como la calidad de los objetivos alcanzados.

- *Verificables.* Una vez finalizado el estudio de la Capacidad, debemos establecer controles que nos ayuden en la comprobación del cumplimiento de los objetivos marcados, por tanto, una de las características fundamentales de cualquier objetivo definido es que sea verificable para comprobar si se han conseguido.

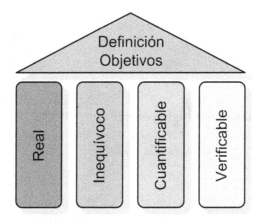

Fig 2.1: Definición de objetivos.

La definición del objetivo debe contener suficiente información para que se pueda comenzar con el análisis de los requisitos necesarios para conseguir las metas marcadas, por tanto debemos asegurarnos que la información contenida en la definición de los objetivos incluya:

- *Alcance temporal.* Debemos establecer los tiempos, dentro de los cuales estamos comprometidos en cumplir el objetivo.

- *Ámbito de aplicación.* La definición debe cubrir aquellas partes del Negocio sobre las que realizaremos en análisis de la Capacidad. El ámbito de aplicación permite identificar componentes y/o subcomponentes de Negocio sobre los que centrar el estudio.

- *Aproximación del ROI[5].* El estudio de la Capacidad supone una serie de costes que tendrán que ser imputados para medir posteriormente cual ha sido el beneficio real de los resultados obtenidos durante el Capacity Planning. El control de costes es importante para cualquier proceso que iniciemos dentro de una compañía, ya que permitirá establecer un ROI aproximado y evitaremos desviaciones presupuestarias durante la ejecución del Capacity Planning.

- *Definición de los controles.* En la propia definición del objetivo se deben especificar los controles para comprobar las posibles desviaciones que se produzcan durante el Capacity Planning, así como los procedimientos para comprobar que el objetivo se ha cumplido.

En el contexto del desarrollo de un Capacity Planning, podemos considerar que cualquier compañía está constituida por tres componentes básicos, los cuales son los pilares que sostienen gran parte del éxito que la organización tendrá en el mercado, el Negocio, la Tecnología y la Estrategia:

- *El Negocio.* Engloba a todos aquellos elementos de la organización cuyo propósito es definir la forma en la que deben trabajar las distintas áreas y como se debe manejar la información, tanto internamente como con el resto de la compañía, la forma en la que la compañía se relaciona con sus clientes y proveedores, definir los procesos encargados de manejar la información necesaria, etc.

- *La Tecnología.* Consiste en la infraestructura sobre la que se implementa toda la actividad del Negocio.

---

5   ROI son las siglas en inglés de *Return On Investment.* Retorno de la Inversión, es un ratio que mide la diferencia entre los beneficios obtenidos y la inversión que se ha realizado.

- *La Estrategia.* Es el conjunto de acciones que pretenden situar a la Organización en una ventaja competitiva en un punto del futuro, estudiando un conjunto de escenarios y diseñando los planes de actuación para que la compañía pueda abordar con éxito cualquiera de las posibles eventualidades que pudieran aparecer en el futuro.

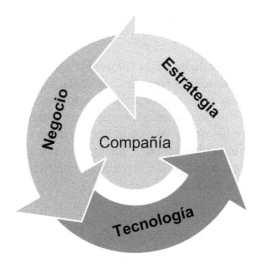

Fig 2.2: Pilares de una compañía.

Aunque la clasificación anterior es bastante sencilla y simplifica de forma considerable la organización de una compañía, nos puede ayudar a comprender cual es el origen que desencadena en la organización la necesidad de iniciar un análisis sobre la Capacidad y el enfoque que deberíamos dar a este análisis. Por tanto, la necesidad del Capacity Planning puede surgir de:

- *El Negocio.* Las áreas de Negocio necesitan conocer el impacto sobre el Negocio que tendrá cualquier cambio en los procesos de Negocio, los flujos de información, cambios en la organización interna, etc.

- *La Tecnología.* Los Sistemas de Información se implementan sobre tecnología que está en constante evolución, lo que empuja a las compañías a establecer planes de actualización de la tecnología. El proceso de actualización tecnológica requiere que analicemos la repercusión que tendrá sobre la Capacidad de la organización para continuar desarrollando el Negocio, cualquier cambio en la tecnología.

- *La Estrategia.* Para el éxito del Negocio es tan importante conocer qué debemos hacer en el futuro analizando posibles situaciones, como saber si contamos con los recursos necesarios para afrontar estos nuevos retos. El análisis de la Capacidad permite a la Estrategia del Negocio decidir qué plan estratégico se ajusta mejor, no solo a las posibles necesidades futuras, también cual hace un uso más eficiente de los recursos disponibles.

La finalidad principal del estudio de la Capacidad consiste en dar respuesta a los interrogantes generados desde las áreas de Estrategia, Tecnología y Negocio, sobre la capacidad que tiene la organización para desarrollar con éxito sus procesos de Negocio, en base a ciertos condicionantes y con un conjunto concreto de recursos. En consecuencia, entre los objetivos que la organización marque para el Capacity Planning, deben estar incluidos aquellos que ayuden a responder los interrogantes que surgen de la propia compañía. Un ejemplo de cuestiones que podrían emerger de las necesidades del Negocio sería:

- *¿Estamos preparados para trabajar con más clientes?*

- *¿Cuantas peticiones somos capaces de almacenar durante la campaña de Navidad?*

- *¿Estamos en disposición de aumentar nuestra oferta de servicios?*

- *En 4 meses, ¿Cuantas altas podremos tramitar al día?*

- *¿Cuánto crecerá el negocio al integrar la nueva sede de Ciudad de México?*

- *¿Cual será el impacto al aumentar la calidad del servicio actual a clientes VIP?*

- *¿Cómo afectará la externalización del área de Soporte?*

- *¿Están las inversiones previstas acordes con el plan de negocio?*

Tomando algunas de las cuestiones anteriores, vamos a desarrollar algunos ejemplos sobre la forma en la que deberíamos definir los objetivos marcados en el Capacity Planning.

Ejemplo : *¿Estamos preparados para recibir más clientes?*

- **Definición del Objetivo**: *Cuantificar la capacidad de la plataforma IT para estimar el número de clientes que podría aceptar sin reducir los parámetros del rendimiento del Negocio y aquellos parámetros que establecen los umbrales mínimos de calidad.*

- **Alcance temporal**: *Se necesita conocer la temporalidad para marcar los hitos temporales en el objetivo.*

- **Ámbito de aplicación**: *Es TODA la organización, ya que los clientes son elementos del Negocio que están relacionados con tanto con las áreas de Negocio como de Tecnología.*

- **Costes vs Beneficios**: *Se deben calcular los costes asociados a este objetivo.*

- **Controles**: *Como controles se utilizaran los parámetros de rendimiento de la plataforma para medir la calidad del servicio y comprobar si se producen degradaciones.*

Ejemplo : *¿Seremos capaces de almacenar más peticiones durante la campaña de Navidad?*

- **Definición del Objetivo**: *establecer la cantidad de peticiones que la plataforma IT puede almacenar antes de llegar a los límites de su capacidad*

- **Alcance temporal**: *El Capacity Planning se aplicará estimando la carga posible que la plataforma recibirá durante la campaña de Navidad, se necesitan crear los modelos de comportamiento de esas fechas*

- **Ámbito de aplicación**: *se circunscribe a la plataforma de almacenamiento de la plataforma IT*

- **Costes vs Beneficios**: *Los costes se centrarán principalmente en los cambios necesarios para gestionar los cambios en la capacidad de la plataforma de Almacenamiento*

- **Controles**: *Como controles para verificar el cumplimiento se utilizarán tanto los parámetros de rendimiento de la plataforma actual, así como el cálculo del tamaño de cada petición que espera recibir la plataforma y el impacto que el análisis de los modelos tengan en la plataforma.*

Por último, tenemos que comentar que la lista de objetivos elaborada durante esta tarea no debe ser un componente rígido dentro del desarrollo del estudio de la Capacidad. Es importante que la lista de objetivos la contemplemos con cierta flexibilidad que permita su modificación durante el desarrollo del Capacity Planning, aunque ésta no es una buena práctica, ya que los objetivos condicionan la construcción del esqueleto sobre el que desarrollaremos todo el estudio de la Capacidad. Los cambios no deben consistir en modificaciones drásticas, sino en pequeños ajusten que permitan aumentar la alineación de los objetivos del propio Capacity Planning con el Negocio.

2.1.1 Objetivos y acciones

- Realizar una primera toma de contacto con la idea que tiene la compañía sobre los resultados que espera obtener al desarrollar un plan de Capacidad.

- Identificar el origen de la necesidad y las causas de la misma.

- Realizar una estimación, aunque no sea superficial, sobre los recursos necesarios

- Definir el alcance y la profundidad del estudio según los objetivos que se hayan especificado.

- Evaluar la viabilidad de alcanzar los objetivos marcados.

- Crear un documento donde se reflejen todos los objetivos, su definición y toda la información que se haya podido recoger durante la tarea. Este documento será el punto de arranque para el Capacity Planning. Ver *Anexo A :Documentación.*

2.2 Definición de roles

Esta es sin duda una de las tareas claves en el éxito del Capacity Planning, por el impacto que tendrá, tanto en los resultados que obtendremos del análisis de la Capacidad, como en la forma en la que se ejecutarán las distintas actividades. El objetivo principal de esta tarea consiste en la identificación de las personas que formarán parte del equipo responsable de la ejecución del Capacity Planning y la definición de los roles que desempeñarán los distintos componentes dentro del grupo.

De todos los recursos con los que cuenta cualquier organización para desarrollar su Negocio, el equipo humano conforman el conjunto que mayor peso podemos asignar a la hora de identificar componentes críticos para el éxito del Capacity Planning, lo que significa que, tanto los procesos de selección, como los criterios empleados en ésta, así como la definición y asignación de roles, serán las actividades que marcarán la diferencia entre el éxito y el fracaso del estudio de la capacidad. La formación del equipo es un proceso de vital importancia en tanto que estamos seleccionando las personas cuyas cualidades profesionales y personales condicionaran la creación y el diseño de los distintos procesos necesarios para ejecutar el Capacity Planning, así como forjarán las relaciones entre el equipo del Capacity Planning y el resto de personas de la compañía.

En su libro sobre la sabiduría de los equipos, J.R. Katzenbach y Douglas K. Smith[6] definen un grupo de trabajo como:

"Un número pequeño de personas con habilidades complementarias que están comprometidas con un propósito común, con metas específicas de desempeño y con una metodología, y que se sienten responsables del éxito o fracaso."

Los criterios de selección del equipo encargado de desarrollar el Capacity Planning deben regirse, en la medida de lo posible, según la definición anterior. Debe ser un equipo reducido de personas por dos razones, la primera es que al realizar un

---

6   "Sabiduría de los Equipos: el desarrollo de la organización de alto rendimiento", Jon R. Katzenbach,Douglas K. Smith, Editorial Ediciones Díaz de Santos

trabajo transversal dentro de la compañía contarán con el apoyo de todas las áreas restantes y la segunda razón es que al tener un tamaño reducido permite ser más operativo.

El equipo debe estar constituido por personas con habilidades complementarias, por tanto lo formaran personas de distintas áreas de conocimiento. El compromiso de todas estas personas debe estar focalizado en el éxito del Capacity Planning, que es el propósito que da sentido a la existencia del equipo. El equipo tendrá unos objetivos comunes y una metodología o procedimientos, que definan su forma de trabajo. Por último, la responsabilidad del éxito o el fracaso del Capacity Planning debe recaer en gran medida sobre todo el equipo, para que cada uno de sus componentes se sientan participes de todo el proceso.

Consejo

El equipo encargado del desarrollo del plan de Capacidad no puede convertirse en un fin por sí mismo, sino que debe ser un medio para conseguir disponer de un plan para la gestión de la Capacidad, y debe apoyarse en el conocimiento de las distintas áreas y alejarse de la creación de un grupo autosuficiente que podría suponer un problema para la organización.

Entre otros requerimientos, es fundamental que el equipo de trabajo que se forme para ejecutar el Capacity Planning cumpla las siguientes condiciones:

- En el equipo deben estar representadas todas las áreas de conocimiento de la compañía que participan directa o indirectamente en el desarrollo del Negocio.

- No existe una fórmula para cuantificar el número de personas que deben formar el equipo, debe ser un número lo suficientemente reducido para no impedir su operatividad. En este grupo el peso lo constituye la calidad y no la cantidad, ya que el trabajo a realizar se apoyará en su ejecución en el personal de las distintas áreas.

- En caso de que el equipo esté formado por personal externo a la organización, el peso de las decisiones debe recaer sobre el personal interno, para que la organización mantenga el control sobre la ejecución del Capacity Planning.

- Dentro del equipo debe existir una persona la cual ostentará el rol de Responsable ante la organización. Este rol tiene el cometido de vigilar el cumplimiento de los tiempos de ejecución, objetivos, tareas, etc. Así como ser el interlocutor con las distintas áreas. La persona que tenga asignado este rol debe tener la autoridad suficiente para interactuar con cualquiera de las unidades organizativas de la compañía, así como poder escalar incidente que afecten al Capacity Planning.

- Es crítico que todos los componentes que participan en el Capacity Planning entiendan que el nuevo grupo trabajará como un equipo multidisciplinar con un ámbito de actuación transversal dentro de la organización, en el que se deben anteponer los intereses de la organización a los intereses, tanto personales como los intereses propios de las distintas áreas de la compañía.

- Cada área de la compañía tendrá la responsabilidad de seleccionar a la persona o grupo de personas que participarán en el equipo encargado de ejecutar el Capacity Planning. Las personas elegidas serán los interlocutores que ayuden a identificar los procesos de negocio en los que participa su áreas.

- La responsabilidad del equipo está circunscrita al Capacity Planning y en ningún momento tendrán competencia en las distintas áreas, de esta forma el equipo no podrá realizar actividades que entren en competencia con las actividades desarrolladas dentro del área. El propósito del Capacity Planning es medir para dar respuesta a cuestione sobre el negocio, aconsejando modificaciones y mejoras, pero está fuera del ámbito del Capacity Planning realizar tareas de reingeniería de procesos internos a las distintas áreas.

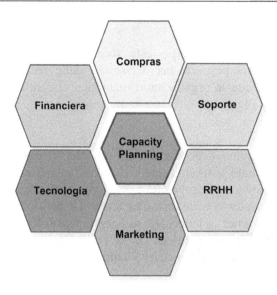

Fig 2.3: Esquema de competencias.

Malas prácticas

Es habitual que en las propias organizaciones exista una resistencia más o menos elevada por parte de ciertas personas, con respecto a la colaboración en la creación de un Capacity Planning, bien por desconocimiento sobre los beneficios que éste puede aportar a la organización en general y al aumento de la eficiencia en el desarrollo del negocio en particular, o bien por intereses propios que no están alineados con los intereses de la organización. En estos casos es frecuente que las áreas escojan a personal no cualificado para participar en el Capacity Planning, lo que se convertirá en un problema tanto para la organización, ya que si no se detecta a tiempo las carencias de este tipo de personas, pueden influir en el resultado del Capacity Planning de una forma negativa, tanto para la organización como para el propio área, ya que se pueden identificar carencias con respecto al conocimiento que dicho área debe tener, tanto del resto de la organización, como de sus propias funciones y actividades.

Por la propia definición de Capacity Planning debemos considerar que el conjunto de tareas y subprocesos que lo componen tienen un ámbito de actuación que engloba a todos los componentes de la organización, esto significa que una gran parte del trabajo del equipo encargado del Capacity Planning consiste en interactuar con el personal de las distintas áreas, con el objetivo de establecer relaciones que permitan la aparición de flujos de información entre las distintas áreas de conocimiento y el equipo encargado del Capacity Planning. Por tanto, es fundamental que la alineación y la empatía entre todos los participantes en el proceso sea máxima, para evitar fricciones, tanto internas al grupo, externas con otros equipos de la organización.

En las primeras fases de un Capacity Planning, es bastante frecuente que aparezcan diferencias entre las personas del equipo encargado del estudio de la Capacidad y algunas de las áreas de la compañía, lo que podría desembocar en un aumento de la tensión y por consiguiente, un distanciamiento entre las áreas implicadas y los objetivos del Capacity Planning. Dejando de lado razones personales, achacables a los intereses propios que tengan ciertas personas, a las propias diferencias de cultura corporativa por conflictos históricos dentro de la compañía, la mayoría de los problemas se generan por una falta de fluidez en la comunicación que se establece entre ambas partes.

Es necesario que desde el equipo encargado de la ejecución del Capacity Planning se marque como objetivo prioritario trabajar en acciones que permitan aumentar la fluidez de las comunicaciones, para evitar situaciones en las que se interprete los objetivos del Capacity Planning de forma errónea.

Consejo

La información ocupa lugar, independientemente de que sea catalogada como crítica o no. Disponer de un mapa en el que plasmar tanto las fuentes de datos como los flujos de información que nos ayude a cuantificar tanto la calidad como la cantidad de información que gestiona la plataforma IT.

Uno de los principales punto de desencuentro, achacable a la falta de comunicación, se produce durante el proceso de identificación de los procesos de Negocio. Esto se debe a que un área puede estar ejecutando una serie de procesos de Negocio de una forma determinada, cuando el resto de la compañía está pensando que el proceso en cuestión se está realizando de otra forma. También durante la catalogación de las fuentes y los flujos de información existen problemas de comunicación entre las áreas, a causa de una valoración subjetiva por parte de ciertas áreas de la criticidad para el Negocio de ciertas fuentes de información, al considerarlas poco relevantes y no enumerarlas dentro del conjunto de fuentes de información con las que trabaja. Pero independientemente de la valoración de las distintas fuentes de información, para la compañía y en concreto para la plataforma IT, toda la información es relevante ya que el Capacity Planning debe estudiar como se gestiona la información para medir el impacto que tiene ésta sobre la plataforma IT.

El análisis de la Capacidad genera como producto, un conjunto de recomendaciones sobre la Capacidad de ciertas unidades funcionales para desarrollar parte del Negocio. Esta información puede generar tensión entre las áreas afectadas y el equipo de Capacity Planning, al realizar las áreas afectadas la suposición de que se está realizando un examen a la forma en la que el área trabaja. Una de las acciones en la que se debe concentrar el equipo del Capacity Planning es la forma de mitigar la tensión derivada de una mala exposición sobre las mejoras aplicadas a un área determinada.

La gestión de los conflictos que el Capacity Planning puede generar es crítico para el éxito del Capacity Planning, ya que no debemos olvidar que el análisis de la capacidad no debe convertir en un problema para la compañía. Si las áreas de la organización perciben el Capacity Planning, no como un proceso de mejora para la compañía, sino como una evaluación de las capacidades internas a cada área, se pueden generar suficientes tensiones dentro de la compañía que pueden llegar a desembocar en la decisión por parte de la dirección de detener el Capacity Planning.

Para intentar reducir los problemas derivados de la tensión creada al interactuar el equipo del Capacity Planning con el resto de personas de la compañía, los responsables del Capacity Planning deben trabajar en la línea de conseguir que el equipo en cada una de sus acciones transmita las siguientes ideas:

- Uno de los objetivos del Capacity Planning es trabajar para aumentar la competitividad del Negocio, no entra dentro de los objetivos del Capacity Planning la evaluación individual del rendimiento de las personas de un área, este es trabajo del área de Recursos Humanos.

- El Capacity Planning por ser un proceso externo al área, estudia los procedimientos utilizados para los procesos de negocios en los que participa el área, dispone de una visión objetiva sobre parámetros como la calidad o el rendimiento de la capacidad que tienen el área concreta para desarrollar las actividades que tienen asignadas, detectando de esta forma posibles desviaciones entre los objetivos conseguidos y los objetivos esperados.

- El Capacity Planning puede ayudar en la identificación de problemas relacionados con la capacidad de las distintas interfaces que emplean las áreas para relacionarse con otras partes de la compañía. Detectando problemas de integración entre distintos procesos de negocio.

- El Capacity Planning ayuda a evaluar la capacidad de los equipos humanos para abordar los objetivos que la estrategia de Negocio haya planteado durante todo el mapa de ruta del Negocio.

- Cuando se identifica una tarea o función como no eficiente, no significa que esté mal hecho, sino que podemos mejorarla. La mejora es responsabilidad de las propias unidades funcionales, no del Capacity Planning.

- Para la compañía, lo importante deben ser las personas y como cada persona aporta valor a los procesos de Negocio en los que participa y por tanto también a la compañía.

- El Capacity Planning no pretende rediseñar los procedimientos o funciones empleados en las distintas áreas, no es responsabilidad del Capacity Planning este tipo de tareas que generaran problemas derivados del conflicto de competencias entre distintos equipos. en un área No se pueden solapar responsabilidades sobre funciones o procesos que provoquen conflicto con otras áreas.

2.2.1 Objetivos y acciones

- Identificar a todos los componentes que formarán parte del equipo, tanto de forma dedicada como a tiempo parcial.

- Evaluar la capacidad del equipo y sus integrantes, para conseguir los objetivos que se han marcado a groso modo en la tarea anterior.

- Concienciar al equipo sobre la importancia de gestionar la empatía con el resto de la organización, intentando aumentar la confianza profesional con todas las personas de la compañía

- Identificar como uno de los propósitos principales para el grupo trabajar en la fluidez de la comunicación, tanto interna entre los distintos componentes como externa, con el resto de áreas. Para posibilitar esta fluidez se crearan varios canales de comunicación para que el resto de la organización disponga de herramientas fáciles para comunicarse con nosotros.

  - Buzones de correo.

  - Establecer reuniones.

  - Publicar la documentación del Capacity Planning.

  - Uso de intranets y boletines internos.

  - Teléfonos

- Disponer de un plan para difundir dentro de la compañía o al menos, entre las áreas afectadas, las razones y los beneficios de ejecutar un Capacity Planning.

- Delimitar competencias y responsabilidades de los miembros del equipo, ya que el carácter multidisciplinar del grupo de trabajo y su alcance transversas dentro de la compañía, pueden provocar tensión con el resto de áreas de la organización.

- Crear el documento donde se especifiquen los componentes del equipo y sus roles, las personas de contacto en las áreas y la información sobre la organización jerárquica de la compañía. Ver *Anexo A :Documentación.*

2.3 Identificación de la estrategia del Negocio

La estrategia de Negocio de una compañía define a nivel corporativo, el conjunto de acciones que conforman los planes para el desarrollo del Negocio, es decir, la estrategia marca el rumbo que debe seguir la organización para tener éxito en el desarrollo del Negocio, según el análisis realizado sobre el contexto actual y los posibles cambios que el mercado puede sufrir. De esta forma, se construye un plan de actuación que tenga en cuenta las circunstancias actuales de la compañía y ciertas situaciones o posibles eventos que pueden ocurrir en el futuro. La estrategia pretende situar a la compañía en una posición ventajosa desde un punto de vista competitivo frente a la competencia, al disponer de un plan de acciones para afrontar situaciones futuras de la forma más eficiente posible.

Fig 2.4: Los cinco componentes de la Estrategia.

Henry Mintzberg en su libro *The strategy process: concepts, contexts, cases* describe la estrategia como la suma de lo que el describe como las cinco P:

- Plan (Plan)

- Maniobra (Ploy)

- Patrón (Pattern)

- Posición (Position)

- Perspectiva (Perspective)

La estrategia es el concepto clave dentro del mundo militar, con lo que podemos realizar un símil entre la estrategia de una organización y la estrategia planteada para una batalla, con la que expondremos cada una de la cinco *P*.

- *Plan.* La estrategia se basa en disponer de un plan que gobierne todo el proceso. En una batalla disponer de una estrategia significa tener un plan que identifique tanto el objetivo que perseguimos, como el conjunto de acciones que debemos desarrollar durante la batalla. Por ejemplo defender una posición o avanzar hasta la posición enemiga.

- *Maniobra.* (*Ploy en inglés*) La estrategia debe contar con el juego de acciones o maniobras que establecen de forma clara como se van a utilizar los recursos disponibles. Durante una batalla las maniobras establecen como los distintos cuerpos del ejército se deben mover en el campo de batalla para alcanzar el Plan establecido.

- *Patrón.* Otro componente clave en la estrategia es que ésta cuente con un patrón de ejecución, el cual establezca el ritmo de realización de las maniobras. El patrón define los tiempos para que la orquestación del conjunto funcione según los planes establecidos. Siguiendo con nuestro símil, el patrón define cuando un sección del ejercito debe avanzar o retroceder, el momento justo en el que la caballería debe actuar o la artillería bombardear un flanco determinado, etc.

- *Posición.* Cualquier batalla comienza con los adversarios en una posición de inicio que bien está marcada por la propia estrategia o bien condiciona la estrategia. Conocer la posición dentro del campo de batalla es fundamental para cualquier estratega, ya que permite establecer en cada momento la situación en base a las cuales hay que tomar decisiones. Cualquier estrategia parte de una posición de inicio en la que comenzar y que evolucionará junto con la propia estrategia según se desarrollen los eventos.

- *Perspectiva.* Para diseñar una buena estrategia es necesario disponer de una perspectiva lo suficientemente amplia que nos permita disponer de un criterio sobre el problema que intentamos resolver. Una estampa clásica de cualquier batalla del siglo XVIII es la posición que los comandantes de los ejércitos tenían en lo alto de una colina cercana. Esta posición les permitía disponer de una perspectiva privilegiada sobre la forma en la que la batalla se estaba desarrollando y poder tomar decisiones sobre las acciones a seguir.

Aunque dispongamos de una idea clara sobre como debemos construir una estrategia concreta, existen dos factores fundamentales que impactan de manera directa sobre el éxito o el fracaso de ésta:

- La estrategia tiene un fuerte componente creativo, el cual se basa en la *intuición*[7], para establecer aquellas situaciones a las que nos podemos enfrentar y las acciones que debemos desarrollar para afrontar con éxito dichas situaciones.

- Eventos inesperados. Una buena estrategia debe recoger todas las posibles situaciones a las que nos podemos enfrentar, pero existen ciertos eventos que aparecen de forma inesperada, como son los cambios en las necesidades del mercado, la aparición de nuevos productos o competidores, etc.

Calificar una estrategia como buena o mala solo podremos hacerlo una vez se cumpla el tiempo de aplicación de la estrategia, analizando los resultados obtenidos por la compañía al ejecutar la estrategia definida en el pasado, es decir la evaluación de la estrategia es un ejercicio a posteriori. Si las suposiciones que se establecen en la estrategia son acertadas, el plan de actuación diseñado permitirá posicionar a la compañía en una situación ventajosa en el mercado. Por el contrario si las predicciones sobre las que se diseñó la estrategia no se aproximan a los cambios que se producen en el mercado, la estrategia de la compañía habrá dirigido el desarrollo del Negocio hacia unos objetivos que estarán alejados de las necesidades del mercado, con el consiguiente impacto sobre loas beneficios que la compañía esperaba obtener del Negocio.

---

7 La intuición es el proceso mental que permite desarrollar una idea en base a experiencias previas y a la observación de todas los parámetros relacionados con el elemento que es objetivo del estudio.

Una estrategia de Negocio sólida, que cubra todas las posibles necesidades del Negocio y que abarque a todos los elementos de la organización que intervienen en el Negocio, permite a las compañías disponer de una ventaja que permite aumentar su competitividad frente a sus competidores en el mercado, ya que la organización puede focalizar todo su esfuerzo y administrar sus recursos para ejecutar aquellas acciones concretas definidas en las estrategia para un momento determinado. Durante el ciclo de vida del Negocio, la estrategia permite realizando aquellos ajustes necesarios que eviten la desviación entre los objetivos marcados por la compañía y las necesidades que marque el mercado. Una buena estrategia es la diferencia entre tener éxito con un negocio o caer en un rotundo fracaso frente al primer imprevisto.

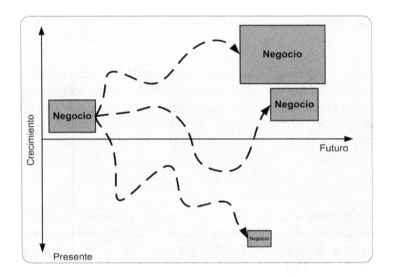

Fig 2.5: Ejemplo de diferentes estrategia del Negocio.

Todas las organizaciones afrontan el futuro con cierta incertidumbre sobre los eventos que pueden aparecer en el mercado en el que actúan. Por la naturaleza del propio mercado, éste abre un abanico de posibilidad que pueden convertirse en obstáculo o por el contrario en oportunidades para las compañías. Al conjunto de posibilidad que puede encontrar una organización a lo largo del tiempo lo podemos identificar como su *"área de incertidumbre"*, es decir el área de incertidumbre define el abanico de eventos o posibilidades a las que se puede enfrentar una compañía en un periodo de tiempo determinado. La estrategia de Negocio permite que la organización focalice su proceso de toma de decisión en un área delimitada y concreta dentro del área de incertidumbre en la que tendrá que desarrollar el negocio.

Consejo

Es mejor tener una estrategia, aunque sea mala, que no tener ninguna. El no tener estrategia de negocio significa que la organización no ha reflexionado sobre su futuro y lo que podemos considerar más grave, no ha analizado su presente. La falta de estrategia obligará a la organización a tomar decisiones sobre la marcha con la consiguiente probabilidad de cometer errores y sin el beneficio de conocer cuales han sido los problemas.

Las empresas emplean muchos recursos para diseñar estrategias de Negocio que les permita aumentar su ventaja competitiva en el mercado. Aquellas organizaciones de gran tamaño que explotan varias líneas de negocio disponen de áreas especializadas en el desarrollo de las estrategias para las distintas líneas de Negocio. Desarrollar la estrategia, basándonos en el estudio en profundidad de todos los parámetros y variables que pueden tener impacto sobre el desarrollo del negocio, en distintos momentos del futuro, permite a las compañías disponer de un margen de actuación muy amplio, al tener gran parte del proceso de toma de decisión construido.

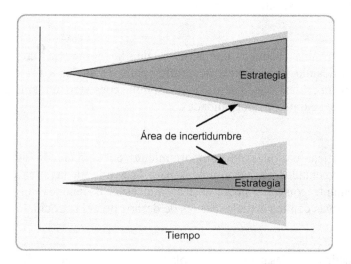

Fig 2.6: Áreas de incertidumbre.

Por el contrario, también existen compañías que no prestan demasiada atención al desarrollo de la estrategia de su negocio, definiendo el espacio temporal a corto plazo, sin profundizar demasiado en la definición de los procesos de Negocio. Esta forma de desarrollar las estrategias permite un margen de acción muy reducido, obligando a la empresa a estar continuamente improvisando decisiones ante los distintos eventos que aparezcan.

Independientemente del nivel de desarrollo de la estrategia de la organización, existen ciertos parámetros que delimitan el área de incertidumbre al que se tendrá que enfrentar la compañía para desarrollar su Negocio. En la figura 2.6 podemos ver una representación del área de incertidumbre que comienza en el presente y va aumentando hacia el futuro. La extensión del área de incertidumbre está condicionada por factores como los cambios de hábito de los clientes, la aparición de empresas que ejercen de competencia en el mismo sector, la aparición de nuevos productos que absorben parte de nuestra cuota de mercado, los propios problemas internos a la organización que llegan a condicionar la forma en la que desarrollamos el Negocio, Etc. De lo que podemos interpretar que el área de incertidumbre que la organización debe cubrir con una mala estrategia es mucho mayor comparada con el área mucho menor que debería cubrir en caso de poseer una buena estrategia.

La estrategia de Negocio definida en cualquier organización debe perseguir el cumplimiento de los siguientes puntos:

- Buscar una ventaja competitiva de la compañía en el mercado, planificando las acciones necesarias para responder a los cambios en el mercado, bien por que dichos cambios consistan en amenazas o bien porque se trate de oportunidades.

- Identificar patrones de comportamiento en el mercado que puedan ser implementados en herramientas para la ayuda en la toma de decisión y mediante controles poder testear que estas decisiones son coherentes y objetivas con los actuales planes de desarrollo del negocio.

- Asistir en el desarrollo de los planes para la asignación de recursos de la compañía en aquellas áreas donde se prevea un aumento de la Capacidad. Mediante los planes de asignación de recursos, la compañía distribuirá de manera más eficiente los recursos, aumentando el ROI de cada uno de ellos. Estos planes incluyen tanto a los recursos actuales de la organización como todos aquellos recursos que la organización tenga que adquirir.

- La estrategia del Negocio, por su propia definición tendrá un impacto en toda la organización o por lo menos en aquellas áreas que participan en el desarrollo del Negocio. Por esta razón en el desarrollo de la propia estrategia deben participar, con más o menos peso, todas aquellas áreas a las que afectarán los planes que se desarrollen, para evitar implementar acciones que no encajen perfectamente en alguna de las áreas.

- Las áreas de la compañía dispone de planes de actuaciones con un alcance de área. Estos planes deben estar recogidos durante el desarrollo de la estrategia para que acciones internas no impacten en el Negocio.

En el contexto del desarrollo de un Capacity Planning nos podríamos preguntar ¿Dónde encaja la estrategia del Negocio? La respuesta a esta cuestión es sencilla, el Capacity Planning ayuda a la compañía para identificar deficiencias en la capacidad que ésta tiene para desarrollar el Negocio. La estrategia del Negocio define las pautas que la organización debe seguir para minimizar el área de incertidumbre, por tanto el Capacity Planning ayuda en la comprobación de que la organización tiene la Capacidad para desarrollar la estrategia según se ha establecido.

El Capacity Planning debe tener acceso a toda la información sobre la estrategia del Negocio, con el propósito de analizar todas aquellas acciones y condicionantes que en un futuro la compañía debe ejecutar, para comprobar si la organización tienen la capacidad suficiente para cumplir con la estrategia establecida y en caso contrario, intentar cuantificar la desviación que el desarrollo del Negocio está generando sobre la estrategia de la organización. Pero no es responsabilidad del Capacity Planning el rediseño de la estrategia de Negocio.

Las figuras 2.7 y 2.8 muestran dos ejemplos de la desviación que se produce en un KPI del Negocio, al comparar los valores esperados en la estrategia y la estimación que podemos obtener del Capacity Planning. Ambos casos generan un problema para la organización, con el consiguiente impacto sobre el Negocio aunque la naturaleza de ambos sea distinta.

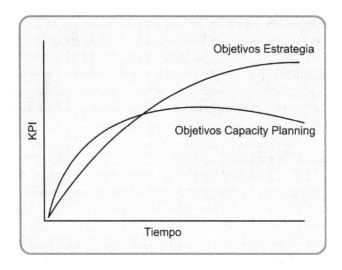

Fig 2.7: Desviación Capacidad-Estrategia.

En la figura 2.7 podemos ver como las curvas del KPI que estamos analizando se cruzan y no terminan coincidiendo, lo que significa que en el futuro se producirá una desviación entre los objetivos marcados por la estrategia y los esperados según el Capacity Planning.

La causa del problema está en que la compañía ha marcado unos objetivos en la estrategia mucho más ambiciosos que los objetivos que se pueden llegar a conseguir según el estudio de la Capacidad. Para este caso la solución pasaría por aumentar la capacidad, aumentando los recursos asignados o bien modificando las estimaciones que la estrategia del Negocio ha asignado a este parámetro. En ambos casos supondría, bien un aumento de los costes relacionados con los nuevos recursos que debemos asignar, bien una reducción de los beneficios derivados de modificar las expectativas de este parámetro en la estrategia del Negocio.

En la figura 2.8, también podemos observar que se produce una desviación entre los valores esperados en la estrategia y los valores estimados durante el análisis de la Capacidad. En este caso el problema se deriva de la gestión de los recursos que se ha planificado, ya que según la gráfica la organización la capacidad esperada duplica la capacidad necesaria según marca la estrategia. La solución pasaría por replantear la asignación de recursos, para disminuir la capacidad y de esta forma conseguir acoplarla con la estrategia, aumentando los beneficios al disminuir los gatos relacionados con los recursos que se han liberado.

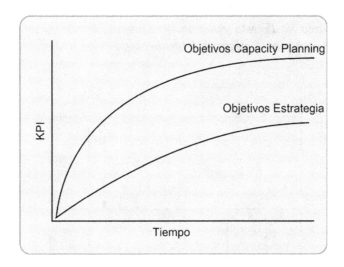

Fig 2.8: Desviación Capacity Planning – Estrategia.

Ejemplo*: La compañía dispone de un conjunto de planes estratégicos que se aplican en los distintos niveles organizativos, en muchas ocasiones este conjunto de planes no constituyen un único plan que los englobe a todos, ya que cada áreas puede interpretar la estrategia de la compañía de una forma propia lo que supondrá la creación de un plan de estrategia que puede no estar alineado con la compañía. Para nuestro caso, al ser una compañía pequeña podemos realizar una serie de reuniones con las distintas áreas para obtener información sobre su estrategia a corto y medio plazo.*

Basándonos en la información que hemos obtenidos de la dirección sabemos que a corto plazo la estrategia de la compañía persigue duplicar el número de clientes en 6 meses, pero debemos conocer cuales son las acciones concretas que cada área pretende desarrollar para medir el impacto de éstas en la Capacidad de la Plataforma.

- *Marketing. Sus planes pasan por lanzar una serie de campañas de captación de clientes, gracias a descuentos en ciertas promociones orientadas a gente joven, lo que supondrá importantes picos de carga en momentos concretos.*

- *Comercial. El área Comercial está trabajando en aumentar el número de salas de cine, para ampliar la oferta a los clientes.*

- *IT. El área de IT está estudiando la ampliación de la infraestructura IT para absorber en 6 meses el doble de carga.*

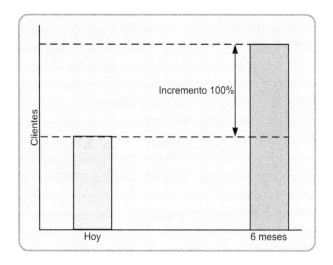

Fig 2.9: Estrategia del Negocio.

Es crucial que cada área especifique de la forma más precisa posible, tanto las acciones que van a realizar en sus respectivos planes estratégicos como la planificación y alcance estimado de dichas acciones.

Entre las acciones de Marketing podemos destacar:

- *Cinco sorteos de entradas en concursos de redes sociales.*

- *Promoción Los jueves 2x1.*

- *Cuatro estrenos regalo de 1000 entradas para los 1000 primeros acceso a la app.*

- *Descuentos de 50% en películas relacionadas con el cliente, que lleven en cartelera más de 3 semanas.*

- *Dos estrenos en exclusiva para la venta anticipada 2 semanas*

- *Promoción 30min, siempre que la sala tenga menos del 50% ocupado los precios se reducen un 50%.*

El departamento Comercial está trabajando en la siguiente línea:

- *Contacto con empresa propietaria de 16 salas con ámbito regional que nos permitiría incrementar en 10 ciudades nuestra presencia.*

- *Contacto con empresa extranjera propietaria de salas en varios países del entorno. Una primera fase de 25 salas en 12 ciudades.*

El departamento IT está trabajando en las siguientes acciones:

- *Duplicar la capacidad de almacenamiento*

- *Aumentar la capacidad de los canales de comunicaciones con Internet.*

- *Estudiar el aumento de la capacidad de procesamiento.*

2.3.1 Objetivos y acciones

- Comprender el alcance de las distintas acciones que forma parte de la estrategia que la compañía ha desarrollado para el Negocio.

- Identificar todos los componentes sobre los que aplicarán los distintos planes de la estrategia con el propósito de identificar elementos críticos para el Capacity Planning.

- Crear un documento para recoger toda la información recolectada sobre la estrategia y su impacto en la plataforma IT. Ver *Anexo A :Documentación.*

2.4 Identificación de los Niveles de Servicio

Un Servicio se define cómo el conjunto de tareas y acciones que se realizan para satisfacer ciertas necesidades concretas de los clientes. La principal característica del Servicio frente al Producto, es que los servicios son intangibles, mientras que los productos son bienes físicos. La intangibilidad del servicio no impide que se puedan evaluar, medir, cuantificar y calificar. El negocio de muchas compañías consiste en ofertar servicios demandados por los clientes, permitiendo completar las carencias que el cliente tiene.

Con la consolidación de la Sociedad de la Información, las empresas cuyo negocio es la explotación de servicios se están consolidando como un puntal importante en el mercado. De hecho, entre las compañías más importantes del mundo se encuentran algunas cuyo Negocio son los Servicios asociados a los Sistemas de Información.

Las compañías no solo utilizan los servicios como el producto de su Negocio que ofertan a sus clientes externos, debido a la segmentación que se producen en los procesos de creación de un producto – ya sea un servicio o un bien físico - es habitual que la organización cuente con una serie de servicios internos que son ofertados por ciertas áreas y consumidos por otras áreas. Los servicios internos de la compañía intentan cubrir las necesidades internas de ciertas áreas, con el propósito de crear una sinergia que ayude en la reducción de costes y el uso eficiente de los recursos.

Los servicios que ofrece la compañía, tanto cuando tienen una orientación hacia el consumo interno, como cuando los clientes son externos, deben desarrollarse con ciertos criterios que establecen la calidad con la que el servicio se está dando. Estos criterios de calidad son definidos internamente por la organización en base a varios parámetros propios del servicio, como son los recursos asignados al servicio, la criticidad de la necesidad que el servicio intenta cubrir, los compromisos acordados con los clientes de los servicios, etc. Los Niveles de Servicio se considerar como los niveles mínimos que debe cumplir la implementación que se haga de la lógica del Servicio para que la calidad sea aceptable.

Los servicios internos como elementos potenciadores de las sinergias de la compañía suelen tener un ámbito de aplicación transversal, en el cual son utilizados por las distintas ramas ejecutivas, convirtiéndose en un recurso horizontal, participado por varios grupos o áreas. Este carácter transversal hace de los servicios internos un componente clave cuando analizamos la capacidad de la compañía para desarrollar el Negocio. Medir el impacto que el rendimiento de los servicios transversales tiene sobre el Negocio es clave para el éxito del Capacity Planning, ya que es frecuente que las organizaciones no consideren los servicios transversales como elementos generadores de valor en el desarrollo del Negocio, sino como elementos que forman parte de la infraestructura necesaria para desarrollar el Negocio y desde un punto de vista financiero se ve como costes del Negocio.

Los servicios IT se encargan de cubrir todas aquellas necesidades relacionadas con los sistemas de información y la tecnología de la información, que el resto de áreas de la compañía demanda. Excepto en aquellas compañías donde el Negocio es el propio servicio IT y por lo tanto el papel que juegan las áreas de IT en el desarrollo del Negocio está perfectamente definido, en el resto de compañías no está demasiado claro el rol y el potencial que pueden desarrollar las áreas de IT como elementos generadores de riqueza para la organización. El Capacity Planning IT permite analizar el impacto que tiene la capacidad de los servicios IT sobre el Negocio, ayudando en la identificación de los riesgos, cuellos de botella y condicionantes existentes en los servicios IT.

El carácter transversal de los servicios IT dentro de la organización genera un problema interno en áreas IT encargadas de su explotación y consiste en el desconocimiento que el área tienen sobre el impacto de su desempeñó tanto en el negocio como en el trabajo de otras áreas de IT. Es crucial para que este tipo de servicios transversales funcione correctamente, que exista una sincronización exacta entre las distintas tareas, y procesos que cada área ejecuta para desarrollar el Servicio.

Un ejemplo del impacto que un servicio interno de la compañía tiene sobre el Negocio podría ser un problema con el servicio de directorios compartidos que cualquier compañía tiene. El servicio de directorio compartido es un servicio ofertado desde el departamento de IT y está soportado por varias áreas distintas dentro del mismo departamento como se puede ver en la figura 2.10. Para el buen desarrollo del Servicio es importante que todas las áreas implicadas conozcan el impacto que un problema en el servicio tendría para la organización. Un problema de capacidad en el servicio podría provocar que el Negocio se resienta, por ejemplo debido a un problema con la emisión de facturas, ya que el área de facturación utiliza el servicio de directorios compartidos para desarrollar parte de sus procesos de Negocio. Por tanto el impacto sobre el Negocio vendría de la imposibilidad de generar facturas a la organización.

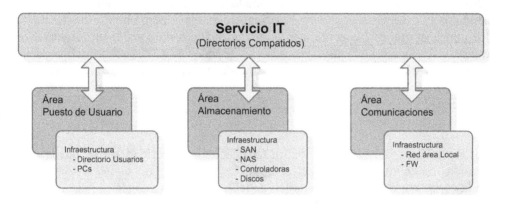

Fig 2.10: Ejemplo de Servicio IT.

Para el desarrollo de un Capacity Planning es necesario conocer tanto la dependencia del Negocio de los distintos servicios IT, como la organización interna del departamento de Tecnología para desarrollar los servicios IT. Con este conocimiento podemos comenzar el análisis sobre la Capacidad IT de los distintos Servicio para desarrollar el Negocio y viceversa, los cambios que se ejecuten en el desarrollo del negocio qué impacto tendrá en los servicios IT y la plataforma IT.

En ambos casos en análisis de los Niveles de Servicio persigue:

- Identificar de forma clara y precisa el ámbito de aplicación de todos los Servicios, tanto internos de la organización como aquellos que se consideran de Negocio.

- Definir los valores mínimos para los indicadores que establecerán los criterios de calidad o KPIs (*Key Performance Indicators)*

- Establecer los procesos de monitorización de los indicadores de calidad.

- Definir todos los procedimientos de escalado de incidencias y calidad del Servicio.

- Aumentar la comunicación entre las distintas áreas de la organización, mediante la creación de nuevos canales de comunicación.

- Disponer de una idea aproximada, sobre los costes de explotación del servicio, calculando las posibles penalizaciones, etc.

- Ajustar los Niveles de Servicios con la Capacidad real de la organización para explotar dichos Servicios.

Los niveles de Servicio son una herramienta interna de la compañía que establece cuales son los límites en los que se tiene que mover la calidad de los servicios, para que las áreas responsables de dicho servicio ajusten la asignación de recursos con el objetivo de conseguir los límites de calidad marcados y por otro lado conseguir un uso eficiente de los recursos. Pero lo Niveles de Servicio definidos para un determinado servicio no solo tienen impacto en las áreas generadoras y consumidoras, también tendrá un impacto directo en el Negocio y concretamente en la forma en la que los clientes ven y usan un servicio. Los Niveles de Servicio son la base sobre la que se construyen los Acuerdos de nivel de Servicio que se firmarán con los clientes.

El estudio de la capacidad IT permitirá a la organización tener una idea clara sobre la posibilidad de hacer frente a los criterios de calidad reflejados en los Niveles de Servicio y en caso negativo se cuenta con un plan de acciones que puede aconsejar o bien aumentar la capacidad de ciertos componentes IT para cumplir con los Niveles de servicios establecidos o bien reducir los requisitos de los propios niveles de Servicio.

Para el estudio de la Capacidad, el estadio dentro del ciclo de vida del Servicio condicionará la forma en la que el estudio de la Capacidad aportará valor al propio Servicio. Independientemente del ciclo de vida del Servicio, podemos categorizar los servicios en dos clases, dependiendo de si están en explotación o se encuentran en una fase previa a la de explotación.

- *Servicio en pre-explotación* - En este estadio del Servicio, el análisis de la Capacidad ayudará a identificar los niveles de servicio óptimos que habrá que definir para que los diseños e implementaciones que se están desarrollando se ajusten a las necesidades del Negocio.

- *Servicio en explotación* - El papel que desempeña el Capacity Planning en un servicio que está siendo utilizado y el cual dispone de unos niveles de servicio definidos, será analizar la capacidad del Servicio para aportar valor al Negocio y como es la alineación entre el Servicio y la estrategia del Negocio.

2.4.1 Servicio en fase de pre-explotación

Entendemos que el Servicio está en una fase pre-explotación cuando se encuentra en cualquiera de las fases previas a poner en explotación el servicio. Durante este periodo, se están concretando las especificaciones del Servicio, las soluciones de diseño, los procedimientos de explotación, etc. Es decir el servicio está siendo creado. Durante este periodo el análisis de la capacidad del Servicio ayuda en la definición de los Niveles de Servicio que debe cumplir el servicio para ajustarse de la mejor forma posible por un lado a la estrategia del Negocio y por otro lado a las especificaciones de capacidad con las que está siendo creado el servicio.

Durante la definición de los *Niveles de Servicio* debemos realizar el esfuerzo para que dichos niveles se ajusten a las necesidades del negocio de la organización de una forma realista. Definir Niveles de Servicio que no reflejen la realidad de nuestra compañía puede desembocar en un problema grave que se propagará a través de todo el ciclo de vida del Servicio y que tendrá no solo un impacto directo sobre los resultados obtenidos del análisis de la Capacidad sino también en el Negocio.

Los Niveles de Servicio establecen los criterios sobre la Calidad con la que se tiene que prestar el Servicio. Estos criterios pueden oscilar dentro de una horquilla que recoge desde los criterios más exigentes sobre la calidad del Servicio, hasta los criterios cuya exigencia es lo suficientemente relajada como para cumplir con los mínimos establecidos. Ambas desviaciones sobre la definición establecida de los parámetros que conforman los Niveles de Servicio, provocarán problemas para nuestra organización. La naturaleza de estos problemas estará relacionada con la dirección en la que se produzca la desviación.

Establecer unos criterios muy exigentes para los niveles de servicio provocará que los resultados obtenidos del análisis sobre la Capacidad del Servicio aconsejen aumentar los recursos asignados al servicio para garantizar que se cumplen los niveles acordados. Este aumento de recurso provocará un aumento de los costes asociados a los recursos asignados al servicio y por lo tanto una reducción de los beneficios previstos.

Ejemplo : *Una empresa de venta de componentes Hardware para PC, comienza el despliegue de la infraestructura necesaria para vender por Internet, durante la fase de definición de los niveles de servicio se exige que uno de los niveles definidos, el tiempo de respuesta de las páginas, sea de 1 a 2 seg. Este tipo de niveles de servicio provocan que el Capacity Planning que estamos realizando aconseje, por ejemplo, duplicar o triplicar la capacidad de procesamiento en BBDD para aumentar la capacidad de respuesta de las BBDD y poder reducir los tiempos de respuesta de los servidores de aplicación, en el contenido dinámico. Esta inversión dispararía el coste del proyecto, cuando una tienda de componente hardware en Internet no necesita unos tiempos de respuesta como los de un buscador o un periódico digital.*

Por otro lado, definir unos criterios muy relajados sobre los Niveles de Servicio, podría suponer problemas de rendimiento del propio servicio, frente a pequeños cambios en el comportamiento de las necesidades de los clientes. Estos problemas de rendimiento generarían un impacto directo sobre la calidad con la que se está prestando el Servicio, afectando directamente al desarrollo del Negocio y con seguridad a los ANS firmados con los clientes, con el consiguiente perjuicio tanto en imagen como en los beneficios, al tener que hacer frente a las penalizaciones derivadas del incumplimiento de los acuerdos de los niveles de servicio.

Consejo

Desde las áreas de IT se debe tener especial cuidado con los niveles de Servicio que se establezcan para el Negocio, ya que dichos niveles condicionarán dos componentes importantes en cualquier área de IT, el presupuesto anual y la disponibilidad de la plataforma. Un error en el cálculo de los valores mínimos en los que debe operar la plataforma puede provocar que se tenga que incluir componentes adicionales, con lo que no se contaba y que provoquen un coste adicional. La disponibilidad de la plataforma es uno de los parámetros más utilizados para medir la calidad de la plataforma de un servicio, al ser las áreas IT responsables directos de la plataforma, la disponibilidad afecta directamente a la visión que tiene la organización sobre la calidad del trabajo del área de IT.

La definición de los Niveles de Servicio debe cumplir dos condiciones para garantizar su éxito. La primera condición es que su definición deben participar todas las áreas relacionadas con el desarrollo de Negocio, el objetivo es que todo el conocimiento relacionado con el Servicio participe en la creación de los Niveles de Servicio. De esta forma las distintas áreas pueden aportar cual es la visión que tienen tanto de la forma en la que desarrollar el Servicio cómo de los objetivos esperados. El resultado de la participación de todas las áreas permite que aquellas personas que directamente toman decisiones sobre el Negocio, conozcan cuales son los límites entre los que se puedan mover sus decisiones, de una forma segura y realista.

La segunda condición que debe cumplir el proceso de definición de los Niveles de Servicio consisten en que la descripción de los distintos niveles, debe realizarse utilizando una nomenclatura de Negocio y no de Tecnología, ya que dependiendo de la formación que tengas las áreas de negocio en tecnología, muchos de los términos empleados en IT pueden ser totalmente desconocidos para ellos y lo que sería aún peor, pueden tener una concepción errónea de lo que algunos términos significan. Este desconocimiento sobre la terminología IT puede generar confusión en el momento de establecer los Niveles de Servicio, lo que desembocará en una definición errónea y que no se ajuste con las necesidades reales del Negocio.

Los siguientes ejemplos muestras la forma correcta de definir los Niveles de Servicio:

- Número máximo de usuario que entran en la aplicación por hora.
- Número máximo de pedidos realizados al día.
- Porcentaje de avisos rechazados por hora.
- Número máximo de operaciones de reserva por hora.
- Proceso de compra completo inferior a 5 min.

La siguiente lista de niveles de Servicio son muy malos ejemplos de como debemos definir los Niveles de Servicio:

- Número de bytes/segundo en cada petición HTTP.
- Tamaño medio de los mensajes en el Middleware.
- Número de escrituras LDAP por segundo.
- Porcentaje de uso de caudal de entrada por segundo.
- Número máximo de ficheros en el directorio de entrada.

2.4.2 Servicio en fase de Explotación

Consideramos que un Servicio se encuentra en fase de explotación cuando está totalmente operativo y funcionado correctamente, según las especificaciones establecidas en las fases previas de su ciclo de vida. Durante la fase de explotación en la que se encuentra el Servicio, el Capacity Planning juega un papel diferente al desarrollando en cualquiera de las fases anteriores, en la que el objetivo del Capacity Planning consistía principalmente, en ayudar durante la definición de los Niveles de Servicio para conseguir que se ajustasen a las necesidades del Negocio.

Aplicar un estudio de la Capacidad sobre un Servicio en explotación tiene como objetivo principal cuantificar la bondad de los niveles de servicios que están establecidos para ayudar en la identificación de riesgos y problemas, los cuales puedan suponer un obstáculo para el desarrollo del Negocio. Tanto en el contexto actual en el que se desarrolla el Negocio, como en cualquiera de las circunstancias futuras que la estrategia del Negocio haya planteado.

El propósito principal para ejecutar un Capacity Planning sobre un Servicio en explotación es cuantificar cómo se están cumpliendo los objetivos marcados para el Servicio y la forma en la que estos objetivos están participando en el desarrollo del Negocio. Todas las desviaciones que se produzcan entre el Servicio y sus objetivos, podrán ser rectificadas mediante el plan de actuaciones desarrollado durante la ejecución del Capacity Planning. Entre las actuaciones que propondrá como resultado del estudio sobre la Capacidad, estarán todas aquellas modificaciones que tendremos que realizar sobre la asignación de recursos IT que tiene el Servicio, y que permita a la organización absorber los cambios en la demanda del Servicio.

Para mantener los niveles de calidad en el equilibrio entre los objetivos de los servicios y las necesidades del Negocio es imprescindible medir de forma continua el rendimiento de los servicios que estén en explotación, identificando lo antes posible las causas que impiden el cumplimiento de los Niveles de Servicio y aplicar las medidas correctivas necesarias para equilibrar Servicios y Negocio.

La desviación de los Niveles de Servicio establecidos para un determinado servicio tiene un impacto directo tanto para el Negocio cómo para la organización, ya que afectará a temas tan importantes para cualquier compañía hoy en día como son la imagen de marca de la organización, el desgaste de la confianza de los clientes, impacto en cascada sobre otros Servicios que generan una degradación mucho mayor que la esperada, sufrir la aplicación de las penalizaciones asociadas a los ANS (*Acuerdos de Nivel de Servicios*) firmados con los clientes, etc.

2.4.3 *Acuerdo de Nivel de Servicio*

Hemos descrito la tarea de Definición de los Niveles de Servicio cómo el conjunto de acciones necesarias que establecen los parámetros de operación para que el servicio que se oferta cumpla con los criterios de calidad establecidos en su definición. Por tanto, la Definición de los Niveles de Servicio es un proceso interno al proveedor del servicio, ya sea éste toda la organización, en el caso de que hablemos de un servicio que ofrece una organización a su clientes, o bien se trate de un servicio que se ofrece de manera interna a la propia organización sea y sea un área interna la que provee de dicho servicio. Debemos diferenciar entre el proceso de Definición de los niveles de Servicio y los *Acuerdos de Niveles de Servicio o ANS,* que son unos tipos de acuerdos que las organización mantiene con sus clientes.

El *Acuerdo de Nivel de Servicio* consiste en un convenio entre el proveedor de un servicio y el cliente de dicho servicio. El ANS describe de forma contractual la relación que existirá entre el proveedor y el cliente, definiendo todas aquellas características del servicio que el proveedor debe cumplir, según las condiciones en las que el cliente las ha contratado, como son responsabilidades y garantías que el proveedor debe adquirir y cumplir. El ANS debe recoger entre otras cuestiones:

- Las necesidades que los clientes demanda del servicio.

- Una definición clara y sin ambigüedades sobre el alcance del Servicio.

- Las responsabilidades del proveedor para garantizar la calidad del servicio y la responsabilidad del cliente para el uso del mismo.

- La definición de los indicadores que se emplearán para medir el cumplimiento del ANS.

- Penalizaciones. El incumplimiento de los ANS conllevan en muchos casos la aplicación de unas penalizaciones que intentan mitigar los costes asociados a las pérdidas que el problema en el Servicio cause al cliente. Las penalizaciones son únicamente un elemento de presión por parte del cliente, pero no se puede convertir en una forma de recuperar las pérdidas derivadas de un problema en un Servicio contratado.

El ANS pretende gestionar la relación entre proveedor y consumidor de un servicio, jugando el papel de mediador ante conflictos derivados de un problema en el Servicio, luego es imprescindible que el ANS recoja de forma clara las condiciones en las que se presta el servicio al cliente y las expectativas que el cliente del servicio espera del mismo. Lo que significa que el ANS intenta minimizar en la medida de lo posible los conflictos proveedor-cliente, sirviendo como herramienta de arbitraje en las situaciones en las que el conflicto de intereses sea inevitable.

En la definición de los ANS deben participar todas aquellas áreas que desarrollan el Negocio de la organización, para evitar problemas con el incumplimiento de los ANS por áreas que tienen la responsabilidad de participar en el Servicio pero que por contra no han participado en la definición de los ANS aplicables al servicio. Esta falta de participación en la definición de los ANS provoca fricciones entre distintos grupos dentro de la compañía, por un conflicto en la responsabilidades asumidas de ciertas áreas de la compañía sobre los ANS acordados, cuando el desarrollo del Servicio recae en otras áreas que no han participado en la definición de los ANS, generando un conflicto con varios frentes. Por tanto en la definición del los ANS deben participar tanto las áreas responsables de la ejecución del Servicio, como todas las áreas responsables del Negocio y la estrategia.

Cuando los servicios que se ofrecen no están dirigidos a clientes externos, sino que son utilizados por clientes internos a la organización, los ANS no tienen porque tener el formalismo de un contrato, ya que simplemente se pueden formalizar mediante un acuerdo interdepartamental en el que se define la forma en la que cierto servicio será prestado a la organización.

Los ANS deben ser evaluados de forma periódica para evitar que queden obsoletos. El proveedor del Servicio tiene la responsabilidad de evaluar si el ANS está actualizado o por el contrario debido a cambios en el Servicio el ANS acordado con el cliente ya no tiene vigencia. Los ANS son elementos vivos de la Compañía que evoluciona junto a la forma en la que evoluciona el propio Servicio, por lo tanto la validación sobre la vigencia de los ANS es una tarea periódica para la organización.

Consejo

La definición de los Niveles de Servicio persigue que toda la organización esté alineada sobre la forma en la que se debe ofrecer un servicio. Es necesario que estemos totalmente seguros de que todos los implicados en el Capacity Planning entienden perfectamente el alcance de los Niveles de Servicio.

2.4.4 Ejemplo

La creación de los Niveles de Servicio básicamente consiste en un ejercicio de equilibrio entre lo que sería idóneo para el Negocio y lo que es realmente factible. En este ejercicio participan todas las áreas, ya que es se trata de un condicionante transversal que afectará tanto a las personas que intentan vender el producto como a aquellas áreas encargadas de mantener el servicio.

- *Marketing.* Necesita que la plataforma web tenga ciertas características que sean interesante tanto para el usuario real como para el usuario potencial, como puede ser contenidos dinámicos, personalizados, publicidad, etc.

- *Comercial.* La plataforma debe tener ciertas características para que sea atractiva, como la disponibilidad del servicio o los límites establecidos en la Capacidad para gestionar el Negocio, por ejemplo el número de clientes máximos o el número de salas permitidas...

- *Tecnología.* El papel de Tecnología en el establecimiento de los niveles de servicio es poner el contrapeso a las necesidades del Negocio, marcando niveles de servicio realistas acordes con la tecnología empleada.

Tras el acuerdo entre todas las áreas, se establecen una serie de Niveles de Servicios que por un lado, establecerán las líneas de trabajo para las áreas encargadas de ofrecer la plataforma, como los umbrales entre los que deben trabajar y por otro lado, el área de Tecnología debe trabajar para mantener el servicio por encima de los niveles establecidos.

- El proceso de registro de un usuario no puede superar los 3 minutos.

- La plataforma puede soportar el acceso de 700 usuario/minuto.

- La plataforma estará preparada para aceptar 80 compras/minuto.

- La plataforma puede trabajar con 120 salas de cine.

- La presentación de cualquier página no debe superar los 10seg

Por sí solos, los niveles de Servicios son componentes fundamentales para el Negocio, ya que estos niveles establecen, no solo los valores mínimos entre los que la compañía se compromete con sus clientes a dar el servicio, sino que sirven como elementos para la monitorización de los parámetros de rendimiento del Negocio. Por tanto, los Niveles de Servicios deben ser realistas y fiables. Para recoger la descripción exacta de los Niveles de Servicio se crea el *Documento: Niveles de Servicio.*

2.4.5 *Objetivos y acciones*

- Establecer los Niveles de Servicio que la organización está dispuesta a prestar.

- Todas las áreas de la organización deben participar en el proceso de elaboración de los Niveles de Servicio.

- Analizar la coherencia entre los niveles de servicio que la organización pretende ofrecer y los Acuerdos de Nivel de Servicio tanto que se ofrece a los clientes, como aquellos que se han firmado con los proveedores.

- Crear un documento para recoger toda la información recolectada sobre la estrategia y su impacto en la plataforma IT. Ver *Anexo A :Documentación.*

2.5 Procesos de Negocio

En cualquier compañía, la columna vertebral del Negocio la compone el conjunto de procesos de negocio que hacen posible el desarrollo del mismo. La calidad y eficiencia de los procesos de negocio que una organización posee, constituyen uno de los factores críticos que permite a la organización aumentar su ventaja competitiva en el mercado. Hoy día la información es el principal activo de cualquier organización, y de la calidad de su información depende gran parte del éxito para imponer su Negocio en el mercado. El otro componente sobre el que se apoya el éxito de una organización son los procesos de Negocio encargados de gestionar su información. Una compañía que posea información de calidad y unos procesos de negocio optimizados tiene muchas posibilidades de éxito dentro del competitivo mercado actual.

Los procesos de Negocio agrupan e implementan las actividades, funciones y tareas que establecen la forma de trabajo de la organización y por tanto establecen los procedimientos para manejar la información. Tan importante para una compañía es disponer de información de calidad, como tener procesos de negocio que obtengan el mayor rendimiento a dicha información.

La información de una organización sin los procesos de negocio que la gestionan no aporta ningún valor diferencial a la compañía, son los procesos, como elementos dinamizadores de la información, los que generan valor, siempre y cuando la información tenga la calidad suficiente.

Podemos definir un Proceso de Negocio cómo el conjunto de funciones y actividades, las cuales están claramente definidas y que interactúan con el fin de conseguir un objetivo establecido. Los procesos no son elementos autosuficientes, sino que necesitan que se los alimente con una entrada de información, la cual será transformada por las distintas funciones y actividades con el propósito de generar un conjunto de información de Salida.

Todos los Procesos de Negocio de una compañía tienen un propietario que es la entidad que tiene la responsabilidad del velar por el buen funcionamiento del proceso, supervisando que todas las funciones y actividades que forman parte del proceso se desarrollen sin incidentes, así como analizar la información que sirve de entrada al proceso y la calidad de la información que el proceso genera como salida.

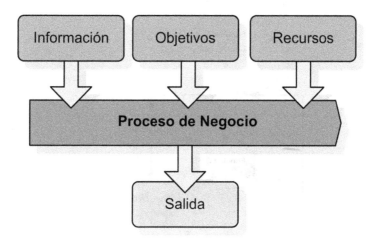

Fig 2.11: Input/Output de Proceso de Negocio.

Normalmente los procesos de Negocio de una compañía están relacionados entre sí, de forma que la salida de alguno de los procesos están conectados a la entrada de otros, estableciendo un diagrama de conexiones entre los distintos procesos necesario para implementar la lógica del Negocio.

Para el estudio de la Capacidad que estamos realizando es fundamental disponer por un lado, de toda la información disponible en la compañía sobre los distintos Procesos de Negocio que participan en el desarrollo del Negocio y por otro lado, necesitaremos disponer de toda la información sobre relaciones entre procesos de la organización, para comprender como los procesos de Negocio interactúan entre sí para dar forma al Negocio. Esta visión global de los procesos de negocio de la compañía permite al Capacity Planning adquirir el conocimiento necesario que permita identificar qué componente de Negocio está relacionado con qué componente de Tecnología.

Anteriormente hemos comentado que los procesos de Negocio son los encargados de implementar partes del Negocio, interactuando entre sí para generar una salida.

Debemos tener en cuenta que no todos los procesos de negocio tienen la misma criticidad para la compañía, lo que significa que es necesario, para evitar malgastar recursos y tiempo en el análisis de procesos poco relevantes, que el Capacity Planning distinga qué procesos de Negocio son críticos y cuales no.

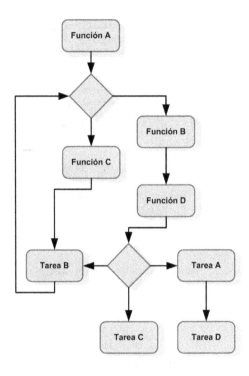

Fig 2.12: Ejemplo de Proceso de Negocio.

Consejo

La criticidad de los procesos de Negocio la dictan las unidades de negocio, no la tecnología. Es frecuente pensar que aquellos procesos que tienen asignados una gran cantidad de recursos son los más importantes. Pero podemos descubrir que existen procesos críticos para la compañía, que para las áreas de IT no son importantes por una perspectiva errónea desencadenada por los recursos asignados.

De la misma forma que ocurre con otros componentes de negocio, el diseño de los procesos de negocio es responsabilidad de las áreas de negocio. Son estas áreas las que disponen del conocimiento suficiente para desarrollar los procedimientos y sus relaciones, para conseguir que el resultado estén alineados tanto los con objetivos a corto plazo como con la estrategia del negocio. Para los Procesos de Negocio el papel que juega la Tecnología es de proveedor de los recursos necesarios para implementarlos. Por tanto, debemos comprender que la tecnología desarrolla una función de apoyo al Negocio, proveyendo de los recursos necesarios a los procesos.

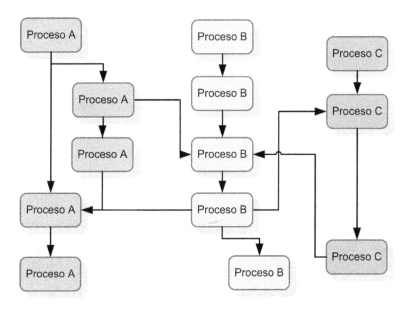

Fig 2.13: Ejemplo relación entre Procesos de Negocio.

Para el desarrollo del Capacity Planning IT es imprescindible inventariar los procesos de Negocio de la organización, ya que con ellos conseguiremos disponer de información sobre el uso que la organización hace de los recursos IT, para establecer una relación entre componentes de Negocio y componentes de Tecnología.

El objetivo que el Capacity Planning persigue a la hora de recolectar la información sobre los procesos es conocer como impactan los resultados obtenidos del análisis de la Capacidad de los componentes IT en los componentes del Negocio. No es el objetivo del Capacity Planning realizar un rediseño de los procesos de Negocio, ya que este tipo de funciones son responsabilidad de las áreas de Negocio que son las que conocen como debe desarrollarse las distintas actividades y acciones para conseguir que el Negocio funcione. El Capacity Planning IT puede apoyar en el rediseño de los procesos aconsejando la forma de usar los recursos IT, pero no debe condicionar de ninguna forma el diseño del proceso, por la limitación que supondría para el Negocio. Tomando como marco de referencia el desarrollo del Capacity Planning IT la organización debe entender que el análisis de la Capacidad puede ser una herramienta muy útil para el diseño de los procesos, pero no es una herramienta para el diseño del proceso de Negocio.

2.5.1 *Ejemplo*

Todo el desarrollo del Negocio de nuestra compañía está implementado en un conjunto de Procesos, los cuales procesan la información de clientes, ventas, servicios, recursos, proveedores, etc. Es necesario conocer cuales son todos los procesos de la compañía, la relación que exista entre los procesos y las áreas, quienes participan en dichos procesos, los responsables y sobre qué información trabajan, así como debemos entender como la salida de los procesos impactan en el Negocio.

De la información recavada de las áreas de Negocio, hemos construido una lista con los principales procesos de Negocio, entre los que podemos destacar como ejemplo:

- Vender un ticket.
- Alta de un Cliente.
- Alta de un Proveedor.
- Facturar Publicidad.
- Baja de una película.
- Alta Promociones.

Cojamos como ejemplo el proceso *Vender un ticket*, que agrupa a todas las operaciones que se deben realizar para que la venta de un ticket se realice.

Proceso: *Vender un ticket*

- Subproceso: *Seleccionar Butaca.*
    - Tarea: *Seleccionar Cine.*
    - Tarea: Seleccionar Sala.
    - Tarea: Seleccionar Horario.
    - Tarea: Seleccionar Butaca.
- Subproceso: *Procesar Cobro.*
    - Tarea: *Seleccionar forma de pago.*
    - Tarea: *Realizar transferencia con pasarela de pago.*
    - Tarea: *Reservar butaca.*
- Subproceso:*Presentar Ticket.*

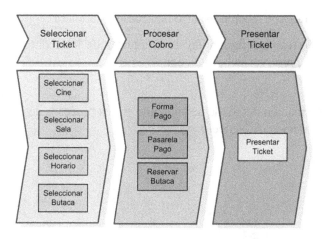

Fig 2.14: Proceso Vender un ticket.

Para nuestra plataforma, los Proveedores son las empresas propietarias de las salas de cine. Cuando la plataforma vaya a utilizar las salas de una nueva empresa, se deben realizar una serie de acciones que conforman el proceso de alta de un nuevo proveedor.

Proceso: *Alta de Proveedor.*

- Subproceso: *Alta en Gestión Proveedores*
    - Solicitud datos de proveedor. Nombre, CIF, Dirección, etc.
    - Solicitud datos de las salas: Ciudad, Cine, Sala, aforo, Servicios, etc.
    - Plataforma de Reservas. Información sobre la forma en la que el Proveedor y nuestro sistema intercambian información de las reservas de butacas.
    - Creación de un identificador.

- Subproceso: *Alta en Plataforma WEB.*
    - Tarea: Creación plantillas de aforo de salas, para la web de reserva.
    - Tarea: Creación usuarios de acceso a taquilla virtual.
    - Tarea: Creación usuario de acceso a cartelera
    - Tarea: Configuración de la interfaz de interconexión con pasarela de reservar del proveedor.

Con toda la información detallada de cada uno de los procesos de negocio, creamos el documento *Procesos de Negocio*.

2.5.2 Objetivos y acciones

- Disponer de un inventario de todos los procesos de Negocio y las dependencias entre ellos.

- Conocer la información de entrada, la de salida, las funciones, las actividades, así como los propietarios de todos los Procesos.

- Identificar la criticidad de los distintos procesos de Negocio.

- Crear un documento para plasmar toda la información recogida sobre los procesos de Negocio. Ver *Anexo A: Documentación.*

2.6 Flujos de información

Las organizaciones necesitan información para desarrollar su actividad, sea cual sea ésta, y la información circula dentro de la organización según unos patrones más o menos definidos, que permiten que parte de esta información sea gestionada por las distintas áreas de la compañía. Por tanto, la información fluye entre los distintos Procesos de Negocio, los cuales la van transformando según las necesidades de cada proceso para que éstos puedan cumplir sus objetivos de forma eficiente.

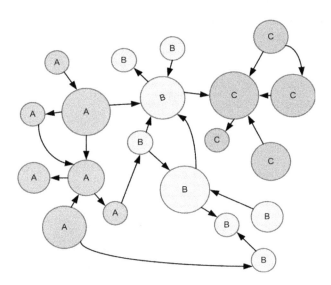

Fig 2.15: Diagrama de Flujos de Información.

Los flujos de información representan el movimiento que la información realiza dentro del diagrama de Procesos de Negocio. Cualquier movimiento es producto de un esfuerzo que lo inicia y lo mantiene, para cualquier compañía es fundamental tener información, no solo de la cantidad de información que maneja, sino del esfuerzo que los distintos componentes de la organización deben realizar para trabajar con dicha información.

Para cualquier organización disponer de flujos de información eficientes significa que la información que se mueve de un componente a otro es justo la que los destinatarios necesitan, ni más información, ni menos. La eficiencia de los flujos de información permite a las empresas aumentar su rendimiento y competitividad a la hora de explotar la información con la que trabajan.

La información dentro de una organización tiene una dirección y un sentido, lo que le caracteriza a unos flujos de otros. La dirección de un flujo de información dentro de la compañía puede ser:

- *Horizontal,* cuando el flujo de información se establece entre áreas o personas que poseen el mismo estatus o peso dentro de la jerarquía de la organización.

- *Vertical,* cuando la información fluye entre distintas capas de la jerarquía, bien sean áreas o personas.

- *Diagonal,* la información circula entre áreas o personas que están en distintas capas de la jerarquía y también distintas cadenas de mando.

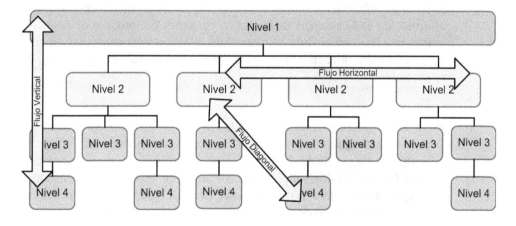

Fig 2.16: Dirección flujos de información.

El carácter de la información que circula dependerá en la mayoría de los casos d un factor como es el sentido en el que lo hace:

- *Los flujos descendentes*, normalmente tienen un carácter ejecutivo en forma de órdenes, procedimientos o requerimientos sobre el estado de partes de la organización.

- *Los flujos ascendentes*, fundamentalmente consiste en información sobre el estado de elementos de la organización, avisos, etc.

En el diagrama de flujo de la información de una compañía existen una variedad extensa de causas que obstaculizan la normal circulación de la información entre los distintos componentes. Realizando un ejercicio de abstracción sobre la variedad de causas de problema de flujo podemos citar tres razones principales:

- *Exceso de información*. El problema en el flujo de información está generado por un exceso de información en ciertos componentes de la organización que no tienen la capacidad suficiente para gestionarla, creando un nudo de congestión dentro de la organización que irá propagando el problema a otros componentes que en principio no deberían tener problemas.

- *Defecto de información*. Otra causa que origina un problema en el flujo de información es la carencia de la misma en partes del proceso de negocio, lo que provoca que el flujo se interrumpa y los componentes que esperan la información queden a la espera, con el consiguiente problema de rendimiento.

- *Procesos de Gestión de mala calidad*. Cuando los procesos de negocio no son los suficientemente buenos, independientemente de que la información llegue de la forma correcta, el proceso en sí, bien por una mala definición de los subprocesos o funciones, bien por las decisiones que se deberían tomar no están especificadas, pueden provocar que el flujo de la información de salida se interrumpa o sea errónea.

Para garantizar que los flujos de información son eficientes deben ser constantemente supervisados para que los elementos que trabajan con la información no distorsiones la estructura actual, generando nuevos flujos que no están registrados ni aprobados por la organización, complicando las tareas de rediseño y optimización de los procesos de Negocio. También debemos tener en cuenta que los flujos de información ocultos generan información que está fuera del control de los distintos procesos IT encargados de gestionar los recursos de la organización, como son los backups o el espacio en disco. Toda esta información oculta supone un verdadero problema durante el análisis de la Capacidad, ya que si no se incluye toda esta información, el resultado del estudio estará distorsionado con respecto a la realidad de la organización.

Cualquier organización está continuamente reorganizando sus propios flujos de información a causa de que las áreas se adaptan a las necesidades de la empresa, pero este tipo de auto-adaptación no significa que los nuevos flujos o las modificaciones en el flujos actuales aumente el rendimiento de los procesos de Negocio, es imprescindible disponer de los controles necesarios para cuantificar la calidad de un nuevo flujo de información y para ello es necesario el emisor reciba feedback sobre la información que ha recibido el receptor, permitiendo mediante este feedback que el emisor disponga constantemente de un control sobre la posible desviación en la información que espera el receptor.

La cantidad de información gestionada por una compañía condiciona la capacidad de los componentes IT para manejar de forma eficiente esta información, los flujos de información definen como la información se mueve, por tanto es necesario que el estudio de la capacidad analice esta circulación de información para analizar la capacidad de la plataforma IT tiene para manejar la información. En resumen, conocer los flujos de información es necesario para el análisis de la capacidad de la plataforma IT tanto cuando nos referimos a cantidad de datos como por la habilidad de gestionar los distintos flujos.

2.6.1 Ejemplo

Otro aspecto importante es la forma en la que la información fluye entre los distintos componentes de la compañía, por lo que es necesario identificar todos aquellos flujos, ya sean de carácter oficial o extraoficial, para comprender como los distintos procesos de Negocio manejan la información de la compañía.

La información, en cualquier organización, circula en distintos niveles, dependiendo del estrato organizativo que estemos estudiando. Un buen punto de inicio sería comenzar analizando la forma en la que la información fluye entre los distintos procesos de Negocio. Utilizando la capa de Procesos de Negocio, conseguimos, por un lado poner descubrir si existen flujos por encima de esta capa y que no están reflejados en la relación entre los procesos y por otro lado, podremos identificar sobre qué recursos de la compañía se implementan dichos flujos de información.

El proceso *Baja de Proveedor* genera una serie de flujos de información, con las distintas áreas que participan en el proceso, el área de Operación, el área Comercial y el área IT.

Proceso: *Baja de Proveedor*

- Tarea: *Desactivar usuarios de acceso a la plataforma.*
- Tarea: *Desactivar Salas del proveedor.*
- Tarea: *Desactivar Promociones relacionadas al proveedor.*
- Tarea: *Dar de baja en el sistema de Gestión Proveedores.*
- Tarea: *Dar de baja los usuarios de acceso a la plataforma.*
- Tarea: *Dar de baja las Salas, plantillas, etc.*
- Tarea: *Dar de baja Promociones del proveedor.*

La figura 2.17 muestra el los flujos de información que las distintas tareas del proceso generan con tres de las áreas de la compañía.

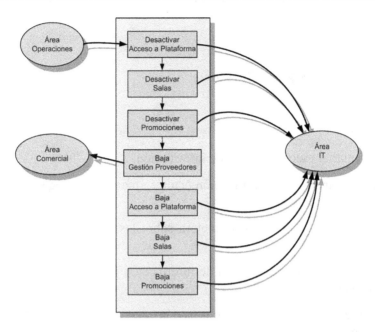

Fig 2.17: Flujos de información de un proceso de Negocio.

El área de Operaciones inicia el proceso y como entrada de dicho proceso facilita el identificador del proveedor, las tres primeras tareas generan solicitudes al área IT con el propósito de desactivar distintos objetos en la plataforma. La tarea Baja Gestión Proveedor, dará de baja definitiva en el sistema de gestión de proveedores, lo que provoca que se deba informar al área Comercial de dicha baja y por último se procede a solicitar al área IT la baja de todos los objetos que se desactivaron anteriormente.

Al igual que las secciones anteriores, una vez que hemos recopilado toda la información sobre los distintos flujos de información, crearemos el documento *Flujos de Información*.

2.6.2 Objetivos y acciones

- Inventariar todos los flujos de información.

- Descubrir flujos de información ocultos, que no están registrados pero que consumen recursos IT.

- Recoger las propuestas de mejora sobre los recursos IT asignados a los flujos.

- Identificar todas las fuentes de información y la cantidad de información que generan.

- Descubrir los silos de información que no están registrados en la organización.

- Crear un documento de trabajo que recoja toda la información sobre el número de flujos, orígenes, destinos, tamaño de la información, etc. Ver *Anexo A :Documentación*

2.7 Unidades de trabajo

Hasta ahora, hemos hablado de componentes de Negocio y de componentes de Tecnología como elementos que interactúan en los distintos procesos de la organización para desarrollar el Negocio. También hemos hablado de la alineación Negocio y Tecnología como uno de los principales problemas a los que se tiene que enfrentar cualquier compañía en estos tiempos. Hemos comentado la importancia de abordar el estudio de la capacidad de una plataforma IT desde la perspectiva de Negocio y lo importante que es la forma en la que la información fluye en la organización entre las distintas áreas que la forma. Pero aún no hemos tratado del elemento clave de un Capacity Planning, que actúa como bisagra articulando la relación entre Negocio y Tecnología, de aquí su importancia crítica para el estudio de la capacidad.

La *Unidad de Trabajo* es el bloque básico de construcción en un Capacity Planning, ya que es el encargado de relacionar componentes de Negocio con los componentes de IT que tiene asignados. Estudiando cada una de las relaciones que representan las Unidades de Trabajo podremos identificar todos los elementos IT que participan en un componente de Negocio para estudiar el impacto de la Tecnología sobre el Negocio y estimar cuantos recursos IT serán necesarios asignar a un componente de Negocio para que desarrolle su función con éxito.

Fig 2.18: Unidad de Trabajo.

La *Unidad de Trabajo* las podemos definir cómo un componente lógico que establece de forma inequívoca y clara la dependencia que existe entre componentes de Negocio y componentes de Tecnología. Una vez establecida la definición de la Unidad de Trabajo podemos estudiar qué componentes de Tecnología son necesarios para ciertos componentes del Negocio y viceversa, es decir podemos analizar el impacto que la capacidad de un componente de tecnología tiene sobre el Negocio. Esta es la razón de que las Unidades de Trabajo se conviertan en los elementos claves de un Capacity Planning.

Para la especificación de las Unidades de Trabajo debemos conocer de manera exhaustiva cómo funciona el Negocio de nuestra organización, identificando todos aquellos procesos que son necesarios para que la organización tenga éxito. Pero no todos los procesos de negocio están soportados por la tecnología, por tanto para el análisis de la capacidad IT es necesario crear un marco de trabajo en el que se incluyan todos aquellos procesos que tengan dependencias de componentes de tecnología. Podemos realizar una sencilla clasificación de los distintos grupos y subgrupos de componentes que encontramos desde el Negocio hasta la Tecnología:

- El Negocio está formado por uno o varios Servicios.

- En un Servicio intervienen Procesos de Negocio.

- Un Proceso de Negocio está formada por Operaciones de Negocio.

- Una Operación de Negocio está asociado a una Unidad de Trabajo.

- Una Unidad de Trabajo está asociada por una serie de Operaciones IT.

- Una Operación IT se realiza sobre componentes IT.

Como pieza básica para la construcción del Capacity Planning, las Unidades de Trabajo nos ayudan a identificar qué elementos IT podemos catalogar como críticos, dependiendo de la importancia de los procesos de Negocio que los utilicen. También podemos identificar los riesgos aplicables a un proceso de negocio en base al estudio de la capacidad los componentes IT de la Unidad de Trabajo asociada a dichos procesos de Negocio.

También podemos considerar la Unidad de Trabajo como una herramienta imprescindible para estudiar el alineamiento Negocio-Tecnología al identificar aquellas partes del Negocio y la Tecnología que deberían tener una relación directa pero no es así.

Aparte de una herramienta fundamental para el desarrollo del Capacity Planning, las Unidades de Trabajo ayudan al desarrollo del buen gobierno IT porque permiten a los departamentos IT identificar los componentes importantes para el desarrollo del Negocio y por tanto proporciona una evaluación de la criticidad de los componentes desde la perspectiva del Negocio, permitiendo a las áreas IT poder focalizar todos su esfuerzos y recursos en gestionar de manera más eficiente el servicio que prestan al Negocio.

Pero la Unidad de Trabajo no solo es una herramienta para la Tecnología, también es un elemento que ayuda a las áreas de Negocio a comprender la forma en la que se asignan los recursos IT a su propios procesos de negocio y las repercusiones que sus decisiones sobre el Negocio tienen en la plataforma IT de la compañía.

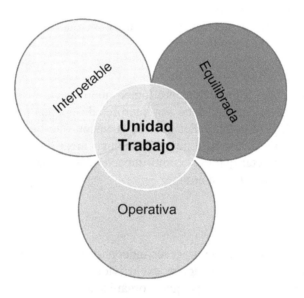

Fig 2.19: Características de la Unidad de Trabajo.

Aunque la elección de las Unidades de Trabajo es una tarea con una fuerte componente de arbitrariedad, ya que depende de factores propios de cada organización, existen tres características que todas las Unidades de Trabajo deben compartir:

- *Operativa* - La Unidad de Trabajo define una relación entre dos componentes de la compañía, la elección de los componentes debe ser por encima de todo operativa, es decir, se debe elegir componentes con los que estén trabajando las distintas áreas y que intervengan en los flujos de información, evitando crear nuevos elementos organizativos que no están presentes en el desarrollo del negocio.

- *Equilibrada* - Al elegir los componentes que formarán parte de la Unidad de Trabajo hay que tener especial cuidado con la diferencias con los niveles de abstracción de cada conjunto de elementos. La Unidad de Trabajo debe relacionar componentes cuya profundidad debe ser parecidas. Los procesos de negocio tienen distintas granularidad, por lo que dependiendo del nivel de abstracción que utilicemos la unidad de trabajo será más o menos útil.

- *Interpretable* - Como elemento lógico que conecta Negocio y Tecnología la Unidad de Trabajo debe ser interpretada por las distintas áreas de la compañía para comprender cual es la visión que tiene el Negocio de la Tecnología y viceversa. Luego las distintas áreas de la organización deben poder interpretar qué es y como impacta una Unidad de Trabajo tanto en una dirección como en otra.

El Negocio no se desarrolla con procesos independientes los cuales hace uso de un conjunto de recursos IT asignado en exclusividad, esta imagen no coincide en absoluto con la realidad de cualquier organización. Podemos representar los procesos de negocio como una red que relaciona componentes de negocio por los que fluye la información de forma concreta con el fin de desarrollar una actividad en la organización. La siguiente figura muestra una representación del Universo de Negocio como un plano en el que se representan las relaciones entre los distintos componentes.

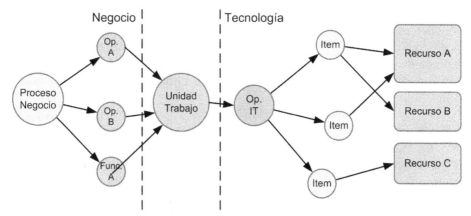

Fig 2.20: Relación Negocio y Tecnología.

Al igual que hemos hecho con los procesos de negocio, podemos representar el universo de la Tecnología como un plano bidimensional en el que se representan todas las relaciones entre los distintos componentes IT. Dentro de este Universo formado por planos bidimensionales, las Unidades de Trabajo serían los elementos lógicos que relacionan componentes de un universo y otro, disponiendo de esta forma de dos redes que reflejan como la información fluye en la organización y los puntos de unión entre ambas redes.

2.7.1 *Equilibrio de la Unidad de Trabajo.*

Ya hemos comentado que las Unidades de Trabajo deben disponer de tres cualidades que permitan convertirse en los componentes operativos que sirvan como bloques para la construcción del Capacity Planning. Una de las tres cualidades y la que mayor peso tendrá sobre el desarrollo posterior de las tareas del estudio de la Capacidad es lo equilibrada que sea la elección de la granularidad de los componentes de Negocio y Tecnología que formaran parte de la Unidad de Trabajo.

El equilibrio de la Unidad de Trabajo se produce cuando ambos conjuntos de componentes, tanto los de negocio cómo los de tecnología tienen un peso específico parecido. La búsqueda de unidades de trabajo equilibradas ayuda a que el estudio de la capacidad sea más operativo y se puedan definir acciones concretas sobre la plataforma IT que tendrá un impacto específico sobre el Negocio.

Para encontrar el equilibrio en la Unidad de Trabajo es conveniente especificar el grado de atomicidad de los componentes que lo forman, para permitir que la unidad de trabajo se convierta en un elemento operacional tanto desde el punto de vista del Negocio cómo de la Tecnología. Por contra, debemos tener cuidado a la hora de elegir el nivel de profundidad del componente, ya que si este es demasiado bajo aportará unas especificaciones muy concretas, pero repercutirá sobre el ejercicio de abstracción que pretendemos realizar para identificar las relaciones Negocio-Tecnología.

Los componentes de Negocio, los podemos clasificar dentro de una jerarquía de niveles dependiendo de su grado de complejidad. La figura 2.21 muestra un ejemplo de la jerarquía de niveles de los elementos de Negocio.

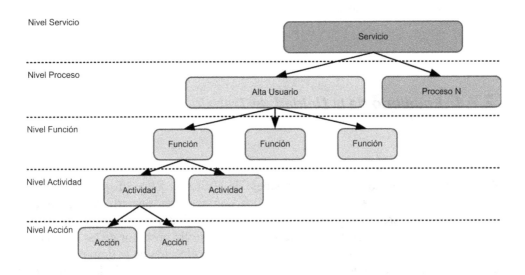

Fig 2.21: Esquema niveles de los componentes de Negocio.

Al igual que hemos hecho para los componentes de Negocio, podemos crear una jerarquía de niveles que utilizaremos para clasificar los elementos de Tecnología según su nivel de complejidad. En la figura 2.22 tenemos un ejemplo de la distribución de los distintos elementos de Tecnología en la jerarquía de niveles.

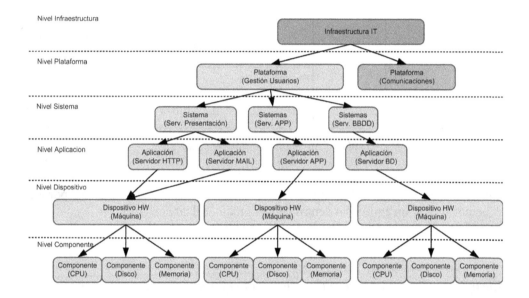

Fig 2.22: Ejemplo niveles de los componentes de Tecnología.

Las dos jerarquías que hemos descrito en los párrafos anteriores no están relacionadas entre sí, es decir, no existe una relación entre el nivel Procesos de Negocio y el Nivel de Plataformas. Únicamente permiten clasificar los elementos de Negocio y Tecnología según su complejidad y esto es lo que necesitamos para buscar Unidades de Trabajo equilibradas, donde ambas partes, la de Negocio y la de Tecnología presentan el mismo grado de atomicidad.

Supongamos el siguiente caso que utilizaremos para desarrollar tres ejemplos, en el que disponemos de un Servicio denominado "*Gestión de Usuarios*" que está constituido, entre otros procesos por uno denominado "*Alta de Usuario*" que a su vez está formado por una serie de subprocesos y funciones, tal como se muestra en la tabla 2.1.

Servicio	Proceso	Subproceso	Función
Gestión de Usuarios	Alta	Tramitar Solicitud	Verificar Datos
			Realizar Pre-Alta
			Eliminar Solicitud
		Verificar Email	Enviar Email
			Comprobar respuesta
		Procesar Alta	Procesar Alta
			Enviar Correo Bienvenida

Tabla 2.1: Ejemplo Gestión de Usuarios

Vamos a ver tres ejemplos que nos ayudarán a entender la razón de porqué debemos buscar un equilibrio dentro de la Unidad de Trabajo.

Ejemplo 1 : *Proceso "Alta de Usuario" - Plataforma "Gestión de Usuarios"*

En un principio podríamos pensar que la elección de las Unidades de Trabajo están directamente relacionadas con los niveles que ocupan los componentes en sus respectivas jerarquías, pero he comentado con anterioridad que, la elección de los componentes de la Unidad de Trabajo debe ser equilibrada, también debe ser Operativa. Al elegir como unidad de Negocio el proceso "alta de Usuario" y como unidad de Tecnología la plataforma "Gestión de Usuarios", no conseguimos que la Unidad de Trabajo resultante tenga un carácter operativo.

La elección que hemos realizado sería operativa si nuestra infraestructura IT estuviese compuesta de muchas más Plataformas, lo que justificaría que un proceso lo asociemos a una Plataforma, pero en el caso de que el número de Plataformas sea reducido, se produciría una descompensación entre la identificación del Proceso y la asignación de un elemento IT como una plataforma. Por tanto, dependerá del peso que cada componente tenga en su respectivo ámbito, tanto de Negocio como de Tecnología.

Ejemplo 2 : *Función "Eliminar Solicitud" - Componente "CPU"*

Este segundo caso muestra una representación de una Unidad de Trabajo totalmente desequilibrada, ya que hemos elegido como elemento IT relacionado con el elemento de Negocio a un componente del último nivel de su jerarquía. Si realizamos un análisis del la Unidad de Trabajo podremos estudiar parámetros IT relacionados con el componente CPU, pero una Función de Negocio está relacionada con más elementos IT que los componentes básicos, por otro lado debemos reflexionar sobre qué información esperamos obtener al analizar el impacto que sobre la Función "Eliminar Solicitud" tendrá la capacidad del componente CPU.

Ejemplo 3 : *Subproceso "Verificar Email" - Aplicación "Servidor MAIL"*

En tercer caso representa el ejemplo de Unidad de Trabajo, que podemos considerar mantiene cierto grado de equilibrio, sin entrar a analizar las distintas peculiaridades que en un caso real podemos presentar. El subproceso "verificar Email" requiere de un conjunto de funciones y tareas, las cuales básicamente se encargan de interactuar con los elementos IT relacionados con el correo, por tanto es una buena elección estudiar el impacto que el subproceso "Verificar Email" tendrá sobre los elementos del nivel Aplicación "Servidor MAIL".

Como hemos visto en los tres ejemplos anteriores, la elección de los elementos, tanto de negocio, como de Tecnología que formaran parte de la Unidad de Trabajo requiere de cierto grado de conocimiento, tanto del Negocio como de la Tecnología y la elección de los distintos niveles en ambas jerarquías dependerá de factores como el tamaño de la infraestructura IT o el número de procesos de Negocio. Todo esto significa que es imprescindible durante el proceso de elección de las Unidades de Trabajo la participación de personas de las áreas de Negocio y de Tecnología.

Existen tres razones que podemos identificar como causas claras del desequilibrio en una Unidad de Trabajo:

- En la definición de la Unidad de Trabajo no han participado con el mismo compromiso las áreas de Negocio y Tecnología.

- La organización, por su propia naturaleza, se encuentra desplazada hacia uno de los lados del binomio Negocio-Tecnología, lo que se traduce en que el conocimiento que existe dentro de la propia organización impida la creación de Unidades de Trabajo equilibradas.

- No se ha conseguido transmitir a algunas áreas de la organización las necesidades de su implicación en la comprensión de las tareas y funciones del resto de áreas, como resultado, ciertas áreas no aportan una relación correcta de las operaciones que desarrollan. Esta carencia en el conocimiento de todos los Procesos de Negocio importantes en la compañía afecta a la definición de las unidades de Trabajo.

2.7.2 Unidades de Trabajo: Negocio

Una de las razones que no ayudan al correcto alineamiento de la tupla Negocio-Tecnología, es la visión que las áreas de Negocio tienen sobre los recursos IT asignados a los distintos procesos que manejan. La diferencia entre la cantidad de recursos que un proceso realmente tiene asignados y lo que cree el área de negocio que debe tener es una fuente constante de tensión entre negocio y tecnología. La Unidad de Trabajo ayuda a que las áreas de Negocio conozcan la forma en la que los recursos IT son asignados.

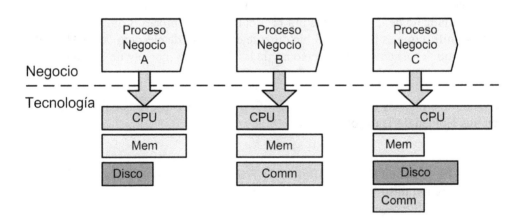

Fig 2.23: Perspectiva de Negocio sobre la Tecnología.

La figura 2.23 muestra un ejemplo de la visión que muchas áreas de negocio tienen sobre los recursos de tecnología asignados a sus propios procesos. Esta visión parcial sobre los recursos IT de la organización impide asimilar a las áreas de negocio la realidad sobre la cantidad de recursos disponibles, la capacidad de la plataforma IT para cubrir las necesidades del Negocio, los riesgos asociados a problemas en componentes IT, etc.

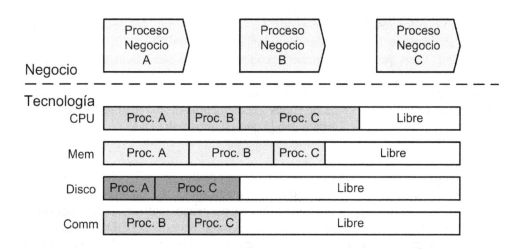

Fig 2.24: Perspectiva de Tecnología sobre el Negocio.

Por otro lado, la figura 2.24 representa la perspectiva que en muchas ocasiones las áreas de IT tienen sobre el Negocio, al que se ve como un conjunto de procesos a los que se asignan una cantidad de recursos concretas, al no disponer de más información, las áreas de tecnología no puede realizar una asignación de recursos que aumentaría el rendimiento de algunos de los procesos. Por ejemplo, imaginemos que el *Proceso A* el cual tiene asignado una cantidad determinada de recursos de tipo *Disco*. Por la naturaleza del proceso A, sería interesante aumentar la cantidad de recursos de tipo Disco con el objetivo de mantener una serie de datos históricos, para poder analizar tendencias. En cambio como el Negocio desconoce las posibilidades de ampliación de los recursos asignados y las áreas de IT no tienen constancia de las posibles mejoras para el Negocio, sencillamente no se asigna nuevos recursos de tipo Disco y por tanto, no se consigue una mejora, aún cuando hay espacio de disco libre que no está siendo utilizado.

2.7.3 *Unidades de Trabajo: Tecnología*

Desde el punto de vista de la Tecnología, la definición de una *Unidad de Trabajo* debe incluir todas las operaciones IT necesarias para que la operación de negocio a la que está asociada pueda realizarse de forma que los resultados obtenidos coincidan con los resultados esperados. La identificación de las operaciones IT es responsabilidad de las áreas de Tecnología que participan en el estudio de la Capacidad. Estas personas tendrán la competencia de identificar cuales son las operaciones IT que intervienen en una determina operación de negocio y realizar el ejercicio de descender a través de los distintas niveles de la jerarquía IT, con el objetivo de construir un mapa de todos los elementos de los distintos niveles que participan en la Unidad de Trabajo con la que estamos trabajando.

Entendemos como operación sobre la plataforma IT, todas aquellas interactuaciones entre los distintos componentes de la plataforma, ya sean hardware, software o seres humanos, que se necesitan realizar en la plataforma como parte de una unidad de trabajo, por ejemplo accesos a BBDD, tiempos de respuesta de la red, entrada/salida del almacenamiento, uso de CPU, etc. Todas estas operaciones IT están soportadas sobre los elementos de Tecnología

- Transacción de compra. Se identifican todas las operaciones IT necesarias para ejecutar una Transacción de compra.

- Registro, todas las operaciones necesarias para que un usuario se registre.

- Consulta Ticket, las operaciones que permiten a un usuario consultar un Ticket.

La Unidad de Trabajo da a la Tecnología la visión sobre el Negocio que la primera necesita, permitiendo a su vez identificar componentes críticos en tecnología pero desde el punto de vista del Negocio, y ayudando en la toma de decisión sobre ciertos aspectos de la plataforma IT, como son los elementos que se deben sustituir, la viabilidad de eliminar componentes o el impacto que tendrá una incidencia en un componente en concreto sobre el negocio.

2.7.4 Identificar Unidades de Trabajo

La identificación de las Unidades de Trabajo repercutirá directamente sobre la forma en la que se ejecutarán las siguientes fases de Capacity Planning. El problema principal de la identificación de las Unidades de Trabajo es que son elementos lógicos que están a medio camino entre el Negocio y la Tecnología, por lo tanto, se requiere un conocimiento de ambas áreas de conocimiento de la organización.

El proceso de identificación y creación de las Unidades de Trabajo está directamente relacionado con los objetivos marcados para el Capacity Planning. Dependiendo de qué pretendemos estudiar centraremos el estudio sobre unas partes del negocio u otras, pero como hemos dicho anteriormente una buena estrategia consiste en clasificar todas aquellas operaciones de negocio que ejecuta la organización para disponer de una visión más clara sobre qué partes del negocio son necesarias estudiar y cuales pueden ser ignoradas durante el estudio.

Una vez identificadas las operaciones de negocio, un buen punto de inicio sería comenzar analizando aquellas operaciones de negocio que intervienen en los distintos Niveles de Servicio que ha definido internamente la organización para definir la forma en la que se deben desarrollar las distintas tareas para que la calidad del producto generado sea aceptable.

Los Niveles de servicio son un buen punto de inicio para conocer que impacto tiene el cumplimiento de dichos niveles sobre la plataforma IT o más bien, como impacta la capacidad de la plataforma para que se cumplan los niveles de servicios establecidos. Vamos a ver un ejemplo en el que ya hemos identificado varios niveles de Servicio, y tendremos que identificar las unidades de trabajo que lo componen. Supongamos el siguiente Nivel de Servicio sobre el número de operaciones de reserva que se puedan realizar, por ejemplo en una aplicación Web de reserva de entradas.

Recordemos el camino que recorremos desde el Negocio a la Tecnología.

- Un Servicio está formado por una serie de Procesos de Negocio.
- Un Proceso de Negocio está formada por Operaciones de Negocio.
- Una Operación del Negocio está relacionada con una Unidad de Trabajo.
- Una Unidad de Trabajo está formada por una serie de Operaciones IT.
- Una operación IT trabaja sobre uno o varios elementos IT.

Para nuestro ejemplo supongamos que se establece el siguiente nivel de servicio:

El número mínimo de reservas por hora puede llegar a 2000.

Para nuestro supuesto Negocio, podríamos identificar como proceso de negocio al proceso de reserva, ya que este proceso se encarga de gestionar todo el proceso de reserva, incluida las anulaciones, cambios, devoluciones, cancelaciones, etc.

Proceso de *Reserva* está formado por las siguientes operaciones de negocio:

- Alta de la reserva.
- Cancelación.
- Modificaciones.
- Estado de la reserva.

Desde un punto de vista de negocio podemos identificar 4 operaciones de negocio, básicas, cada una de las cuales puede estar constituidas por subtareas. Consideremos la operación "*Alta de la reserva*" como un elemento básico desde el punto de vista del negocio, ya que es un proceso que como entrada recibe la información de la reserva y el usuario que la realiza y como salida genera la información sobre el alta de la nueva reserva.

Desde la perspectiva de IT el proceso de "*Alta de la reserva*" se sostiene sobre varios procesos IT, relacionados con la plataforma IT. Para implementar el proceso de alta de la reserva se deben ejecutar las siguientes operaciones relacionadas con la plataforma IT:

- Login del usuario.
- Introducción de los datos de reserva.
- Validación de la reserva.
- Logout.

A su vez, cada una de estas operaciones sobre la plataforma IT, está formada por una serie de acciones que deben ejecutar ciertos elementos de la plataforma IT, por ejemplo la operación de *Login* se podría descomponer en las siguientes acciones:

- Presentación de la página.
- Validación del usuario/passwd.
- Aceptación/denegación de acceso.

En el ejemplo anterior podemos ver como definiendo unos niveles de servicio orientados al negocio, podemos ir bajando hacia la infraestructura IT para identificar cuales son los elementos de la plataforma que participan en el cumplimiento o no de los niveles definidos y como desde el área IT, podemos definir una serie de niveles de servicio para cada uno de los elementos de la plataforma y que garanticen el cumplimiento de los ANS del negocio.

Consejo

Una buena práctica a la hora de elegir las Unidades de Trabajo, consiste en escoger aquellas operaciones críticas para el desarrollo del Negocio, esto permite identificar problemas en la plataforma IT, asociar dichos problemas a una parte del desarrollo del Negocio y de esta forma facilitar la gestión del riesgo que dicho problema puede llegar a plantear. Al centrar el foco en una parte concreta de la plataforma podremos obtener unos resultados más correctos, ya que emplearemos gran parte del tiempo en el análisis de los puntos críticos.

La tabla 2.2 define la Unidad de Trabajo *UT_Reserva* de nuestro ejemplo.

Unida de Trabajo	Operación de Negocio	Operaciones IT
UT_Reserva	Alta de la reserva	Login del usuario.
		Introducción de los datos de reserva.
		Validación de la reserva.
		Logout.

Tabla 2.2: Ejemplo Unidad de Trabajo

2.7.5 Objetivos y acciones

- Identificar las Operaciones de Negocio críticas.
- Identificar las Unidades de Trabajo.
- Crear el Documento Unidades de Trabajo. Ver *Anexo A :Documentación.*

2.8 Documentación

El último paso de esta fase es recopilar toda la documentación que hemos generado en los distintos pasos. En el *Anexo A :Documentación*, tenemos un ejemplo que nos puede servir como base para el desarrollo de la documentación de trabajo:

- Documento: Objetivos.

- Documento: Definición de roles.

- Documento: Identificación de la estrategia del Negocio.

- Documento: Análisis de los Niveles de Servicio.

- Documento: Procesos de Negocio.

- Documento: Flujos de información.

- Documento: Unidades de trabajo.

Capítulo 3

FASE II : ESTUDIO DE LA CAPACIDAD

De las tres fases que conforman un Capacity Planning, en este capítulo profundizaremos en el estudio de la Capacidad, mediante el análisis de todos los componentes IT de la plataforma para comprender cual es el estado actual de su capacidad. Si pretendemos obtener el estado actual de Capacidad de la plataforma, tendremos que estudiar no solo la Capacidad de los distintos elementos IT que participan, también debemos poner especial énfasis en el análisis de las relaciones de dependencia que existen entre todos estos componentes IT, identificando los flujos de información dentro de la plataforma y estableciendo todos aquellos parámetros que nos permitan cuantificar tanto la capacidad como el rendimiento de todos los elementos de la plataforma.

El objetivo principal de la fase de *Estudio de la Capacidad* consiste en la realización de un profundo análisis que desglose la relación entre Negocio y Tecnología, y que nos permita identificar todas aquellas conexiones entre Negocio y Tecnología que pueden ser críticas para el desarrollo actual del Negocio.

Como resultado de esta fase obtendremos información actualizada sobre el estado real de la plataforma IT, los posibles cambios en su mejora que se podrían aplicar y la identificación de los riesgos asociados con algún componente de la plataforma, que por alguna razón no hayan sido detectados. El propósito de esta fase es intentar responder a la siguiente pregunta.

¿Está la plataforma IT preparada para los nuevos requerimientos que demanda el Negocio de mi organización?

Todo el esfuerzo que una organización dedique a la elaboración de un plan de Capacidad tiene como objetivo responder a la pregunta anterior, analizando en profundidad todos los elementos de la plataforma IT para que podamos obtener los datos necesarios que nos permitan disponer de una respuesta con las consiguientes justificaciones.

La respuesta a la pregunta sobre si la plataforma IT está preparada tiene cierto carácter de predicción, ya que la propia estimación sobre los posibles cambios en la demanda del Negocio no deja de ser una especulación en base a ciertas variables, que permiten a las áreas de Negocio establecer un juego de posibles escenarios futuros.

Aparte de responder a la pregunta sobre la capacidad de la plataforma IT, el estudio de la Capacidad produce una serie de beneficios colaterales, los cuales ayudarán a las áreas IT a establecer estimaciones sobre los modelos de escalabilidad que se deberían seguir en algunos elementos IT concretos, también ayudarán a identificar las variables para medir la disponibilidad, el rendimiento y poder calcular los costes reales actuales y los futuros asociados a cubrir las futuras demandas del Negocio.

Entre los objetivos que se persiguen durante esta fase, podemos destacar:

- Disponer de un estudio sobre las posibilidades de crecimiento reales de las plataformas.

- Tener una lista definida de todos los riesgos relacionados con la capacidad de la plataforma.

- Crear modelos para realizar las pruebas necesarias para simular situaciones en la plataforma.

- Identificar posibles cuellos de botellas.

- Analizar el impacto de los nuevos requerimientos de Negocio sobre la plataforma IT.

- Generar información que ayuden a todos los niveles jerárquicos de la organización en sus respectivos procesos de toma de decisión.

- Proponer alternativas tecnológicas para los componentes que presente problemas de rendimiento y/o capacidad disponiendo de los análisis adecuados sobre el impacto de la implantación de estas nuevas tecnologías en el Negocio.

- Cuantificar la desviación presente en la alineación entre Negocio y Tecnología.

Cualquier plataforma IT, independientemente de la naturaleza de las operaciones que sostiene, podemos considerarla un ecosistema complejo constituido por sistemas y subsistemas los cuales colaboran y se relacionan entre sí, con el propósito de generar un conjunto de resultados concretos.

Como cualquier ecosistema, una plataforma IT está constituida por una jerarquía de niveles cada uno de los cuales, en sentido ascendente, permite agrupar en conjuntos ciertas funciones o tareas especializadas, de esta forma podemos ver una plataforma IT como un grupo de conjuntos de elementos que a su vez están constituidos por componentes más básicos.

Llamamos profundidad del estudio de la capacidad a la cantidad de subniveles que pretendemos bajar en nuestro análisis. Decidir el nivel de profundidad condicionará los resultados que obtendremos del Capacity Planning, por lo que la relación entre la profundidad del estudio y el conocimiento que podremos adquirir de la plataforma IT están directamente relacionados, cuanto más profundicemos en los niveles inferiores mejor será la información que obtendremos.

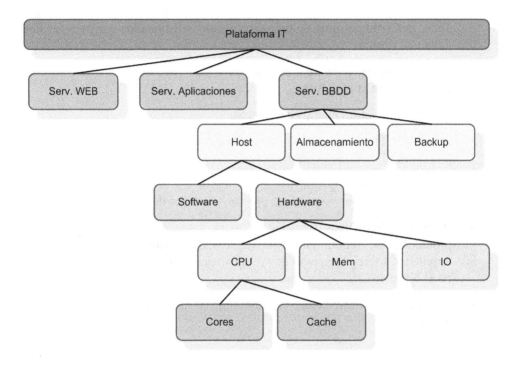

Fig 3.1: Jerarquía de niveles de una Plataforma IT.

El análisis que debemos realizar sobre los elementos de la plataforma IT, tiene como meta responder a un conjunto de cuestiones que nos ayuden a identificar tanto la Capacidad del componente, como el impacto que dicho componente tiene sobre otros subconjunto de componentes o niveles superiores. Las cuestiones a las que tendremos que dar respuesta son del tipo:

- ¿ Qué rendimiento tiene el componente ?

- ¿ Qué relación tiene con otros componentes ?

- ¿ Cómo afecta al desarrollo del Negocio ?

- ¿ Cómo puede aumentar el rendimiento del componente ?

El proceso de análisis de un elemento, sea éste de la naturaleza que sea, consta de dos acciones que podemos considerar como la base sobre la que se desarrolla el resto del proceso, que son la recogida de datos y la interpretación de los datos recogidos. Por tanto para realizar un análisis es crucial establecer unos procedimientos que definan la forma en la que los datos serán recogidos y que tengamos el conocimiento suficiente sobre la naturaleza del elemento objeto del análisis para realizar una interpretación correcta del conjunto de datos recogidos.

La calidad de los resultados de un análisis están directamente relacionados con la calidad de los datos recogidos y de la experiencia de equipo que los analizará. Existen dos máximas a la hora de realizar un análisis de la Capacidad de la plataforma:

- Disponer de un buen procedimiento para recoger datos, lo que nos garantizará la calidad de los mismos.

- Disponer de un equipo humano con la suficiente experiencia que respalde la interpretación de los datos recogidos.

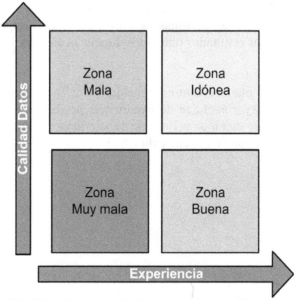

Fig 3.2: Distribución de Calidad de los Datos y Experiencia.

El cuadrante de la figura 3.2 clasifica las zonas de influencia según el grado de experiencia de las personas encargadas de realizar el análisis y la calidad de los datos recogidos en cuatro zonas:

- *Idónea*. Cuando los datos recogidos podemos catalogarlos de una calidad excelente y la experiencia de las personas encargadas del análisis es lo suficientemente buena se consigue situar el análisis en la mejor situación posible.

- *Buena*. En el caso de que dispongamos de datos que podamos clasificar como de baja calidad, pero por el contrario contamos con una experiencia alta, podríamos suplir la carencia en la calidad de los datos con la experiencia aportada por las personas, apoyando gran parte del análisis en esta experiencia.

- *Mala*. En este caso, disponemos de datos de calidad pero con una experiencia para el análisis de los datos muy baja, lo que impide que podamos realizar un análisis fiable de los datos recogidos y podemos llegar a encontrarnos en una situación complicada.

- *Muy mala*. Este es el peor de los casos, tanto la calidad de los datos como la experiencia de las personas es muy baja lo que impide garantizar la fiabilidad de los resultados obtenidos durante el análisis.

Durante el proceso de planteamiento de cualquier análisis debemos trabajar en la línea de adquirir la mayor cantidad de experiencia posible para el análisis de los datos y si es posible que esta misma línea de trabajo incluya la adquisición de datos que podamos clasificar con una buena calidad.

Durante la esta segunda fase del Capacity Planning abordaremos las siguientes acciones o tareas:

- Análisis de la plataforma IT.

- Esquemas del Capacity Planning.

- Identificar operaciones IT en Unidades de Trabajo.

- Definición del Plan de Pruebas.

- Construcción de un Modelo.

- Analizar cada Unidad de Trabajo.

- Analizar la dependencia entre Unidades de Trabajo.

- Generar informes sobre los análisis.

3.1 Análisis de la plataforma IT

El primera paso en la fase actual del Capacity Planning es el estudio de la plataforma IT, con el propósito de comprender cómo la plataforma IT está construida para soportar las necesidades del Negocio. Al igual que hicimos en la fase anterior, donde estudiamos los componentes de Negocio y la relación que existe entre ellos, en esta fase debemos profundizar en el análisis de todos los componentes IT y la forma en la que participan en el desarrollo del Negocio. A grandes rasgos podemos clasificar los componentes de una plataforma IT en tres grupos según la forma como está organizada, los recursos que la constituyen y las dependencias externas que tiene, es decir:

- *La organización IT.* La plataforma IT está integrada dentro de la estructura organizativa de la compañía de una forma determinada, estudiar como las áreas, departamentos o grupos de IT están integrados dentro de la organización, nos ayuda a descubrir la compleja red de interactuaciones entre las mismas ramas de Tecnología y con las distintas unidades funcionales de Negocio, dentro del árbol jerárquico de la compañía.

- *Los recursos IT.* Para realizar un estudio de la Capacidad de cualquier componente IT es imprescindible conocer la arquitectura sobre la que se ha construido la plataforma IT, por tanto, es necesario disponer de un mapa los más detallado posible con toda la información de recursos IT, dependencias, capacidades, etc. Que conforman la plataforma.

- *Dependencias externas.* Cualquier plataforma tiene establecidas una serie de dependencias externas a ella misma que condicionan en cierta medida la forma en la que desarrolla su actividad. Es necesario conocer todos aquellos condicionantes externos que en mayor o menor medida subordinan el desarrollo de la propia plataforma.

3.1.1 *Organización IT*

La mayoría de las compañías están organizadas mediante estructuras jerárquicas que reflejan las competencias que las distintas áreas o departamentos tienen en el proceso de desarrollo del Negocio. La jerarquía organizativa permite a las compañías mantener unos flujos de información más eficientes y aumentar el rendimiento de los distintos procesos de Negocio al disponer de áreas especializadas en la ejecución de procesos o tareas concretas. Esta especialización es producto del mantenimiento de actividades separadas entre grupos de la compañía que comparten una meta común.

Ya hemos comentado que el estudio de la Capacidad IT no consiste únicamente en analizar el rendimiento de un componente IT, sino que debemos analizar el impacto que tendrá el rendimiento de un componente sobre parte del Negocio. Por tanto, es fundamental para el éxito del Capacity Planning identificar todos aquellos componentes de la plataforma IT que constituyen la frontera entre la Tecnología y el Negocio.

Al igual que el Negocio necesita de una organización interna de la compañía, la

Tecnología y en concreto la plataforma IT necesita disponer de su propia jerarquía organizada en áreas, grupos y departamentos, los cuales tienen funciones especializadas dentro de la explotación de la plataforma IT. Conocer la organización interna de IT ayuda al desarrollo del Capacity Planning, ya que permite disponer de información real sobre la organización del conocimiento y las competencias asignadas a las distintas personas que participan en la plataforma IT. Podemos decir que para conocer la estructura organizativa de las áreas de IT es necesario:

- Identificar los dominios de conocimiento que poseen las áreas de IT.

- Identificar las competencias asignadas a cada grupo organizativo.

Identificando cuales son los distintos dominios de conocimiento de IT y las áreas de competencia, podemos construir una matriz, un ejemplo sería la tabla 3.1, en la que reflejaremos ambos atributos.

	Frontend	App	Backend	SO	HW	Comm
Operación	√	√	√	√	√	√
Administración	√	√	√	√		
Comunicaciones						√
Arquitectura	√	√	√	√	√	√
Desarrollo		√				
Soporte		√				
Mantenimiento		√				

Tabla 3.1: Áreas de competencia y de conocimiento

Ejemplo*: El objetivo de este punto es identificar cual es la relación que las áreas o departamentos de IT tienen con el resto de la compañía, en cuanto al rol jerárquico que tienen dentro de la organización.*

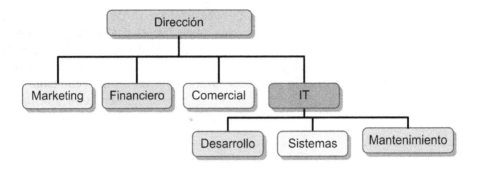

Fig 3.3: Jerarquía organizativa de la compañía.

Como muestra la figura 3.3 el departamento de IT está formado por tres áreas:

- *Desarrollo, que se encarga del desarrollo de las distintas aplicaciones de la compañía.*

- *Sistemas, cuya responsabilidad es la administración de la plataforma IT.*

- *Mantenimiento, se encarga de la gestión de incidencias, integración de evolutivos, pruebas, etc.*

Dentro de la organización el departamento de IT es el único que tiene responsabilidades dentro de la plataforma IT y la relación del resto de los departamentos con las distintas herramientas IT se realizan mediante el departamento de IT.

Las responsabilidades del departamento de IT son:

- *Mantener operativa la plataforma el mayor tiempo posible.*

- *Desarrollar nuevas funcionalidades según los requerimientos de las unidades de Negocio.*

- *Garantizar el éxito en todos los cambios que se realicen en la plataforma.*

- *Cumplir con los requerimientos de auditoria del Negocio.*

- *Garantizar la contingencia de la plataforma IT.*

3.1.2 Recursos IT

Definimos los recursos de una plataforma IT cómo todos aquellos componentes que trabajan de forma colaborativa con el propósito de aceptar, transformar y presentar cantidades de datos, los cuales servirán como base para la información requerida en las operaciones de Negocio. Una plataforma IT es un sistema complejo formado por elementos de distinta naturaleza, los cuales a su vez, pueden estar constituidos por subsistemas de componente más básicos.

Los recursos de cualquier plataforma IT se pueden clasificar de diversas formas dependiendo de las características que empleemos para su clasificación. Existe una clasificación de los componentes de una plataforma IT, basada en la naturaleza de dichos componentes que permite identificar cualquier elemento según tres categorías principales:

- *Recursos hardware. S*on todos aquellos elementos físicos que conforman en la plataforma IT. Los recursos hardware se encargan de dar el soporte físico sobre el que se sustenta la información con la que se desarrolla el Negocio de nuestra organización.

- *Recursos software.* Constituyen todos los elementos lógicos encargados de modelar y trabajar con la información, para implementar la lógica del Negocio. Debemos incluir dentro de los componentes software todos aquellos programas, aplicaciones, gestores de contenidos, etc. Necesarios para que el Negocio funcione.

- *Recursos humanos.* Es el grupo de personas que de manera más o menos directa se encargan de operar y administrar la plataforma IT para que los distintos procesos lógicos de negocio funcionen correctamente.

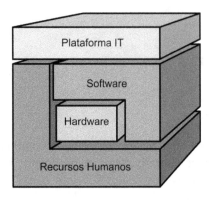

Fig 3.4: Familia de recursos IT.

En una plataforma IT, las tres categorías anteriores son igualmente importantes, ya que la plataforma no podría dar servicio si alguna de ellas no existiese o presentase algún tipo de problema. El Análisis de la Capacidad se centra en el estudio en profundidad de cada una de las tres categorías anteriores, descomponiendo las correspondientes subcapas que podemos encontrar en cada categoría. El análisis de las relaciones entre los distintos tipos de recurso es uno de los ejercicios que mayores productos reportará al Capacity Planning, ya que la identificación de todas las relaciones, tanto las existentes cómo las que deberían existir, permitirán aumentar la capacidad de la plataforma IT para gestionar más información.

Todos los componentes de una plataforma deben encajar perfectamente, ya que partimos de la idea que una plataforma IT es un sistema complejo de elementos interrelacionados que trabaja colaborativamente con el propósito de dar un servicio. Si algunos de los componentes no encaja, este desajuste tendrá consecuencia sobre todo el sistema.

3.1.2.1   Recursos hardware

Los recursos hardware de una plataforma IT consisten en el conjunto de componentes físicos sobre los que se implementa el Negocio. El propósito de los recursos hardware es constituir el soporte físico para acceder, manejar y almacenar la información de la compañía.

El número y la naturaleza de los recursos hardware que una compañía tiene que destinar para implementar su Negocio dependerán en gran medida de factores como los costes de implementación, las tecnologías elegidas, el nicho de mercado donde se ubicará el Negocio, el perfil profesional de las personas que componen la organización, etc.

Normalmente nos referimos a los componentes hardware como a los elementos que constituyen parte de un PC, como piezas, memoria o CPUs. Una plataforma IT es un conjunto más amplio que abarca a todos los componentes que participan para el desarrollo del Negocio, esto significa que una plataforma IT está constituida a nivel físico por:

- *Procesamiento.* Todos los componentes encargados de procesar la información como son las maquinas, dispositivos de almacenamiento, servidores de backups, de base de datos, de aplicaciones, servidores de correo, servidores de impresión, gestores de dominios, etc.

- *Infraestructura de CPD.* Los elementos IT de procesamiento deben estar ubicados en instalaciones acondicionadas para mantener las condiciones necesarias, de temperatura, humedad, soporte eléctrico, control de accesos, suministro eléctrico ininterrumpido, detención de incendios, etc.

- *Comunicaciones.* La plataforma IT necesita comunicarse con el exterior, ya sean con los clientes o con otras sedes de la propia compañía, y pos supuesto también internamente se deben comunicar los distintos componentes de la plataforma. Para cubrir esta necesidad de comunicación se debe contar con elementos como son las líneas de comunicaciones a redes como Internet o intranets corporativas, el hardware de comunicaciones especializado en la gestión de las propias comunicaciones como son router, switches, etc.

- *Periféricos.* Dentro del conjunto de periféricos podemos incluir todos aquellos componentes que no forman parte del núcleo hardware, pero que son útiles para el desarrollo del negocio, como son las impresoras, los Pcs de usuarios, los Tables PC, los móviles, y todos aquellos elementos que ayudan en el acceso a la plataforma IT.

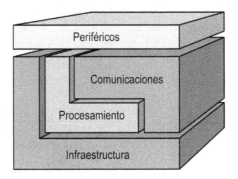

Fig 3.5: Recursos Hardware.

Para el análisis de la Capacidad es fundamental conocer la cantidad y la naturaleza de los componentes hardware que constituyen la plataforma IT, haciendo especial énfasis en aquellos componentes que conforman el núcleo de la plataforma, pero sin olvidar la importancia del resto, ya que todos los componentes de una forma u otra impactan en el Negocio, por la relación que mantienen entre ellos y por tanto es importante para el análisis de la capacidad disponer de un detalle de todos los elementos hardware que intervienen en el negocio.

Consejo

Es habitual durante el análisis de la Capacidad IT que se aborden únicamente aquellos elementos que intervienen directamente en el desarrollo de los procesos de Negocio, dejando de lado otros componentes como son las infraestructuras o los periféricos, por considerarlos elementos secundarios los cuales no participan de forma directa en el Negocio. Este error puede provocar que pasemos por alto riesgos que en un futuro podrían tener un impacto real sobre el Negocio. Por tanto el análisis de la Capacidad IT debe abarcar el estudio de todos los elementos hardware, independientemente de la profundidad del análisis que se realice a cada uno de ellos.

El hardware de una plataforma IT está específicamente diseñado para realizar dos funciones básicas, almacenar y/o mover datos. Podemos pensar que los componentes hardware realizan trabajas más complicados, pero debemos tener claro que éstos son el resultado de un conjunto de acciones más sencillas realizadas por componentes cuya misión es mover y almacenar.

- *Almacenar.* La información y concretamente los datos que componen la información deben estar permanentemente almacenadas en un elemento físico, de lo contrario el dato se perdería. El dato como elemento lógico tiene su reflejo en el mundo físico por el espacio que ocupa en el hardware. Un dato puede estar almacenando de forma permanente gracias a alguno de los dispositivos de almacenamiento como son los discos duros, cintas de backups, dispositivos de estado sólido, etc. O por el contrario el dato puede estar almacenado de un soporte temporal como puede ser la memoria RAM de los servidores o los PC de los usuarios. Es decir el dato siempre está ocupando un espacio físico.

- *Mover.* La otra función en la que el hardware esta especializado consiste en mover la información. Cualquier operación que podamos pensar que puede realizar un componente IT se desarrolla en mayor o menor medida moviendo los datos de un elemento a otro. Por ejemplo, pensemos en el núcleo de procesamiento en un servidor que son los procesadores, cualquier operación que realiza un procesador consisten básicamente en mover datos entre los distintos registros que lo forman y transferir los resultados a los elementos de memoria, donde se almacenan de forma temporal, para posteriormente ser movidos a los dispositivos de almacenamiento permanente, como son los discos.

Como parte del estudio de la Capacidad que estamos abordando, en lo que a elementos hardware de la plataforma, debemos centrar nuestro análisis en aquellos componentes hardware cuya Capacidad para almacenar información y/o mover dicha información tengan un impacto relevante en alguna de las operaciones de Negocio. En resumen, para el Capacity Planning tendremos que poner especial énfasis en el estudio de elementos como son:

- Los dispositivos de almacenamiento permanente, para estudiar tanto la velocidad de acceso a los datos como la cantidad de información que pueden almacenar.

- El hardware de procesamiento, juega un papel crítico en la Capacidad de un Sistema para procesar las distintas tareas que tiene asignada. El hardware de procesamiento aumenta su Capacidad siguiendo la famosa *Ley de Moore*[8] lo que provoca que la Capacidad de Procesamiento sea una de las características que más expectativas crea dentro de una plataforma IT, en cuanto al aprovechamiento de su rendimiento.

- Los componentes de comunicaciones. Debido al aumento de interrelaciones entre dispositivos de distinta naturaleza, así como la utilización de elementos con funciones específicas dentro de la plataforma., en muchas ocasiones los elementos de comunicaciones se convierten en verdaderos talones de Aquiles para una plataforma. Es necesario que el estudio de la Capacidad evalúen el rendimiento que los distintos elementos de comunicaciones desempeñan dentro de la plataforma.

3.1.2.2   Recursos software

El software es el componente lógico de una plataforma y su finalidad es la implementación de los procesos, tareas y condiciones que el hardware debe cumplir para que los datos sean procesados de la forma que se necesita, lo que significa que es el software el elemento que describe como el dato debe ser tratado.

Podemos realizar una primera clasificación del Software en función del papel que juegue dentro de una plataforma, en tres categorías genéricas:

- *Software de Sistemas.* Es el conjunto de componentes lógicos encargados de gestionar el hardware, creando una capa de abstracción que permite aumentar la eficiencia del uso de los componentes hardware. Este tipo de software facilita el uso del hardware y permite la integración entre distintos componentes hardware mediante la implementación de protocolos de intercambio de información. Sin el software de Sistemas, el hardware sería mucho menos versátil de lo que es actualmente.

---

8   Aunque no es estrictamente una Ley, más bien es una observación, dice que el número de transistores en un circuito integrado se duplica cada 18 meses, aumentando de esta forma la capacidad de procesamiento de datos.

- *Software de Programación.* Todo el software se desarrolla a partir de una serie de lenguajes de programación, como Java, C, C++, Cobol, Perl, Python, etc. Que permiten escribir programas en un lenguaje entendible por el ser humano y un conjunto de herramientas de desarrollo, como son los compiladores, linkadores, IDEs (*Integrated Development Environment*), librerías, etc. Que se encargan principalmente de ayudar al desarrollo y la traducción de los programas escritos en un lenguaje a código binario necesario para que puede ser utilizado.

- *Software de Aplicación.* Las aplicaciones son herramientas software que implementan cierta lógica con la que tratar la información. Desde un punto de vista muy general, podemos decir que las aplicaciones son elementos software que reciben una entrada de datos, los cuales son procesados mediante una lógica concreta y generan una salida.

El análisis del software, sea la categoría que sea, que se utiliza en los distintos elementos de un Sistema es fundamental para tener éxito en el estudio de la Capacidad IT que estamos realizando, que emplea la plataforma IT es clave para el Capacity Planning que estamos realizando, porque los problemas de Capacidad relacionados con los componentes hardware están normalmente vinculados con características concretas del propio componente y que se establecen en el momento de su fabricación, por ejemplo, la velocidad de rotación de un disco o la velocidad de acceso en lectura a un módulo de memoria. En cambio, los problemas vinculados con la Capacidad del software están relacionados principalmente con dos únicas causas:

- Implementación deficiente de la lógica para el tratamiento de los datos. No siempre la implementación software que se realiza en una aplicación cumple con las especificaciones esperadas, lo que genera problemas tanto en los resultados del tratamiento de los datos como en la gestión de la propia aplicación.

- Uso deficiente de los recursos hardware y software empleados. El software necesita interactuar tanto con recursos hardware sobre los que se ejecuta como otros recursos software con los que colabora para el tratamiento de los datos, un uso deficiente de los recursos puede impactar, bien en el rendimiento de los procesos que el software implementa o bien en la capacidad de los recursos empleados.

El software, debido a su propia naturaleza, presenta un grado de flexibilidad frente al cambio muy superior al que tienen los componentes hardware. Esta elasticidad de adaptación permite la existencia de un abanico considerablemente amplio de soluciones software con las que poder hacer frente a un problema relacionado con la Capacidad. El software se ha convertido en el eje principal de la industria IT, generando una explosión de soluciones considerablemente más amplia que las que podemos encontrar en el hardware.

Desde la perspectiva del proceso de construcción de un plan de Capacidad IT y por lo que hemos comentado anteriormente, el software será una de las herramientas fundamentales para ayudar a que la organización pueda disponer de un plan coherente, que le permita afrontar con ciertas garantías cualquier cambio en la demanda del Negocio. Pero el software también es la principal fuente de problemas relacionados con la Capacidad IT, debemos estudiar en profundidad no solo el rol que desempeñan cada uno de los componentes software dentro de la plataforma IT y la adaptación entre la implementación realizada y las funcionalidades esperadas, también las relaciones de dependencias con el resto de recursos IT y el cumplimiento de las especificaciones de integración entre ellos. En definitiva, gran parte del esfuerzo que debemos desarrollar a lo largo de las distintas fases del Capacity Planning lo debemos emplear en el estudio la capacidad de los componentes Software, sus características, limitaciones y ventajas.

Aparte del impacto que el software, como componente IT, tienen en el Negocio, existen un conjunto de circunstancias que provocan, sino un incidencia como un problema, si un problema de integración con el Negocio. Entre las posibles causas podemos citar:

- El software no implementa las necesidades del Negocio.

- El volumen de datos excede la capacidad de gestión del software.

- No se han optimizado los procesos automáticos de negocio implementados en el software, lo que desemboca bien en un rendimiento pobre de dichos procesos o por el contrario se asignan recursos innecesarios.

- El software no es lo suficiente maleable para ajustarse a los requerimientos de los procesos de negocio lo que obliga a la compañía a modificar estos últimos.

- Las incidencias relacionadas con bugs y malas implementaciones del software tienen un impacto directo sobre el Negocio.

3.1.2.3   Recursos humanos

De todos los elementos que participan en una plataforma IT, existe un grupo de recursos cuyo valor de contribución está muy por encima del resto, debido a su propia naturaleza. Nos referimos a los *recursos humanos* que trabajan en la gestión y operación de la plataforma. Esta visión antropocéntrica, tiene una razón de peso que la justifica, únicamente los recursos humanos tienen un grado de adaptación a los cambios lo suficientemente amplio como para aportar valor real al Negocio.

El resto de elementos de la plataforma IT, nos referimos a los componentes hardware y software, son elementos mucho más estáticos, cuyo grado de adaptación al cambio es infinitamente menor, ya que por sí solos no disponen de la inteligencia necesaria para adaptarse al cambio, y únicamente cuando cooperan para trabajan en conjunto adquieren cierta inteligencia[9].

El problema de los sistemas IT es su reducida capacidad de reacción frente al cambio y aunque existen procesos automatizados de gestión de los recursos, que permiten modificar la capacidad de los sistemas según ciertas necesidades, no podemos considerar que estos procesos automáticos de análisis puedan aportar más valor al Negocio que el análisis sobre lo qué está ocurriendo en la plataforma IT y las consecuencias que se puedan derivar de la situación actual.

En muchos casos y debido a distintas razones la gestión de los recursos humanos no es una tarea a la que se las compañías dediquen el tiempo necesario. Muchas compañías basan su estrategia de negocio en la creación o potenciación de los componentes hardware y software de la plataforma IT, dejando en un segundo plano los recursos humanos. Este tipo de decisiones tendrán un impacto en el desarrollo del negocio que según la naturaleza de la compañía puede desembocar en un absoluto fracaso.

Solo tenemos que echar un vistazo al panorama IT actual para ver cual es la política de las empresas que tienen éxito, en todas el eje central de su desarrollo se basa en los recursos humanos de los que disponen, desplazando la propia

---

9   Debemos entender inteligencia no como la capacidad para discernir o crear que tiene el ser humano, sino como la capacidad para tomar una serie de decisiones en base a una serie de premisas.

tecnología a un segundo lugar, como mera herramienta necesaria para el desarrollo de las ideas, pero son las personas la fuente de riqueza de las compañías que tienen éxito en la actualidad. Por tanto, la gestión de los recursos humanos será la llave maestra que permita a una compañía sacar el mayor rendimiento posible a una plataforma IT, marcando una diferencia considerable con aquellas compañías que no han adquirido una política antropocéntrica en el desarrollo de su Negocio.

Realizar un análisis que permita evaluar la Capacidad del equipo humano que gestiona la plataforma IT para afrontar el cambio, es uno de los hitos claves que se debemos perseguir durante el Capacity Planning. Conocer aspectos como la motivación de los equipos, el conocimiento sobre la plataforma, la disposición para afrontar situaciones anómalas, las cualidades de cooperación, etc. Nos permitirán establecer una serie de parámetros sobre la capacidad de los recursos humanos para atender las necesidades del Negocio.

Consejo

Una gran mayoría de las organizaciones que se plantean la elaboración de un plan de Capacidad, únicamente piensan en el software y el hardware como componente de la infraestructura IT, sin tener en cuenta los recursos humanos de las áreas IT. Aunque es importante la infraestructura hardware, por los costes de inversión que representan y también los componentes de software por la importancia en el éxito del servicio (en relación a lo acertado o no de la implementación de la lógica del servicio), los recursos humanos de las áreas de IT constituyen el factor crítico de la infraestructura, ya que es el único conjunto de recursos IT que posee una inteligencia real y que puede ajustar su forma de trabajar a las necesidades de la plataforma.

Es frecuente afrontar un Capacity Planning como el estudio que nos ayude a conocer los riesgos que pueden existir en la plataforma IT, con relación a los elementos hardware y/o software, pero es bastante infrecuente que pensamos en la importancia de los recursos humanos y los riesgos que pueden presentar tanto para el buen funcionamiento de la plataforma IT como para el cumplimiento de las necesidades del Negocio.

Algunos de los riesgos que pueden aparecer en un equipo humano que desarrolla su trabajo en una plataforma IT podrían ser:

- Baja capacitación del personal para desarrollar su actividad profesional.

- Desmotivación para afrontar situaciones extraordinarias.

- Desconocimiento sobre las funciones de las áreas de negocio.

- Falta de cooperación con otras áreas, ya sean de Tecnología o de Negocio.

- Desconocimiento sobre el impacto de su actividad en el Negocio.

3.1.2.3.1   Evitando el problema

Durante mucho tiempo uno de las métodos más utilizados para reducir los posibles riesgos generados por los recursos humanos que operaban en una plataforma IT consistía en reducir el número de operaciones con una fuerte componente de dependencia de las personas, generando procesos automáticos para la automatización de tareas y reduciendo de esta forma la actividad de las personas en la plataforma IT. Este aumento de la automatización tuvo dos consecuencias muy distintas:

- *La primera,* ha sido la disminución de las hora de operación sobre una plataforma, permitiendo que los recursos humanos dejasen tareas monótonas en manos de los procesos automáticos y de esta forma podían centrarse en tareas las cuales necesitaban del carácter creativo del ser humano para su desarrollo, por ejemplo la identificación de errores o el análisis de los problemas de rendimiento.

- *La segunda,* la automatización ha provocado el que se intente eliminar la mano del ser humano en muchos procesos de una plataforma lo que ha provocado un problema con los errores derivados de una automatización excesiva o de una mala implementación de dicha automatización.

Cualquier persona que haya estado varios años administrando sistemas de una plataforma IT habrá vivido experiencias como un proceso mal implementado borraba ciertos ficheros que no estaba previsto que borrase. Este tipo de errores siempre se han achacado a un problema de la implementación de un proceso y no al fin del proceso en si, pero debemos ser conscientes que en sistemas críticos la automatización excesiva puede plantear muchos problemas, como la falta de de reacción frente a situaciones inesperadas.

Una solución más apropiada para la reducción de los riesgos asociados a los recursos humanos sería disponer de un personal formado en las funciones que deben desarrollar y con un conocimiento sobre los procesos IT suficientemente amplios para que pudieran reaccionar de forma correcta y rápida frente a situaciones críticas. Ya que de nada nos sirve disponer de una tecnología que cuesta millones de euros adquirir y mantener cuando el personal encargado de su explotación no tiene la suficiente formación para aprovechar todo el potencial que la tecnología ofrece.

Este enfoque pretende asociar el peso de la plataforma en aquellos recursos que más pueden aportar, como elementos con suficiente capacidad de reacción e inteligencia como para disminuir los riesgos asociados al resto de componentes, aportando soluciones que permitan prevenir errores y posibles indisponibilidades de los servicios de la plataforma.

3.1.2.4   CMDB

Un componente esencial en cualquier área IT para la gestión de los activos ha sido tradicionalmente el conjunto de inventarios donde se almacena toda la información de los activos de la organización, tales como los inventarios de hardware, los inventarios de software, los de licencia, los inventarios de direccionamiento de red, los inventarios de identificadores de usuarios, etc. El conjunto de todos los inventarios que dispone la organización sobre la plataforma forman una base de datos en la que está almacenada la información sobre todos los componentes IT de la plataforma.

La CMDB (*Configuration Mangement DataBase*) es la evolución que va un paso más allá de los tradicionales inventarios de componentes IT. La CMDB almacena toda la información de los atributos de un componente IT, necesarios para gestionar los componentes IT, como pueden ser el número de serie, localización geográfica, tipo de elemento, información de soportes, estado, sistema y subsistema donde está asignado, etc. Además de toda esta información, en la CMDB también se almacena toda la información sobre las relaciones que los distintos componentes de la plataforma mantienen con el resto de sistemas y subsistemas.

Como herramienta para conocer el estado de la plataforma la CMDB juega un papel importante en los procesos de toma de decisión de las áreas IT, pero el acierto de las decisiones que se tomen en base a la CMDB dependerá de la calidad de los datos que están almacenados y uno de los parámetros que definen el grado de calidad de los datos es el tiempo de actualización de los mismos. Si los datos de la CMDB no están actualizados, se tomarán decisiones en base a unos escenarios que no son los reales y este problema con la calidad de los datos se reflejará en tomar decisiones que puede repercutir de forma negativa en la plataforma IT. El proceso de actualización de la CMDB debe ser continuo y automático, para conseguir mantener actualizada la CMDB con todas las modificaciones que se realice sobre la plataforma.

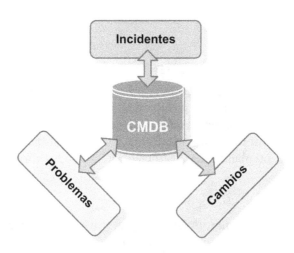

Fig 3.6: Dependencias de la CMDB.

La CMDB permite tener centralizada toda la información de la plataforma IT y que esta sea accesible por las distintas áreas de la organización ayudando de esta forma a la toma de decisión de áreas de la compañía:

- Datos actualizados.

- Centro único de acceso.

- Mejora la identificación de componentes impactados en un problema.

- Mantiene un inventario de activos reales de la compañía. Permitiendo ajustar los costes de aquellos elementos que se den de baja y el impacto sobre otros componentes.

Consejo

Disponer de una CMDB con carencias, desactualizada o con errores en la información, tiene un efecto totalmente contrario al esperado, ya que provoca que se tomen decisiones en base a información sobre los componentes de la plataforma que es errónea, lo que significa que aquello que no esté comprobado o sobre lo que tengamos dudas será mejor dejarlo en cuarentena hasta que se verifique.

La base de la CMDB son los CI (*Configuration Items*) o ítems de configuración, los cuales almacenan toda la información de un componente así como la relación que manteniente con otros componentes. Con la información almacenada sobre los distintos CI que conforman la plataforma IT, las distintas áreas que tienen competencia sobre la plataforma IT tienen acceso a la información de forma eficiente.

En compañías donde mantener un único repositorio para la CMDB es un ejercicio faraónico, se puede plantear montar un sistema de CMDBs federadas, en la que la información de la compañía se delega en distintas sedes o unidades organizativas para que su gestión sea más eficiente.

Disponer de una CMDB de nuestra plataforma IT tiene un beneficio directo al reducir los tiempos de ejecución de las distintas tareas que se implementan en alguno de las tres situaciones siguiente:

- Incidentes.

- Problemas.

- Cambios.

En los tres escenarios anteriores el tiempo de reacción es clave para responder de forma eficiente a cualquier a de estas situaciones, en las que por distintas razones tanto el rendimiento como la disponibilidad de una parte o de toda la plataforma IT está en juego.

La CMDB como fuente de información es un elemento clave que permite cuantificar el conocimiento que una compañía o área responsable tiene sobre una plataforma IT.

3.1.3 Dependencias externas

Debido a factores como son la propia complejidad de la plataforma IT, la política de ajuste de gastos en el desarrollo del Negocio o por carencias propias de la organización, existen una serie de dependencias que unen a la plataforma con agentes externos a la organización. Esta relación, aparte de premitir un ventaja también puede suponer un lastre en ciertas circunstancias en las que necesitamos que la plataforma se amolde a las nuevas necesidades del negocio. Por tanto para el Capacity Planning es importante conocer cuales son las dependencias externas a nuestras organización que tiene la plataforma IT.

Podemos enumerar las dependencias de una plataforma IT con el exterior:

- Soporte de los fabricantes.

- Externalización.

- Integración con terceros.

Consejo

Las dependencias con agentes externos a la plataforma IT, se convierte en un condicionante en función del grado de dependencia que exista, pero no podemos realizar un análisis de la capacidad de nuestra plataforma IT e ignorar los escollos que puede presentar el cambio en la demanda y como los agentes externos responden a las necesidades de la plataforma IT.

3.1.3.1 Soporte de los fabricantes

Los fabricantes de todos los componentes IT establecen unos valores mínimos y máximos que delimitan la franja de operación de dichos componentes. Todos los elementos IT están sometidos a una serie de pruebas que el fabricante realizar para garantizar que el componente se comporta de la forma esperada y opera dentro de un rango establecido.

Para el análisis de la Capacidad es fundamental conocer cuales son las especificaciones que el fabricante establece para cumplir con los umbrales mínimos de Servicio de los distintos componentes, para evitar que el rendimiento de una parte de la plataforma caiga por debajo de los valores mínimos establecidos a causa de un componente cuyas especificaciones no superan los requerimientos mínimos esperados.

Por otro lado, es crucial para el plan de Capacidad conocer cuales son los límites máximos establecidos por el fabricante para un componente, ya que este valor limitará la forma en la que el subsistema en el que participa dicho componente puede crecer.

Dependiendo de los ANS firmados con los proveedores, nosotros tenemos un primer contacto sobre que Niveles de Servicio podemos ofrecer. Este documento no se completará hasta que realicemos las pruebas sobre los modelos, donde sabremos los límites de la plataforma y por lo tanto se podrán ajustar los niveles de servicio que el negocio va a dar. Pero estos niveles se deben basar en los SLA de los componentes.

3.1.3.2   Externalización

La externalización es el proceso que permite a la organización aumentar la capacidad para desarrollar cierta actividad, delegando dicho desarrollo en una empresa la cual está especializada en el tipo de actividades que se externalizan. Las razones para externalizar procesos en una compañía son varias, aunque desde un punto de vista financiero se justifiquen con la reducción de costes, ésta no es o por lo menos, no debería ser la causa principal para decidir externalizar ciertos procesos desarrollados internamente por la organización.

Las causas de la externalización deben estar en:

- Aumentar la capacidad de la compañía para desarrollar ciertas actividades en las cuales no está especializada, permitiendo delegar dicho desarrollo en organizaciones especializadas.

- Reducir la inversión para adquirir activos que pueden convertirse en un lastre para la organización.

- Reducir los tiempos y costes de implantación de nuevos desarrollos.

En momentos de reajuste económico, la externalización se una opción atractiva para las compañías al permitir reducir los costes de parte del desarrollo del negocio de forma rápida, deshaciéndose de activos que pueden ser innecesarios para cumplir con la estrategia del negocio.

Pero la externalización no es una opción ideal donde todo son ventajas, una de las desventajas principales es que condiciona el desarrollo de una compañía con la estrategia de otra, por tanto para cualquier análisis de la capacidad que emprendamos en nuestra organización es fundamental identificar y cuantificar cuales los las dependencias con el exterior que tiene la plataforma IT relacionadas con procesos de externalización.

3.1.3.3   Integración con terceros

Otra dependencia con elementos externos a la compañía que puede presentar una plataforma es la relación funcional que tenga nuestro Negocio con el Negocio de otras compañías, es decir, que exista una relación de dependencia con componentes funcionales de otra organización con los que nuestro Negocio interactúan. Por ejemplo la integración con pasarelas de pago, gestores de colas de mensajes, centrales de reserva, etc. No están incluidas aquellas dependencias que no tengan una componente funcional, como pueden ser servicios de comunicaciones o acceso a servicios de almacenamiento en la nube.

Para el estudio de la Capacidad es importante estudiar el impacto en la plataforma IT que tendrá la integración con otras plataformas externas a nuestra organización, ya que éstas pueden convertirse en un *cuello de botella*[10] para el desarrollo de nuestro Negocio.

Consejo

Desde un punto de vista IT, la integración con terceros siempre ha sido un tema problemático y con bastantes matices, ya que en pocas ocasiones se afronta desde una perspectiva de Negocio sino puramente técnica, lo que provoca la aparición de problemas de capacidad de todos aquellos procesos de negocio que interactúan con los componentes que intervienen en dicha integración.

Tan importante es conocer cual es la capacidad de nuestra plataforma, como

---

10 Es la causa por la cual el rendimiento de una actividad disminuye de forma considerable, ralentizando todo el proceso.

estudiar la capacidad que tienen las plataformas de las que dependemos. En la mayoría de los casos el acceso a la información sobre la Capacidad de éstas plataformas externas estará limitado como es normal, por lo que tendremos que considerarlas como si fueran cajas negras las cuales juegan un rol determinado dentro del desarrollo de negocio de nuestra compañía.

3.1.4 Desalineación Tecnología-Negocio

El concepto Desalineación Negocio-Tecnología está asociado, en la mayoría de los casos, con el aumento del diferencial entre los objetivos marcados para las áreas de Negocio y los objetivos planteados en las áreas de Tecnología. Si abordamos la desalineación como un conflicto entre dos partes de una organización, las cuales, representan un conjunto de intereses divergentes, podremos observar que no existe una sola causa que se pueda etiquetar como el origen de dicho conflicto y por tanto razón principal de la desalineación.

La siguiente lista, enumera los factores que intervienen en el aumento de tensión entre el Negocio y la Tecnología. Aunque el peso de cada uno de estos factores dependerá de características propias de la compañía, como son, la organización jerárquica, la naturaleza de su Negocio, el tamaño y peso de las distintas áreas de conocimiento, etc. Cada uno de los siguientes factores tendrá más o menos peso en la Desalineación.

- *Intereses propios* de personas o áreas, las cuales intentan imponer sus propios criterios por el beneficio directo que obtendrán, anteponiendo los intereses de la propia compañía.

- *Diferencias estratégicas*. Otra fuente de conflictos en cualquier organización son las diferencia que cada área puede tener sobre como desarrollar la estrategia de la compañía. Cada grupo intenta posicionarse en el futuro en el sitio que cada uno cree que más le favorecerá, esto imposibilita la ejecución de una estrategia común.

- *Desconocimiento del otro*. El mejor aliado de cualquier conflicto es el desconocimiento y en concreto el desconocimiento que tenemos sobre el adversario, al que tendemos a menospreciar y desacreditar, fortaleciendo de esta forma la idea de que nosotros sabemos hacerlo, mejor, más rápido y más barato.

- *Desconocimiento de la Organización*. En muchas ocasiones el problema de desalineación Negocio-Tecnología nace del desconocimiento que una de las partes tiene sobre la propia organización, como pueden ser los objetivos de ésta, los recursos disponibles, la propia organización jerárquica, la estrategia que la dirección plantea para el desarrollo del Negocio, los presupuestos, etc. El desconocimiento de la organización en la que estamos integrados es una de las fuentes en las que surge el conflicto.

- *Problemas para desarrollar nuestras tareas*. hay ocasiones en las que la desalineación se produce por un problema en el desarrollo de las actividades de una de las partes. Cuando una mala gestión de las infraestructuras IT genera un problema, por ejemplo en la capacidad de que la plataforma desempeñe todas las operaciones que se le solicitan, que repercute en el Negocio, se está produciendo también una desalineación entre negocio y tecnología aunque no sea producto de una confrontación consciente, la repercusiones para el negocio son las mismas y por lo tanto las consecuencias de dichas repercusiones también.

Normalmente se emplea el término *Desalineación Tecnología-Negocio* para referirnos a un problema entre ambos bloques de la organización, los cuales compiten por imponer sus intereses defendiendo ciertos criterios propios sobre los objetivos que la organización debe perseguir.

Es frecuente que esta confrontación entre Negocio y Tecnología sea alimentada desde las propias áreas internas de la compañía, que mantienen un enfrentamiento cuyos orígenes pueden estar en conflictos ocurridos en el pasado y que solo por una razón propia de la cultura corporativa de la compañía se mantiene vivo en la actualidad.

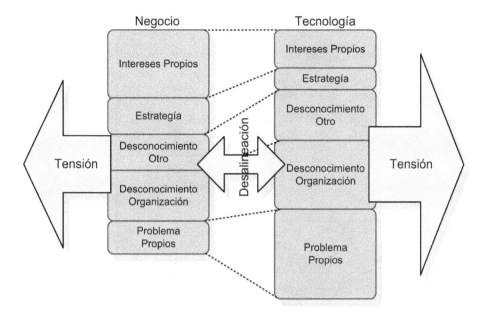

Fig 3.7: Ejemplo de desalineación Negocio-Tecnología.

Durante la ejecución de la tarea de análisis, aparecerán las primeras limitaciones de la plataforma, es interesante conocer en este estadio del desarrollo del Capacity Planning las primeras limitaciones, porque de esta forma podremos dar soluciones más eficientes desde el punto de vista IT. Solucionar problemas en las fases finales del Capacity Planning provocará que se tengan que tomar decisiones que podemos considerar poco o nada eficientes para el desarrollo del negocio. Por lo tanto, es muy interesante para el desarrollo del Capacity Planning disponer de una lista de limitaciones en este punto.

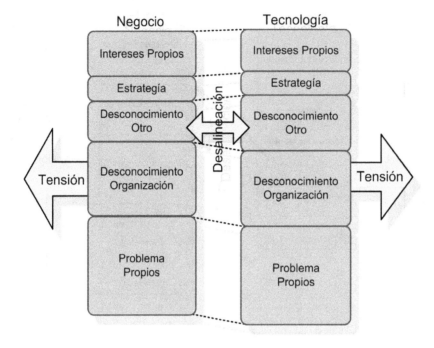

Fig 3.8: Reducción de la desalineación Negocio-Tecnología.

3.1.5 Objetivos y acciones

- Crear el documento "*Organización IT*".

- Crear el documento "*Recursos IT*".

- Crear el documento "*Dependencias externas*".

- Crear el documento "Identificación de riegos para el Negocio", donde se identificaran los primeros riesgos que observemos.

- Crear/actualizar la CMDB.

3.2 Esquemas del Capacity Planning

Es indiscutible que la forma más sencilla y rápida cuando intentamos comunicar una idea más o menos compleja es mediante la utilización de alguna técnica de visualización de lo que deseamos explicar, bien mediante diagramas, esquemas, dibujos, fotografías, etc. El ser humano asimila de forma más rápida la información mediante una imagen, que utilizando cualquier otro método de transmisión. Debemos ser consciente que la escritura, como método para transmitir la información es relativamente reciente, dentro de nuestra escala evolutiva y además debemos entender que solamente desde los últimos dos siglos, la gran mayoría de la población ha tenido acceso a la escritura como medio de trasmisión del conocimiento. Por tanto, aunque sea por una razón puramente evolutiva, el ser humano asimila de forma más rápida y persistente un diagrama o un dibujo que un texto escrito.

Poniendo como premisa la ventaja que para nosotros supone la información gráfica, uno de los pasos en el desarrollo del Capacity Planning consiste en recopilar o generar toda la información posible sobre la Plataforma IT, sus componentes, la relación entre ellos, la forma en la que están organizados en conjuntos funcionales, etc. Al disponer de la información sobre los componentes de la plataforma y la relación que existe entre ellos a distintos niveles, dispondremos una forma rápida de analizar la Capacidad de los distintos subsistemas y encontrar posibles cuellos de botella o limitaciones en el crecimiento de ciertos componentes.

Hasta este momento, toda la información que hemos generado en los distintos pasos del Capacity Planning, puede parecernos inconexa y sin ningún valor para el análisis de la Capacidad que estamos realizando, ya que hemos recorrido el camino desde los componentes de Negocio hacia los componentes de Tecnología, desgranando los distintos subsistemas que participan en cada una de las operaciones de Negocio. Hemos medido algunas de las variables que nos ayudarán a conocer la calidad con la que están trabajando los sistemas o subsistemas de la plataforma IT, hemos estudiado la capacidad de los equipos humanos, etc. En resumen hemos realizado un análisis de un conjunto de elementos y componentes desde una perspectiva focalizada en el elemento analizado, sin prestar atención al contexto en el que cohabita dicho elemento.

Para realizar un buen análisis de la plataforma IT, debemos contar no solo con datos sobre los distintos componentes, su uso y/o limitaciones, etc. También es imprescindible disponer de un conjunto de esquemas y diagramas que representen la plataforma IT y que nos permitan a simple vista identificar problemas, limitaciones o fallos.

En los sistemas complejos que es una plataforma IT, los esquemas y diagramas de los distintos sistemas y subsistemas presentan una ventaja primordial sobre la información puramente analítica y es mostrar aquellos puntos que pueden ser un riesgo para el Negocio desde el punto de vista de su Capacidad para desarrollar las funciones esperadas. Luego, si la información plasmada en los esquemas y diagramas es fiel al estado de la plataforma, sus componentes y las relaciones entre éstos, dispondremos de información que es imprescindible para tener existo en el desarrollo del Capacity Planning.

Ejemplo: Descripción de la plataforma IT para el acceso de los usuarios a la aplicación BETA. La plataforma consta de una capa de servidores de aplicación a los que tendrán acceso los usuarios. Los servidores de aplicación necesitan conectividad con la capa de servidores de datos y la capa de almacenamiento. Con los datos obtenidos de ambas capas se construirán las respuestas de las solicitudes de los usuarios. La capa de datos está formada por una serie de servidores encargados de gestionar las bases de datos y que trabajan en una configuración de cluster ACTIVO-ACTIVO. Es imprescindible que esta capa de la plataforma tenga acceso a una serie de volúmenes de almacenamiento compartido. La capa de almacenamiento compartido está formada por un conjunto de servidores de ficheros que emplean CIFS[11] y NFS para servir la información, a esta capa solo pueden tener acceso las máquinas de la capa de aplicación y las de la capa de Datos y nunca podrán acceder los usuarios directamente.

El control de las comunicaciones se realizará mediante un conjunto de reglas en la infraestructura de acceso la cual está formada por un Firewall que debe tener conectividad tanto en la red de usuarios, la de servidores de Aplicación, Datos y la red de almacenamiento.

---

11 Common Internet File System (CIFS), es un protocolo de Microsoft que permite compartir ficheros y servicios de impresión en una red de ordenadores.

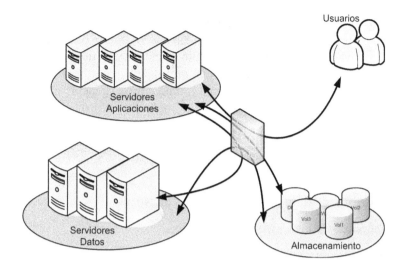

Fig 3.9: Ejemplo de plataforma IT.

Tanto la descripción del ejemplo anterior como el diagrama de la figura 3.9 describen de forma más o menos precisa la plataforma IT sobre la que están corriendo una serie de aplicaciones que un conjunto de usuarios utiliza. La diferencia es que nos resulta más rápido observar el posible cuello de botella que puede generar la capacidad del Firewall para gestionar todo el tráfico entre las distintas redes, sobre todo cuando este tráfico corresponde con el trasiego de información con la capa de Almacenamiento.

El diagrama nos permite centrar nuestra atención sobre el elemento crítico en este ejemplo y el riesgo que podría tener para el servicio que el rendimiento del Firewall no fuese el esperado. Un problema en la capacidad de Firewall para gestionar todo el tráfico se podría traducir en problemas aumento en los tiempos de respuesta para todos los elementos y la consiguiente sensación de lentitud que experimenta el usuario.

También debemos tener en cuenta que un objetivo del Capacity Planning es propagar la información entre las distintas capas jerárquicas de la compañía y como hemos dicho antes, la mejor forma de explicar un concepto a alguien que no lo conoce es de forma gráfica. Por tanto los diagramas de la plataforma nos ayudaran a transmitir la información que recopilemos a las personas de las áreas de Negocio involucradas en el desarrollo del Capacity Planning.

Dependiendo del grado de madurez de la plataforma IT, así como de los controles de auditoria aplicados a la misma, la documentación sobre la plataforma será más o menos exhaustiva, lo que significa que tanto el esfuerzo y tiempo dedicados a las tareas de recopilación y creación de los diagramas de la plataforma dependerá de lo que se tenga hecho hasta este momento. Como norma general para el Capacity Planning sería conveniente disponer de la siguiente información en forma de diagramas:

- Diagramas de la plataforma IT.

- Diagramas de flujo de las Operaciones de Negocio.

- Diagramas de las Unidades de Trabajo.

- Diagramas de criticidad/costes.

3.2.1 Diagramas de la plataforma IT

Durante todo el libro estamos repitiendo que uno de los objetivos principales para el éxito del Capacity Planning es la identificación y el análisis en profundidad de todas las relaciones existentes entre los distintos componentes de la plataforma IT y las distintas operaciones de Negocio. La tarea de identificar las relaciones de la plataforma IT con el Negocio es un trabajo exhaustivo, durante el cual, aparecerán vínculos hasta ahora desconocidos y que por otra parte es uno de los objetivos, identificar relaciones ocultas. Pero un análisis en profundidad puede provocar que ignoremos relaciones en la plataforma IT que a priori no nos parecen importantes, pero que para el desarrollo del Negocio pueden ser cruciales.

Es requisito fundamental para el estudio de la Capacidad que el análisis sea correcto y que busquemos un equilibrio entre la cantidad de datos a analizar y la calidad de los mismos.

Dependiendo del conocimiento que tengamos de la plataforma, deberemos emplear más o menos tiempo en la tarea de generar los diagramas de la plataforma IT. En este punto, debemos disponer de los planos de la plataforma, revisarlos y actualizarlos para que reflejen la realidad. Es importante que nos concienciemos nosotros y el resto del equipo de que la información con la que estamos trabajando este lo más actualizada posible, para que represente de manera inequívoca el estado actual de la plataforma IT, por lo tanto, además de generar los diagramas que necesitemos, también tendremos que revisar y actualizar aquellos esquemas que ya estaban creados. Cada organización dispone de una documentación propia, la cual es generada mediante sus propios procedimientos y es raro que toda la documentación esté perfectamente actualizada y organizada de la misma manera, para ejecutar el Capacity Planning necesitaremos:

- Diagramas de Arquitectura.

- Diagramas de Comunicaciones.

- Diagramas de Conectividad Funcional.

3.2.1.1   Diagramas de Arquitectura

Cualquier plataforma IT está construida según una arquitectura establecida en la que se especifica como los distintos bloques, capas y particiones de la plataforma deben apoyarse unos en otros. La arquitectura no solo define la forma en la que se deben construir los distintos bloques lógicos que conforman la plataforma IT, también define todas las relaciones que permitirán la interactuación entre distintos bloques, construyendo de esta forma un aglomerado de componentes hardware y software los cuales están interrelacionados para que desarrollen una conjunto de actividades concretas que permita a la compañía desarrollar total o parcialmente los distintos procesos de Negocio. Esto significa que los esquemas y diagramas donde estén reflejada toda la arquitectura de la plataforma es una pieza clave para el análisis de la Capacidad.

- *Diagramas de las capas de servicio* - Agrupan a todos los mapas y diagramas que recogen como están implementadas las distintas capas de servicio que conforman la plataforma y en la que podemos de manera más o menos clara identificar los flujos de información entre las distintas capas determinando todos aquellos componentes software y hardware encargados de tratar parte de la información. Principalmente podemos identificar flujos de información.

- *Diagramas de infraestructura de almacenamiento* - Día a día las compañías necesitan gestionar un mayor volumen de información, por tanto para cualquier plataforma IT es imprescindible disponer de una infraestructura de almacenamiento que permita disponer de forma permanente de la información de la compañía. Realizar un análisis de las distintas relaciones que existen ente los componentes de la plataforma IT y los componentes que conforman la capa de almacenamiento, es interesante desde el punto de vista de la capacidad, para conocer tanto la forma en la que se almacenan los datos como la dimensión de dicho almacenamiento.

3.2.1.2   Diagramas de Comunicaciones

Otro conjunto de elementos de la plataforma IT, que intervienen directamente en cada una de las operaciones de negocio que se realizan sobre dicha plataforma son los elementos encargados de la comunicación entre los componentes de la plataforma IT. Para el desarrollo del Capacity Planning es importante disponer de la información necesaria sobre la forma en la que los distintos elementos de la plataforma IT están conectados.

La capa de comunicaciones, que engloba a todos aquellos componentes relacionados con la interconexión de componentes de la plataforma IT, la podemos subdividir en dos subcapas, dependiendo del servicio ofrecen a la plataforma. La primea de las subcapas correspondería a todos aquellos elementos encargados de dar servicio de comunicaciones internas de la plataforma, mientras que la segunda subcapa correspondería con todos aquellos elementos encargados de dar a la plataforma conectividad con el exterior.

Es bastante frecuente que las compañías implementen por separado ambas subcapas no solo desde un punto de vista funcional sino que la implementación física respete dicha separación y con esta división nos podríamos encontrar una plataforma perfectamente dimensionada en la subcapa interna, pero con unas comunicaciones muy precarias con el exterior y viceversa.

- *Diagrama de la subcapa interna.* Este conjunto de diagramas debe reflejar perfectamente todas las comunicaciones a nivel físico que existen entre los distintos componentes de la plataforma IT. Quedando perfectamente definidas las distintas configuraciones que están presente en la plataforma, velocidad de los puertos de red, capacidad de los elementos de conmutación, ancho de banda de todas las líneas de comunicaciones entre las máquinas, reglas de Firewalls, definición de la infraestructura de planta, servicios de balanceo, configuraciones en HA[12], redundancia de caminos, etc.

- *Diagrama de la subcapa externa.* Conocer como la plataforma está comunicada con el exterior es otro ejercicio indispensable para el análisis de la Capacidad de la plataforma IT, ya que la mayoría de las plataformas dan servicio a clientes, mediante redes de comunicaciones, por lo tanto, si los elementos que nos conectan a estas redes no son los adecuados, podemos encontrar problemas a la hora de planificar nuevos crecimientos del negocio de nuestra organización.

3.2.1.3   Diagramas de conectividad Funcional

Hasta ahora hemos hablado de la arquitectura de la plataforma, como la forma en la que está construida la plataforma. También hemos comentado la importancia de los diagramas de comunicación que describen la forma en los componentes de la plataforma están interconectados tanto entre sí y como con el exterior. Por último necesitamos conocer la información sobre la *Conectividad Funcional* que describe el modo en el que la información del Negocio fluye entre los distintos componentes de la plataforma IT, gracias a los elementos de comunicaciones.

---

12 HA es el acrónimo de High-Availability se traduce como Alta Disponibilidad y hace referencia a configuraciones donde se garantiza la disponibilidad del servicio.

<blockquote>

Consejo

Debemos ser especialmente cuidadosos a la hora de recoger toda la información disponible sobre la conectividad funcional, ya que normalmente dicha conectividad ha sido definida por personas de las áreas de negocio, las cuales no disponen de conocimiento profundo sobre la tecnología de comunicaciones que está operando en nuestra plataforma. Por ejemplo, alguien de negocio puede pensar que realizar una notificación por email a nuestros 1.000.000 clientes a las 11:00 AM no es ningún problema. Por lo tanto identificar todas aquellas posibles comunicaciones funcionales nos evitará más de un problema.

</blockquote>

Los esquemas de Conectividad Funcional tienen el objetivo de plasmar el flujo de información dentro de la plataforma desde el punto de vista de los procesos de Negocio y no solo desde un punto de vista de la Tecnología. Podemos disponer de una arquitectura y una comunicaciones perfectamente dimensionada, desde un punto de vista de Tecnología, pero por un desconocimiento de los procesos de Negocio, dos de nuestras aplicaciones necesiten intercambian información y que dicho intercambio se produzca en un momento determinado. Puede que los elementos encargados de gestionar este flujo de información no estén suficientemente dimensionados para este caso en concreto o por el contrario estén sobredimensionados, en ambos casos las necesidades del Negocio no tienen un reflejo sobre la implementación de la Tecnología.

3.2.2 Diagramas de flujo de los Procesos de Negocio

La definición del diagrama de flujo de lo Procesos de Negocio no es responsabilidad del área IT, son las áreas de Negocio las que deben identificar y definir los flujos de las Procesos de Negocio, por lo tanto es a estas áreas a las que debemos solicitar esta información. ¿Para qué necesitamos en el área IT los flujos de los Procesos de Negocio? Hemos comentado que uno de los objetivos del Capacity Planning es que las áreas de Negocio tengan un conocimiento, aunque sea superficial, de como funciona la plataforma IT, pero este esfuerzo puede ser aprovechado en la dirección contraria, es decir que las áreas de IT conozcan cómo funciona el Negocio de la organización, consiguiendo de esta forma concienciar a todas las áreas de la compañía sobre la importancia que tiene su trabajo en el desarrollo del Negocio.

Disponer de los diagramas de flujo de las Procesos de Negocio, nos ayudará a comprender la idea que tienen las áreas de Negocio de como debe funcionar éste y como esta forma de desarrollar el Negocio impacta en la plataforma IT.

Consejo

Aunque el flujo de información entre Negocio y Tecnología debe ser una actividad de ejecución continúan durante toda la vida del Negocio, en este punto del Capacity Planning las áreas de IT disponemos de una buena oportunidad para profundizar en el funcionamiento del Negocio y lo que es más importante en la forma que las áreas de Negocio entienden el desarrollo del mismo, esforzándonos en comprender cómo piensa la gente de Negocio sobre el desarrollo del mismo.

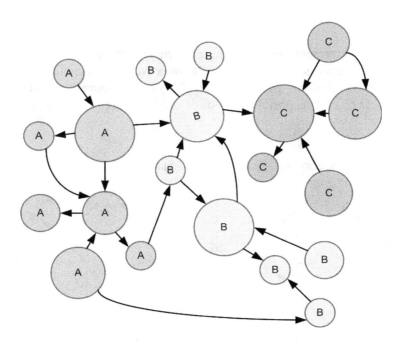

Fig 3.10: Diagrama de Flujos de Información.

3.2.3 *Diagramas de las Unidades de Trabajo*

Hasta ahora hemos hablado de información sobre la plataforma IT y sobre los procesos de Negocio, ahora debemos representar la relación que existe entre Negocio y Tecnología para cada una de las operaciones de Negocio. En la primera fase del Capacity Planning hemos realizado el ejercicio de establecer las Unidades de Trabajo, las cuales, nos ayudan a relacionar Negocio y Tecnología. En este apartado debemos representar mediante diagramas ésta relación.

Los diagramas de las Unidades de Trabajo deben representar la relación del binomio Negocio-Tecnología. Existen varias formas de realizar esta representación, pero una forma sencilla y cómoda de representar las Unidades de Trabajo es utilizar el esquema de la figura 3.11, en la que podemos apreciar de forma sencilla las dependencias existentes entre distintos componentes de la plataforma IT y los componentes de Negocio con los que están relacionados.

Otra ventaja que presenta este tipo de representaciones es que nos ayudan en el proceso de identificación de aquellas relaciones Negocio-Tecnología que pueden llegar a ser conflictivas para el desarrollo de las operaciones de Negocio, detectando de esta forma posibles cuellos de botella en la plataforma IT.

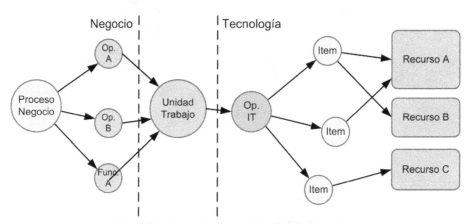

Fig 3.11: Ejemplo de una Unidad de Trabajo.

En un Capacity Planning, los tiempos de ejecución de algunas de las tareas son factores críticos para su éxito, ya que no debemos olvidar que el propósito del Capacity Planning es realizar un estudio sobre la Capacidad que nos permita calcular riesgos, costes de crecimiento o cuantificar el trabajo diario de una plataforma IT, etc. Generando un conjunto de acciones, las cuales se convertirán en directivas para el desarrollo del Negocio. Disponer de elementos como los diagramas, que permiten un análisis rápido sobre la situación y comportamiento del Negocio con la Tecnología actual, ayudan a reducir el tiempo necesario para la toma de decisión.

Cada vez que identifiquemos un posible *cuello de botella*, debemos realizar un análisis particular de dicho *cuello de botella* y la forma en la que está afectando al negocio actualmente.

En la figura 3.12 están representadas varias Unidades de Trabajo y las dependencias que existen entre ellas debido a la relación que tienen entre las operaciones de Negocio y las operaciones de Tecnología.

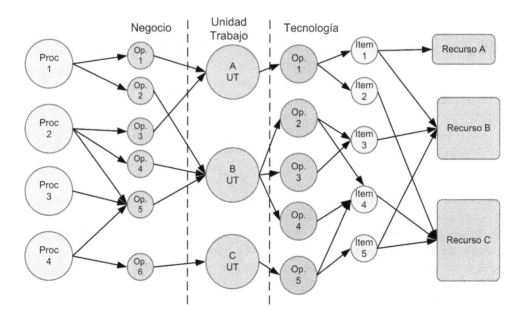

Fig 3.12: Diagrama de ejemplo de varias Unidades de Trabajo.

Con este sencillo ejemplo podemos analizar no solo cuales son los recursos IT consumidos por los distintos procesos de Negocio. También podemos identificar posibles cuellos de botella, por ejemplo, el ítem 4 que tienen tres relaciones de dependencia con las operaciones 3, 4 y 5. Estas operaciones pertenecen a dos UTs distintas y estas dos UTs están relacionadas con los cuatro procesos de negocio.

3.2.4 *Diagramas de Costes*

Uno de los factores críticos en cualquier plataforma IT son los costes, tanto los costes de mantenimiento, como los costes asociados a la inversión realizada. Sin duda alguna, los costes es una de las variables que más peso tiene en el conjunto de decisiones que debemos tomar como consecuencia del Capacity Planning. El peso de los costes dependerá de la naturaleza de cada organización, y sobre todo del papel que la plataforma IT juega en el desarrollo del Negocio. Ya que no tienen el mismo peso los costes, en una plataforma pequeña dentro de una gran multinacional, donde se pueden plantear beneficios colaterales, que los costes que supone la única plataforma IT en una compañía pequeña.

Independientemente del rol que juegue la plataforma IT dentro del desarrollo del Negocio, es bastante interesante para realizar un estudio de la Capacidad disponer de un mapa que refleje los costes de los subsistemas y componentes de la plataforma IT. Ésta información sobre la distribución de los costes de la plataforma IT nos permite elevarnos sobre la visión que tenemos de la Tecnología para obtener un enfoque más práctico en el que realmente tengamos una visión de en qué estamos gastando el dinero de la compañía y como está impactando al Negocio.

Los costes, por sí solos, únicamente son importantes para las áreas financieras de las compañías, ya que su misión es velar por la salud de los recursos financieros de la organización. Desde el punto de vista de un estudio de la Capacidad IT, los costes nos interesan siempre que consigamos asociarlos a otras variables, con las que crear factores que nos ayuden a identificar la importancia de un componente IT para el desarrollo del Negocio. Uno de estos binomios interesantes para representar en un diagrama es el Coste/Criticidad.

Consejo

Las personas no relacionadas con la tecnología suelen identificar lo caro, en cuanto a términos de costes, con crítico para la compañía. El Capacity Planning nos ayuda a identificar aquellas partes de la plataforma que tienen unos costes altos pero no son críticos para el Negocio.

Construir un diagrama que represente el factor costes/criticidad de todos aquellos componentes de la plataforma IT, nos permite identificar elementos o subsistemas críticos para el Negocio y la relación que estos componentes tienen con el resto de los sistemas. Este tipo de diagrama permite comparar los costes frente a la importancia para el negocio que tienen los componentes.

3.2.4.1   Cálculo factor Coste/Criticidad

Vamos a ver una forma de calcular el factor Coste/Criticidad, a este factor lo denominaremos Peso de un componente y corresponde a la siguiente relación definida en la fórmula:

$$Peso_i = \frac{C_c}{C_s}$$

Donde C_c es el factor de Coste y C_s es el factor de Criticidad. Para ambos factores utilizaremos valores ponderados que nos permitan evitar posibles distorsiones al realizar los cálculos de elementos con distintos órdenes de magnitud en sus factores de costes y criticidad. Para la ponderación utilizaremos valores entre el 1 y el 10.

El valor a ponderar en el factor de costes dependerá del valor de los costes de los distintos componentes de la plataforma IT. Los costes de un elemento o componente no es un valor único y objetivo, todo lo contrario, los costes son un conjunto de valores que dependiendo de lo que nos interese estudiar deberemos incluir unos valores u otros. Entre los costes que podemos utilizar están los siguientes:

- El coste de adquisición.

- El coste de penalización de los Niveles de Servicio.

- El coste de gestión.

- El coste de soporte o mantenimiento.

- El TCO o Coste Total de Propiedad, es un modelo que incluye todos los costes, directos o indirectos del componente.

La elección de los costes que emplearemos en el cálculo del factor de coste dependerá del propósito para el que estamos construyendo los diagramas, ya que nos puede interesar utilizar como factor de costes una ponderación de todos los costes asociados o un conjunto de ellos. Por ejemplo, para plataformas IT en producción, nos podría interesar los costes imputables a los activos descartando los costes de adquisición y centrándonos en los costes de explotación.

En una plataforma que está en fase de diseño, pueden ser interesantes los costes de adquisición, para estudiar qué solución de diseño permiten un mejor rendimiento ajustando los costes de adquisición. Por lo tanto la elección de los parámetros de coste con los que construiremos los factores de coste dependerá del estado de la plataforma y del propósito para el que estamos realizando el análisis.

Para nuestro ejemplo, supongamos que estamos interesados en disponer de una idea sobre los costes generales, por lo que podríamos utilizar una aproximación del TCO.

$$Costes = C_a + C_m + C_e$$

- *Ca* - Es el coste de adquisición aproximado, como vamos a utilizar este valor para realizar una ponderación no necesitamos que sea el valor exacto, simplemente una aproximación, ya que lo que nos interesa de este valor es el orden de magnitud.

- *Cm* - *S*on los costes de mantenimiento anuales, en estos costes debemos incluir todos los mantenimientos relacionados con el elemento que estamos evaluando, tanto hardware como software.

- *Ce* - Son los costes de explotación, es decir, los costes aplicables a las personas que trabajan con la plataforma.

La suma de estos tres costes la ponderaremos entre los valores 1 y 10. Para ponderar podemos utilizar el valor 10 para la cantidad más alta de todos los elementos que vamos a representar y el valor 1 para el coste más bajo. De esta forma conseguimos ponderar todos los costes intermedios entre un valor mínimo y un valor máximo.

$$C_{max} = Coste\ mayor\ de\ todos\ los\ componentes$$

Como resultado obtenemos la fórmula siguiente, que nos permite calcular el valor ponderado de todos los costes de la plataforma.

$$C_c = \frac{10\,x\,Coste}{C_{max}}$$

A diferencia del factor de costes, que está basando en valores de parámetros reales del componente como son los distintos costes que podemos aplicar, el cálculo del factor de criticidad es un proceso subjetivo donde asignaremos valores según nuestro criterio, ya que un componente es crítico según la tarea que realiza en cierta parte de la plataforma, pero el mismo componente puede no ser crítico en otra parte de la misma plataforma. Vamos a utilizar la siguiente formula para asignar de manera subjetiva un valor a cada elemento asignándole un criticidad.

$$C_s = \frac{P_c}{n}$$

Donde *Pc* es el Parámetro de criticidad del elemento, es un valor ponderado entre 1 y 10, donde 1 es el mínimo de criticidad y 10 es el máximo. El parámetro *n* sería en número de elemento en cluster que están dando servicio. En una plataforma IT muchos de sus componentes trabajan de forma más o menos cooperativa con componentes idénticos, formando pequeñas estructuras en cluster, por lo que utilizaremos el parámetro n para disminuir la criticidad de un componente que trabaja en un cluster frente a aquellos elementos que no lo hacen.

Teniendo en cuenta que para el Peso que estamos calculando, hemos utilizado valores ponderados entre 1 y 10, podemos construir la siguiente tabla donde relacionamos todos los posibles valores de la variable Peso.

		Cc									
		1	2	3	4	5	6	7	8	9	10
	1	1	2	3	4	5	6	7	8	9	10
	2	0,5	1	1,5	2	2,5	3	3,5	4	4,5	5
	3	0,3	0,7	1	1,3	1,7	2	2,3	2,7	3	3,3
Cs	4	0,3	0,5	0,8	1	1,3	1,5	1,8	2	2,3	2,5
	5	0,2	0,4	0,6	0,8	1	1,2	1,4	1,6	1,8	2
	6	0,2	0,3	0,5	0,7	0,8	1	1,2	1,3	1,5	1,7
	7	0,1	0,3	0,4	0,6	0,7	0,9	1	1,1	1,3	1,4
	8	0,1	0,3	0,4	0,5	0,6	0,8	0,9	1	1,1	1,3
	9	0,1	0,2	0,3	0,4	0,6	0,7	0,8	0,9	1	1,1
	10	0,1	0,2	0,3	0,4	0,5	0,6	0,7	0,8	0,9	1

Tabla 3.2: Cuadrante para los valores de Cc y Cs

Decidimos que un Peso es considerado bueno siempre que $Cs > Cc$, es decir que el factor de criticidad sea superior al factor de coste. Y consideraremos que un Peso es malo si el factor de coste es superior al factor de criticidad.

3.2.4.2   Ejemplo: Peso de un backend de BBDD

Para el ejemplo vamos a suponer el siguiente escenario en el que disponemos de 4 máquinas en las que se alojan las bases de datos de la compañía. Las 4 máquinas forman 2 clusters. Uno de los clusters está destinado a las bases de datos auxiliares y el otro cluster es el encargado de la base de datos de usuario, la cual es esencial para la compañía.

Dos máquinas que vamos a clasificar como *Tipo A*:

- 8 procesadores.

- 16GB memoria.

- 4 Base de Datos auxiliares para el Negocio.

Dos máquinas que vamos a clasificar como *Tipo B*:

- 4 procesadores

- 12GB Memoria

- 1 Base de Datos de usuarios

	Procesadores	Mem	BBDD
Tipo A	8	16	Auxiliares
Tipo B	4	12	Principal

Tabla 3.3: Características de los tipo A y B

Vamos a calcular el peso de cada una de las máquinas de ambos tipos, comenzaremos con las máquinas de Tipo A.

$$P_{ma} = \frac{C_c}{C_s}$$

$$Costes = C_a + C_m + C_e$$

$$Costes = 100K + 20K + 40K = 160K\ euros$$

Las cifras de los costes son aproximadas, ya que como hemos comentado nos interesan los órdenes de magnitud y no las cantidades exactas, para realizar la ponderación necesitaríamos conocer el costes de todos los elementos de la plataforma para identificar el máximo. Para el ejemplo supongamos que como valor máximo tenemos 180K.

$$C_c = \frac{160 \, x \, 10}{180} = 8,8$$

$$C_s = \frac{P_c}{n}$$

Pc es el parámetro de criticidad, para estas máquinas vamos a dar un valor 7 sobre 10. Y n=2, ya que es el número de máquinas que están dando servicio.

$$C_s = \frac{7}{2} = 3,5$$

$$P_{ma} = \frac{C_c}{C_s} = \frac{8,8}{3,5} = 2,5$$

A continuación repetimos los cálculos para las máquinas de Tipo B.

$$P_{mb} = \frac{C_c}{C_s}$$

$$Costes = 50K + 10K + 10K = 70K \, euros$$

$$C_c = \frac{70 \, x \, 10}{180} = 3,8$$

$$C_s = \frac{P_c}{n}$$

$$Costes = C_a + C_m + C_e$$

Pc es el parámetro de criticidad, para estas máquinas vamos a dar un valor 10 sobre 10, ya que son necesarias para el Negocio y para n daremos un valor de 2 , ya que disponemos de 2 máquinas.

$$C_s = \frac{P_c}{n} = \frac{10}{2} = 5$$

$$P_{mb} = \frac{C_c}{C_s} = \frac{3,8}{5} = 0,76$$

Máquina	Cc	Cs	Peso
Máquina_A1	8,8	3,5	2,5
Máquina_A2	8,8	3,5	2,5
Máquina_B1	3,8	5	0,76
Máquina_B2	3,8	5	0,76

Tabla 3.4: Matriz de pesos

De la matriz de Pesos podemos deducir que las máquinas de tipo A, que tienen un Peso superior a 1, lo que significa que aunque su coste es alto, para el negocio no son excesivamente críticas, por lo que se produce una desviación en cuanto al rendimiento esperado de este tipo de máquinas.

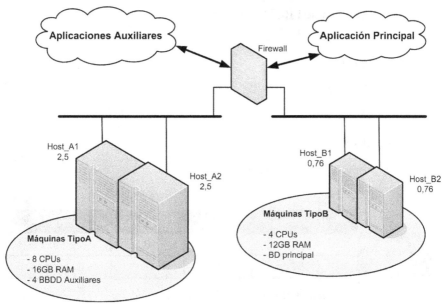

Fig 3.13: Ejemplo de costes sistema de BBDD.

Las máquinas de Tipo B tiene un Peso inferior a 1, lo que significa que la criticidad para el Negocio justifica sus costes y por tanto desde el punto de vista del Negocio, el rendimiento de este tipo de máquinas es excelente.

3.2.4.3   Ejemplo: Calcular el Peso de un WebServer

Para este ejemplo vamos a suponer que queremos calcular los pesos de máquinas que dan servicio en la misma plataforma del ejemplo anterior, por tanto como Coste máximo seguiremos utilizando los 180K. Las máquinas forman dos grupos según los siguientes criterios:

Tres máquinas Web *Tipo A*:

- 2 procesadores.

- 8 GB.

- 6 Servidores Web.

- Entorno de PRODUCCIÓN.

Dos máquinas Web *Tipo B*:

- 2 procesadores.

- 8 GB.

- 18 Servidores Web.

- Entorno de DESARROLLO.

	Procesadores	Mem	Serv. Web	Entorno
Tipo A	2	8	6	Producción
Tipo B	2	8	18	Desarrollo

Tabla 3.5: Características de los tipo A y B

Vamos a calcular el peso de cada una de las máquinas de ambos tipos, comenzaremos con las máquinas de Tipo A, las cuales pertenecen al entorno de PRODUCCION.

$$Coste = Ca + Cm + Ce$$

$$Coste = 6K + 1,2K + 1K = \textbf{8,2K } euros$$

$$Cc = (8,2 * 10) / 180 = \textbf{0,45}$$

Para el factor de Criticidad Cs, vamos a utilizar como Pc para estas máquinas vamos a dar un valor 10 sobre 10, porque estos webserver dan servicio a las aplicaciones de Producción y cualquier problema en estas máquinas supondrá cierto impacto en el Negocio. Y para el valor de n utilizaremos 3, por ser el número de máquinas que dan servicio en este grupo.

$$Cs = Pc / n$$

$$Cs = 10 / 3 = \textbf{3,3}$$

$$\textbf{\textit{Peso}} = 0,45 / 3,3 = \textbf{0,13}$$

Realizamos los cálculos para las máquinas de Tipo B, como en nuestro ejemplo todas las máquinas que están dando servicio de servidores Web tienen las mismas características, vamos a suponer que el factor de coste Cs es el mismo[13].

$$Cc = 0,45$$

En cuanto al los valores para calcular el factor de criticidad, si varían con respecto a las máquinas de Tipo A, ya que por un lado para Pc le daremos un valor bajo, como puede ser 2 por su poca criticidad para el Negocio y el número de máquinas para este entorno se ha reducido a 2.

$$Cs = 2/2 = 1$$
$$\textbf{\textit{Peso}} = 0,45 / 1 = \textbf{0,45}$$

---

13 En una plataforma real esto no tiene por qué cumplirse ya que aunque los costes de explotación y adquisición pueden ser iguales, los costes asociados a los mantenimientos pueden varias.

Máquina	Cc	Cs	Peso
Máquina_A1	0,45	3,3	0,13
Máquina_A2	0,45	3,3	0,13
Máquina_A3	0,45	3,3	0,13
Máquina_B1	0,45	1	0,45
Máquina_B2	0,45	1	0,45

Tabla 3.6: Matriz de pesos.

Hay que tener en cuenta con estamos midiendo *Coste / Criticidad*, por lo tanto si los costes son los mismos, se valorará mejor aquellos sistemas más críticos.

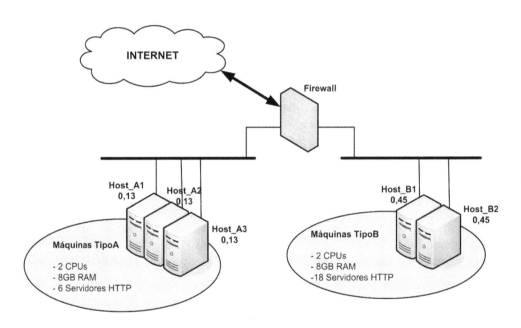

Fig 3.14: Ejemplo diagrama de costes servidores HTTP.

3.2.5 Objetivos y acciones

- Inventariar toda la información sobre el Negocio y la Tecnología que exista en la organización.

- Analizar la calidad de la información existente en cuanto al grado de actualización que dicha información tiene con la realidad de la organización.

- En caso de existir lagunas en la información de la cual dispone la organización sobre ciertas partes, tanto del Negocio como de la Tecnología, generar la documentación necesaria para continuar con el Capacity Planning y reportar las carencias encontradas.

3.3 Identificar operaciones IT en Unidades de Trabajo

En el capítulo anterior hemos definido la *Unidad de Trabajo* como el elemento encargado de relacionar Negocio y Tecnología, identificando aquellos componentes de ambos mundos que están relacionados. También comentamos la doble naturaleza que las Unidades de Trabajo poseen, ya que desde el punto de vista del Negocio identifican operaciones básicas y desde el punto de vista de la tecnología identifica todas aquellas operaciones de tecnología necesarias para que las operaciones de negocio relacionadas se ejecuten con éxito.

Durante el desarrollo de la fase anterior procedimos a identificar todas aquellas operaciones de Negocio necesarias para tener éxito en el desarrollo de éste., toda la información sobre la identificación de las operaciones de Negocio sirvió como base para que generásemos el documento Unidades de Trabajo. En éste documento debemos tener una relación de todas las operaciones de negocio que vamos a analizar en el Capacity Planning. Durante esta fase debemos actualizar el documento de Unidades de Trabajo con la información de todas las operaciones IT que se necesitan ejecutar en una unidad de trabajo para que las operaciones asociadas a esta unidad de trabajo tengan éxito.

Cuando hablamos de operaciones IT nos referimos a todas aquellas acciones que deben realizar los distintos componentes de la plataforma IT, independientemente de la naturaleza de los mismos, en función de una serie de condiciones y/o datos de entrada. El grado de definición de una operación IT dependerá de la profundidad con la que estemos desarrollando el estudio de la Capacidad, ya que como hemos comentado anteriormente, una plataforma IT está constituida por un conjunto de elementos los cuales están relacionados para trabajar de forma colaborativa. Estos sistemas está formados por componentes y subsistema que a su vez están formados por elementos más básicos, los cuales forman por sí solos sistemas independientes especializados en cierto tipo de tareas y que como piezas de un engranaje colaboran con otras partes de la plataforma.

Dependiendo del tipo de plataforma y la naturaleza de los subsistemas que la componen, el nivel de profundidad que podemos alcanzar al descender funcionalmente en los distintos subsistemas, provocará aumento exponencial de la complejidad del análisis de la Capacidad. Por tanto, debemos equilibrar los dos elementos de la balanza, por un lado la complejidad de analizar componentes de las capas inferiores y los datos que obtendremos y por otro lado debemos cuantificar el esfuerzo que este análisis supone y el beneficio real que obtendremos

---

Consejo

La profundidad en las distintas capas de tecnología debe ser proporcional a lo operativo que sea trabajar con la información obtenida, por un lado debemos evitar quedarnos en la superficie de la tecnología, lo que nos dará una visión segada sobre la realidad de la plataforma, pero también tendremos cuidado en no caer en un pozo sin fin como puede ser bucear en los componentes más básicos de la tecnología.

Si profundizamos en exceso en el análisis de los componentes IT podemos exponernos a:

- Generar una cantidad innecesaria de información y el consiguiente aumento de los costes asociados al estudio de toda esta información.

- Dedicar tiempo y recursos al análisis de elementos cuya participación en procesos críticos para el Negocio pude ser insignificante.

- Desviándonos de forma considerable del plan de ejecución establecido en el Capacity Planning.

Por otro lado, si realizamos un estudio superficial, sin profundizar lo suficiente en las capas de la plataforma, podríamos descubrir que:

- Disponemos de una cantidad insuficiente de datos para garantizar el éxito del análisis.

- No hemos obtenido el conocimiento suficiente sobre los elementos de la plataforma que participan en los procesos de negocio.

- Hemos obviado ciertos riesgos que pondrán el peligro el desarrollo del Negocio.

3.3.1 Ejemplo : Plataforma Web para venta de billetes

Para el ejemplo vamos a suponer que estamos realizando un Capacity Planning para una plataforma de gestión de billetes de una línea aérea, una vez analizados todos los procesos de negocio, identificamos una serie de Unidades de Trabajo, entre las cuales se encuentran las siguientes:

- Comprar billete.
- Reservar billete.
- Anular billete.

Tomemos como ejemplo la Unidad de Trabajo *Comprar billete*. Vamos a identificar todas las operaciones IT que intervienen en la plataforma para que un usuario pueda adquirir un billete. En una primera fase tendremos que descomponer la operación de *Comprar billete* es una serie de operaciones relacionadas con la plataforma IT, como pueden ser las siguientes:

- Login en la plataforma.
- Seleccionar vuelo.
- Comprobar disponibilidad del billete.
- Confirmar reserva billete.
- Introducir forma de pago.
- Realizar cobro.
- Presentar comprobante de la operación.
- Logout de la plataforma.

Seleccionamos la operación *"Comprobar disponibilidad del billete"* y la desglosamos en las siguientes tareas:

- Obtener como dato de entrada del proceso, el identificador del vuelo y del asiento.

- Consultar en la base de datos de billetes el atributo de estado.

- Si el billete está reservado devolver un aviso al usuario.

- Si el billete no esta reservado, marcar el atributo de reservado temporalmente.

- Presentar resultado de la operación.

La operación *"Comprobar disponibilidad del billete"* es ejecutada por los elementos de la capa de aplicación, los cuales implementan gran parte de la lógica del negocio, uno de los servidores de la capa de aplicación debe establecer una conexión con la base de datos para realizar una consulta sobre una tablas determinadas, dependiendo del resultado obtenido de la consulta, el proceso debe reservar el billete, con lo cual el servidor de aplicaciones deberá realizar una operación de escritura sobre la base de datos y por último se debe construir el mensaje de respuesta del proceso para que sea recogido el siguiente proceso de la capa superior.

En este pequeño resumen hemos identificado componentes reales de la plataforma con lo que hemos conseguido crear una relación entre un proceso de negocio y componentes de la plataforma IT, los cuales podemos medir y por lo tanto cuantificar el impacto que las operaciones de negocio tendrán sobre los sistemas que conforman la plataforma IT.

Para nuestro ejemplo vamos a medir los siguientes parámetros:

- El tiempo de respuesta de la base de datos para una consulta sobre la tabla de billete: Tr

- El tiempo de respuesta de la base de datos para la escritura sobre la tabla de billetes: Tw

- Número de operaciones de lectura en base de datos por segundo.

- Número de operaciones de escritura en base de datos por segundo.

- Cantidad de memoria consumida en el servidor de aplicaciones por el proceso *"Comprobar disponibilidad del billete"*

- Tiempo total de respuesta del proceso *"Comprobar disponibilidad del billete"*.

Con esta información podemos medir cual es la cantidad de operaciones del tipo *"Comprobar disponibilidad del billete"* puede realizar nuestra plataforma. Además utilizaremos el tiempo total del proceso y el tamaño ocupado en los distintos tipos de memoria para construir el tiempo total y el tamaño de su proceso padre, que para nuestro ejemplo es la unidad de trabajo *Comprar billete*. Por lo tanto el tiempo total de respuesta de la unidad de trabajo *Comprar billete* sería la suma de los tiempos totales de todos los procesos que forma la unidad de trabajo. Con este dato podemos realizar una estimación del número de unidades de trabajo del tipo *Comprar billete* que puede ejecutar nuestra plataforma, la cantidad de recursos necesarios y la identificación de posibles cuellos de botella, etc.

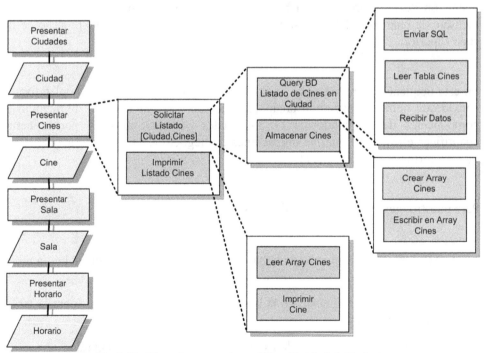

Fig 3.15: Ejemplo operaciones IT en Unidad de Trabajo.

Para nuestro ejemplo, un posible cuello de botella sería el acceso a la tabla de la base de datos donde se almacenan la información de los billetes. La gestión de la concurrencia en dicha tabla puede provocar problemas de acceso e impactar directamente en los tiempos de respuesta, disminuyendo la capacidad real de la plataforma para tratar una serie de operaciones concurrentemente.

3.3.2 Objetivos y acciones

- Actualizar el documento "Definición de las Unidades de Trabajo" con los datos de la plataforma, componentes que intervienen en cada unidad de trabajo, etc.

3.4 Definición del Plan de Pruebas

Para analizar la Capacidad de la plataforma IT es imprescindible realizar pruebas que nos permitan medir ciertos parámetros de los componentes IT que estemos analizando. Este conjunto de pruebas debe estar regido por una metodología que permita mantener unos criterios de calidad determinados. Por tanto, es imprescindible contar con un plan de pruebas el cual persigue como objetivo principal disponer de una definición de todos los pasos que hay que seguir a la hora de realizar las distintas pruebas.

La extensión del plan de pruebas dependerá de factores determinados por la propia organización, como pueden ser la profundidad del análisis que estamos llevando acabo, el número de elementos a estudiar, la complejidad de los componentes IT, los recursos disponibles para la ejecución del plan de pruebas, etc. Pero independientemente de todos estos factores que impactan en las pruebas de distinta forma, para que la ejecución del plan de pruebas tenga éxito debemos asegurarnos de que dicho plan recoge los siguientes puntos:

- *Los objetivos* que persigue el plan de pruebas deben estar definidos de forma clara, para evitar problemas derivados de posibles desviaciones en el desarrollo del plan debidos a una mala interpretación de los objetivos fijados. Por la propia naturaleza de un proceso de *pruebas*, en el que nos enfrentamos a una situación donde los resultados no son conocidos es muy fácil que nos perdamos en detalles poco relevantes para el Capacity Planning, con la consiguiente perdida de recursos y tiempo.

- *El contexto* en el que pretendemos desarrollar el plan de pruebas debe estar perfectamente definido, especificando aspectos tales como los tiempos de duración de las distintas tareas, los recursos necesarios para la implementación de las pruebas, la definición de los roles y responsabilidad de todas aquellas personas que participan en el plan de pruebas y todos aquellos factores que afecten al contexto de las pruebas.

- *Los casos.* Por una limitación propia del plan de pruebas, en muchas ocasiones es imposible que las pruebas abarquen todo el abanico de posibilidades en cuanto a los posibles casos a probar, lo que significa que la elección de los casos es fundamental para que el plan de pruebas tenga éxito.

- *Los modelos,* en el contexto de desarrollo de un Capacity Planning las pruebas se desarrollan sobre modelos que nos permitan simular situaciones concretas. Con los resultados obtenidos de los análisis de los datos adquiridos durante las pruebas, se puedan construir conclusiones sobre como ciertos componentes IT impactan en el negocio. Por tanto, del plan de pruebas dependerán gran parte del éxito del Capacity Planning, por un lado, porque se especificarán las pruebas que hay que realizar y por otro lado, porque del plan de pruebas depende las especificaciones para construir los modelos. Podemos asegurar que una mala definición del plan de pruebas dará como resultado que los datos obtenidos durante la ejecución de las pruebas, serán bastante pobres, en relación a su calidad, y las conclusiones de dichas pruebas nos mostrarán unos patrones de comportamiento del modelo frente a ciertas situaciones, que no se ajustarán a la realidad. Lo que significa que gran parte del éxito del Capacity Planning dependerá de los datos y conclusiones que obtengamos durante el proceso de pruebas.

- *Procedimientos de ejecución y recogida de datos,* es imprescindible que el plan defina los procedimientos de ejecución de la prueba y de recogida de los datos.

Desde un punto de vista operativo, podemos considerar el plan de pruebas como el corazón del Capacity Planning, ya que será en este proceso en el que se definirán las acciones que permitan estudiar la capacidad de los componentes IT y el impacto que tendrá los resultados de este análisis sobre el Negocio. El plan de pruebas puede ser más o menos elaborado, dependiendo de los requisitos y objetivos marcados por la compañía, por tanto, dos factores importantes en el plan de prueba son los objetivos y los tiempos establecidos para la ejecución del plan.

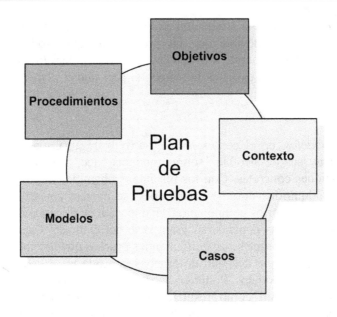

Fig 3.16: Componentes de un Plan de Pruebas.

Los objetivos dependerán del propio Capacity Planning que marcará cuales son las necesidades para ejecutar las pruebas, pero la duración dependerá de factores que pueden provocar que se dilate el tiempo estimado, impactando de esta forma en la planificación del propio Capacity Planning. Cuando estamos abordando la creación de un plan de pruebas debemos realizar unas estimaciones previas sobre los propios objetivos y la duración esperada del plan de pruebas.

- Estimación de la duración.

- Estimación de los objetivos.

Los responsables del Capacity Planning deben validar el plan de pruebas, para comprobar que el propósito del plan de prueba cubre las necesidades del Capacity Planning. Por lo tanto será responsabilidad de los responsables del Capacity Planning comunicar el alcance y propósito del plan de pruebas, para que todas las áreas de la organización entiendan cuales son los objetivos del estudio de la Capacidad y si dichos objetivos están establecidos correctamente o sencillamente algunos de ellos no se ajustan a los parámetros necesarios de una parte del negocio.

Durante cualquiera de las fases del Capacity Planning es normal que se planteen modificaciones sobre el diseño de alguno de los sistemas que forman la plataforma IT, con dichos ajuste se intenta rectificar posibles desviaciones en los objetivos de capacidad y/o rendimiento de componentes IT. De hecho durante todo el proceso de ejecución del Capacity Planning se podrían realizar modificaciones en el diseño de la arquitectura de la plataforma para evitar o disminuir ciertas desviaciones localizadas en algunas de las fases.

El Capacity Planning es un proceso vivo y como tal debe estar preparado para adecuarse a cambios en la plataforma IT. Pero existe un momento durante el cual no podemos realizar ninguna modificación sobre el diseño previamente establecido, este momento es la ejecución de las baterías de pruebas, es importante que durante el proceso de recogida de datos no se modifique el modelo, ya que esto provocará la inconsistencia entre parte de los datos recogidos, debemos tener en cuanta que no estamos en un proceso de ensayo de soluciones donde sometemos a los modelos a distintos tipos de pruebas en base a las cuales reajustamos el modelo y volvemos a realizar pruebas.

Durante esta fase el propósito es medir la capacidad de los diseños aprobados, si encontrásemos problemas de rendimiento o capacidad en alguno de los componentes de la plataforma que estamos simulando, deberíamos volver a la fase de diseño y comenzar el proceso de nuevo, ya que si realizamos modificaciones en el modelo esteremos rompiendo la premisa de que el modelo se ha construido siguiendo una especificaciones para cumplir las necesidades de negocio y por lo tanto daremos resultados sobre el comportamiento de un modelo que no cumple con los requisitos definidos para el negocio.

Consejo

El proceso de pruebas durante esta fase del Capacity Planning no es un proceso de comprobación de los diseño, es un proceso de comprobación de la capacidad de los diseños.

3.4.1 Estrategia de las pruebas

Para el desarrollo del plan de prueba podemos seguir dos estrategias distintas dependiendo de la información que pretendemos recoger durante la ejecución de las pruebas. La primera estrategia que podemos seguir es realizar una prueba de modo descendente, es decir, desde el Negocio a la Tecnología. Con esta estrategia podremos responder a todas aquellas cuestiones que se planteen sobre la capacidad de la plataforma IT para absorber la nueva demanda del Negocio. La segunda estrategia consiste en plantear las pruebas de manera ascendente, desde la Tecnología hacia el Negocio, de esta forma podemos conocer y cuantificar como los cambios en la Tecnología impactan en el desarrollo del Negocio.

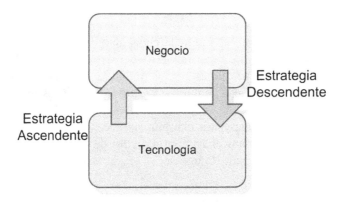

Fig 3.17: Estrategia de pruebas.

3.4.1.1 Del Negocio a la Tecnología

Para definir las pruebas, partimos de las capas de negocio e iremos bajando hasta llegar a la tecnología. Durante este recorrido podremos identificar todos los elementos, tanto de negocio, como de tecnología que deben participar en la prueba.

La primera fase del Capacity Planning fue la Definición de los Niveles de servicios, lo normal es que las pruebas se que realicen tengan como objetivo confirmar que dichos niveles de servicio se seguirán cumpliendo, por lo tanto tomando como inicio las definiciones de Servicio, se irán identificando los componentes que intervendrán en la pruebas.

- Niveles de Servicio.

- Unidades de Trabajo.

- Componentes IT.

Vamos a ver un ejemplo de la forma en la que podemos definir la *Amplitud* de las pruebas, tomando como inicio un componente de Negocio. Vamos a tomar como ejemplo una plataforma que como servicio ofrezca acceso a aplicaciones de ofimática tipo OpenOffice. Un ejemplo de uno de los niveles de servicio podría ser:

"La plataforma debe permitir que 1000 usuarios trabajen concurrentemente."

3.4.1.2   De la Tecnología al Negocio

A veces la definición de las pruebas depende, no de las necesidades del negocio, sino de cambios en la tecnología, por ejemplo, cuando en una plataforma se plantea una renovación tecnológica de toda la plataforma o sencillamente de algunos de sus componentes, debemos definir pruebas desde la tecnología para identificar como dichos cambios en la tecnología pueden afectar al negocio.

Como ejemplo, supongamos que por alguna razón se va a sustituir todos los discos de la capa de almacenamiento, por discos de nueva generación. A simple vista este cambio parece una ventaja, pero existe un problema, los discos aumentan la velocidad de rotación, pero también su tamaño, por lo que se necesitarán menos discos para disponer de la misma cantidad de almacenamiento. Dependiendo de como esté configurado el sistema de almacenamiento, el disponer de menos discos de mayor tamaño pueden provocar problemas de contención en el acceso de escritura a los discos.

3.4.2 *Procedimientos para la recogida de los datos.*

La ejecución de un Capacity Planning no es una tarea trivial, como estamos viendo en el desarrollo de las distintas fases, se necesitan recursos, tiempo y conocimiento sobre el negocio para obtener resultados que ayuden al desarrollo del negocio.

Hasta ahora hemos estado describiendo fases del Capacity Planning cuyo principal objetivo es la definición de las distintas tareas y procedimientos, para delimitar el ámbito del Capacity Planning y como los resultados obtenidos pueden ayudar en la toma de decisiones estratégicas para el negocio. En este punto, vamos a abordar el procedimiento para la recogida de datos en la plataforma IT, entramos en una parte pura de tecnología, donde las unidades de negocio no van a participar.

En este momento ya tenemos la información suficiente sobre el negocio y la relación de éste con la plataforma IT, para que podamos crear y ejecutar los procedimientos de captura de datos. Los objetivos principales de esta etapa del Capacity Planning son:

- Identificar cuales serán los parámetros y variables de la plataforma que se deben recoger.

- Definir los procedimientos para la recogida de los datos.

- Decidir cual será la cantidad de datos necesarios a recoger.

- Instalar y/o configurar las herramientas necesarias para la recogida de los datos.

- Analizar toda la información recogida.

El procedimiento de recogida de datos se debe basar en los elementos de la plataforma, los cuales, estamos analizando. Un punto importante durante la recogida de datos es definir cuantos datos se deben recoger, esta cantidad dependerá del tipo de elemento o variable que estamos analizando, pero existe una regla de oro para la cantidad de datos a recoger y es que:

"Recoger pocos datos, puede ocultar información sobre la prueba, recoger muchos datos puede ocultar información sobre la prueba."

Es decir, lo importante es recoger una cantidad de datos que se ajuste al elemento que vamos a analizar, ya que si obtenemos pocos datos, podemos provocar que parte de la información que podamos obtener de la prueba, quede oculta debido a que, bien por la periodicidad del muestreo, bien por la duración de la recogida, datos importantes queden fuera. En el caso contrario, obtener demasiados datos durante la prueba, puede provocar que esta cantidad de datos no nos permita identificar los datos importantes.

3.4.2.1   Calidad de los Datos

Una de las principales dudas que surgen durante el proceso de recogida de datos, como hemos visto en el punto anterior, es la cantidad de datos que debemos recoger. Para que el conjunto de datos que estamos recogiendo sean de utilidad, es extremadamente importante que definamos el concepto de *Calidad de los Datos* de la prueba. La calidad de un dato depende de la cantidad de información directa o indirecta que podemos obtener del análisis del dato.

No todos los datos tienen la misma calidad, en algunos casos necesitamos obtener un conjunto de datos grande para que podamos obtener información de calidad, vamos a ver algunos ejemplos para que podamos clarificar el concepto de Calidad del Dato.

Ejemplo 1: Porcentaje de CPU IDLE

Este dato nos da el porcentaje de tiempo en el que una CPU no está asignada a ningún proceso y por lo tanto, desde el punto de vista del usuario está inactiva. El dato que vamos a recoger es el %IDLE de una CPU.

- *Un conjunto de datos con pocos elementos, supongamos 1 muestra cada hora, como podemos ver en la figura 3.18, nos dará un conjunto de 3 elementos. Este conjunto de datos no tienen una buena calidad, todo lo contrario su calidad es realmente mala, ya que solo nos da información sobre el estado de la CPU cada hora, por lo que queda fuera de la recogida de datos todos aquellos eventos que se produzcan entre el minuto 1 y el 59 de cada hora. Estamos dejando una gran cantidad de información fuera de la muestra y la calidad de los datos recogidos podemos decir que es mala.*

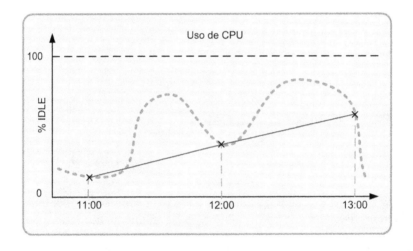

Fig 3.18: Ejemplo uso de CPU con 3 muestreos.

- *Supongamos que el conjunto de elementos los forman todas las muestras de la variable %IDLE recogida cada diez minutos, en total tendremos 120 datos. Con el conjunto de datos obtenidos podemos realizar un análisis del comportamiento de la CPU con una granularidad de 1 minuto. Con el conjunto de datos que hemos obtenido podemos identificar por ejemplo, si se produce un cuello de botella en el uso de CPU. Podemos ver un ejemplo en la figura 3.19*

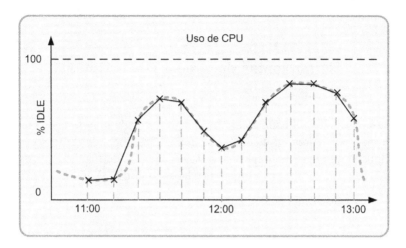

Fig 3.19: Ejemplo uso de CPU con 13 muestreos.

Ejemplo 2: Tiempo de respuesta del servidor de aplicaciones.

Un dato importante durante las pruebas de un Capacity Planning es el tiempo empleado en una determinada operación en la aplicación, parte de este tiempo lo constituye el tiempo de respuesta del servidor de aplicaciones. Para una determinada operación el tiempo de respuesta debería ser el mismo, teniendo en cuanta que dicho tiempo depende de elementos como el acceso a disco, acceso a la red, etc. En este caso la calidad del dato no está directamente relacionada con la cantidad de datos que recojamos, sino con las implicaciones que la obtención de dicho dato tiene. Es decir, es mejor tener claro que componentes de la plataforma intervienen en el tiempo de respuesta, que obtener un conjunto de datos grande.

Consejo

Al establecer el procedimiento de recogida de los datos, debemos tener mucho cuidado para que el propio proceso de recogida no interfiera con los valores de los parámetros que estamos midiendo, ya que obtendríamos datos falseados.

3.4.2.2   Herramientas de terceros vs scripting

Para la recogida de los datos, existen dos opciones, cada una de las cuales con sus ventajas e inconvenientes, la elección de una u otra depende de factores como el tiempo asignado a la fase de preparación de la recogida de los datos, la experiencia del equipo, las limitaciones propias de la tecnología. Las dos opciones que comentamos son:

- *Herramientas de terceros* - En el mercado existen un gran número de herramientas que permiten recoger datos de los elementos que conforman una plataforma IT. La mayoría de estas herramientas están certificadas con los componentes más habituales de una plataforma IT. Entre las ventajas principales está el reducido tiempo de despliegue y configuración de este tipo de herramientas, también podemos citar como una ventaja, que la mayoría disponen de módulos de reporting para la generación de informes y análisis de los datos recogidos.

- *Scripting* - Consiste en recoger los datos definidos en el plan de pruebas mediante scripts sencillos creados por el área de IT. Todos los componentes IT disponen de métodos para consultar ciertas variables sobre el rendimiento del mismo. Si disponemos del conocimiento suficiente sobre un elemento, por ejemplo un sistema Operativo como Linux, podemos realizar un sencillo script, utilizando alguno de los cientos de comandos que poseen los sistemas Unix para capturar el estado de ciertas variables como es el consumo de CPU. La principal ventaja de utilizar scripting su flexibilidad para capturar los datos que se deseen. La principal desventaja es que se necesitan unos profundos conocimientos sobre cada uno de los elementos de los que se desean capturar datos y además se deben conocer las relaciones entre ellos.

Malas prácticas

En muchas ocasiones, uno de los factores que se utilizan para decidir si utilizar una herramienta de un tercero o realizar la recogida de datos mediante scripts es el coste directo. Emplear una herramienta de terceros pude suponer un coste en licencias e infraestructura, que no tiene porqué ser más caro que los costes indirectos de realizar script. Aunque los costes deben ser un factor a tener en cuenta en la decisión, deben primar otros factores como el tiempo o la experiencia de los equipos humanos que intervienen en el proceso de recogida de datos.

3.4.2.3   Almacenar los datos recogidos

Mientras estamos recogiendo los datos, tenemos la opción de tratarlos y almacenar el resultado, para evitar almacenar una cantidad ingente de datos. Normalmente no suele ser una buena idea recoger y tratar los datos en un mismo proceso, ya que se puede dar el caso en el que por un problema en la estimación de los tipos de datos que vamos a recoger, el proceso de tratamiento elimine datos, los cuales perderemos y tendremos que volver a ejecutar la batería de pruebas para recuperar dichos datos.

Es una muy buena práctica durante el proceso de recogida de datos que los mantengamos y almacenemos tal como los capturamos, dejando para una tarea posterior el procesamiento de los mismos. Disponer de los datos en bruto nos permitirá poder rectificar posibles errores en la etapa de definición, además, tal como hemos comentado antes, si la calidad de los datos es buena, no debemos preocuparnos por la cantidad, ya que ésta será la suficiente para que obtengamos información.

Veamos un ejemplo, supongamos que en una máquina *Unix* queremos recoger el porcentaje de uso de la CPU, en Solaris podemos emplear por ejemplo el comando *mpstat*, el cual devuelve entre otros valores el uso de CPU, podríamos hacer un sencillo script el cual consulte dichos datos y los almacene en un fichero de log. Una opción sería dejar los datos obtenidos por la salida del comando tal cual y almacenar cada línea en el fichero de log, la otra opción, consistiría en obtener de la salida del comando mpstat únicamente el porcentaje de CPU. La primera opción nos permite obtener más información y la interferencia en el sistema es mínima. La segunda opción nos permite tener un fichero de log más pequeño pero el proceso de recogida y procesado es emplea más tiempo de ejecución.

Consejo

Como regla general para la recogida de datos en un sistema, el proceso que debemos seguir debe ser lo más rápido posible, permitiendo que el sistema emplee poco tiempo en su ejecución y de esta forma interfiriendo lo menos posible en la muestra.

3.4.3 *IEEE 829*

Existe una norma del IEEE[14] que define un estándar para la documentación relacionada con las pruebas de software y sistemas, se trata de la IEEE 829. Este estándar establece un conjunto de documentos cada uno de los cuales sirve para que describamos las distintas partes de una prueba. La siguiente lista muestra el conjunto de documentos que la IEEE 829 propone para la documentación de las pruebas de software:

- Plan de la prueba.

- Diseño de la prueba.

- Casos de la prueba.

- Procedimiento de la prueba.

- Registro de la prueba.

- Reporte de incidencias.

- Informe de la prueba.

---

14 IEEE son las siglas en inglés de Institute of Electrical and Electronics Engineers

Para todos aquellos que no estén familiarizados con los ciclos de pruebas, IEEE 829 un conjunto de recomendaciones interesantes ya que dan una perspectiva bastante clara sobre como debemos realizar un ciclo de pruebas desde la perspectiva de la documentación que debemos generar.

3.4.4 *Plan de pruebas y Unidades de Trabajo*

Un punto importante a la hora de construir un plan de pruebas es que debemos ser conscientes que estamos elaborando un plan de Capacidad para el Negocio y tenemos que centrar el plan de pruebas en analizar la forma en la que los componentes IT se comportan en ciertas circunstancias generadas por situaciones concretas del Negocio, es decir, debemos estudiar cómo se comportan las Unidades de Trabajo en condiciones concretas y cual es la capacidad de los componentes IT para absorber todo el trabajo que se necesita.

Está fuera del ámbito de este plan de pruebas analizar características concretas de los componentes IT, sin estudiar su relación con elementos del Negocio. Con la información que hemos recopilado hasta este momento, sobre las distintas Unidades de Trabajo, construiremos un plan que abarque todos aquellos componentes del Negocio que se han considerado críticos para el desarrollo de éste.

Ejemplo A: La figura 3.20 muestra la relación de una unidad de trabajo, tanto con el proceso de Negocio como con los recursos IT asociados. Este Proceso es considerado crítico para el Negocio y por lo tanto vamos a realizar una serie de pruebas para medir la capacidad de los componentes IT.

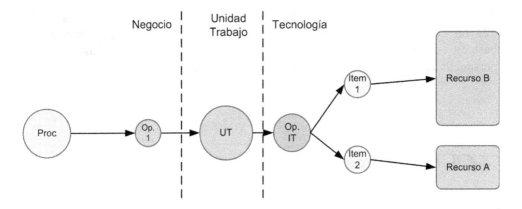

Fig 3.20: Ejemplo A, de Unidad de Trabajo.

Siguiendo el esquema planteado para el plan de pruebas, especificamos cada una de las Unidades de Trabajo de la siguiente manera:

- *Objetivos. Pretendemos medir la capacidad de los recursos A y B para soportar la carga de trabajo que la Unidad de Trabajo requiere para que el Proceso de Negocio que tiene asociado se pueda desarrollar de manera satisfactoria.*

- *El contexto en el que vamos a desarrollar las pruebas.*

- *La lista de casos concretos que vamos a utilizar.*

- *Los modelos que vamos a utilizar.*

- *Los procedimientos de ejecución y recogida de datos.*

Ejemplo B: *La figura 3.21 representa la relación que existe entre tres Procesos de negocio y los recursos IT necesarios para que los Procesos puedan desarrollarse con éxito. En este ejemplo, el plan de pruebas estará centrado en analizar los posibles puntos de contención o bloqueo que pueden aparecer en alguno de los componentes IT, por el uso que hacen varios Procesos de negocio.*

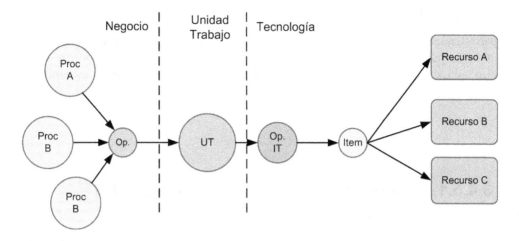

Fig 3.21: Ejemplo B, de Unidad de Trabajo.

3.4.5 Ejemplo

Crear un plan de pruebas no es un ítem obligatorio para el desarrollo del plan de Capacidad. Solo necesitamos disponer de un plan de pruebas en aquellos casos concretos en los que desconocemos cuales son los límites reales entre los que puede oscilar alguna de las variables del sistema. Por tanto tendremos que diseñar un plan de pruebas para responder a aquellas cuestiones concretas sobre las que se tienen dudas.

Para nuestro ejemplo, vamos a suponer que tenemos dudas sobre las siguientes cuestiones:

- Número de trailers de películas que podemos reproducir de manera simultánea.

- La cantidad de espacio total de almacenamiento de la plataforma.

Para intentar resolver estas dudas vamos a diseñar un plan de pruebas, que nos permitan establecer unos criterios aproximados que nos ayuden a resolver las dudas que tenemos, por un lado con la cantidad de video que podemos reproducir y por otro lado, cuantificar la cantidad de espacio de almacenamiento que necesitamos.

3.4.5.1   Plan de pruebas: Reproducción de video

Siguiendo el esquema descrito en la página 218 sobre la definición del plan de pruebas, vamos a desarrollar las cinco secciones en las que se estructura un plan de pruebas básico.

Objetivo

El objetivo principal es medir la capacidad actual de todos los componentes que participan en la reproducción de video, empleado para la visualización de los trailers de las películas. Con la información recogida de la prueba podremos analizar qué componentes pueden ser un problema en el caso de que se produzca un aumento en la demanda de la reproducción de video.

Contexto

Según la información de la que disponemos sobre la arquitectura de la plataforma IT, os videos de los trailers pueden ser accedidos por cualquier persona que acceda a la web, no requiere de ningún tipo de autenticación, ya que los enlaces están accesibles en la información disponible para cada película.

La plataforma cuenta con la infraestructura que muestra la figura 3.22 para servir los videos.

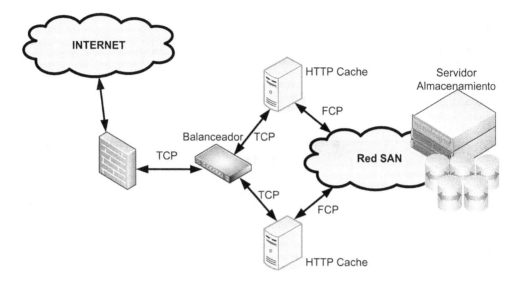

Fig 3.22: Infraestructura del servicio de Trailers.

Un Balanceador que reparte las peticiones entres dos servidores HTTP, cuya función es la de cachear los ficheros de video. Los dos servidores HTTP están conectados a una red SAN mediante FCP, para poder acceder a los ficheros de videos que se almacenan en un servidor de Almacenamiento.

Casos

Vamos a realizar dos casos, el primero será visualizar un video que no esté cacheado en los servidores HTTP y por tanto mediremos el tráfico y carga en el Balanceador, en los servidores HTTP Cache y en la red SAN.

El segundo caso será visualizar el mismo video, teniendo la certeza de que se ha cacheado y mediremos el tráfico y carga en tanto en el Balanceador como en los servidores HTTP.

Modelos

Por la naturaleza de la prueba, que no realiza ningún tipo de modificación sobre ninguno de los componentes, ni sobre los datos de la propia plataforma, podemos utilizar como modelo la misma plataforma que está dando servicio.

Procedimientos

El plan de pruebas plantea dos casos, visualizar un video que no esté en la caché y visualizar el mismo video pero una vez cacheado. Para ambos casos vamos a definir los siguientes procedimientos de recogida de datos en los distintos componentes.

Componente	Variable	Muestras
Balanceador	Uso de CPU	5 seg
	Entrada/salida	5 seg
Servidores HTTP	Uso de CPU	5 seg
	Uso de MEM	5 seg
	Uso de Cache	5 seg
	IO NET	5 seg
	IO Disco	5 seg
	Núm. SYSCALL	5 seg
Servidor Almacenamiento	Uso de CPU	5 seg
	IO NET	5 seg

3.4.6 Objetivos y acciones

- Crear el documento *Definición Plan de Pruebas* con la descripción de detallada de las pruebas que se deben realizar sobre los distintos componentes de la plataforma IT.

3.5 Construcción de un Modelo

Los modelos son un componente muy importante en cualquier estudio de Capacidad que se realice, ya que son la base sobre la que justificar las acciones que el plan de Capacidad tendrá que desarrollar. Sobre el modelo se ejecutarán las pruebas establecidas en el plan de pruebas y los datos obtenidos durante el desarrollo de dichas pruebas ayudarán a responder todas aquellas cuestiones sobre la Capacidad de la Plataforma.

Podemos definir un modelo como una aproximación, que puede ser más o menos precisa, del sistema que estamos representando, dicho modelo nos permite realizar pruebas sin necesidad de intervenir sobre el sistema original, evitando de esta forma cualquier problema relacionados con acciones intrusivas en el sistema y que pueden alterar el normal funcionamiento de éste.

El propósito principal para la construcción de un modelo, es que nos permite realizar un estudio del comportamiento del Sistema en condiciones controladas que simulan situaciones reales. La utilización de un modelo, incluso nos permite utilizar métodos intrusivos de medición, los cuales provocarían modificaciones en el sistema original, que dependiendo de su naturaleza, dichas modificación podrían llegar a ser incompatibles con el normal funcionamiento del mismo.

En el momento que nos planteamos construir un modelo de sistema, el cual queremos replicar, podemos disponer de tres alternativas según las condiciones propias del Sistemas, los recursos disponibles o la naturaleza de las pruebas:

- Crear una réplica exacta del Sistema.
- Crear un modelo abstracto del Sistema.
- Crear un modelo mixto para simular el Sistema.

Cada una de las tres opciones anteriores presenta, una serie de ventajas e inconvenientes que tendremos que valorar a la hora de elegir el tipo de modelo que necesitamos. Entre los factores que participan en la elección de un tipo u otro de modelo podemos citar, el estado actual de nuestra plataforma, el propósito del Capacity Planning, la disponibilidad de recursos, tantos recursos hardware como software y por su puesto uno de los factores críticos a la hora de ejecutar un Capacity Planning, el tiempo asignado para el desarrollo de todo el proceso.

Consejo

La regla de oro que debemos cumplir de manera incondicional cuando planteamos la construcción de un modelo es que debemos tener en cuenta que el modelo tiene que representar de la forma más fidedigna posible el comportamiento de aquello que queremos estudiar.

Ya hemos comentado con anterioridad, que el propósito de construir un modelo es poder representar la realidad de una manera fiable, con el propósito de utilizar dicho modelo para estudiar los distintos cambios que se producen al realizar la transición entre un estado inicial concreto a un estado final esperado.

La clasificación más sencilla que podemos realizar de los distintos tipos de modelos sería en estos dos grupos:

- *Estático*. Son aquellos modelos que pasan de un estado inicial a un estado final, como se puede ver en la figura 3.23, lo que significa que los modelos estáticos simulan el comportamiento de un sistema en un momento concreto. Es decir, para un conjunto de datos de entrada, propios de una situación concreta, se dan una serie de datos de salidas.

- *Dinámico*. Este tipo de modelos permiten simular la transición entre distintos estados, mediante la implementación de un conjunto de procesos que transforman los datos de entrada. Los modelos dinámicos permiten simular la evolución del propio sistema a lo largo de un periodo concreto y estudiar los resultados obtenidos en distintas situaciones.

La principal ventaja de los modelos dinámicos es que nos permiten conservar la memoria del estado y de esta forma estudiar la evolución entre dos estados, teniendo en cuenta que los datos de entrada de un estado puede que no coincidan con los datos esperado. Los modelos dinámicos permiten estudiar de forma detalla no solo el comportamiento de los distintos procesos, sino la forma en la que el modelo pasa de un estado a otro. Con un modelo estático no podemos estudiar la evolución del sistema, únicamente cómo el sistema se comportará con un conjunto determinado de datos de entrada

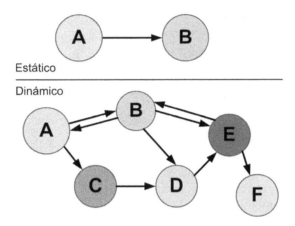

Fig 3.23: Modelo Estático y modelo Dinámico.

Otro aspecto que debemos tener en cuenta a la hora de construir un modelo es la naturaleza de los datos de entrada, ya que dependiendo de la forma en la que se han generado el juego de datos de entrada, el modelo puede clasificarse en:

- Determinista. Está perfectamente establecido el juego de datos de entrada y el juego de datos de salida esperado, por tanto, el modelo se comporta exactamente igual en todas las situaciones en las que el conjunto de datos de entrada sea el mismo.

- Estocástico. El conjunto de datos de entrada no está totalmente determinado, se introduce cierto factor de aleatoriedad en la generación de los datos de entrada, de tal forma que se cubren un arco muy amplio de situaciones.

3.5.1 ¿Cuándo construir un modelo?

Existen muchas razones que justifiquen la construcción de un modelo, con el que podamos realizar simulaciones de distintas situaciones, pero la respuesta a esta pregunta dependerá de las necesidades de cada plataforma, nuestra organización y el propio plan de ejecución del Capacity Planning. No siempre es necesario construir modelos para realizar simulaciones, ya que podemos realizar estas mismas mediciones sobre la plataforma ya existente, dependiendo del tipo de pruebas que vayamos a realizar. Podemos exponer las siguientes razones que justifiquen emplear recursos y tiempo para construir un modelo:

- Es una buena herramienta para estudiar el comportamiento de ciertos atributos y variables del Sistema, con el que poder realizar aproximaciones sobre el comportamiento de Sistema bajo circunstancias concretas. Para conocer cómo evolucionará la plataforma frente a un cambio en la demanda del Negocio. Para cualquier organización es bastante importante conocer qué impacto tendría sobre sus propios procesos un cambio en cualquiera de las variables externas a la propia organización, ya que permite adelantar la ejecución de acciones concretas que ayuden en la alineación entre Negocio y Tecnología.

- Disponer de un modelo nos permite realizar pruebas de estrés sobre componentes de forma individual y estudiar el comportamiento de estos elementos con el resto de componentes del Sistema.

- En el modelo podemos provocar fallos para analizar la propagación de errores dentro del Sistema y el impacto que dichos fallos tendrán sobre el Negocio, y poder generar los procedimientos de actuación que ayuden a reducir el impacto sobre el negocio en caso de que se produzcan.

- Los modelos permiten establecer los límites de carga que el sistema podría soportar y de esta forma verificar la viabilidad de los Niveles de Servicio que se aplican al propio Sistema.

- Disponer de un banco de pruebas, como es el modelo, al que podemos someter a cualquier tipo de situación, nos ayuda en la identificación de posibles fallos ocultos relacionados con el comportamiento inesperado de algún componente en concreto.

- El modelo también puede ser empleado como herramienta evangelizadora dentro de nuestra propia organización, para dar a conocer a la gente de Negocio como funcionará la plataforma, desde una perspectiva de Negocio.

- Los modelos deben simular el comportamiento del Sistema que estamos modelando, luego es necesario entender cuales son los procesos de Negocio en los que participa el Sistema para simular no solo desde un punto de vista IT, sino también de Negocio.

- Desde el punto de vista de los costes, los modelos ayudan a reducir los tiempos de implantación de un Sistema, así como los de resolución de incidencias y aumentar de esta forma los tiempos de disponibilidad del Sistema para el Negocio.

- Los modelos nos ayudan en el proceso de encontrar soluciones óptimas que permiten reducir los costes asociados a la adquisición de recursos innecesarios.

3.5.2 Requisitos para construir un modelo

La construcción de un modelo parte de un conjunto de requisitos, los cuales estarán condicionados por factores como: La naturaleza del Sistema que se pretende simular, la profundidad del análisis que se realizará, los recursos de los que contamos para construir el modelo, etc. Pero independientemente de los requisitos de construcción, el propósito de todos los modelos es obtener respuesta a una serie de cuestiones sobre el comportamiento del Sistema en condiciones controladas para la simulación de situaciones reales. Cualquier modelo está formado por tres componentes básicos:

- El conjunto de datos de entrada.
- La implementación del modelo.
- El conjunto de datos de salida.

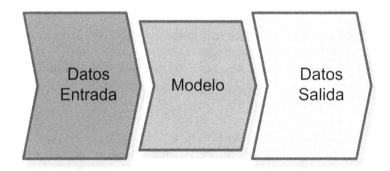

Fig 3.24: Esquema de entrada/salida de un modelo.

Existe una dependencia entre los juegos de datos, tanto de entrada como de salida y la complejidad del modelo. Esta dependencia condiciona la forma en la que el modelo debe funcionar, la cantidad de datos que debe aceptar y el resultado de salida. Pongamos algunos ejemplos en los que veremos de forma clara la relación entre los conjuntos de datos y la complejidad del modelo:

Ejemplo*: Construir un Modelo climático del planeta, el conjunto de datos de entrada es tremendamente grande, en dicho conjuntos están incluidos datos de temperatura, humedad, velocidad del viento, mareas, corrientes oceánicas, etc. Los datos de salida deberían ser aquellos que permitan predecir condiciones climáticas en cualquier parte del globo. Como podemos suponer, la complejidad del modelo es enorme, ya que debe ser capaz de tratar con todos los datos de entrada, procesarlos y generar una previsión.*

Los modelos complejos tienen el inconveniente de que los resultados de salida suelen diferir de los datos reales obtenidos del propio Sistema, ya que la propia complejidad añade un factor de error que se puede propagar a los resultados, lo que significa que es importante que cuanto mayor sea la complejidad del modelo, más exhaustivos seamos con los controles de calidad durante el proceso de implementación.

Ejemplo: La construcción de un modelo parta simular la cola de atención de clientes en un banco, necesitaremos conocer como llegan habitualmente los clientes al banco y cual es el tiempo medio de las operaciones. Con este conjunto de datos de entrada y construyendo un modelo utilizando un sistema de Colas, podemos conocer cuanto clientes están esperando en la cola para ser atendidos en cierta franja horaria.

Para modelos sencillos como son los que simulan colas de esperas o sistemas cuyos conjuntos de datos están perfectamente acotados y tienen un tamaño reducido, la propia simplicidad del modelo asegura que los datos de salida del modelo y del sistema no tengan grandes diferencias, lo que los convierte en herramientas más poderosas de lo que podríamos esperar.

Una buena opción a la hora de construir un modelo es aplicar la estrategia de *Divide y Vencerás*, con la que se puede llegar a construir un modelo complejo basando en la creación de modelos más sencillos y que interactúan entre ellos.

3.5.2.1   Conjunto de datos de entrada

El conjunto de datos de entrada condicionará el tipo de simulación que deseamos realizar y por lo tanto condicionará también la construcción del modelo propiamente dicho. De la calidad de los datos de entrada dependerá el éxito de las predicciones que realicemos con el modelo, ya que debemos recordar que estamos utilizando un juego de datos seleccionados para reproducir situaciones en el mundo real, por lo tanto, si la elección de los datos de entrada no es buena, los resultados obtenidos no serán fiables.

Para mantener unos criterios mínimos de calidad en cuanto a los datos de entrada, debemos seguir las siguientes recomendaciones:

- *El conjunto de datos modelará situaciones concretas* - Debemos tener un conocimiento profundo sobre las condiciones de entrada a las que estamos sometiendo al modelo, de esta forma evitaremos dar validez a unos resultados en la salida del modelo debido a una entrada de datos desconocidos.

- *Reducir la aleatoriedad de los datos de entrada* - Un error frecuente cuando se construye un juego de datos de entrada es pensar que solo aplicando un juego de datos aleatorios es suficiente. Debemos tener en cuenta que la forma en la que vamos a construir el modelo dependerá de el juego de datos de entrada, por lo que debemos elegir un juego de datos que cubra todas aquellas situaciones que deseemos analizar y no dejar al azar el que no se generen datos para una situación en concreto.

  Los juegos de datos aleatorios son interesantes para analizar elementos del modelo que no estén directamente relacionados con los datos de entrada. El mantener una entrada aleatoria de datos nos permite tener al modelo trabajando en unas condiciones las cuales no son directamente las que estamos estudiando, por ejemplo, en una máquina en la que tenemos un servidor Web y queremos medir el número de procesos que se generan y el uso de CPU que se consume, el que el conjunto de datos de entrada, por ejemplo las páginas solicitadas, sean aleatorias no es relevante ya que lo que estamos midiendo es la forma en la que se comporta el servidor Web para crear nuevos procesos independientemente de la página que se está solicitando.

- *Elegir una cantidad razonable de datos de entrada* - No debemos olvidar que estamos construyendo un modelo con el que intentamos deducir algunas conclusiones del análisis de los datos obtenidos, por lo que debemos tener cuidado con el tamaño del conjunto de datos de entrada. Es más interesante realizar varias tandas con pocos datos, lo que nos permitirá tener controlada de forma más sencilla tanto la prueba que estamos realizando como el análisis de los datos obtenidos. Normalmente es más eficiente realizar baterías de pruebas con pocos datos, que realizar una sola prueba con todo el juego de datos.

3.5.2.2 Conjunto de datos de salida

Al igual que ocurre con los datos de entrada, el conjunto de datos de salida condicionará la construcción del modelo, por una sencilla razón, el conjunto de datos de salida es el producto que debe generar el modelo. Este juego de datos constituirá la base para el análisis sobre el comportamiento del elemento o situación que estamos estudiando. Mientras que el conjunto de datos de entrada debemos crearlos para cubrir todas las situaciones que deseamos simular, con los datos de salida, no ocurre lo mismo ya que en este caso, solo tenemos que decidir la clase de los datos que deseamos obtener.

- Definir la lista de variables del modelo que deseamos recoger datos.

- Conocer los valores aproximados de las variables que estamos midiendo.

- Identificar las posibles desviaciones.

- Ser prudente con las interpretaciones sobre tendencias.

Antes de comenzar a utilizar el modelo que hemos construido debemos realizar una serie de test sobre el propio modelo para validar los resultados de las simulaciones. Para ejecutar estos test es imprescindible disponer de un juego de datos de control que utilizaremos cómo datos de entrada y que nos servirán para chequear los datos de salida que hemos obtenido.

3.5.3 Modelo físico

A la hora de construir el modelo, sabemos que existen una serie de factores que condicionaran la naturaleza de dicha construcción, pero independientemente de éstos factores, existe 3 opciones para construir el modelo, en este apartado vamos a ver la primera de estas tres opciones que consiste en la construcción de un modelo idéntico a la plataforma que da servicio al negocio de nuestra compañía. El modelo es una réplica exacta de la plataforma IT, es decir, existe una relación uno a uno entre la plataforma y el modelo. Esta opción presenta una serie de ventajas e inconvenientes que justifiquen la construcción de este tipo de modelo.

- La plataforma no está en producción y podemos justificar que utilicemos la propia plataforma para las necesidades del CP, por ejemplo, durante el arranque de un proyecto.

- La plataforma es lo suficientemente crítica y existen los recursos necesarios que justifiquen la creación de un modelo idéntico a la plataforma original. En entornos como los de Banca o Telco, donde los sistemas de información juegan un papel fundamental para el negocio, reducir el riesgo de cometer errores es muy importante. Pensemos en el sistema de tarificación de una Operadora, si el sistema sufre un problema, se deja de cobrar a los clientes, por lo tanto en estos casos se justifica la creación de una maqueta física idéntica que nos permita identificar cuellos de botella y calcular el Capacity Planning los más afinado posible.

- La complejidad de crear un modelo para el elemento que queremos analizar es muy superior que el coste del propio elemento, por lo que queda justificado el que no se cree un modelo sino que se utilice un elemento original.

3.5.4 Modelo abstracto

Otra de las opciones a la hora de construir un modelo es la creación de un modelo abstracto, el cual refleja el comportamiento de una plataforma, frente a distintas situaciones del negocio, de forma totalmente teórica, es decir, en la construcción del modelo no se emplea ningún componente físico, sino que se realizan simulaciones de los distintos componentes que forman la plataforma.

Un modelo abstracto está formado por un conjunto de reglas que permiten simular la respuesta de la plataforma ante ciertas situaciones concretas. La ventaja principal de construir un modelo abstracto frente a disponer de una maqueta o modelo físico, es que los costes son muy inferiores, ya que no existen costes relacionados con la adquisición de componentes o el uso de los mismos. Otra ventaja muy importante es el impacto que las modificaciones sobre el modelo tendrán en el propio análisis, ya que en un modelo abstracto es, en teoría más sencillo y rápido realizar modificaciones que en la implementación del modelo físico.

Como ejemplo, supongamos que disponemos de un modelo teórico en el que estamos midiendo el comportamiento de unos discos. El modelo simula los tiempos de respuestas de las peticiones de entrada/salida que podemos realizar sobre los discos. Supongamos que el modelo simula el comportamiento de un volumen lógico formado por 5 discos. Ahora supongamos que queremos realizar el mismo análisis pero necesitamos aumentar el número de discos que forman el volumen lógico. Para el caso de un modelo abstracto, sería relativamente sencillo, ya que solo tendríamos que modificar alguno de los parámetros del propio modelo, como serían la distribución de los datos, la localización de los datos de checksum, etc. En el caso de que contásemos con un modelo físico tendríamos que recrear el volumen lógico con una configuración que incluyese los nuevos discos, tarea que no es trivial, dependiendo de cómo hayamos construido el volumen.

Consejo

Desde el punto de vista de costes, el uso de los modelos abstractos son una elección tentadora, pero su principal problema es que realizar un modelo teórico supone disponer de un conocimiento muy profundo sobre el comportamiento de los distintos componentes de la plataforma y la relación entre todos ellos.

Como principal inconveniente de los modelos abstractos podemos citar que la simulación teórica de componentes complejos requiere mucho esfuerzo tanto para crear el modelo propiamente dicho, como para realizar una batería de pruebas lo suficientemente extensa como para garantizar que los resultados que se obtendrán al simular sobre el modelo son fiables. El modelo teórico requiere un conocimiento profundo sobre lo que se está analizando para evitar problemas relacionados con fallos en el diseño del propio modelo.

3.5.5 Modelo mixto

La tercera opción a la hora de construir un modelo es elegir lo mejor de las dos opciones anteriores, permitiendo que el modelo se ajuste de forma más práctica a los requisitos que pretendemos simular e intentando reducir la complejidad de su implementanción. El modelo mixto consiste en utilizar componentes físicos para emular aquellas partes del sistema que no pueden ser simuladas de forma teórica y utilizar modelos matemáticos para simular componentes que están probados y con los que tenemos la total seguridad de que su funcionamiento es exactamente igual al del modelo que estamos implementando.

Un modelo mixto nos permite ahorrar costes en aquellos componentes que no sean necesarios implementar físicamente y también nos ayudaría a reducir los tiempos de implementación de complejos modelos teóricos.

3.5.6 ¿Qué tipo de modelo elegir?

Para responder a la pregunta sobre ¿qué modelo elegir? Debemos tener en cuenta varios factores, los cuales dependerán de variables como el tipo de negocio de nuestra compañía, la criticidad de la plataforma que da servicio al Negocio, la cantidad de recursos disponibles y el tiempo asignado a la construcción del modelo, por lo tanto la única regla que existe es la experiencia de los responsables de ejecutar el Capacity Planning para identificar la duración y complejidad de las tareas necesarias para construir el modelo.

3.5.7 Identificación de componentes críticos del modelo

En uno modelo, independientemente de cual sea su naturaleza o su complejidad, podemos clasificar todos los componentes que los constituyen en dos grupos básicos:

- *Componentes principales*. Son aquellos elementos sobre los que nos interesa realizar el análisis de su comportamiento dentro del modelo.

- *Componentes necesarios*. Son los elementos, que aun no siendo importantes para los resultados que deseamos obtener, son necesarios para que el modelo funcione.

La clasificación anterior puede parecer una obviedad, sobre todo a aquellas personas que no hayan puesto en marcha nunca un modelo, ya que suelen identificar a los elementos principales como los componentes críticos. Es un error frecuente a la hora de construir un modelo, el que pongamos el foco únicamente en los elementos principales, por ser estos, los elementos que vamos a estudiar y despreciar el impacto real que el resto de componentes tienen sobre los resultados obtenidos.

Por esta razón, es importante para que la información que obtengamos de un modelo se ajuste a lo que esperamos de dicho modelo, identificar aquellos elementos verdaderamente críticos dentro del modelo, utilizando como criterio el buen funcionamiento del modelo.

3.5.8 Construir un modelo

El proceso de construcción de un modelo que nos ayude en el análisis de la capacidad de una plataforma es una tarea cuya complejidad dependerá de factores como el grado de profundidad que queremos implementar en el modelo, el nivel de realidad que deseamos simular, en factor de error que estamos dispuesto a asumir en los resultados medidos sobre el modelo, etc.

La decisión sobre qué modelo debemos construir estará directamente relacionada con los objetivos que se han marcado durante la definición del Capacity Planning. Vamos a ver un sencillo procedimiento para identificar para qué componentes de la plataforma vamos a construir un modelo.

Hemos dicho que un modelo está formado por tres componentes, el conjunto de datos de entrada, la implementación del modelo y el conjunto de datos de salida. Dependiendo de que deseemos medir tendremos que optar por una opción u otra para construir el modelo. En la primera fase del Capacity Planning, una de las tareas que se ejecutaron fue la correspondiente a la definición de las Unidades de Trabajo, que recordemos son las unidades básicas de definición dentro del Capacity Planning y que permitían asociar operaciones de negocio con operaciones IT, por lo tanto podemos afirmar que una opción interesante para el desarrollo de casi todos los Capacity Plannings sería construir los modelos asociados a las Unidades de Trabajo definidas.

En cada Unidad de Trabajo se han identificado componentes de la plataforma IT asociados a operaciones en la plataforma, también se identificaron variables o parámetros de IT que son relevantes para las operaciones de negocio con las que está asociada la Unidad de Trabajo, con esta información podemos comenzar con la definición del modelo de la Unidad de Trabajo. Al igual que hicimos durante la fase anterior vamos continuar con unos ejemplos concretos que nos permitan desarrollar el procedimiento de creación del modelo en base a una situación determinada.

3.5.8.1   Ejemplo : Plataforma Web para venta de billetes

El ejemplo plantea construir un modelo para una plataforma de venta de billetes de una línea aérea. Una vez analizados todos los procesos de negocio se identifican una serie de Unidades de Trabajo:

- Comprar billete.
- Reservar billete.
- Anular billete.

Para estas *Unidades de Trabajo* están definidos una serie de Niveles de Servicio que las Unidades de Trabajo deben cumplir. Vamos a elegir la Unidad de Trabajo Comprar billete, que tiene definidas los siguientes niveles de servicio.

- El tiempo de compra de un billete debe ser inferior a 5 minutos.
- La plataforma debe permitir un total de 300 compras simultáneas.

Como datos de entrada del modelo vamos a utilizar los niveles de servicio asociados a la Unidad de trabajo. Gracias a los niveles de servicio, conocemos qué tendremos que medir y que datos de salida debemos esperar.

- Tendremos que medir cuanto tarda un proceso de compra de un billete
- Cuantos procesos en paralelo se pueden ejecutar en el modelo.

Sabemos que las operaciones IT asociadas a la Unidad de trabajo son las siguientes:

- Login en la plataforma.
- Seleccionar vuelo.

- Comprobar disponibilidad del billete.

- Confirmar reserva billete.

- Introducir forma de pago.

- Realizar cobro.

- Presentar comprobante de la operación.

- Logout de la plataforma.

Debemos identificar el tiempo empleado por cada una de estas operaciones para poder construir el tiempo total de respuesta de la Unidad de Trabajo. Para calcular el tiempo de respuesta de cada operación debemos desglosar cada una de ellas en las operaciones del nivel inferior, seleccionamos la operación "Comprobar disponibilidad del billete" y la desglosamos en tareas:

- Obtener como dato de entrada del proceso, el identificador del vuelo y del asiento.

- Consultar en la base de datos de billetes el atributo de estado.

- Si el billete está reservado devolver un aviso al usuario.

- Si el billete no esta reservado, marcar el atributo de reservado temporalmente.

- Presentar resultado de la operación.

La operación *"Comprobar disponibilidad del billete"* es ejecutada por los elementos de la capa de aplicación, los cuales implementan gran parte de la lógica del negocio, uno de los servidores de la capa de aplicación debe establecer una conexión con la base de datos para realizar una consulta sobre una tablas determinadas, dependiendo del resultado obtenido de la consulta, el proceso debe reservar el billete, con lo cual el servidor de aplicaciones deberá realizar una operación de escritura sobre la base de datos y por último se debe construir el mensaje de respuesta del proceso para que sea recogido el siguiente proceso de la capa superior.

En este pequeño resumen hemos identificado componentes reales de la plataforma con lo que hemos conseguido crear una relación entre un proceso de negocio y los componentes de la plataforma IT, los cuales podemos medir y por lo tanto cuantificar el impacto que las operaciones de negocio tendrán sobre los sistemas que conforman la plataforma IT.

Para nuestro ejemplo vamos a medir los siguientes parámetros:

- El tiempo de respuesta de la base de datos para una consulta sobre la tabla de billete: *Tr*

- El tiempo de respuesta de la base de datos para la escritura sobre la tabla de billetes: *Tw*

- Número de operaciones de lectura en base de datos por segundo.

- Número de operaciones de escritura en base de datos por segundo.

- Cantidad de memoria consumida en el servidor de aplicaciones por el proceso *"Comprobar disponibilidad del billete"*

- Tiempo total de respuesta del proceso *"Comprobar disponibilidad del billete"*.

Una vez que hemos analizado todas las operaciones IT asociadas a la Unidad de Trabajo obtendremos un diagrama donde aparecerá el acceso al elemento crítico para esta unidad de trabajo que es el acceso a la base de datos.

De todas las operaciones que intervienen en la unidad de trabajo existen cinco de ellas que realizan operaciones sobre la base de datos. En el que se muestra cuales de las operaciones IT ejecutan operaciones sobre el componente crítico, que en este caso se ha identificado a la base de datos. De todas las operaciones las de login/logout acceden a la misma base de datos y las operaciones de comprobación de billete y realización de cobro también realizan operaciones sobre la misma base de datos.

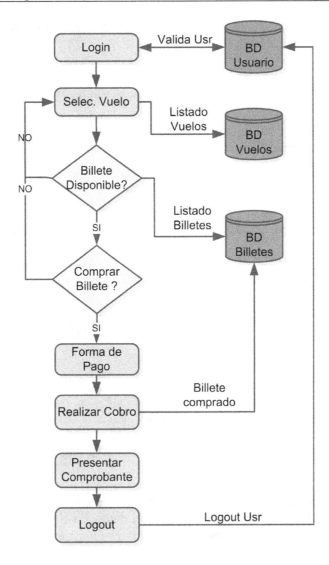

Fig 3.25: Ejemplo de acceso a componentes críticos.

Dependiendo de la criticidad asociada a la propia unidad de trabajo, debemos decir el modelo que construiremos, bien sea un modelo físico sobre el que medir o bien construir un modelo mediante teoría de colas, por ejemplo, con el que poder realizar estimaciones tanto sobre el tiempo de respuesta como la cantidad de unidades de trabajo que se pueden ejecutar. Otro factor importante para decir el tipo de modelo que vamos a construir es la fase del ciclo de vida de la plataforma en la que nos encontramos por los recursos de los que contemos.

Para nuestro ejemplo, en el que la unidad de trabajo depende de elementos bien definidos, podríamos decidirnos por implementar un modelo teórico utilizando redes de colas. Para implementar este tipo de modelo necesitamos conocer los tiempos de respuesta reales, ya que al construir las colas de los distintos componentes es necesario asignar el tiempo de respuesta como tiempo de servicio de la cola.

3.6 Analizar las Unidades de Trabajo

En ente punto del Capacity Planning, disponemos de una gran cantidad de información sobre todos los componentes de la plataforma IT y la relación que tienen con los distintos procesos de Negocio. La figura 3.26 representa un ejemplo de una Unidad de Trabajo, ahora disponemos de toda la información necesaria para estudiar el impacto que tendrá cada una de las Unidades de Trabajo, ya que hemos recolectado la información, tanto de los recursos de Tecnología como de los procesos de Negocio.

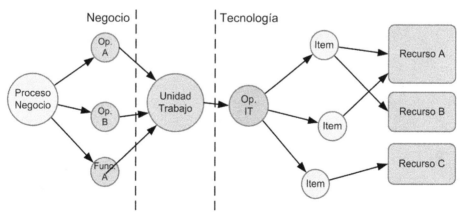

Fig 3.26: Relación Negocio y Tecnología.

Con toda esta información podemos estudiar la Capacidad de cada una de las Unidades de Trabajo para identificar posibles riesgos en las operaciones de Negocio causados por una mala asignación de recursos y viceversa, estudiar si la asignación de recursos que tienen cada una de las Unidades de Trabajo corresponde con las necesidades reales de éstas.

Utilizando la información que disponemos sobre el Negocio, sobre los planes que tiene la organización para el futuro, podemos estudiar qué componentes de tecnología participarán en dichos planes y el impacto que tendrán sobre ellos. Con toda la información que estamos obteniendo del análisis de cada una de las Unidades de Trabajo debemos actualizar la documentación sobre Unidades de Trabajo para mantener una bitácora

El análisis individual de cada una de las Unidades de Trabajo es relativamente sencillo, ya que disponemos de:

- Información sobre los componentes de Negocio.

- Posibles situaciones del Negocio en el futuro. Esta información nos permite cuantificar, aunque sea de manera especulativa, cual será el peso de un componente del Negocio en un futuro concreto.

- Operaciones y componentes IT que participan en la Unidad de Trabajo.

- Modelos de comportamiento de los distintos componentes IT, gracias a los modelos que hayamos construido.

3.7 Analizar la relación entre Unidades de Trabajo

Una vez que hemos realizado el análisis de cada una de las Unidades de Trabajo que se han definido durante la elaboración del Capacity Planning, debemos estudiar cuales son las dependencias entre las distintas Unidades de Trabajo, por una sencilla razón, estamos siguiendo un esquema de construcción de las Unidades de Trabajo, donde identificamos operaciones de Negocio y asociamos los recursos IT correspondientes, es obvio que dichos recursos IT están siendo compartidos por varios procesos u operaciones de Negocio.

La relación que exista entre las distintas Unidades de Trabajo condicionará en gran medida el plan de Capacidad que estamos construyendo, ya que dicha relación establecerá cual es el uso que el Negocio está realizando de los recursos IT.

Proc. Negocio	UT	Recurso	%Actual	%Previsión
Proc_1	UT_1	CPU_A	10	15
Proc_2	UT_2	CPU_A	25	20
Proc_3	UT_3	CPU_A	30	40
Proc_4	UT_2	CPU_A	25	35

Tabla 3.7: Ejemplo de previsión de uso de un recurso

Vemos en la tabla que el uso actual que se hace el recurso *CPU_A* es del 90% y tenemos una previsión, según las estimaciones, de que en el futuro necesitaremos el 110%. De este sencillo análisis obtenemos que para que los procesos de negocio que utilizan el recurso *CPU_A* tendrán un problema con la capacidad de este recursos para absorber el posible aumento de carga en el futuro. Por tanto debemos indicar en el Plan de Capacidad que existe un riesgo para una serie de Procesos de Negocios concretos en caso de que no se aumente la cantidad de recursos de tipo *CPU_A*.

Con la información que tenemos sobre las características del recurso CPU_A podremos realizar una estimación sobre el impacto que tendría un aumento de este tipo de recursos dentro de la plataforma. Este impacto está directamente relacionado con el modelo de escalabilidad que podamos aplicar a los distintos recursos.

3.8 Generar informes sobre los análisis.

El último paso de esta fase consiste en recolectar toda la información que hemos generado durante los distintos pasos de las dos primeras fases. Entre la información que hemos recolectado también debemos incluir los informes sobre las recomendaciones para la reducción de los riesgos que hayamos detectado, las propuestas de mejoras y cambios de arquitectura. Toda esta información es crítica para la siguiente fase del Capacity Planning, ya que será la fuente de la que se alimentarán las propuestas que se van a plantear sobre las acciones a ejecutar en el plan de Capacidad.

Capítulo 4

Fase III : Planificación de acciones

La última fase de un Capacity Planning consiste en el diseño del plan de acciones que determinará cuales serán las distintas acciones que la organización deberá implementar, tanto desde el punto de vista de la tecnología como del negocio. En las dos fases anteriores, el trabajo realizado se puede resumir en la recolección y el análisis de toda la información disponible en la organización con la que tendremos que diseñar el plan de acciones. Será en esta fase donde se tomen las decisiones críticas sobre cómo debe cambiar el Negocio y/o la Tecnología para que la organización haga frente a las necesidades de negocio que se plantearon al principio del Capacity Planning.

Se trata de una fase ejecutiva durante la que debemos tomar una serie de decisiones concretas para construir el plan de capacidad de nuestra plataforma IT, basadas en los datos obtenidos durante las dos fases anteriores. La calidad tanto de los datos recogidos como del análisis que se haya realizado estará directamente relacionada con la capacidad de tomar las decisiones correctas durante esta fase.

Dependiendo de la etapa del ciclo de vida en la que se encuentre la plataforma IT, esta fase de planificación de acciones puede tener un impacto importante en plataforma, por ejemplo el caso de que la plataforma se encuentre en la fase de diseño, durante esta fase se podrían plantear modificaciones en ciertos componentes de la propia plataforma que nos obligarían a iniciar un proceso de rediseño de los sistemas, con el consiguiente impacto en la planificación de las tareas programadas. Otro caso sería que se plantease un giro en la gestión de los recursos de la plataforma, por ejemplo gestionar la adquisición de nuevo hardware o formar al personal de determinadas áreas en el caso de que la plataforma se encuentre en la fase de producción. Es decir esta fase no solo persigue generar una serie de informes con recomendaciones sobre los cambios que debería realizar nuestra organización, sino que se deben tomar decisiones para implementar con un alto grado de éxito y un bajo riesgo todos los cambios que las dos fases anteriores del Capacity Planning recomiendan.

Otro objetivo importante de esta fase consiste en conseguir transmitir a toda la organización el conocimiento que ha adquirido el equipo encargado de la ejecución del Capacity Planning, informando a todas las áreas de la organización responsables del desarrollo del Negocio, para identificar de una manera sólida las carencias, problemas, ventajas y riesgos que presenta el tándem Negocio-Tecnología, lo que significa que durante esta fase se debe realizar una verdadera *Gestión del Riesgo*, ya que si no conseguimos transmitir todos los posibles riesgos reales, que hemos identificado y cuantificado, habremos fracasado en el objetivo último del Capacity Planning y por lo tanto, estaremos poniendo en peligro el desarrollo del Negocio.

Los objetivos principales de esta fase son:

- Identificar cuales son los elementos que participan en el Capacity Planning.

- Identificar las acciones y cómo se deben ejecutar.

- Planificar los tiempos de inicio y duración de las acciones.

- Generar toda la información necesaria para garantizar que todas las personas involucradas en el desarrollo del Negocio tienen acceso al Capacity Planning.

4.1 Elementos

El primer paso que debemos dar antes de construir un plan, sea éste de la naturaleza que sea, es conocer qué elementos intervienen en dicho plan, por tanto, en esta primera etapa debemos enumerar todos aquellos elementos de la organización, tanto de Negocio como de Tecnología, que participan en mayor o menor medida en el desarrollo del Negocio y por tanto son susceptibles de participar en el plan de Capacidad.

En la fase anterior hemos realizado un trabajo de análisis sobre el impacto que la capacidad de los componentes de una plataforma IT tiene sobre los distintos procesos de Negocio. No solo hemos realizado una labor de identificación de elementos de Negocio y su dependencia con los componentes de Tecnología, sino que hemos sometido a los distintos componentes a varias situaciones con las que medir su capacidad para cumplir con las expectativas del Negocio. Por tanto, en estos momentos disponemos de información sobre la capacidad de un componente IT y el impacto que dicha capacidad tendrá sobre ciertos componentes del Negocio.

También disponemos de información sobre los flujos de información que existen entre las distintas áreas de la organización y la influencia que estos flujos tienen en el Negocio. Se han identificado todos los elementos, tanto activos como pasivos, que participan en los distintos procesos de Negocio y disponemos de un mapa completo de todas las relaciones de dependencia que existen dentro y fuera de la organización relacionadas con el desarrollo del Negocio.

No debemos olvidar que los recursos humanos participan de forma activa en el plan de capacidad, no solo como elementos motores de las acciones que el plan establezca, sino como componentes que participan y condicionan gran parte de las acciones de la organización.

4.1.1 *Unidades de Trabajo*

Como pieza que ha jugado un papel fundamental en las fases anteriores del Capacity Planning, las Unidades de Trabajo serán la clave para abordar está última fase del proceso, en la que la Unidad de Trabajo nos permitirá no solo identificar elementos de Negocio y su dependencia con los elementos de Tecnología, sino la relación entre los distintos elementos de tecnología y las Unidades de Trabajo en las que participan.

Hasta ahora, la finalidad de todas las acciones que hemos realizado en las distintas fases tenían como propósito identificar y cuantificar, componentes, atributos, relaciones y dependencias. Ahora es el momento de moldear toda la información que tenemos para ayudar en la toma de decisión de los órganos directivos de la compañía. Debemos recopilar toda la información relacionada con las Unidades de Trabajo, para decidir cuales son las acciones que se establecerán en esta fase, teniendo en cuanto los riesgos y limitaciones que cierta acciones tendrán sobre la Unidad de Trabajo y en consecuencia sobre el Negocio. También debemos elaborar los nuevos KPIs que ayudarán a la organización a cuantificar el éxito de ciertos procesos dentro del Negocio. Es fundamental establecer los procedimientos de monitorización de dichos KPIs para alertar a la organización sobre posibles desviaciones que tanto un cambio en el modelo de demanda como problemas en la implementación de dichas acciones puedan tener sobre el Negocio.

4.1.2 *Riesgos*

En el apartado 1.4.5 *Gestionar el riesgo* abordamos la importancia para el éxito del Negocio, disponer de información precisa sobre el riesgo de ciertas situaciones y como conocer el riesgo nos ayuda a gestionarlo para reducir en la medida de lo posible el impacto que un evento inesperado puede ejercer sobre el Negocio, bien de forma directa o bien a través de algunas de las dependencias existentes entre Negocio y Tecnología.

Para construir una planificación de la Capacidad es imprescindible tener un mapa detallado de los riesgos que el afectan a partes de los elementos de la organización para que este conocimiento ayude en la toma de decisión de la organización durante el desarrollo de la estrategia para el Negocio. Este mapa debe ayudarnos no solo a situar el riesgo dentro de la organización, sino también nos ayuda a delimitar el alcance del riesgo y el impacto que puede tener sobre el Negocio.

Podemos describir cualquier riesgo mediante el uso de tres componentes:

- Conjunto de desencadenantes.
- Elementos a los que afecta.
- Conjunto de consecuencias.

A cada riesgo debemos añadir dos atributos más, los cuales tendremos que evaluar para asignarles un valor, dependiendo de las características propias de nuestra organización:

- Probabilidad de que se produzca una situación desencadenante concreta.
- Criticidad. Definimos un baremo para evaluar lo importante o crítico que es para nuestra organización las consecuencias de un riesgo.

En la tabla 4.1 podemos ver un ejemplo del riesgo asociado a un ítem como puede ser el hardware de almacenamiento.

Ítem	Desencadenante	Probabilidad	Consecuencia	Criticidad
HW Storage	Fallo fuente de potencia	Media	N/A	Media
	Fallan dos fuentes de potencia	Baja	Indisponibilidad acceso a datos	Muy Alta
	Fallo de un disco	Media	N/A	Baja
	Fallo de dos discos	Baja	N/A	Alta
	Fallo de tres discos	Muy Baja	Indisponibilidad acceso a datos	Muy Alta

Tabla 4.1: Ejemplo de Riesgo en un componente IT

La figura 4.1 representa la relación que se establece entre los distintos Procesos de Negocio y los Riesgos sobre los componentes IT, gracias a las Unidades de Trabajo.

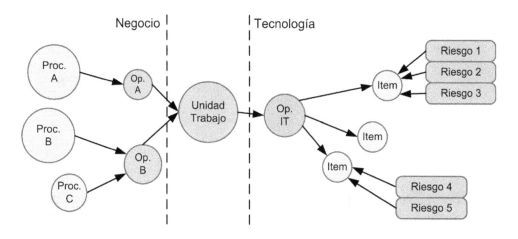

Fig 4.1: Relación entre Procesos de Negocio y riesgos.

Por tanto, utilizando las Unidades de Trabajo podemos establecer cuales serán los riesgos a nivel IT que tendrá un impacto sobre el Negocio, además podemos evaluar tanto la criticidad como la probabilidad de que el Negocio se vea afectado por un incidente en cualquiera de los componentes de la Plataforma.

4.1.3 Restricciones

Otro elemento clave para que el plan de acciones que estamos construyendo aporte verdadero valor a la organización en el propósito de desarrolla el Negocio es el conjunto de restricciones que la ejecución de las distintas acciones tendrá sobre partes del Negocio. Las restricciones definen los límites entre los cuales hay que trabajar, ya sean restricciones en los procesos de Negocio o en los componentes de una plataforma IT.

Las restricciones son una herramienta necesaria para la construcción del plan de Capacidad, ya que no todas las personas de la organización disponen del mismo nivel de conocimiento sobre las distintas partes del Negocio, no podemos pretender que la información recogida en forma de recomendaciones y actuaciones en un plan de Capacidad IT sea comprendido por todas las personas involucradas en el desarrollo del Negocio. Por esta razón al definir dentro del plan de Capacidad restricciones, aquellas personas que no tengan conocimientos para interpretar parte de la información, podrán entender cual es el marco de desarrollo de ciertas acciones definidas por las restricciones que se deben aplicar.

Consejo

Las restricciones permite a personas de las organización, las cuales tengan un conocimiento superficial sobre los componentes o procesos a los que se aplica la restricción, disponer de una marco definido sobre hasta donde se puede desarrollar alguna de las acciones.

Vamos a desarrollar un ejemplo que ilustran la importancia de la definición de restricciones para la creación del plan de Capacidad

Ejemplo: Una compañía dispone de un plan de Capacidad en el que se establece que una de las actuaciones es incrementar el almacenamiento de datos un 100GB cada 10 millones de transacciones nuevas.

Si esta recomendación sobre la forma en la que debe crecer la infraestructura de almacenamiento no va acompañada de ciertas restricciones, el objetivo que persigue el Capacity Planning se desvirtúa, supongamos que esta información llega a las áreas de desarrollo del Negocio, con la información que tienen y al no disponer de conocimientos reales sobre la forma en la que se debe desplegar la infraestructura necesaria para el almacenamiento de datos, toman la decisión de incrementar un 25% la cuota de mercado, desarrollando un ambicioso plan de expansión. El problema surgirá por causa de que dicho plan no contempla las restricciones de crecimiento propias de cualquier infraestructura, costes de adquisición, tiempo de implantación, etc.

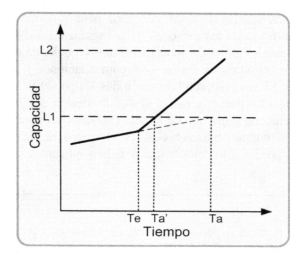

Fig 4.2: Ejemplo de restricciones.

La compañía tiene una necesidades de espacio de almacenamiento como muestra la línea continua, en un momento Te la compañía decide expandir el Negocio lo que se traduce en una inclinación de la línea de tendencia de las necesidades de almacenamiento, con lo que se modifica el momento en el que se alcanza el límite de la capacidad actual que estaba estimado en Ta y ahora será Ta'. Este reajuste en el tiempo establecido para la ampliación puede provocar problemas para cumplir con los planes de Negocio.

Si las áreas de desarrollo de Negocio hubieran tenido la información de las restricciones de almacenamiento, se hubiera gestionado de forma más eficiente la Capacidad de la plataforma para ajustarla con los planes de Negocio. Para nuestro ejemplo hubiera bastado con incluir una restricción del tipo "...es incrementar el almacenamiento de datos un 100GB cada 10 millones de transacciones nuevas, con una restricción de crecimiento hasta L1, ya si necesitamos superar el límite L1 es necesario aumentar la infraestructura de Almacenamiento..."

Debemos utilizar las restricciones como una herramienta que ayude a la organización a establecer cuales son los límites reales para desarrollar el negocio en un marco de trabajo que permita reducir los riesgos y aumentar las posibilidades de éxito. Y en el caso de que las necesidades propias de la organización o características del mercado donde desarrolla el Negocio, obliguen a la compañía a realizar ciertas acciones arriesgada, disponer de un plan de Capacidad con una definición clara de las restricciones ayuda a que las decisiones sobre la estrategia del negocio se tomen con inteligencia de qué se está haciendo y hasta donde podemos llegar.

Las restricciones debemos entenderlas no como límites que no podemos traspasar, sino como aquellas líneas que separan la forma en la que funciona actualmente nuestro negocio de la forma en la que el negocio puede desarrollarse en el futuro. Por esta razón es importante que las áreas de desarrollo de Negocio entiendan o por lo menos conozcan cuales son las restricciones tanto actuales como aquellas que se aplicarán a los cambios propuestos en el plan de Capacidad.

4.1.4 Bondades

El Plan de la Capacidad debe recoger, no solo el conjunto de elementos, ya sean de Negocio o de Tecnología, que participan de manera activa o pasiva en dicho plan, también debe recoger de forma clara, todos aquellos argumentos que justifiquen la elección de las soluciones planteadas, por su alineación con las necesidades de la organización. Por tanto, es importante para el plan de Capacidad reflejar de la forma más realista posible las bondades de las soluciones adoptadas.

Es muy frecuente que durante el proceso de análisis de los componentes IT que forman parte de la plataforma para estudiar el impacto que la Capacidad de dichos componentes tienen en el Negocio, aparezcan deficiencias que debemos afrontar mediante la modificación de algunas de las características o funciones de parte de los componentes de la plataforma. Estas modificaciones tienen el propósito de ajustar la Capacidad a las nuevas necesidades y existen ocasiones en las que las modificaciones son sencillas y no necesitan justificación, por ejemplo, añadir más memoria *RAM* a un servidor de Aplicaciones.

Pero existen otros casos en los que dichas modificaciones afecta de forma considerable en la plataforma IT y el Negocio, por lo que la decisión de afrontar estos cambios debe seguir un flujo de aprobación entre varias áreas de la organización. Es en estos casos donde disponer de una justificación detallada de los cambios ayudará al proceso de toma de decisión por parte de las personas que participen en dicho flujo de aprobación.

No debemos olvidar que la información con la que trabajamos en un Capacity Planning, tiene una fuerte componente técnica y es frecuente que desde las áreas de IT asumamos que una solución es la correcta, sin que nos planteemos de forma algo más crítica factores de la solución que no tienen un componente técnico, como pueden ser los costes o los tiempos de implantación, pero que si pueden impactar en el Negocio.

En el plan de Capacidad, como herramienta de la organización para desarrollar el Negocio, todas las áreas de la organización deben participar de una forma u otra, lo que significa que áreas de la compañía, como el área financiera, deben tener un peso importante en su elaboración y aprobación, por lo que es imprescindible que cualquiera de las decisiones que hayamos tomado para elegir una solución determinada, esté justifica de forma precisa en términos como son:

- Los costes.
- El tiempo de implementación.
- La viabilidad de las soluciones.

4.1.5 KPIs

Ya hemos visto a lo largo del libro la importancia de los KPIs o indicadores clave de rendimiento, como herramientas que nos permiten medir el rendimiento de los distintos procesos de negocio sobre los que se aplica. El plan de Capacidad debe recoger la modificación de todos aquellos indicadores que estén afectados por las acciones que estén plasmadas en el plan o bien especificar cuales son los nuevos KPIs necesarios para monitorizar el desempeños de ciertas funcionalidades que se incorporarán en al Negocio en un momento determinado.

Si el plan de Capacidad no tiene entre sus acciones la actualización de los KPIs, se puede generar un problema para la organización en la forma en la que ésta desarrolla el Negocio, ya que por un lado tendríamos una serie de actuaciones que implicarían una modificación de la forma de trabajar en ciertos procesos, pero dichos procesos seguirían siendo medidos con indicadores antiguos que no so capaces de analizar el impacto real que el rendimiento de estos procesos tienen sobre el Negocio.

4.1.6 *Dependencias*

Cualquier acción que vayamos a realizar en una plataforma IT, sea cual sea la naturaleza que la desencadena, por ejemplo, la ejecución de ciertas tareas del Capacity Planning o un evento provocado por una incidencia, tienen consecuencias en distintas áreas de la organización, que no tienen que estar directamente relacionadas con factores técnicos. Es importante que el plan de Capacidad refleje todas las dependencias relacionales que existen entre una acción y todas las consecuencias que provoca dicha acción. Disponer de un mapa en el que estén reflejadas todas las dependencias permite descubrir relaciones desconocidas entre distintas partes de la organización.

4.2 Acciones

En el apartado anterior hemos visto qué componentes de la organización participan en el plan de Capacidad, ya sean elementos que deben realizar tareas y acciones o bien elementos pasivos sobre los que se ejecutará parte del plan. Por tanto, en el paso anterior hemos definido la lista de todos aquellos elementos que participan en el Capacity Planning. En este apartado debemos definir el cómo, es decir, vamos a establecer la forma en la que de deben desarrollar las acciones definidas en el plan.

La forma en la que se definen las acciones y como estas participan en la gestión de la Capacidad es un punto crítico dentro del desarrollo del plan de la Capacidad y por consiguiente del Negocio. Una mala definición de la forma en la que se debe implementar una acción determinada, puede provocar problema entre la alineación de Negocio y Tecnología.

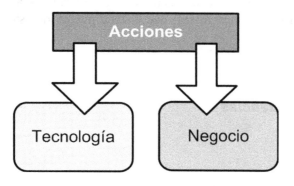

Fig 4.3: Acciones.

Una acción sobre la plataforma IT, independientemente de la complejidad del componente sobre el que se aplique o el número de tareas que se deben desarrollar, tiene un alcance tanto desde el plano de la Tecnología como desde el plano del Negocio. Lo que significa que es importante que a la hora de especificar las características propias de una acción, lo hagamos analizando su impacto tanto en el Negocio como en la Tecnología.

4.2.1 Negocio

Desde el punto de vista del Negocio, las acciones del plan de Capacidad pueden tener impacto sobre el desarrollo de alguno de los procesos de Negocio. Es más frecuente de lo que debería, que las organizaciones no estudien cual será el impacto que un acción sobre elementos de Tecnología tendrán sobre el Negocio, ya que este tipo de tareas solo se abordan cuando existe un riesgo claro para el Negocio, pero pensemos por un momento que ocurriría si por cubrir las necesidades del Negocio, se realiza una determinada acción en una parte de los componentes IT sin estudiar en profundidad qué impacto real tendrá sobre el Negocio, a primera vista el foco sobre el que se desarrolla la acción es cubrir ciertas necesidades del Negocio, por lo que podemos pensar que si desde Tecnología cubrimos dichas necesidades, nuestro objetivo estará cumplido, ahora supongamos que dichas acciones generan una serie de incidencias desconocidas hasta ahora y que el área de soporte no conoce. Se generará una situación en la que el área de soporte no podrá dar un correcto servicio a los clientes por desconocer cuales son las acciones paliativas para este nuevo tipo de incidencia.

Informar del impacto que una acción concreta sobre la plataforma IT tendrá en el resto de los componentes de la organización es un paso imprescindible para que podamos asegurar el éxito en la ejecución del plan de Capacidad. Otro tema importante para el Negocio cuando estamos hablando de las acciones es la capacitación de la gente que trabaja en las distintas áreas de Negocio para absorber los cambios en su forma de trabajar.

4.2.2 *Tecnología*

Las acciones del Capacity Planning deben ser desarrolladas por un conjunto de personas, las cuales serán las encargadas de poner en práctica todas aquellas tareas necesarias para que organización pueda gestionar su Capacidad IT de forma eficiente. Por tanto, dos elementos que condiciona la forma en la que se implementa una acción son:

- Recursos Necesarios.
- Recursos Disponibles.

Cuando hablamos de recursos IT estamos haciendo referencia a todos aquellos elementos tanto hardware, como software y también a los recursos humanos que son necesarios para desarrollar una actividad determinada en la plataforma IT. Hemos dicho que una acción del plan de Capacidad puede implementarse de varias formas posibles, en cada una estas implementaciones participan una serie de recursos IT, por otra parte, en la mayoría de los casos la disponibilidad de recursos dentro de la organización está delimitada por ciertas condiciones propias de cada organización.

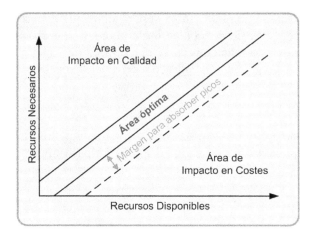

Fig 4.4: Relación entre recursos necesarios y disponibles.

Al definir una acción debemos buscar un equilibrio entre los recursos Necesarios y los disponibles, sin que esto deba ser un condicionante, ya que debemos buscar un punto entre ambos conjuntos, pero no desde la perspectiva IT, sino desde la perspectiva de Negocio, es decir, debemos buscar cual es la implementación más optima desde un punto de vista del Negocio y no de la Tecnología. Este planteamiento puede resultar chocante, sobre todo en un libro de Tecnología como es éste, pero debemos ser conscientes de las limitaciones que en ocasiones las propias áreas de IT se imponen. Estas limitaciones pueden tener orígenes de diversas formas, como una mala gestión de los recursos, falta de formación sobre la forma con la que trabajar en ciertas tecnologías o problemas relacionados con la desalineación entre las ideas que tiene la gente de Negocio y las ideas de la gente de Tecnología en como resolver una situación en concreto.

En resumen, para cualquier acción que se establezca dentro del marco del Capacity Planning es importante:

- Realizar una gestión optima de los activos de la organización.

- Estudiar los costes y viabilidad de las acciones.

- Analizar la capacidad de los recursos humanos para implementar las acciones.

4.3 Planificación

Construir un plan, sea de la naturaleza que sea, consiste básicamente en definir una serie de acciones, las cuales se ejecutarán sobre un conjunto de elementos concretos y dicha ejecución seguirá una pauta o patrón a lo largo de un periodo concreto. Luego el plan debe especificar cuando deben iniciarse las acciones y su duración estimada. Al establecer los tiempos el plan adquiere un ritmo de ejecución que permite establecer una serie de hitos, que pueden ser utilizados para monitorizar el desarrollo del propio plan.

Pero el plan de Capacidad no solo necesita una serie de hitos para marcar su ritmo de ejecución, también es necesario que estos hitos estén integrados con el resto de planes de la organización para conseguir una armonía que permita a la organización desarrollar de la forma más óptima posible el Negocio.

Cada organización tiene su propia cultura corporativa para desarrollar su actividad, por lo que no dos organizaciones que se encuentren en el mismo segmento de mercado pueden no coincidir ni en el número ni en la naturaleza de sus planes.

A modo de ejemplo vamos a citar algunos de los planes que podemos encontrar en muchas organizaciones:

- Plan de Proyectos.
- Plan Estratégico.
- Plan Financiero.
- Plan de Marketing.

4.3.1 Plan de Proyectos IT

Muchas organizaciones, independientemente de su tamaño, disponen de un plan de Proyectos IT en el que se estable cuales serán los proyectos relacionados con la tecnología que la organización abordará en un plazo de tiempo determinado. Estos proyectos abarcan desde actuaciones que únicamente impactan a la tecnología de la compañía, como pueden ser actualizaciones tecnológicas o renovación de infraestructuras, o por el contrario el plan de proyecto define aquellas actuaciones sobre la plataforma IT, necesarias para implementar nuevas funcionalidades o requerimientos del Negocio.

Es totalmente necesario que el Plan de Proyectos y el Plan de Capacidad estén totalmente coordinados para evitar problemas derivados de una posible descoordinación como puede ser que el plan de proyecto defina un cambio de tecnología y el plan de Capacidad no tenga en cuenta este cambio, planificando una serie de acciones sobre elementos que han sido sustituidos o modificados en el momento en el que la planificación de la Capacidad lo requiere.

El ejemplo anterior puede parecer exagerado si pensamos que tanto el plan de proyectos IT como el Plan de Capacidad tienen un origen en la rama de Tecnología, pero este problema de coordinación, si bien es difícil que se de en estructuras organizativas pequeñas, es bastante común en organizaciones grandes donde la encapsulación de responsabilidades y una jerarquía organizativa grande complican el flujo de información entre los responsables de ambos planes, el de Proyectos y el de Capacidad.

4.3.2 *Plan Financiero*

Si bien, no todas las organizaciones necesitan de un plan de Proyectos, para cualquier compañía sea de la naturaleza que sea necesita un Plan Financiero que ayude a establecer el rumbo de la organización en cuanto a temas económicos se refiere. Los planes Financieros establecen las distintas acciones y políticas que permiten a las compañías gestionar no solo los beneficios obtenidos como resultado del desarrollo de su Negocio, sino que establece la forma en la que el dinero debe gastarse para que el beneficio aumente. Los planes financieros tratan sobre temas tales como:

- La política de impuestos.

- Controla la contabilidad de la compañía para registrar el coste de todas las actividades y los beneficios obtenidos.

- Estable cuales deben o pueden ser las inversiones que la organización puede realizar.

- Analiza la previsión de resultados

- Financiación de los gastos de la organización.

- Valoración del riesgo, desde un punto de vista económico de ciertas decisiones de la organización.

- Control presupuestario.

El plan financiero dispone de sus propios hitos que la organización debe cumplir, para que, si el plan financiero es correcto, la economía de la organización esté saneada, cualquier desviación del plan financiero puede suponer un problema muy grave para la organización que desemboque en un fracaso económico, aunque el Negocio de la compañía sea un éxito. Por esta razón, es importante que el plan de Capacidad esté perfectamente coordinado con el plan financiero, para evitar o bien que el de Capacidad arrastre al financiero, lo que puede poner en riesgo la salud financiera de la compañía o por el contrario que el financiero impida que el de capacidad se cumpla, lo que podría poner el riesgo al Negocio.

4.3.3 Plan Estratégico

Ya hemos visto en capítulos anteriores que uno de los objetivos que permiten justificar la elaboración de un plan de Capacidad IT en una organización, es mantener alineada la tecnología con la estrategia del Negocio. Al igual que ocurren con el resto de planes de la organización si los hitos del plan estratégico no están perfectamente sincronizados con las distintas acciones del plan de Capacidad, aumentará la desalineación del binomio Negocio-Tecnología.

4.3.4 Plan de Marketing

Para que una organización tenga éxito al desarrollar su Negocio, no solo necesita disponer de un buen producto, que éste se haya desarrollado de manera eficiente y que disponga de los recursos necesarios para garantizar la demanda del producto, sino que más importante que todo esto, es que la compañía sea capaz de introducir su producto en los mercados donde estén los consumidores potenciales. Con el panorama actual de globalización de los mercados, para cualquier compañía es imprescindible estudiar todas las variables del mercado para identificar cual es el segmento de clientes hacia el que hay que orientar la oferta de su producto. El Marketing consiste en un análisis de los mercados, para ajustar características del producto para que encaje en las necesidades del mercado y construir un mensaje sobre el producto que llegue a los consumidores potenciales.

Las compañías disponen de planes de Marketing con los que pretenden ajustar de la forma más precisa posible el producto que se ofrece con las necesidades del mercado, por tanto, el plan de Capacidad juega un papel importante en el plan de Marketing, ya que le permite a éste conocer hasta donde se puede extender la oferta y si son o no factibles ciertas acciones en momentos determinados, ya que de nada sirve lanzar una campaña de marketing sobre nuevas características de un producto si el plan de Capacidad no cubre este cambio en la oferta que la compañía va a realizar.

4.4 Información sobre el Capacity Planning

Durante todo el libro hemos subrayado la importancia que la Información tiene hoy en día para cualquier organización y cómo la gestión que hacemos de dicha información tiene un impacto directo sobre el éxito o fracaso del Negocio que la compañía está desarrollando. En este punto del proceso de implementación de un Capacity Planning donde nos encontramos, una vez que hemos estudiado las necesidades de la organización, analizado los componentes de la plataforma IT cuantificando variables e identificando relaciones y dependencias, debemos plasmar toda la información que hemos recopilado, organizarla y transformarla para garantizar que todas aquellas personas que de una forma activa o pasiva participan en el desarrollo del Negocio tengan acceso a la información y estamos hablando de información y no documentos, ya que tenemos que distinguir que la forma en la que tenemos que hacer llegar los resultados y acciones del plan de Capacidad que hemos creado no es únicamente a través de un documento, sino que debemos crear una infraestructura para mantener y garantizar la accesibilidad a toda la información generada.

Los objetivos que debemos perseguir para garantizar la calidad de la información que hemos generado son:

- Que sea accesible por todas aquellas personas que necesiten acceder a ella.

- El tamaño de la información debe ser el adecuado dependiendo del destinatario.

- La información debe estar perfectamente actualizada.

- Garantizar la confiabilidad de la información.

- La información debe estar perfectamente clasificada.

4.4.1 Información Ejecutiva

El Capacity Planning es una herramienta de la que participa toda la organización, por tanto, toda la jerarquía organizativa debería tener acceso a la información del plan de Capacidad, pero debemos modelar la información en función de las necesidades del destinatario, ya que no es igual la información sobre el plan de Capacidad que necesita la cúpula directiva, de la información que necesita una persona de un área de Negocio.

Es crucial para el plan de Capacidad que la información llegue a todos los estratos jerárquicos de la compañía y que esta información sea considerada útil, para conseguir este propósito debemos elaborar información con un carácter marcadamente ejecutivo que permita a las personas que accedan a ella adquirir una idea de cuales son las líneas generales, sin entrar en detalles profundos para evitar que se pierda el foco.

4.4.1.1   Dirección

La información que llegue a la dirección debe ser los suficientemente concisa y clara para que ayude a la toma de decisión en este nivel superior de la jerarquía. Conseguir transmitir los objetivos y acciones del plan de Capacidad a la dirección es un paso importante que ayuda a justificar ciertas actuaciones en momentos críticos para el Negocio. La dirección no necesita detalles técnicos para tomar decisiones, lo que cualquier órgano de decisión necesita es que la información que maneja sea fiable, esté actualizada y tenga la profundidad necesaria para que, independientemente del área de conocimiento donde estén enmarcadas profesionalmente las personas que participan de los órganos directivos, entienda cual es el planteamiento del Plan de Capacidad, tanto de los objetivos y su alcance como la planificación de las distintas acciones.

4.4.1.2   Áreas de Negocio

Una de las principales causas de la desalineación entre Negocio y Tecnología es el desconocimiento que tienen las áreas de Negocio sobre las funciones y responsabilidades de las áreas de Tecnología. Por tanto, para intentar reducir esta fricción entre áreas de la misma organización, debemos trabajar en la línea de conseguir transmitir a las áreas de Negocio las metas y beneficios del plan de Capacidad y cual es el impacto que el plan de Capacidad tendrá sobre sus propias funciones y responsabilidades.

La información ejecutiva destinada a las áreas de Negocio debe recoger lo siguiente:

- Información sobre la plataforma IT, que nos ayude a dar a conocer el estado real de la Tecnología, para que las áreas de Negocio entiendan las razones para disponer de una infraestructura determinada, sus costes, operativa, funciones y responsabilidades de las áreas de Tecnología.

- Enumerar las dependencias entre acciones del plan de Capacidad y elementos de los procesos de Negocio.

- Las necesidades que el Negocio demanda y como la Tecnología intentará cubrir estas necesidades.

4.4.1.3   Áreas de Tecnología

Las áreas de Tecnología necesitan conocer cuales son las funciones y responsabilidades de las áreas de Negocio, para intentar reducir las diferencias sobre como se está desarrollando el Negocio y las fricciones que estas diferencias generan entre ambos grupos de áreas. Las áreas de Tecnología deben entender cuales son los procesos de negocio, como funcionan y su dependencia de la tecnología.

La información ejecutiva sobre los elementos del Negocio que participan en el plan de Capacidad que debemos transmitir a las áreas de Tecnología debe recoger lo siguiente:

- Información sobre los distintos procesos de Negocio, con una descripción de las áreas que funcionalmente participan de dichos procesos.

- Las relaciones de dependencia entre los componentes de los procesos de Negocio que están afectados por el plan de Capacidad y los elementos de Tecnología de la plataforma IT.

- Todas las acciones de Tecnología enumeradas en el plan de Capacidad.

4.4.2 Publicación de la información

La información del plan de Capacidad que hemos generado y sobre la que estamos trabajando tiene dos formas de llegar a sus destinatarios, bien de una forma pasiva o bien de una forma activa, por tanto, el proceso de publicación de la información seguirá una estrategia que estará condicionada por la cultura corporativa de la organización.

- *Acciones Activas*. Se trata de actuaciones como reuniones informativas o de seguimiento, seminarios donde exponer los planteamientos del plan de Capacidad, utilización de herramientas WEB 2.0, lista de correo, etc.

- *Acciones Pasivas*. Todas aquellas actuaciones que no requieren de la participación del destinatario de la información, sencillamente se trata de disponer la información de forma estructurada para que sea accesible para todas las personas de la organización, controlando el acceso, en caso de que se requiera algún control.

Seminarios
Listas de correo
Reuniones
Web 2.0

Acciones Activas

Acciones Pasivas

Carpetas de red   Gestor   Web
Documental

Fig 4.5: Publicación de información.

4.4.2.1   Reuniones informativas

Una buena práctica a la hora de dar a conocer el plan de Capacidad consiste en organizar reuniones informativas con los distintos grupos que han participado en la elaboración del Capacity Planning para darles a conocer tanto los detalles del plan con son, la planificación, los objetivos, el alcance, los riesgos, los costes, etc. Este tipo de reuniones nos permite obtener las primeras impresiones, sobre el plan de Capacidad, de aquellas personas que han estado involucradas en mayor medida en su elaboración.

A este tipo de reuniones pueden asistir todas aquellas personas de la organización que estén interesadas en conocer los resultados del estudio que hemos realizado sobre la Capacidad IT, de forma que el conocimiento sobre la existencia de ésta información puede llegar al mayor número posible de personas.

Las reuniones de este tipo persiguen los siguientes objetivos:

- Alcanzar una primera toma de contacto con los consumidores de la información.

- Informar a todas aquellas personas que no hayan participado de forma activa en el desarrollo del plan de Capacidad, cuales son los resultados y actuaciones y permitiendo resolver cualquier duda de forma rápida y directa.

- Dar a conocer a la organización, quienes son las personas responsables del Capacity Planning.

- Informar sobre la estrategia que el equipo que gestiona la Capacidad IT va a desarrollar para la publicación y mantenimiento de la información.

4.4.2.2   Reuniones de seguimiento

El seguimiento de las distintas tareas y pasos del plan de Capacidad requiere que organicemos de forma periódica encuentros entre aquellas personas encargadas de la toma de decisión dentro del propio proceso de monitorización, así como las personas designadas de las distintas áreas cuyos procesos de Negocio están siendo monitorizados. En este tipo de reuniones se persigue:

- Seguimiento de la planificación del plan de Capacidad.

- Revisión de KPIs.

- Estado actual de la Capacidad IT.

- Revisión de incidencias en el plan de Capacidad.

4.4.2.3   Responsables del Capacity Planning

Un mal endémico en las organizaciones, sean del tamaño que sean, es la falta de información clara sobre ciertas funcionalidades dentro de la propia organización, es decir, mucha gente dentro de la organización desconoce quienes son las personas encargadas de una función determinada. Este tipo de problemas generan tensión entre distintas áreas al no estar delimitada muchas veces las responsabilidades, por lo que es una buena práctica que se hagan público las personas o grupos de personas que desarrollan ciertas funciones con responsabilidad dentro del plan de Capacidad.

Disponer de un cuadrante donde estén definidos no solo las personas con responsabilidad en el plan de Capacidad, sino el rol que desempeñan y la información de contacto, permite a cualquier persona de la organización conocer a quién pueden dirigirse en caso de dudas o problemas.

Dentro de la información sobre las responsabilidades en el plan de Capacidad es importante que se definan un escalado de incidencias, ya que en muchas ocasiones, las personas que no están involucradas en la construcción del plan de Capacidad no dispone de la información sobre qué deben hacer ante una incidencia o la forma de escalar un problema.

4.4.2.4   Estrategia de publicación de la información

Uno de los principales problemas para la información en cualquier organización es que no exista una estrategia que describa como debe distribuirse dicha información para que llegue a las personas que tiene que llegar y en el momento que realmente necesiten esta información. Tradicionalmente, dentro de las organizaciones la información se distribuye de forma jerárquica en la que cada nivel de la organización decide que tipo de información es visible por el siguiente nivel, da igual que el flujo sea ascendente como descendente.

La información se genera y es depositada en repositorios para que las personas que lo necesiten accedan a dichos repositorios y la recuperen. Esta forma de publicación permite a las organizaciones mantener un control sobre toda la información que manejan, pero presenta un inconveniente, que la información no llega a todas las personas que realmente la necesitan, lo que desemboca en la aparición de silos de información aislados. Estos silos de información generan inconsistencia en el conocimiento que la organización tiene sobre algunas de sus áreas de conocimiento.

La tendencia actual en las compañías es la de abandonar el modelo tradicional de distribución jerárquica de la información, para implantar formas de comunicación entre los empleados que permita aumentar el número de personas dentro de la organización no solo que tengan acceso a la información, sino que participen en su creación. Por tanto, es necesario para el plan de Capacidad diseñar una política que defina como la información será publicada y distribuida, definiendo no solo la forma y soporte de la información, sino todas las acciones que tendremos que realizar para asegurar que la información llega a los destinatarios y que la calidad de esta información es la que ellos necesitan. También necesitamos implementar procesos para capturar el feedback de los destinatarios.

La estrategia de publicación de la información del plan de Capacidad estará condicionada por los protocolos y canales que la compañía haya establecido a nivel corporativo. Pero aunque cada organización tiene una política de gestión de la información, podemos poner algunos ejemplos de acciones que nos permitirían garantizar, no solo que la información llega a quien la necesita, también medir la calidad de la información que hemos generado:

- *Utilización de Intranets.* La información del plan de Capacidad debe estar integrada en la infraestructura de Intranet de la organización. Las intranets son conocidas por la mayoría de las personas de la organización, ya que mucha de la información de la compañía está disponible en ellas y además son un punto concentrador de enlaces para acceder a las diferentes aplicaciones internas de la compañía.

- *Creación de un Wiki.* Wiki es una herramienta colaborativa pero permite crear y mantener información mediante la colaboración de un grupo de personas. Una de las ventajas de un WIKI es el acceso WEB tanto para consultar como para gestionar la información, lo que permite que cualquier usuario de la organización que tenga acceso a un navegador web pueda colaborar en el mantenimiento de la información del Plan de Capacidad.

- *Promover la creación de blogs*. La gestión del conocimiento se ha convertido en uno de los principales quebraderos de cabeza para cualquier compañía, ya que el principal problema para una organización es intentar plasmar en un sistema de información el conocimiento que las personas de la organización tienen sobre como desarrollan sus actividades. Los blogs son espacios en los que las personas pueden compartir su conocimiento y experiencias con el resto de la compañía, permitiendo a otras personas tener acceso a este tipo de conocimiento que no tiene por qué estar plasmando en un sistema de información.

- *Mensajería instantánea*. Crear canales de comunicación, tales como cuentas de mensajería instantánea en la que los usuarios puedan solicitar información sobre dudas que tengan en relación a algunos aspectos del plan de Capacidad. La mensajería instantánea presenta ventajas sobre otros canales como el teléfono o el email, ya que no interrumpe como el primero y permite obtener información más rápido que el segundo.

- Redes sociales corporativas.

- *Listas de correo*. El correo está cediendo parte de su papel como herramienta principal de comunicación dentro de la organización a otro tipo de métodos de comunicación, pero una utilidad del correo electrónico son las lista de correo, que permiten distribuir información a un grupo de usuarios. Por tanto, utilizar las lista de correo para informar a los usuarios sobre las novedades o avances en el plan de Capacidad, es una buena forma de mantener a los usuarios actualizados en cuanto al desarrollo del plan de Capacidad.

- *Webminars*. El seminario es una forma de comunicación que ha dado muy buenos resultados hasta ahora, ya que tiene permite transmitir de forma rápida y sencilla una información a un grupo reducido de personas. En las organizaciones actuales cuyas sedes están distribuida en zonas geográficas distantes, emplear técnicas como el Webminar que no es otra cosa que un seminario en el que el canal de comunicación es una plataforma web a la que los participantes tiene acceso. Un Webminar permite organizar eventos de tipo informativo dentro de una organización, independientemente de su distribución geográfica.

- *Definición de los procesos de feedback.* Nosotros como generadores de la información no interesa conocer como es de útil esta información, debemos establecer procedimientos que nos permitan recoger lo que piensan los usuarios que acceden a la información del plan de Capacidad que estamos distribuyendo. Si no disponemos de las herramientas que nos ayuden a conocer la calidad que los usuarios asignan a la información que utilizan, no podremos trabajar para mejorar tanto la forma de distribuir dicha información como el contenido de la misma. Las encuestas, los formularios en la web, los buzones de correo para recibir sugerencias, etc. son algunos ejemplos de herramientas que podemos poner a disposición de los usuarios para que nos ayuden a mejorar la calidad de la información que estamos publicando.

Capítulo 5

ITIL v3 – Gestión de la Capacidad

En este capítulo abordaremos una pequeña introducción al mundo *ITIL*, sin entrar en profundidad, ya que el objetivo es que situemos el Capacity Planning dentro del esquema *ITIL*. Realizaremos un resumen de las distintas fases, componentes y principales objetivos que persigue ITIL, dando una sencilla explicación de aquellos conceptos que forman parte de su espina dorsal y profundizando algo en la forma en la que ITIL describe el proceso de Capacity Planning.

ITIL se ha convertido en un referente metodológico dentro del mundo IT, aunque como veremos posteriormente el término metodológico no es demasiado correcto ya que no se trata de una metodología. Como referente, sobre ITIL está orbitando gran parte del trabajo que se desarrolla en las áreas de tecnología relacionadas con los Sistemas de Información. IT. Por tanto, la primera cuestión que nos planteamos cuando abordamos la creación de un plan de Capacidad IT en un entorno en el que se conozca ITIL es:

¿Es necesario ITIL para ejecutar un Capacity Planning?

La respuesta a esta cuestión es que no es necesario implementar ITIL para ejecutar un Capacity Planning, aunque el plan de Capacidad es parte importante de las recomendaciones ITIL, esto no significa que debamos implantar ITIL para desarrollar un Capacity Planning.

5.1 ¿Qué es ITIL?

ITIL es el acrónimo de *Information Technology Infraestructure Library* y consiste en un grupo de buenas prácticas desarrolladas por el gobierno Británico en la década de 1980. Todo el conjunto de buenas prácticas ha sido recogido en varios libros, que son los que conforman ITIL Es importante que entendamos que ITIL no es una metodología por sí misma, es decir, su propósito no es definir la forma en la que debemos realizar ciertas tareas para obtener un resultado concreto. ITIL es un compendio de *Buenas Prácticas*, o lo que es lo mismo, un compendio de recomendaciones que podemos aplicar en la medida que creamos conveniente en nuestra organización.

Aunque ITIL es un conjunto de buenas prácticas existe una norma ISO[15] que aporta un marco estándar para la certificación de los procesos empleados por las organizaciones para ofrecer un servicio, la normal es ISO/IEC 20.000 y debemos tener claro que ésta es la norma y que ITIL sólo son las buenas prácticas que la organización debería seguir para alcanzar la norma.

El proceso de creación de ITIL no se basó en la invención de una serie de reglas magistrales, las cuales habría que imponer para implantarlas, todo lo contrario, partió de la idea de recoger información sobre la forma de trabajar de una serie de empresas y organizaciones, las cuales bien por su importancia en sus sectores o por el tamaño de su organización, fueron consideradas organizaciones modelo en cuanto a sus procesos de gestión de la tecnología. ITIL recoge las buenas prácticas comunes a todas ellas, así como aquellas que por su demostrado éxito se han convertido en prácticas útiles y por lo tanto pueden ser recomendadas para que otras empresas las sigan.

---

15 Son las siglas en inglés de International Organization for Standardization, nombre de la organización encargada de la gestión de distintas normas establecidas internacionalmente.

Todo el conjunto de buenas prácticas de ITIL se centran en un único elemento, el Servicio, el cual es la piedra angular donde convergen Negocio y Tecnología. ITIL emplea el ciclo de vida del Servicio para componer una serie de recomendaciones que las áreas de IT deberían ejecutar, con el objetivo de aumentar y consolidar la relación entre Negocio y Tecnología.

Como hemos comentado antes, el elemento principal de ITIL es el Servicio y el conjunto de recomendaciones se centran en la forma en la que se crea el Servicio, quienes son los responsables de su mantenimiento, identificar cuáles son los objetivos que persigue y sobre todo poder cuantificar la calidad que dicho Servicio está dando al cliente. Algunos de los conceptos importantes en la filosofía ITIL son:

- Servicio.
- Cliente.
- Calidad.
- Mejora continua.

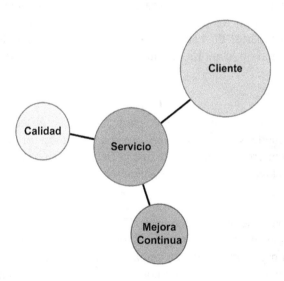

Fig 5.1: Claves de ITIL.

Para ITIL, las áreas IT trabajan con el propósito de ofrecer una serie de servicios que se sustentan en la infraestructura de la que son responsables, estos servicios se ofrecen a los clientes con unos criterios de calidad, es decir, el cliente es la principal razón de la existencia del servicio y nosotros como responsable del servicio debemos garantizar unos niveles de calidad que permitan mantener o aumentar la satisfacción de los cliente. Además como responsables del servicio debemos procurar una mejora continua del Servicio que permita adaptarlo a las necesidades del cliente, con unos costes justificados y una calidad suficiente para mantener su fidelización.

5.2 ¿Qué es un Servicio?

Un Servicio es el conjunto de acciones mediante las cuales, se consigue dar valor al cliente, éste es el objetivo principal de *ITIL*, ofrecer una serie de buenas prácticas con las que se consiga dar valor a las peticiones de servicio que realizan los clientes, ya sea un cliente interno o un cliente externo, entendiendo como cliente cualquier persona o grupo encargado de consumir los servicios que publicamos. El propósito de crear un Servicio para que sea consumido por un clientes es evitar que el cliente tenga que asumir los costes y los riesgos asociados a la implementación del Servicio por su parte, de esta forma el cliente se libera del esfuerzo de implementación el cual no le aporta ningún valor al desarrollo de las funciones que tiene establecidas.

Estamos empleando el término *cliente* para referirnos al consumidor de un Servicio, el cual puede ser una persona externa a nuestra organización o bien alguien o un grupo interno, en el caso de que el Servicio sea ofrecido por un área y consumido por otro área de la misma organización.

El mensaje principal que intenta trasmitir ITIL, es la importancia del Servicio como piedra angular de toda la actividad de la compañía y como todos los componentes de la organización deben trabajar por y para la mejora de la calidad de los Servicios que se prestan, ya sean consumidos por personal interno o externo a nuestra organización. Únicamente en el momento que consigamos el que toda la actividad de la organización gire entorno al desarrollo de los procesos de mejora del Servicio, alcanzaremos el éxito en la implementación de las buenas prácticas que aconseja ITIL.

5.2.1.1   Funciones

Las funciones son unidades de la organización que tienen definidas una serie de tareas, sobre las que tienen toda la responsabilidad para su ejecución, acorde con los resultados esperados. Las funciones deben disponer de todos los recursos necesarios para desempeñar las tareas en las que están especializadas, gracias tanto al conocimiento como a la experiencia adquirida.

Las funciones dentro de una organización conforma el esqueleto que da soporte al resto de la estructura, siendo un elemento clave para el buen funcionamiento de los procesos internos. El principal problema de las funciones es que una falta de coordinación interna generar silos de responsabilidad y conocimiento que entran en conflicto provocando un problema en el desarrollo de los Servicios que ofrece la compañía.

Dependiendo de la organización jerárquica que tenga la compañía una Función puede estar desempeñada por una única área o departamento o por el contrario depender de varias áreas organizativas, por ejemplo para ITIL las funciones asociadas a la *Operación del Servicio* serían:

- *Service Desk*, como elemento encargado de recibir la información de los usuarios del Servicio. Se trata del punto de comunicación que los usuarios deben utilizar para interactuar con la organización en aquellos temas referentes a un Servicio.

- *Gestión Técnica*, posee el conocimiento técnico suficiente para dar soporte a toda la plataforma IT, participando en las distintas fases del ciclo de vida de la plataforma, como son en sus diseño, implementación y explotación. Por tanto la Gestión Técnica es la responsable de todo el conocimiento IT dentro de la organización.

- *Gestión de Operación IT*, se encarga de garantizar que el servicio funcione según los criterios de calidad acordados. Su objetivo principal es ejecutar todas aquellas tareas de mantenimiento necesarias para mantener la disponibilidad del servicio dentro de los criterios establecidos, supervisando todos aquellos elementos de la infraestructura que se han identificado como críticos para el Servicio. También tiene la responsabilidad de la supervisión de las tareas automáticas necesarias para el Servicio, como son los backups, etc.

- *Gestión de Aplicación*, tiene la responsabilidad del soporte y mantenimiento de todas las aplicaciones que intervienen en el Servicio, al igual que ocurre con Gestión Técnica, Gestión de Aplicaciones tiene la responsabilidad de gestionar el conocimiento que tiene sobre las distintas aplicaciones para garantizar el que se cumplen los niveles de servicios acordados de los que dependen las distintas aplicaciones.

5.2.1.2   Roles

Para que las buenas prácticas que aconseja ITIL puedan ser llevadas a la práctica de forma exitosa, hay que definir de forma clara cuales serán los papeles que tendrán cada uno de los participantes en la implementación de estas buenas prácticas. Para definir el papel que juega cada uno de los actores, tenemos que definir una serie de roles los cuales identifican las responsabilidades de cada uno de ellos dentro de todo el proceso. Los principales roles de ITIL son, entre otros:

- Propietario del Servicio.
- Gestor del Catálogo de Servicio.
- Gestor de Seguridad.
- Arquitecto IT.
- Gestor de Proveedores.
- Gestor de Diseño del servicio.
- Gestor del Nivel de servicio.
- Gestor de la Capacidad.
- Gestor de la Disponibilidad.

Los roles pueden ser compartidos por varias personas y una misma persona puede tener varios roles distintos. Esta forma de relacionar personas y responsabilidades dentro del desarrollo de ITIL permite por un lado disponer de un mapa que recoja la realidad sobre las responsabilidad y las tareas que tiene asignada cada una de las personas que participan en el ciclo de vida de ITIL, pero también presenta un inconveniente y consiste es que si el proceso de asignación de roles no es correcto, se generarán conflictos y tensiones que impactarán de forma negativa en el desarrollo del Servicio.

5.2.1.3   Procesos

Otro elemento clave, para comprender la forma en que ITIL organiza el desarrollo de un Servicios, es el Proceso. Podemos definir un Proceso como un conjunto de actividades las cuales reciben una entrada, que es transformada para generar una Salida. Tanto la entrada como la salida deben estar perfectamente especificadas, es decir el proceso controla por un lado la entrada que espera y genera una Salida según ciertas especificaciones que debe cumplir el proceso.

Los Procesos deben tener las siguientes características:

- *Deben ser medibles*. El proceso debe poseer controles que permitan medir la eficacia con la que se han ejecutado las actividades que lo forman, así como cuantificar de forma objetiva el resultado que generan, según las especificaciones de implementación del propio proceso. Estos controles permiten al consumidor medir la calidad del resultado.

- *Tener una salida definida*. Los resultados generados por un proceso deben estar claramente especificados para que los consumidores puedan verificar que la salida es correcta. Un proceso no tendría sentido que generase una salida la cual no está incluida en la lista de posibles resultados, ya que esta forma de actuación provocaría que el consumidor no pudiera tratar la información que recibe de forma correcta.

- *Tener consumidores*. El proceso requiere de una estrada, aunque ésta no es estrictamente necesaria, lo que si es imprescindible es que exista un consumidor que reciba la salida del proceso, ya que no parece tener mucha lógica que un proceso no genere un resultado.

- *Los inicia un evento concreto*. La forma de iniciar un proceso es mediante un evento concreto definido dentro de la organización, ya que un proceso no puede comenzar por sí solo, se deben dar ciertas condiciones las cuales provoquen el evento que inicia el proceso.

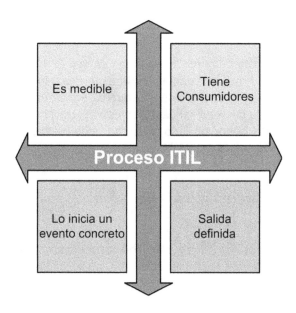

Fig 5.2: Características de los procesos ITIL.

5.3 Ciclo de vida del Servicio

Para *ITIL* el eje sobre el que gira todo el planteamiento de buenas prácticas es el Servicio y por lo tanto es normal que *ITIL* intente cubrir todas las fase del ciclo de vida de un servicio, ofreciendo una serie de consejos o buenas prácticas en cada una de las fases para garantizar la calidad de todas las tareas o funciones que se realizan sobre el servicio.

Fig 5.3: Ciclo de vida ITIL.

El ciclo de vida del servicio para ITIL está formado por tres capas concéntricas, las cuales definen los cinco posibles estadios en los que se encontrará un servicio a lo largo de su vida. Cada una de las fase del ciclo de vida está descrita en uno de los cincos libros que forman ITIL v3.

- Estrategia del Servicio.
- Diseño del Servicio.
- Transición del Servicio.
- Operación del Servicio.
- Mejora continua del Servicio.

Ya hemos comentado al inicio del capítulo que no vamos a profundizar demasiado en la descripción del ciclo de vida del Servicio según ITIL, pero vamos a realizar una breve descripción de cada una de las fases para disponer de una idea, aunque sea de manera superficial, de los distintos componentes que forman parte de cada fase.

5.3.1 Estrategia del Servicio

El propósito de esta fase es acercar el mundo de la Tecnología y el Negocio, permitiendo alinear las necesidades del Negocio descritas en las estrategias definidas por la organización con las acciones que las áreas de IT deben ejecutar para cumplir con la estrategia definida. Está constituida por los siguientes procesos:

- Gestión de la Demanda.
- Gestión Financiera.
- Gestión del Porfolio.

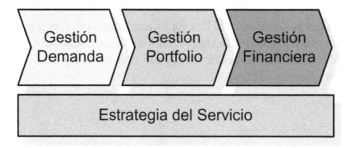

Fig 5.4: Estrategia del Servicio.

5.3.2 Diseño del Servicio

Esta fase establece cómo se debe definir el Servicio para que cumpla con los requerimientos especificados en la fase anterior. Del análisis que se debe realizar para identificar todos aquellos componentes necesarios para construir el servicio, saldrán un conjunto de ideas tales como la arquitectura del servicio, los criterios de calidad que se deben aplicar, los parámetros de rendimiento que se deben medir, la capacitación de los recursos humanos, etc. Está constituida por los siguientes procesos:

- Gestión del catálogo de servicios.

- Gestión de los Niveles de Servicio.

- Gestión de la Disponibilidad.

- Gestión de la seguridad de la información.

- Gestión de los proveedores.

- **Gestión de la Capacidad**.

- Gestión de la continuidad del negocio.

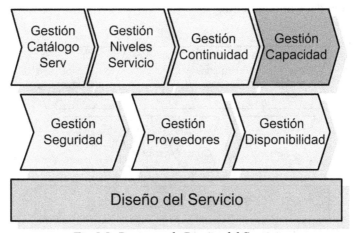

Fig 5.5: Procesos de Diseño del Servicio.

5.3.3 *Transición del Servicio*

La fase de Transición del Servicio se encarga de recoger las especificaciones establecidas en la fase de Diseño e implementar las soluciones según el conjunto de especificaciones. Por tanto, la fase de Transición es el paso intermedio entre la fase de Diseño y la de Explotación. La transición del servicio debe garantizar que el Servicio cumple con los requerimientos definidos en las fases anteriores y que su paso a explotación cumple con todos las garantía para que el servicio tenga la calidad esperada.

Procesos de la fase Transición del Servicio:

- Planificación y Soporte a la Transición.

- Gestión de Cambios.

- Gestión de la Configuración y Activos del Servicio.

- Gestión de Entregas y Despliegues.

- Validación y Pruebas.

- Evaluación.

- Gestión del Conocimiento.

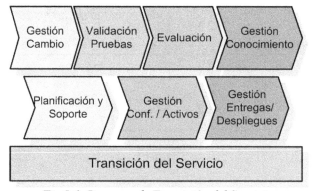

Fig 5.6: Procesos de Transición del Servicio.

5.3.4 *Operación del Servicio*

Este fase es la encargada de definir todos aquellos procedimientos, funciones y roles necesarios en el día a día para que el servicio se pueda ofrecer con los criterios de calidad acordados.

Procesos de la fase:

- Gestión de Eventos.

- Gestión de Incidencias.

- Gestión de Peticiones.

- Gestión de Problemas.

- Gestión de Accesos.

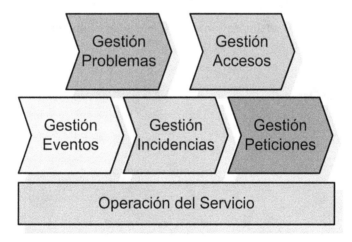

Fig 5.7: Procesos de Operación del Servicio.

5.3.5 *Mejora Continua del Servicio*

Por último, la capa que abarca a todo el esquema del ciclo de vida ITIL, como se puede ver en la figura 5.3 corresponde con la fase de Mejora Continua del Servicio. Esta fase tiene como objetivo principal la monitorización del Servicio para identificar aquellos elementos del servicio, ya sean componentes IT o procesos de Negocio, que sean susceptibles de ser modificados para aumentar la calidad del propios Servicio. Es decir, esta fase pretende mantener vivo el servicio actualizándolo para que cubra posibles cambios en la demanda y mejorar de esta forma la calidad del propio servicio y la satisfacción de sus usuarios.

ITIL no tendría sentido si no se implementase esta fase, ya que es la encargada de prolongar la vida del Servicio, más allá de la vida útil esperada. Sin esta fase el Servicio se convertiría en un elemento que es diseñado, construido y entregado con una vida útil estimada, tras la cual tendría que ser sustituido. Básicamente se encarga de analizar las posibles mejoras aplicables al servicio para que se produzca la menos desalineación posible entre Negocio y Tecnología durante la vida del Servicio.

ITIL recomienda tres modelos con los que se puede implementar la fase de Mejora Continua del Servicio:

- Ciclo de Deming.
- Modelo CSI.
- Proceso de mejora en 7 pasos.

5.3.5.1   Ciclo de Deming

Edwards Deming planteó un modelo de mejora continua basado en 4 fases que se aplican de forma cíclica. Este modelo también es conocido por las iniciales en inglés de cada una de las fases como modelo PDCA (*Plan,Do,Check,Act*)

- *Planificar.* Estudiar tanto los objetivos que se pretenden conseguir como la forma de llegar a dichos objetivos.

- *Hacer.* Ejecutar las acciones definidas en la fase anterior de planificación.

- *Comprobar.* Evaluar el resultado obtenido de la fase de ejecución para cuantificar cual ha sido la desviación entre lo planificado y lo ejecutado.

- *Actuar.* Decidir las acciones que permitan rectificar las posibles desviaciones obtenidas en los resultados.

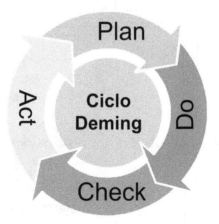

Fig 5.8: Ciclo de Deming.

5.3.5.2   Modelo CSI

El modelo CSI[16], consta de 6 fases las cuales corresponde a 6 preguntas las cuales debemos contestar y que cuestionan distintos aspectos del Servicio. Las respuestas nos ayudan en la identificación de la forma en la que el Servicio debe evolucionar. Las seis cuestiones son:

- ¿Cuál es la visión?
- ¿Dónde estamos ahora?
- ¿Dónde queremos estar?
- ¿Cómo lo lograremos?
- ¿Lo hemos logrado?
- ¿Cómo continuamos mejorando?

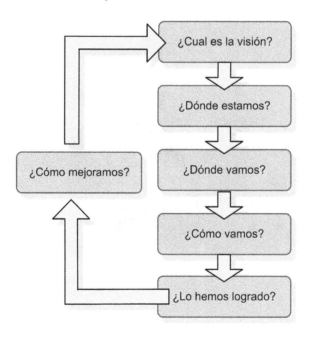

Fig 5.9: Modelo CSI.

16 Acrónimo del inglés Continual Service Improvement

5.3.5.3   Proceso de Mejora en 7 pasos

Otro método para implementar la fase de Mejora Continua del Servicio es el proceso de mejora en 7 pasos que está formado por los siguientes ítems.

- Definir qué se debería medir.
- Definir qué se puede medir.
- Obtener los datos.
- Procesar los datos.
- Analizar los datos.
- Presentar y usar la información.
- Implementar acciones correctivas.

5.4 Gestión de la Capacidad

La gestión de la Capacidad es un proceso que se aplica durante todo el ciclo de vida del Servicio, pero la fase donde se inicia depende de la infraestructura IT que disponga nuestra compañía, ya que si estamos hablando de un servicio, el cual no dispone de infraestructura previa, entonces la fase de inicio será la de Diseño, en este caso, en la fase de Diseño se comienza a estudiar cuales serán las necesidades de capacidad de la futura plataforma dependiendo de los datos obtenidos durante la fase de Estrategia. Aunque en estas condiciones, el proceso de Gestión de la Capacidad se inicie en la fase de Diseño, podemos decir que no tendrá realmente peso en el desarrollo del Servicio hasta que no se comience a concretar ideas.

En el caso de que el Servicio que se está desarrollando, ya cuente con una infraestructura previa, por ejemplo, deseamos añadir una nueva funcionalidad de negocio, utilizando la plataforma actual. En este caso, el proceso de Gestión de la Capacidad comienza en la fase de Estrategia, ya que al ser un proceso maduro, disponemos de mucha información la cual será muy útil en el momento de toma de decisión en la fase de estrategia.

El proceso de Gestión de Capacidad es uno de los procesos más importantes del ciclo de vida de un Servicio, es el encargado de medir como de preparado está el Servicio para el momento actual y para los restos a los que se podría enfrentar el servicio dentro de la estrategia de negocio de la compañía.

Podemos decir que la Gestión de Capacidad consiste principalmente un identificar cual es debería ser el punto medio entre:

- *Los costes y los recursos*. Para que el rendimiento del Servicio sea el adecuado, debemos emplear los recursos necesarios y justificar los costes de dichos recursos. La gestión de la Capacidad nos ayuda encontrar el punto de equilibrio entre los recursos que debemos emplear en el desarrollo de un Servicio y el coste que supondrá dichos recursos a la organización.

- *La oferta y la demanda.* Ya sea por defecto o por exceso, para cualquier proveedor de Servicios es un problema el que exista una desviación grande entre lo que se ofrece y lo que se demanda, ya que por una parte tendremos una asignación de recursos innecesaria lo que se traduce en unos costes injustificados y por otra parte tenemos una demanda que no podemos atender.

5.4.1.1   Objetivos

El objetivo de la Gestión de la Capacidad es proveer de los recursos necesarios de IT a las necesidades de un Servicio, para dar la mejor calidad posible, creando de esta forma una relación entre el Servicio, los recursos IT de la plataforma y el coste.

La Gestión de la Capacidad ayudará a identificar los recursos justos necesarios para el servicio, evitando por un lado que se asignen más recursos de los necesario y por lo tanto generando un ahorro en los costes y por otro lado evitando que los costes provoquen una reducción de los recursos que signifiquen una mala calidad del servicio.

- Crear y mantener un Plan de Capacidad, el cual ayude durante toda el ciclo de vida del servicio a la toma de decisión.

- Ayudar en la identificación de incidencias relacionadas con el uso de los recursos.

- Verificar el impacto de los Cambios en el servicio, mediante el plan de Capacidad para descartar posibles problemas relacionados con el rendimiento de parte de la plataforma.

- Ayudar tanto a las áreas de Negocio como a las de IT en la toma de decisión de temas relacionados con la capacidad de la plataforma.

5.4.1.2   Subprocesos

El proceso Gestión de la Capacidad está formado por tres subprocesos, cada uno de los cuales está diseñado para actuar en un ámbito distinto.

- *Gestión de la Capacidad del Negocio (BCM[17])*. El contexto sobre el que trabaja este subproceso es el Negocio, lo que incluye tanto los componentes IT como los distintos Servicios que participan en el desarrollo del Negocio de nuestra organización. Se realiza una gestión de la Capacidad desde un punto de vista del Negocio, permitiendo garantizar a la organización que las actuaciones que se deriven del desarrollo de la estrategia del Negocio puedan ser desarrolladas con éxito.

- *Gestión de la Capacidad del Servicio (SCM[18])*. Se encarga de asegurar la Capacidad end-to-end de todos los Servicios disponibles, ayudando en la identificación de problemas relacionados con la Capacidad de componente del Servicio que desemboquen en posibles incumplimientos de los Acuerdos de Nivel de Servicio. La gestión de la Capacidad del Servicio permite focalizar el esfuerzo y desarrollar acciones tanto proactivas como reactivas para asegurar el rendimiento del servicio.

- *Gestión de la Capacidad del Componente (RCM[19])*. Este subproceso se centra en los componentes que forman parte de la plataforma IT, asegurando que todos los componentes que intervienen en el ciclo de vida de un servicio están preparados para dar el rendimiento esperado e identificar cuales de los componentes debería ser cambiado para garantizar la implantación de Servicios en un futuro.

---

17 Business Capacity Management
18 Service Capacity Management.
19 Resource Capacity Management

5.4.1.3   Actividades

Las principales actividades desarrolladas a lo largo del proceso Gestión de la Capacidad son:

- La creación de modelos.

- La monitorización del Servicio.

- Medir el rendimiento de los distintos componentes.

- Gestionar la demanda.

- Analizar los umbrales de carga de los componentes.

- Trabajar en las tareas de optimización del uso de los recursos disponibles.

- Implementar los cambios relacionados con la Capacidad.

- Desarrollar el plan de Capacidad.

5.4.1.4   Eventos

Hemos comentado que todos los Procesos necesitan de un Evento que inicie su ejecución. Como ocurre con el resto de procesos, los eventos relacionados con la Gestión de la Capacidad dependerán de factores propios de la organización, pero podemos poner algunos ejemplos de situaciones que provocarían el que se inicie el proceso de Gestión de la Capacidad, como pueden ser:

- Cambios en la demanda del Negocio.

- Revisiones periódicas de la Capacidad.

- Actualizaciones Tecnológicas.

- Cambios en los SLA del Servicio.

- Cambios en la estrategia del Negocio.

- Actualizaciones en los procedimientos de Negocio.

- Cambios jerárquicos en la organización.

En resumen, cualquier evento que suponga una modificación de la Capacidad actual del Servicio, bien sea por un cambio en el Negocio, en la Tecnología o cambios en la organización de la compañía. Cualquier de estos eventos debería disparar la ejecución del procedimiento Gestión de la Capacidad para evaluar mediante los tres subprocesos que hemos visto cual es el ámbito sobre el que aplica el cambio y cuantificar el impacto que tendrá en el Servicio y el Negocio.

5.4.1.5   Entradas

El proceso de Gestión de la Capacidad tiene como entrada toda aquella información disponible en la organización que aporte valor al estudio de la Capacidad del Servicio. Ya hemos comentado que el Servicio es la piedra angular sobre el que orbitan todos los componentes de la organización según aconseja ITIL. Por tanto el proceso de Gestión de la Capacidad debe obtener como entrada toda la información disponible en la organización que esté directamente relacionada con el análisis de la Capacidad como son:

- *Información de Negocio*. Toda la información que maneja la organización sobre como se debe desarrollar el Negocio en distintas disciplinas, como pueden ser los planes de Marketing, la estrategia Financiera, los planes de Recursos Humanos, etc. Es decir toda aquella información que no está directamente relacionada con la Tecnología y que fuera del enfoque de IT del Servicio podemos pensar que es información que no tiene demasiada relevancia cuando es realmente la información crítica para la gestión de la Capacidad de un Servicio.

- *Información de IT*. Básicamente hablamos de la información sobre la estrategia IT que van a seguir los distintos departamentos y/o áreas organizativas vinculadas con IT.

- *Información de rendimiento y Capacidad de la Plataforma IT*. Es fundamental conocer con el mayor detalle posible la información disponible sobre los datos de rendimiento y Capacidad de la Plataforma IT. Sin esta información puntual sobre el estado actual de la plataforma IT nos es imposible no solo conocer la forma en la que está funcionando actualmente la plataforma sino que también nos impide poder realizar un plan de acciones que tengan un impacto positivo sobre el desarrollo del Servicio.

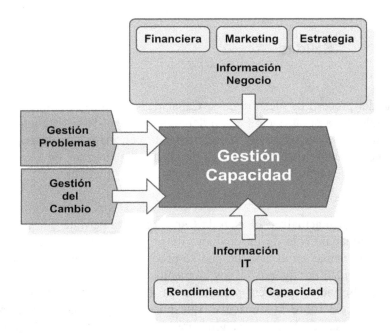

Fig 5.10: Entradas para el Proceso Gestión de la Capacidad.

- *Información de incidentes procedente de Gestión de Problemas.* La gestión de la Capacidad estará profundamente condicionada por los incidentes que reporte el proceso de Gestión de Problemas, ya que es una buena fuente de información sobre la forma en la que el Servicio se está desarrollando y estos problemas están relacionados con problemas de Capacidad en algunos de los componentes que están asignados al Servicio.

- Toda la información relativa a los cambios, procedente del proceso de Gestión del Cambio. Tanto la planificación de los cambios como el contexto en el que se desarrollará el cambio tiene un impacto directo en el proceso de Gestión de la Capacidad. Para gestionar la Capacidad de algo debemos conocer si ese elemento o alguna de sus propiedades cambiará y la forma en la que dicho cambio afectará a su propia Capacidad.

5.4.1.6   Salidas

La salida del proceso de Gestión de la Capacidad dependerá de muchos factores propios tanto de la organización como del servicio en si. No existe una regla que nos indique cual es la salida del proceso, si está conectada con otros procesos o genera unos eventos determinados. El producto del proceso de Gestión de la Capacidad debe cumplir, entre otros, con los siguientes objetivos:

- Generar o actualizar el Plan de Capacidad que permite a la organización disponer no solo de un conjunto de procedimientos o actividades sobre como actuar en el caso de que se produzca ciertas eventualidades en la Capacidad de algunos de los elementos que intervienen en le desarrollo del Servicio, también permite a la organización disponer de cierta estrategia sobre la Capacidad que puede ser integrada con el resto de estrategias de la organización para crear un sinergia en el conjunto de actividades que debe desarrollar.

- Información de análisis de la carga de los componentes IT. La información generada por el proceso de Gestión de la Capacidad permite identificar aquellos elementos cuya carga actual puede tener un impacto negativo sobre el Servicio.

- Identificar los umbrales en los niveles de rendimiento de los componentes IT que podrían disparar ciertos eventos, ya sea de aviso como de inicio de procesos o actividades.

- Información sobre Tendencias. Es fundamental para el desarrollo y evolución del servicio no solo disponer de la información sobre su estado actual, sino que es una ventaja para la organización disponer de información que le permita identificar tendencias para marcar la evolución tanto del servicio como de la infraestructura IT.

- Comprobar el cumplimiento de los Acuerdos de Nivel de Servicio que hemos establecido. Es importante que como proveedor de un Servicio garanticemos los ANS que hemos establecido para el desarrollo del propio Servicio, en esta labor, el proceso de Gestión de la Capacidad nos permite cuantificar cual es la desviación entre el ANS que pretendemos cumplir y cual es el nivel de Servicio real que podemos ofrecer.

5.5 Desventajas

Ya hemos comentado al principio del capítulo que ITIL es un conjunto de buenas prácticas y no una metodología, por tanto, el éxito que ITIL tenga en nuestra organización dependerá de factores propios de la misma, esto significa que ITIL también presenta desventajas que están directamente relacionadas con la forma en la que nuestra compañía desarrolla su Negocio.

ITIL tiene una legión de seguidores que va en aumento, pero también está surgiendo un grupo bastante numeroso de profesionales que están cuestionando la utilidad real de ITIL, con respecto a los beneficios reales que podemos obtener tras la implementación de ITIL en nuestra organización y por el contrario, en ciertos casos las eventuales ventajas que esperamos conseguir se transforman en problemas que no solo mejoran la forma en la que se ofrece un Servicio sino que se genera una degradación en parte de los procesos que desembocan en una perdida de la calidad de los servicios que ofrecemos.

Entre las desventajas y errores que podemos encontrar tanto en el proceso de implementación como en el resultado final de dicha implementación están algunos de las siguientes:

- Los resultados tras la implantación de ITIL son difíciles de cuantificar, porque no a todos los procesos de negocio afectará de la misma forma la implementación que hagamos, por tanto, habrá partes de la organización que consideran un éxito la elección de ITIL, mientras que para otras áreas se habrá producido una recesión en cuanto a la calidad de los procesos implementados.

- ITIL aconseja la segmentación tanto de funciones como de responsabilidades. Si la implementación que realizamos en nuestra organización abusa de la segregación de funciones y asignaciones de roles, se puede producir un efecto de distanciamiento entre áreas al delimitar la responsabilidad entre distintas tareas y funciones. Otro efecto de la segregación excesiva es la falta de feedback por parte de otras áreas de conocimiento sobre como se están desarrollando las distintas actividades y la forma de mejorarlas.

- Si todos los miembros de la organización relacionados con el Servicio no están concienciados con los objetivos que persigue ITIL, la desconfianza generada en algunas áreas de la organización así como un uso erróneo de los roles provoca la aparición de auténticos silos de poder, cuyos propietarios defienden anteponiendo los interese propios al desarrollo del Servicio.

- Es necesaria la formación continua de los distintos procesos y actividades desarrollados dentro de la implementación de ITIL, de todas las personas que participen de forma tanto directa como indirecta en el Servicio. Mantener tanto la información como la implicación de la gente es una actividad que requiere un esfuerzo y constancia que no todas las organizaciones pueden soportar.

- Burocratizar de manera excesiva los procesos de Negocio y las relaciones entre las distintas áreas para cumplir con las recomendaciones de ITIL puede provocar que la calidad del Servicio se resienta, al añadir nuevos pasos o actividades que ralenticen los flujos de información necesarios para que los procesos puedan desarrollarse.

- Requiere de una reestructuración de los roles y responsabilidades de parte de la jerarquía organizativa de la compañía, lo que puede traducirse en tensiones dentro de la propia organización que imposibiliten implementación de ITIL.

- Es imprescindible que la relación Negocio y Tecnología sea fluida y sus objetivos estén totalmente alineados, ya que en el caso de que existan diferencias aparecerán conflictos en la definiciones no solo de los roles y responsabilidades, sino que aparecerán desacuerdo temas como la elección de los parámetros de rendimiento, los Acuerdos de Nivel de Servicio o los modelos de Operación de la plataforma.

- En muchos caso la adopción de ITIL no se refleja en una mejora visible sobre los resultados obtenidos en la explotación del Servicio, lo que provoca en la Dirección de la organización un sentimiento de decepción sobre las estimaciones iniciales lo que se puede traducir en un abandono paulatino del apoyo a la implementación de ITIL.

- El núcleo de ITIL es el Servicio y su relación con el usuario, dependiendo de la cultura corporativa de cada organización, en algunas ocasiones se antepone los intereses del propio usuario/cliente a los de la organización, con lo que es difícil implementar recomendaciones que tienen una clara orientación al Servicio y al cliente que los consume.

Capítulo 6

MEDICIÓN

La Real Academia Española define *Medición* como la acción de Medir y el término *Medir* como: Comparar una cantidad con su respectiva unidad, con el fin de averiguar cuántas veces la segunda está contenida en la primera. Es decir, el fin cuando nos planteamos medir algo, es conocer algunas de sus características comparándola con una unidad predeterminada. De la medición obtenemos información sobre el elemento que estamos analizando y dicha información pretende ser objetiva, al tratarse de una comparación con una referencia establecida, evitando de esta forma interpretaciones subjetivas que distorsionen la información que podemos obtener del objeto.

Por ejemplo, cuando medimos la temperatura del agua que estamos calentando queremos conocer cómo está de caliente, pero debemos utilizar un método de medición estándar, el cual nos facilite un valor objetivo de la temperatura, por ejemplo, utilizando una herramienta previamente calibrada y que compare la temperatura del agua que estamos calentando con una unidad determinada, como puede ser el grado centígrado en un Termómetro. Este método de medición es objetivo y con un grado de precisión, que dependerá de la escala del termómetro con el que estamos realizando la medición.

Cuando medimos alguna de las características de un objeto, queremos conocer con el mayor grado de precisión y cometiendo el menor error posible, el valor de dicha característica, lo que significa que en el proceso de medición es importante conocer la precisión de la medición para poder determinar el error que se comete. Esto significa que durante el proceso de medición de un dato, obtendremos el valor de la variable que estamos midiendo y si conocemos el proceso que estamos utilizando para medir, podremos calcular el error que estamos cometiendo.

6.1 Medir elementos IT

Una plataforma IT está constituida por sistemas y subsistemas cuyo propósito y en los que realmente están especializados es en mover información. Uno de los elementos principales de cualquier elemento en una plataforma IT son los procesadores o CPUs, cuyo trabajo principal es mover datos entre los distintos registros que lo componente para transformar dichos datos según una codificación establecida. Posteriormente los datos transformados por la CPU son transferidos a las unidades de memoria, ya sea Cache o RAM. Otro ejemplo son los elementos de red, encargados de mover los datos desde un componente a otro. También, los elementos de almacenamiento, tales como los discos duros, que se encargar de almacenar la información. En resumen una plataforma IT está compuesta por miles de elementos y componentes especializados en transformar, transmitir y almacenar datos, es decir lo único que hacen y lo hacen realmente bien los componentes IT es mover datos.

Planteemos la siguiente situación en la que disponemos de 2 objetos, a los que denominaremos A y B, los cuales están separados una distancia D. Ambos objetos están unidos por una tubería que tiene una longitud igual a D. Ahora supongamos que el objeto A y el objeto B pueden enviar bolas de colores utilizando la tubería. Como ingenieros, observamos la situación anterior y hay dos cosas que nos llaman la atención, la primera es que tenemos que conocer cuanto tiempo tardan las bolas en recorrer la tubería, lo que significa que nos interesa conocer la velocidad a la que se mueven las bolas y la segunda cosa es saber cuantas bolas pueden estar dentro de la tubería a la vez. En resumen, necesitamos medir distintas variables del sistema para conocer la Capacidad que tiene para mover las bolas desde el objeto A al objeto B como son:

- El número de bolas que pueden estar en la tubería a la vez

- El número de bolas que A es capaz de enviar.

- El número de bolas que B es capaz de recibir.

Haciendo un símil entre el mundo IT y el ejemplo de nuestros objetos A y B, podemos apreciar que las bolas que se intercambian los objetos A y B son las porciones de datos del mundo IT y conocer cuantas bolas pueden circular en la tubería sería igual a conocer el tamaño de los datos. Es decir, cuando medimos componentes IT nos interesa conocer por un lado cuanta información se mueve y cuanto tiempo se tarda en mover la información.

La medición de los elementos que forman una infraestructura IT nos permite disponer de información sobre la infraestructura que nos ayuda en las operaciones de explotación. Por esta razón es muy importante conocer como podemos medir las distintas variables que tienen cada uno de los elementos de la plataforma IT.

El proceso de medir algo requiere de dos elementos imprescindibles. El primero de estos elementos es la unidad que vamos a emplear para medir la variable y el segundo elemento consiste en el método que vamos a utilizar para la medición.

- Unidad de medida.

- Método de medición.

6.2 Unidades

Las unidades son un elemento clave en el proceso de medición, ya que establecen un criterio objetivo que será empleado para la comparación entre el valor de una variable y la unidad de medida elegida. En una plataforma IT, la cual está compuesta por una cantidad enorme de sistemas, subsistemas, elementos y componentes, el conjunto de unidades de medida es igualmente enorme. Pero sobre este conjunto existe un grupo de unidades estándar que son la base de gran parte de las variables de cualquier componente que podamos encontrar en una plataforma

IT. Básicamente podemos decir que existen unidades utilizadas para medir cantidades de información y unidades para medir velocidad.

6.2.1 Bytes

La unidad de datos estándar utilizada por la mayoría de elementos de una plataforma IT es el Byte. La mayoría de herramientas y comandos utilizados para medir rendimiento en un sistema utiliza el byte como unidad básica. El Bytes es la unidad de información que está constituida por 8 bits, donde el bits es la unidad mínima de información

Unidad	Descripción
Bit	Unidad mínima de información
Byte	Unidad formada por 8 bits
Kilobyte	1024 bytes
Megabyte	1024 Kilobytes
GIGAbyte	1024 Megabytes
Terabyte	1024 Gigabyte

Tabla 6.1: Unidades de información

Consejo

Aunque el byte es la unidad estándar de información que se emplea en gran parte de los componentes IT, en los elementos de comunicaciones se suele emplear el bit, lo que puede provocar confusión a la hora de conocer la cantidad de información que está circulando por un sistema.

6.2.2 *Segundos*

Aunque la unidad de tiempo estándar para cualquier componente de una plataforma IT pueden ser los nanosegundos o los microsegundos, para el proceso de recogida de datos, debemos emplear una unidad de tiempo que esté más relacionada con los tiempos empleados en los procesos de Negocio, ya que medir el número de microsegundos que emplea un usuario en realizar una operación no aporta información relevante frente a presentar la misma información utilizando como unidad de medida el segundo

La unidad mínima desde el punto de vista del negocio y por lo tanto del usuario es el segundo, por lo que debemos emplear esta unidad para medir y debemos estar seguros de recoger los valores de los parámetros referidos en segundos, siempre que sea posible.

6.2.3 *Transacción*

Un transacción consiste en una serie de operaciones que manipulan una cantidad determinada de información de forma atómica, es decir, consideramos que la transacción solo tiene éxito si todas las operaciones se ejecutan correctamente. Agrupar un conjunto de operaciones IT en una transacción tiene el propósito de establecer una nueva unidad de medida que nos permite abstraernos de unidades empleadas por los distintos elementos que intervienen en la transacción.

Si bien, las unidades como el byte y el segundo son unidades que podemos considerar estándar para todos los componentes IT, la transacción, como unidad, dependerá del ámbito en la que la definamos. Debemos entender la transacción como una operación atómica sobre un conjunto de datos, de la naturaleza de estos datos dependerá el alcance de la transacción. Por ejemplo encontramos transacciones en:

- Los gestores de bases de datos utilizan el concepto de transacción para referirse al conjunto de operaciones sobre los datos de un grupo de tablas.

- El acceso a disco de una controladora,

- El acceso a memoria del procesador.

- Una transacción WEB.

Aunque hemos comentado que trabajar con transacciones nos ayuda a abstraernos de los detalles de un conjunto de operaciones, esto no significa que para poder medir un componente IT debamos ignorar la naturaleza de la transacción que estamos analizando, ya que al considerar la transacción como una operación atómica podemos caer en el error de considerarla eficiente y son dos adjetivos que no tienen que ir acompañados uno del otro. Analizar la eficiencia de una transacción puede ayudar a identificar operaciones o componentes cuyo rendimiento no es el esperado y por tanto están impactando en el rendimiento de la propia transacción. Muchos de los problemas de rendimiento en el acceso a los datos están originados en muchos de los casos por la atomicidad del acceso a ese conjunto de datos.

Ejemplo: Una transacción WEB

Cuando estamos realizando una navegación WEB, ya sea para leer el periódico online o reservar un billete de avión, entre nuestro navegador Web y los servidores Web se realizan una serie de intercambios de información regidos por un protocolo como es HTTP. Este intercambio de información está constituido por una serie de operaciones las cuales podríamos organizar en varias transacciones. Para nuestro ejemplo vamos a estudiar la variable Tiempo de Respuesta de una transacción determinada, como puede ser hacer click sobre el botón "Enviar" de un formulario en nuestra página web.

Podríamos desgranar la transacción Enviar como el siguiente conjunto de operaciones:

El Navegador envía la petición al Servidor.

Tiempo de transmisión (Tr1)

El Servidor recibe la petición.

El Servidor inicia el procesamiento de la petición

Tiempo de procesamiento (Tp)

El Servidor envía la respuesta

Tiempo de transmisión (Tr2)

El cliente recibe la respuesta.

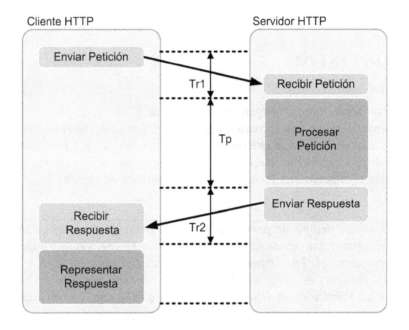

Fig 6.1: Ejemplo de una transacción HTTP.

*El tiempo de transmisión está directamente condicionado por el tamaño de los datos que se deben transmitir, por lo tanto **Tr1** no tiene por qué ser igual a **Tr2**, ya que el tamaño de la petición no tiene por qué coincidir con el tamaño de la información de respuesta. De los tres tiempos identificados en la transacción, Tr1, **Tr2** y **Tp**, nuestra plataforma participa de manera activa en cada uno de ellos, pero no es el único factor del que dependan los valores de los tiempos empleados, ya que para los tiempos de transmisión **Tr1** y **Tr2**, existen valores externos a nuestra plataforma que tienen igual o más peso en, como son los elementos pertenecientes a la infraestructura de comunicaciones del cliente, la* *infraestructura de terceros, empleada para comunicar las redes de comunicaciones del cliente y nuestra plataforma. Por lo tanto, nosotros somos responsables de una parte del tiempo que se emplea en **Tr1** y **Tr2**.*

*En cuanto a **Tp**, es el tiempo de procesamiento de la petición, en este tiempo se incluye todo el tiempo que emplean las distintas tareas de nuestra plataforma para devolver una respuesta. El tiempo de procesamiento (**Tp**) es 100% nuestra responsabilidad y por lo tanto es en la reducción de este tiempo, donde tendremos mayores oportunidades para mejorar la percepción que tienen los usuarios de la plataforma sobre los tiempos de respuesta.*

Desde el punto de vista del usuario el tiempo de respuesta es:

Tusr = Tr1 + Tp + Tr2

Y aunque desde nuestro propio punto de vista, es decir, el punto de vista de la plataforma, el tiempo de respuesta debería ser el mismo, debemos ser conscientes que el factor que depende únicamente de nosotros es el Tp y por tanto, es en este tiempo de procesamiento donde deberemos centrar nuestros esfuerzo para intentar minimizar el impacto que Tp tiene sobre el Tiempo de Respuesta.

*El análisis del **tiempo de procesamiento** nos ayudará en la tarea de buscar un punto del procesamiento de la petición que podamos mejorar para que se reduzca en su conjunto el **Tp**. Dependiendo de la plataforma en la que trabajemos, debemos realizar un desglose de todas las operaciones que se realizan para procesar una petición, analizando los tiempos que se emplean en cada una de las operaciones.*

6.3 ¿Qué elementos estudiar?

Una plataforma IT está compuesta por un conjunto de componentes, los cuales están relacionados entre sí, con el propósito de implementar ciertas operaciones necesarias para la ejecución de los procesos de Negocio. Cuando queremos medir el rendimiento de una plataforma IT, debemos tener en cuenta que no es absolutamente necesario evaluar el rendimiento de todos y cada uno de los componentes de la plataforma, ya que tanto el papel que juega un componente IT como las relaciones que tenga con el resto de los componentes establecerán unos criterios sobre el impacto que dicho componente tiene en el desarrollo del Negocio. Por tanto, lo más eficiente desde un punto de vista operativo consiste en es identificar aquellos elementos críticos, bien por el tipo de operaciones que realizan para el Negocio, bien por las dependencias que se establecen con otros elementos de la plataforma a los que dan servicio. No todos los elementos de una plataforma IT están directamente relacionados con el rendimiento de los procesos de negocio y por lo tanto es imprescindible identificar qué elementos son menos críticos para no emplear demasiado tiempo en la captura de información sobre su comportamiento.

En una plataforma IT podemos clasificar cualquier componente en alguna de los tres grupos siguientes:

- Procesamiento.

- Almacenamiento.

- Comunicaciones.

Los componentes IT por sí solos no aportan ningún valor a la compañía, es la función que desempeñan dentro de la plataforma y la relación que tengan con otros componentes, lo que realmente identifica como importante a ciertas partes y/o componentes de una plataforma IT. Por lo tanto, dependiendo de la naturaleza del Negocio de nuestra organización, los componentes de algunas de las familias anteriores pueden tener más importancia que otros para el desarrollo del Negocio.

Supongamos que el Negocio de nuestra compañía consiste en proveer acceso a

Internet a clientes finales, aunque nuestra plataforma estará compuesta distintos sistemas planteados a dar servicios extras a nuestros clientes, por ejemplo servicio de correo, los sistemas críticos para el negocio serán aquellos que dependan directamente de los elementos de comunicaciones, ya que son estos sistemas los que soportan el Negocio de nuestra compañía.

Otro ejemplo, imaginemos que el Negocio de nuestra compañía consiste en mantener copias de respaldo de clientes externos, igual que ocurría en el caso anterior, aunque la plataforma IT de nuestra organización estará formada por elementos de las distintas familias, los elementos que podemos considerar críticos y que por lo tanto afectarán directamente en el desarrollo del negocio de nuestra organización serán todos aquellos relacionados con el almacenamiento de los datos de nuestros clientes.

Por último, supongamos que nuestra plataforma IT tiene como objetivo dar servicio de una serie de aplicaciones bajo demanda, es decir los usuarios se conectan a nuestra plataforma cuando lo crean necesario y no tenemos garantizado los picos de carga, en este ejemplo, los elementos críticos y que afectan directamente al servicio serían todos aquellos componentes que intervienen en el procesamiento de datos.

Consejo

De todos los elementos de una plataforma IT, puede que el equipo humano del área de tecnología no conozca en profundidad el funcionamiento o la relación con el resto de elementos de la plataforma, hay que tener especial cuidado con el análisis de los elementos de este tipo, ya que la suposición de ideas puede provocar problemas.

Podemos hacer una lista de los elementos que debemos estudiar, por su criticidad para el desarrollo del negocio, por supuesto cada plataforma tendrá una lista más o menos parecida a esta.

6.3.1 Arquitectura multicapa

Antes hemos visto que una forma de identificar elementos críticos en nuestra plataforma es identificando la familia tecnológica a la que pertenece. Otra forma de identificar elementos críticos para el desarrollo del negocio es analizando la arquitectura de nuestra plataforma. Una de las arquitecturas más extendidas en el mundo IT es la que organiza los componentes de la plataforma en tres capas:

- La capa de Presentación.
- La capa de Aplicación.
- La cada de Datos.

En cada una de las capas identificaremos las operaciones que realizan los distintos componentes de la capa para tratar la petición. También mediremos los tiempos de transferencia de información entre una capa y la siguiente, para identificar posibles mejoras en la capa de comunicaciones.

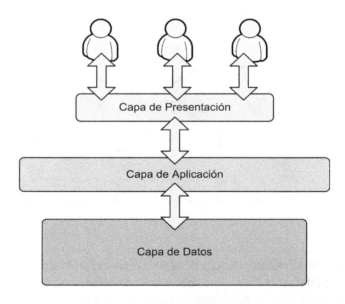

Fig 6.2: Arquitectura multicapa.

Este tipo de análisis nos permitirá identificar aquellas partes de la plataforma las cuales no están dando un buen rendimiento, ya sea por exceso de provisión como por defecto. Recordemos que un buen *rendimiento* no es obtener un resultado lo más rápidamente posible, sino que el tiempo de respuesta quede justificado por el coste de la petición. No debemos pensar cuando hablemos de rendimiento únicamente de velocidad, también debemos pensar en costes y justificaciones de las distintas soluciones que se ajusten a las necesidades de negocio de nuestra organización.

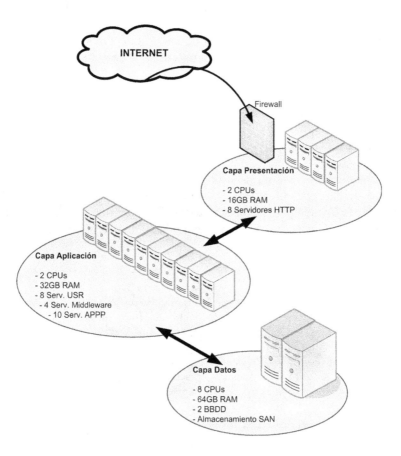

Fig 6.3: Ejemplo arquitectura de Capas de la plataforma IT.

El análisis del rendimiento debemos verlo cómo un ejercicio que abarque el conjunto de la plataforma IT, ya que debemos considerar la plataforma IT como un sistema complejo formado por elementos que interactúan mediante una serie de directrices, por lo tanto en el rendimiento intervienen tanto los elementos como la definición de las directrices.

Pensemos por ejemplo, para qué queremos disponer de discos rápidos, si resulta que la infraestructura de comunicaciones no tiene suficiente ancho de banda para transmitir todo lo que las aplicaciones obtienen de los discos, este es un ejemplo de una plataforma que pensamos dispone de un buen rendimiento en los discos, pero cuya infraestructura de red está por debajo de las necesidades de la nuestra plataforma, por lo que podemos afirmar que en su conjunto el rendimiento es muy bajo, ya que tenemos elementos que tienen un coste alto, como pueden ser los discos de fibra, pero de los que conseguimos una tasa de transferencia muy por debajo de sus posibilidades potenciales, debido a que las aplicaciones no conseguirá transmitir por la red, tan rápido como podrían leer de los discos.

Otro ejemplo podría ser el uso de CPU, actualmente existen en el mercado una serie de procesadores *multicore*. Este tipo de procesadores tienen un gran potencial en cuanto al rendimiento que podemos obtener de ellos. Han sido diseñados para ejecutar aplicaciones multithread, ya que se basan en un principio mediante el cual una aplicación multithread comparte el espacio de direcciones del proceso, por lo tanto todos lo threads, por el principio de proximidad tendrán las mismas peticiones de memoria y por lo tanto muchos aciertos en las cachés.

Pero por muchas máquinas con procesadores multicore que tenga nuestra plataforma, si la aplicación no está preparada para cierta carga, el rendimiento que sacaremos de los procesadores será muy pobre. Por ejemplo, un problema típico de las aplicaciones *multithread* es que a partir de un número de sesiones concurrentes los threads de aplicación comiencen a competir por elementos de sincronización, lo que provocará que la ejecución normal de dichos threads se ralentice. La pregunta que nos debemos hacer es ¿en qué nos ayudan nuestras nuevas CPUs multicore? La respuesta es sencilla, en disponer de más threads luchando por un recurso compartido, es decir, sencillamente en nada. Este es un ejemplo de como un elemento, como puede ser una CPU multicore, con un buen potencial en cuanto a rendimiento, en ciertas circunstancias su rendimiento es muy pobre y puede darse el caso que hasta peor que en otro tipo de CPUs, pero este es otro tema que discutiremos otro día.

Estos ejemplos, sirven para ilustrar el por qué debemos analizar los tiempos de cada una de las tareas que ejecutan los distintos elementos de una plataforma para procesar una petición. Es sorprendente la veces que en una plataforma con un potencial en rendimiento enorme, no podemos obtener los resultados esperados por culpa de que dicho potencial de rendimiento se empobreces por el comportamiento de un único elemento, que a primera vista parecía insignificante, como una tarjeta de red, un espacio de disco compartido, el número de semáforos de un SO o la configuración por defecto del pool de conexiones a una base de datos.

6.3.2 *Capa de Presentación*

La capa de presentación abarca a todos aquellos elementos de la plataforma encargados de la recepción de las peticiones y la presentación de los resultados. Los componentes IT de la capa de presentación son la primera frontera entre el usuario que está utilizando los servicios de nuestra organización y nuestra plataforma.

Hablando de forma general, ya que la arquitectura IT necesaria para cada servicio que ofrece una organización cumple unos requisitos u otros, podemos decir que la capa de presentación es la capa de la arquitectura que menos lógica de negocio ejecuta, siendo una capa especializada en obtener peticiones y entregar resultados, por lo tanto desde el punto de vista de arquitectura suele ser una de las capas más sencillas.

Consejo

La capa de Presentación es la pieza de nuestra infraestructura con la que el usuario interactúa y por tanto suele utilizar la experiencia con ella para medir la calidad del servicio, por lo que es importante que esta capa sea lo más sencilla posible.

Veamos algunos ejemplos de implementaciones de la capa de presentación.

Ejemplo: *Plataforma de correo*

Una plataforma que da servicio de correo a una corporación. En este caso la capa de presentación podría estar formada por:

- *Los elementos de comunicaciones que permiten el acceso a los servidores que hacen el rol de frontales SMTP, POP, IMAP y WEBMAIL, entre estos elementos de comunicaciones podemos destacar los encargados del balanceo de los distintos servicios entre las máquinas dedicadas.*

- *Los servidores hardware sobre los que están corriendo los distintos servidores software para dar servicio a las distintas aplicaciones.*

- *Servidores software SMTP, POP, IMAP y WEBMAIL.*

En esta capa se implementan los frontales de los distintos servicios de correo que nuestra plataforma ofrece. Por ejemplo, los frontales SMTP[20] se encargarán únicamente de recibir el correo vía SMTP, implementar las políticas de ANTISPAM y ANTIVIRUS, pasando los correos a la capa de aplicación. Los frontales de WEBMAIL, únicamente se encargarán de la presentación HTTP/HTTPS del portal de WEBMAIL. Los frontales POP[21] se encargan de recibir las peticiones, solicitar las validaciones y mandar a la capa de aplicación las peticiones.

Ejemplo: *Plataforma que ofrece servicios SaaS*

Para nuestro ejemplo, supongamos que nuestra plataforma da servicios SaaS (Software as a Service, SaaS) de varias aplicaciones, a las cuales se conectan usuarios de varias compañías. El acceso es utilizando Internet vía HTTPS, podríamos decir que la capa de presentación estaría formada por:

- *Los elementos de comunicaciones que permiten el acceso a los distintos servicios desde Internet. Entre estos elementos podemos destacar a los balanceadores, los gestores de ancho de banda y los firewalls.*

---

20 SMTP es el acrónimo de Simple Mail Transfer Protocol o Protocolo simple de transferencia de correo
21 POP es el acrónimo de Post Office Protocol.

- *Los servidores hardware que se sobre los que se ejecuta toda la lógica de la capa de presentación.*

- *Una capa de virtualización.*

- *El software de presentación de cada una de las aplicaciones corriendo dentro de las distintas máquinas virtuales.*

6.3.3 Capa de Aplicación

En esta capa se implementa la lógica de negocio, existen dependencias tanto con la capa de presentación como con la capa de datos, a veces es fácil pensar que un problema de rendimiento en la plataforma está generado por un problema en la capa de aplicación, pero debemos tener claro que esta capa además de tener sus propios problemas padece los problemas de las otras dos capas.

Dentro de la capa debemos tener en cuenta:

- El rendimiento de las máquinas.

- El rendimiento del software que implementa la lógica de la aplicación, hablamos de interbloqueos, número de threads, cantidad de memoria, bloques de datos con los que trabaja la aplicación.

- El almacenamiento de los logs de aplicación. La capa de aplicación, normalmente no hace uso del almacenamiento para los datos, ya que todos los datos son obtenidos de la capa de datos, pero si es muy normal que la cantidad de logs generados por la capa de aplicación, sean lo suficientemente importantes como para tener en cuenta su impacto en los dispositivos de almacenamiento.

6.3.4 Capa de Datos

Normalmente es la capa más pesada, por la cantidad de datos con la que trabaja, esta capa está formada por los elementos más críticos de la plataforma, no olvidemos que una plataforma IT se basa en elementos electrónicos que manejan información y es la capa de datos, la que almacena toda la información necesaria para que el negocio funcione. Dentro de la capa de datos, debemos concretar sobre:

- Las máquinas que gestionan los datos.
- Los gestores software de los datos.
- El almacenamiento de los datos.

En la capa de datos, se producen muchos problemas de rendimiento, ya que son estos elementos, los cuales conforman una respuesta para cada una de las peticiones de la capa de aplicación. Empezar estudiando los elementos de la capa de datos y conocer la relación que dicha capa tiene con la inmediatamente superior, la capa de aplicación, puede ahorrarnos mucho trabajo de análisis.

Ejemplo: *Un problema de lentitud en las escrituras a disco de la capa de datos, provocará que en caso de que existan muchas escrituras, los sistemas emplearan mucho tiempo de CPU en cada escritura, quitando tiempo a las operaciones de lectura y por lo tanto provocando un problema en los tiempos de respuesta, tanto de lecturas como de escrituras en las peticiones de los servidores de aplicación, los cuales estarán mucho tiempo esperando dichas respuesta, lo que provocará que algunas peticiones de los servidores de la capa de presentación se cierren por timeout, dando la sensación al usuario final de que existe un problema en la plataforma.*

Para el ejemplo anterior, si comenzásemos el análisis desde la capa de Presentación, perderíamos mucho tiempo hasta descubrir cual es la causa de los problemas de la aplicación, no debemos olvidar que este tiempo se traduce directamente en costes.

6.3.5 *Propagación de problemas*

Estructurar una plataforma IT empleando un modelo de capas tiene muchas ventajas frente a otro tipo de organización y una de estas ventajas consiste en la visión simplificada que cada capa tiene de las restantes. Esta visión sencilla de como una capa ve a otra se consigue gracias a que estamos aislando tanto lógica como físicamente a todos los grupos de componentes IT que están en cada Capa. Pero esta agrupación también puede ser uno de los principales problemas para la arquitectura de capas y es que en determinadas circunstancias pueden aparecer problemas de rendimiento en algunos de los componentes de la capa pero tendrá impacto en otra capa.

La propagación invisible de problemas entre distintas capas genera confusión en cuanto al diagnostico de la causa de los problemas. Esta confusión se traduce en muchos casos en mal gastar recursos y tiempo estudiando elementos IT de la capa equivocada con los consiguientes retrasos e impactos en el Negocio.

La especialización de los distintos grupos IT de la compañía y la segregación de responsabilidades dentro de la plataforma IT, provocan que frente a una situación en la que el rendimiento de la plataforma ha caído por debajo de los parámetros estipulados, debido a la propagación de un problema entre las distintas capas, se generen tensiones entre los distintos grupos responsables de cada una de las partes. Por tanto, la propagación de un problema de rendimiento no solo hay que abordarlo desde una perspectiva técnica para encontrar la causa, sino también desde una perspectiva de los recursos humanos implicados.

Consejo

El mayor escollo al que se enfrenta una plataforma con problemas de rendimiento es conseguir la colaboración de todos los grupos implicados y que estos abandonen posturas numantinas sobre el conjunto de componentes que están bajo su responsabilidad.

6.4 Qué parámetros estudiar

Cuando se inicia el estudio del rendimiento de una plataforma IT, el primer paso debe ser definir la arquitectura de capas que constituye nuestra plataforma y debemos realizar el análisis desde los componentes de hardware hacia los componentes software. El hardware es la base sobre la que se sustenta el software por lo tanto es normal que comencemos el análisis por los cimientos de la estructura y vayamos ascendiendo para identificar los posibles problemas de rendimiento.

Consejo

En sistemas complejos como son los sistemas de información, en la mayoría de los casos, los problemas de rendimiento no los encontraremos en componentes aislados, la mayoría de las veces el problema de rendimiento se deriva de una relación entre componentes que no es lo suficientemente óptima. Por lo tanto un consejo muy útil a la hora de estudiar el rendimiento de una plataforma IT es analizar los elementos y sobre todo intentar identificar las relaciones problemáticas.

Todos los elementos hardware de una plataforma los podemos organizar en 3 subgrupos, independientemente de la capa de arquitectura en la que estén:

- Servidores.

- Elementos de red.

- Elementos de Almacenamiento.

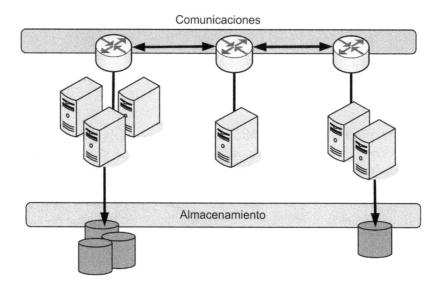

Fig 6.4: Tres subgrupos de componentes hardware.

Dentro de cada categoría existen muchos tipo de elementos distintos, por ejemplo dependiendo del tipo de SO, podemos tener servidores Solaris, Linux, Windows, etc. Dependiendo de su arquitectura, máquinas monoprocesadoras, máquinas con multicores, multiprocesadores, etc.

De los elementos de red, exactamente igual, existen una gran variedad, dependiendo de la naturaleza del mismo, firewall, balanceadores, switches, hubs, etc.

Y por último, la familia de elementos de almacenamiento, cabinas de discos, controladoras que sirven datos por FibreChannel, CIFs o NFS, robots de cinta, VTLs, etc.

Cada una de las categorías tiene un impacto en el desarrollo del negocio y por lo tanto la forma de medir el rendimiento de sus elementos es distinta entre ellas, no es lo mismo medir el rendimiento de un elemento de red que de una máquina de propósito general.

Los parámetros que estudiaremos en cada elemento de la plataforma dependerán de la naturaleza de dicho elemento y de las herramientas con las que contemos.

6.4.1 *Servidores*

Normalmente, las máquinas que conforman una de las capas de la arquitectura están organizadas en grupos, los cuales se encargan de dar servicio en forma de clusters, por ejemplo, en una plataforma web, tendremos una serie de máquinas que se encargaran de ejecutar los servidores web, otro grupo con los servidores de aplicación, otro con los servidores de Bases de Datos, etc.

Debemos entender que a cada una de estas máquinas se le pedirán una forma de dar servicio dependiendo del grupo en el que esté dando servicio. No es lo mismo medir el rendimiento en una máquina Web, donde principalmente debemos ver como es el comportamiento a la hora de tratar las nuevas conexiones y los tiempos de respuesta, que medir el rendimiento de una Base de Datos que está directamente relacionada con el rendimiento que se consigue de la entrada/salida de los dispositivos de almacenamiento.

6.4.1.1   Capa de Presentación

La capa de presentación es la encargada de recibir las peticiones y enviar los resultados de dichas peticiones, lo que se prima en esta capa es que los servidores sean capaces de recibir muchas peticiones y enviar las respuesta de la forma más rápida posible, bien sea mediante el uso de cachés, elementos aceleradores, etc. Los parámetros en los que debemos centrar nuestro estudio son:

- Ancho de banda de las interfaces de red, es importante que el ancho de banda sea el suficiente para que la capa de presentación pueda recibir y transmitir toda la información que se le solicita.

- Uso de CPU, en esta capa las máquinas deben atender peticiones, tratarlas y devolver un resultado, por lo tanto el uso de CPU es un parámetro importante y mantenerlo dentro de unos umbrales concretos sería una buena práctica.

- Número de procesos/threads. Todas las peticiones que recibe nuestra plataforma serán tratadas por procesos de las máquinas de la capa de presentación. Dependiendo de la arquitectura del servidor que atiende las peticiones, puede que sean atendidas por threads del proceso. Estudiar como los procesos y/o threads están trabajando nos ayudará a medir como es el rendimiento del servicio.

- Tiempo medio de respuesta de las peticiones. La capa de presentación es la encargada de presentar los datos por lo tanto es la primera línea con los clientes que realizan las peticiones y es un buen punto donde medir el tiempo de respuesta medio de las peticiones para poder ponderar como de buenas son los tiempos de respuesta que está dando la plataforma.

De todos los problemas que pueden aparecer en la capa de presentación, existen tres concretamente que afectan directamente al tiempo de respuesta y por tanto al rendimiento:

- *Un balanceo no homogéneo de peticiones,* es decir, que todas las máquinas no reciben el mismo número de peticiones, en este caso se produciría un problema de carga en algunas de las máquinas, impidiendo que tanto la recepción como la presentación de los datos no se hagan en los tiempos esperados de operación normal del sistema.

- *El tiempo de sesión sea insuficiente.* La capa de presentación se encarga de mantener establecida la sesión con el usuario, una elección errónea en la configuración del tiempo de sesión del servicio puede provocar que se generen timeout en esta capa, generando de esta forma dos problemas, por un lado se cierra la comunicación con la capa de aplicación, lo que suponen no poder aprovechar el trabajo que ésta capa estaba realizando y por otro lado, al cerrar la conexión con el usuario, este tiene la sensación de que se ha producido un error.

- *Problemas de Caché.* La mayoría de las plataformas implementan algún tipo de caché en la capa de presentación, lo que reduce el tiempo medio de respuesta ya los datos están alojados en la propia capa de Presentación y no es necesario solicitar a la capa de Aplicación estos mismos datos. Pero el uso de Caché no siempre presenta ventajas, ya que si no se implementa una correcta política de cachés, donde se establezcan qué datos son gestionados y durante cuanto tiempo, puede generarse un problema de rendimiento relacionado con el trasiego de los datos dentro del sistema de cachés.

En la mayoría de los casos, la capa de Presentación no implementa demasiada lógica de negocio, sencillamente existe para recibir y enviar datos, por lo tanto debemos asegurarnos que los datos, tanto de peticiones de entrada, como las respuestas de salida estén el menor tiempo posible en tránsito en esta capa. Ni que decir tiene, que cualquier problema en esta capa, independientemente de lo bueno que sea el rendimiento en las capas inferiores, afectará directamente en el tiempo de respuesta que percibe el usuario.

6.4.1.2   Capa de Aplicación

La capa de aplicación implementa toda la lógica del Negocio. Esta capa recibe peticiones de la capa de presentación, debe tratar dichas peticiones y enviar una respuesta para que la capa de aplicación la presente al cliente. Esta capa tiene dos objetivos fundamentales, el primero es que la implementación de la lógica de negocio sea correcta, que el tratamiento de los datos sea fiable y por lo tanto que la respuesta que se construya tenga unos parámetros mínimos de calidad para el cliente. El segundo objetivo es que el tiempo de procesamiento de las peticiones sea el mínimo posible. En esta capa debemos centrarnos en estudiar:

- *Uso de CPU*. Como hemos comentado, la capa de Aplicación es la encargada de implementar toda la lógica del Negocio y su labor es recibir las peticiones desde la capa de Presentación y transformar los datos de la capa de Datos dependiendo de las peticiones recibidas. Es decir, realiza labores de transformación de la información, por tanto son procesos que consumen una gran cantidad de recursos de procesamiento, como es la CPU de las máquinas. El consumo de CPU de los distintos servidores de la capa de Aplicación puede ser un buen indicador para conocer como está trabajando la capa. Los procesos lógicos encargados de implementar las distintas tareas de Negocio pueden estar en tres posibles estados, en cuanto al uso de CPU dentro de los sistemas:

- *Sin consumir CPU.* El software que implementa ciertos procesos no requiere CPU con lo que se encuentra en un estado de espera.

- *Consumiendo CPU para la realización de tareas de Negocio.* Cuando el software de aplicación requiere realizar una serie de operaciones de procesamiento solicita que se le asignen recursos de procesamiento. Debemos analizar estas operaciones y el uso que hacen de los recursos del sistema, de este análisis podremos obtener una serie de conclusiones que se transformaran en recomendaciones de mejoras, bien que la aplicación ejecute las operaciones pesadas de forma más optima o bien solicitar una ampliación de los recursos asignadas al proceso y de esta forma intentar disminuir el tiempo de ejecución.

- *Consumiendo CPU sin realizar operaciones de Negocio.* Este caso es frecuente cuando los procesos de la aplicación están compitiendo por recursos compartidos por el sistema. Este tipo de situaciones son fáciles de detectar, ya que se aprecia un rendimiento pobre en el desarrollo de las operaciones frente a un excesivo uso de CPU.

- *Número de procesos/threads.* Analizar el número de procesos/threads disponibles en el sistema para tratar las peticiones nos dará una idea de si se están quedando peticiones en espera por no existir procesos dispuestos a atender dichas peticiones.

- *Bloqueos entre procesos/threads de la aplicación.* El estudio del modelo de acceso a los recursos compartidos de la aplicación nos ayudará a identificar cuellos de botella en los procedimientos de bloqueo. Dependiendo del tipo de bloqueo que se realizar sobre el recurso, en el sistema podemos tener más o menos uso de CPU. Para bloqueos del tipo SPINLOCK tendremos mucho uso de CPU. Para bloqueos de tipo NO-SPINLOCK no se traducirá en uso de CPU. No Analices los bloqueos de los recursos compartidos únicamente cuando haya mucho uso de CPU, ya que hay situaciones donde los procesos esperan dormidos a que se le avise por la liberación de un recurso y en estos casos el uso de CPU no se dispara.

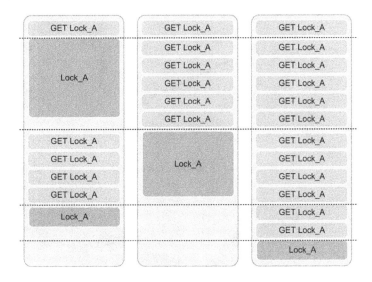

Fig 6.5: Ejemplo de bloqueos SPINLOCK.

Si los métodos de sincronización entre los distintos threads no están correctamente implementados, pueden provocar esperas para intentar acceder al recurso compartido, lo que se traducirá en un aumento del tiempo de respuesta. Aparte de los problemas derivados de las espera, se puede producir una situación aún peor en la que los threads queden bloqueados, lo que se conoce como *deadlock*. El deadlock es un tipo de bloqueo que se produce cuando un elemento A está esperando por un recurso ocupado por otro elemento que a su vez está esperando por un recursos que está ocupado por el primer elemento. Produciéndose un bloqueo mutuo de ambos elementos, como muestra las figuras 6.6 y 6.7.

- *Comunicaciones entre los procesos de aplicación*. Otro de los parámetros que debemos estudiar en la capa de aplicación es la forma en la que se comunican los procesos de la aplicación. Un Sistema de Información es un sistema complejo formado por elementos que intercambian información, conocer como es esta comunicación nos ayudará a identificar posibles problemas en el rendimiento de las aplicaciones derivados de la forma en la que se comunican.

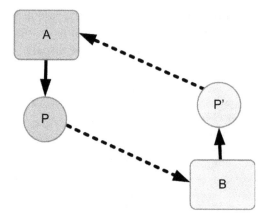

Fig 6.6: Esquema Deadlock

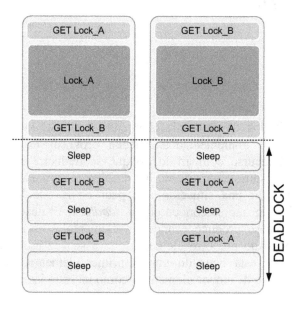

Fig 6.7: Ejemplo de bloqueo Deadlock.

- *Accesos a memoria*. La memoria de cualquier proceso está dividida básicamente en dos zonas, una es la zona donde se almacena el código binario que recoge todas las instrucciones que se están ejecutando y otra zona de datos, donde se almacenan todos los datos con los que está trabajando la aplicación. Estudiar la forma en la que una aplicación accede a la memoria nos puede ayudar a identificar posibles cuellos de botella, ya que el problema puede estar en la forma en la que los datos son accedidos por los distintos componentes. También podemos encontrar cuellos de botella provocados por la forma en la que el Sistema gestiona los accesos a la memoria, por el ejemplo con el tamaño de las páginas de memoria que por defecto emplea el sistema operativo.

- *Una mala implementación de la lógica de Negocio*. Los componentes de la capa de aplicación son los encargados de modelar los datos para construir una respuesta, dependiendo de la implementación de los procesos de modelado de datos, la capa necesitará más o menos tiempo.

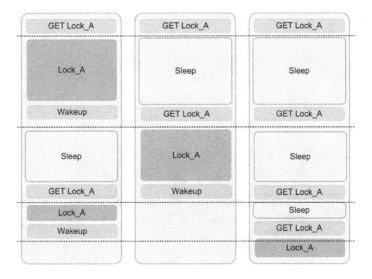

Fig 6.8: Ejemplo de bloqueos NO-SPINLOCK.

- *Problema en el balanceo de peticiones*. Al igual que ocurre en la capa de presentación, normalmente la capa de aplicación está formada por una granja de servidores, sobre los cuales se balancean las peticiones para intentar distribuir la carga. Si las peticiones que recibe la capa de aplicación no son homogéneas en cuanto al orden de magnitud de sus pesos, se puede producir un desequilibrio en el balanceo de carga, algunas de las máquinas estarían procesando peticiones pesadas mientras siguen recibiendo otro tipo de peticiones más ligeras, frente al resto de máquinas que solo reciben peticiones ligeras. Esta diferencia entra la carga de las máquinas provocaría de forma aleatoria un problema con los tiempos de respuesta.

Consejo

Debido a la reducción del coste de la memoria RAM, los fabricantes están desarrollando máquinas con una mayor cantidad de memoria. Este aumento de la memoria RAM disponible ha desembocado en un desplazamiento de los cuellos de botellas relacionados con el acceso a los datos, desde los dispositivos de almacenamiento a los accesos a la memoria RAM. Para reducir el impacto de los cuellos de botella en los accesos a memoria se han desarrollado una serie de técnicas, basadas principalmente en la implementación de una serie de Cachés que almacenan parte de los datos necesarios por las aplicaciones, como por ejemplo Memcached, que se está convirtiendo en un componente en cualquier plataforma web de alto rendimiento.

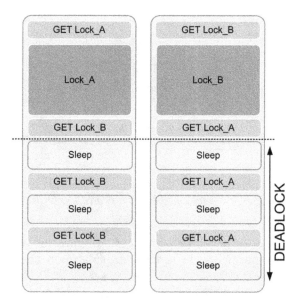

Fig 6.9: Ejemplo de bloqueo Deadlock.

6.4.1.3   Capa de Datos

Esta capa es la encargada de gestionar los datos de la plataforma. Desde el punto de vista de procesamiento es la capa más pesada, ya que es la encargada de mantener lo datos que la capa de aplicación necesita para implementar el modelo de negocio. La capa de datos es el almacén de todos los datos de la plataforma y entre sus objetivos principales está, en primer lugar asegurar la disponibilidad de los datos y en segundo lugar organizar los datos de tal forma que el acceso a éstos sea lo más rápido posible. El tiempo de respuesta de la capa de datos tiene mucho peso en el tiempo total que emplea la plataforma para dar una respuesta a una petición determinada. Debemos conocer cual es la relación entre el tamaño de la respuesta y el tamaño del conjunto de datos necesarios para construir dicha respuesta.

- *Consumo de CPU.* Aunque una de las funciones principales de la capa de Datos es almacenar de manera permanente los datos con los que trabaja la aplicación, podemos pensar que el consumo de CPU no es uno de los parámetros críticos para esta capa, todo lo contrario, esta capa tiene una fuerte componente de procesamiento de los datos, aunque el nivel de transformación de la información sea inferior al que podemos ver en la capa de aplicación, todo el trabajo de entrada/salida sobre los dispositivos de almacenamiento estará reflejado en el consumo de CPU. Por tanto, debemos estudiar la forma en la que esta capa hace uso de los recursos de procesamiento disponibles.

- *Ancho de banda de los dispositivos de comunicaciones.* En la capa de datos, es muy importante que no existan cuellos de botella en la capa de red, ya que la capa de aplicación está continuamente solicitando datos para construir una respuesta a una petición determinada, por lo tanto, cualquier problema en la capa de red se traducirá directamente en un aumento del tiempo de respuesta.

- *E/S en los dispositivos de almacenamiento.* Los datos, normalmente se encuentran almacenados en dispositivos físicos de almacenamiento, como son discos. Analizar al entrada/salida sobre los dispositivos de almacenamiento nos permitirá descubrir problemas de rendimiento.

- *Acceso a memoria*. Normalmente la capa de datos trata los datos antes de devolverle la petición a la capa de aplicación, este tratamiento se suele hacer sobre la memoria del sistema por lo que es importante conocer como se está comportando la memoria de nuestro sistemas para decidir si debemos modificar algunos de los parámetros que definen su comportamiento o por el contrario debemos realizar algún ajuste en el software de la capa de datos.

- *Bloqueos en el acceso a los datos*. Todos los datos de la plataforma son gestionados por la capa de datos, por lo tanto se produce una concentración de todas las peticiones de la capa de aplicación sobre los gestores de los datos en la capa de datos. Esta concentración de peticiones de normalmente tiene una relación de N:M donde N>M (N son los nodos de aplicación y M son los nodos de datos). Al ser menor el número de nodos de datos, estos deben realizar una gestión del acceso a los datos, por lo que es normal que aparezcan problemas de accesos a recursos compartidos, provocando bloqueos en el acceso a los datos, los cuales se transforman en retrasos para la capa de aplicación.

Los principales problemas que nos podemos encontrar en la capa de Datos son:

- *Problemas de acceso al hardware de almacenamiento*. Los datos, normalmente, están almacenados en un espacio de disco, este espacio puede ser interno a la máquina o externo servidor por una red SAN/NAS. Realizar un análisis sobre las distintas capas por la que pasa el dato desde que solicita hasta que se obtiene, es una tarea imprescindible para identificar algún posible cuello de botella.

- *Configuración de cachés en los gestores de datos*. La mayoría de los gestores de datos, normalmente las Bases de Datos, disponen de una serie de parámetros para la configuración de cachés internas localizadas, en la mayoría de las veces, en memoria RAM, realizar una configuración correcta de estas cachés, evitara tener que solicitar el dato a disco y por lo tanto evitamos el tiempo que se necesita para traer el dato del disco.

En la capa de Datos, debemos estar seguros que el acceso al almacenamiento físico en disco en correcto, está bien dimensionado y los tiempos de respuesta del acceso a los disco está dentro de los márgenes que hemos establecido para que la respuesta a la capa de aplicaciones sea optima. También revisar que los distintos niveles de caché están perfectamente configurados y trabajan de forma que su uso sea eficiente, todos los datos que podamos recuperar de cualquiera de los distintos niveles de caché será más rápido que tener que recuperar un número determinado de bloques en un disco físico.

6.4.2 *Elementos de red*

En sistemas complejos como son los sistemas de Información, la relación entre los distintos componentes juega un papel fundamental en el desarrollo del sistema, por lo tanto los elementos encargados de comunicar a los distintos componentes de la plataforma requieren de un análisis en detalle. El propósito de los elementos de red es interconectar los distintos componentes de una plataforma, por un lado permitiendo que los elementos de una capa se vean entre sí y por otro, sirviendo de filtro entre las distintas capas, para aislar posibles problemas de acceso. Ante la pregunta de ¿qué tengo que medir en mi infraestructura de red? La respuesta es algo más sencilla que en los apartados anteriores, pero debemos tener cuidado, porque normalmente los elementos de red dan servicio a todas las capas y si no existe un a separación física podemos generar una perdida de rendimiento en una capa a causa de un problema que comenzó en otra capa.

- Ancho de banda en los canales de entrada y salida que dan servicio a la aplicación.

- Cantidad de conexiones que los elementos de red pueden gestionar y con especial atención a los firewall y los balanceadores.

- Uso de CPU de los distintos elementos. Normalmente cuando pensamos en elementos de red solo pensamos en trasmisión de bytes, estados de los dispositivos y anchos de banda, pero toda la información que se mueve por nuestra infraestructura de red lo hace mediante elementos que tienen unidades de procesamiento, debemos tener mucho cuidado con el uso de CPU que realiza cada elemento de la infraestructura ya que al ser un componente no demasiado conocido muchas veces lo pasamos por alto.

- Ancho de banda de los distintos canales internos de la plataforma.

Consejo

En la infraestructura de red, hay que tener especial cuidado con el número de conexiones con las que puede trabajar un firewall o un balanceador, ya que estos elementos trabajan en las capas X e Y lo que supone realizar operaciones con los paquetes, estas operaciones necesitan una cantidad de memoria determinada y unos ciclos de CPU, por lo tanto el número de conexiones está limitado por la cantidad de memoria que posea el elemento y la capacidad de sus CPUs.

Hemos comentado que normalmente la capa de red da un servicio transversal a toda la plataforma, por lo que es normal que un mismo elemento de la capa de red de servicio a distintas capas. Lo idóneo es que cada capa tuviera sus propios elementos hardware, pero este escenario no es el habitual bien por razones de costes o razones operativas. Supongamos el siguiente ejemplo, una plataforma la cual tiene una arquitectura de 3 capas y su infraestructura de red está constituida por una serie de elementos de red y un firewall al cual están conectadas las 3 capas y es el encargado de gestionar el tráfico en las 3. Nuestro firewall también se encargará de gestionar el tráfico de entrada/salida en la plataforma. Con esta arquitectura se puede producir un problema en la comunicación entre las distintas capas, por ejemplo, si por alguna razón se comienza transferir datos entre las capa de aplicación y datos, esta transferencia provoca que el uso de CPU del firewall se dispare, lo que supondrá que comenzarán a ralentizarse el tratamiento del resto de comunicaciones entre las capas. Por lo tanto un problema en una capa se ha propagado al resto, por culpa de un elemento que no está correctamente dimensionado.

6.4.3 *Elementos de Almacenamiento*

Los elementos de almacenamiento son por un lados los elementos más fáciles de medir su rendimiento, pero por otro son los elementos que más dependencias tienen con el rendimiento de otros elementos de la plataforma. Los elementos de almacenamiento, básicamente cumplen dos funciones, almacenar datos y servir datos, dependiendo de la arquitectura de nuestra plataforma, el número de elementos que dependen de los elementos de almacenamiento será mayor o menor.

Hemos comentado que es la categoría más sencilla de medir, ya que desde el punto de vista del almacenamiento, podemos ver con que velocidad se están sirviendo las distintas peticiones y de esta forma identificar si existe un problema con la capacidad de un dispositivo para servir la información que le está solicitando los distintos elementos. Pero esta visión simplista no nos puede engañar, ya que los elementos de almacenamiento has sufrido una drástica evolución de los primeros discos, ahora cualquier empresa dispone de dispositivos capaces de gestionar varios Terabytes de información, utilizando protocolos de bloque como el FC o el iSCSI, o bien protocolos orientados a fichero como CIFS o NFS, de hecho la mayoría de dispositivos de almacenamiento permiten servir la información mediante distintos protocolos a la vez.

Los primeros dispositivos de almacenamiento consistían en uno o varios discos, un pequeño buffer de datos, un canal de acceso y un protocolo de comunicación con el dispositivo, por ejemplo SCSI, con este esquema, el rendimiento de los discos se podía medir de una manera sencilla, midiendo el volumen de información atravesaba los canales de acceso. Este tipo de mediciones nos daban una idea muy aproximada sobre el rendimiento real del sistema de almacenamiento. Actualmente, medir la cantidad de información que puede mover un dispositivo no es el único parámetro que debemos tener en cuenta, ya que con la evolución del almacenamiento, ha aumentado la complejidad de los dispositivos y hoy en día es frecuente tener problemas de acceso a los dispositivos físicos, mientras que en el canal de comunicación no existe saturación.

6.5 Cantidad vs Calidad

Medir parámetros en una plataforma IT no es una tarea sencilla, ya que si no todos, el 99% de los componentes de un Sistema de Información generan información de estado, por lo tanto podemos consultar parámetros de casi todos los elementos. Existen dos problemas principales a la hora de medir los parámetros de un elemento IT, el primero es conocer qué parámetros son realmente importantes para el análisis que estamos realizando y el segundo problema es decidir cual será el número de muestras que debemos recoger. Por lo tanto, decidir cual será el grupo de parámetros definirá la calidad de los datos que estamos recogiendo y el número de muestras definirá la cantidad de los datos. Encontrar un equilibrio entre la calidad y la cantidad, será el objetivo principal del proceso de medición.

Muchas veces, durante el proceso de medición se suele confundir cantidad con calidad, ya que solemos pensar que cuantos más datos tengamos recogidos mejor será el análisis y en la mayoría de las veces esto suele ser un error, que provoca que dispongamos de una gran cantidad de datos los cuales no permiten tener un conocimiento claro del comportamiento del elemento IT, por lo tanto la calidad de estos datos recogidos es muy mala.

Antes de comenzar con el proceso de medición de los parámetros de un componente IT, debemos establecer de forma clara, la cantidad de datos que vamos a capturar, así como la naturaleza de los mismos. Obtener una gran cantidad de datos no suele ser contraproducente, excepto en el momento del análisis de los mismos, ya que podríamos perder mucho tiempo analizando datos que realmente no aportan información relevante sobre el comportamiento del elemento que estamos midiendo.

Por otro lado, si no hemos elegido correctamente los parámetros que vamos a medir, también perderemos tiempo en analizar datos de un parámetro que no es importante para el rendimiento de la plataforma. Por estas dos razones es importante que encontremos un equilibrio entre la cantidad de datos recogidos y la calidad de los mismos.

¿Cómo podemos establecer un baremo sobre la calidad de los datos que hemos elegido? Esta es una cuestión importante que debemos plantearnos al comenzar el proceso de medición de un elemento IT y para contestar a esta cuestión debemos conocer qué relación tienen los datos que estamos recogiendo con el rendimiento de la plataforma. Vamos a ver algunos ejemplos.

Ejemplo 1: En una máquina en la que se ejecutan un nodo de la aplicación, estamos recogiendo el número de instrucciones ejecutadas por los procesadores de la máquina con una periodicidad de 1 segundo. A priori, el número de muestras recogidas, es considerablemente grande y su análisis no aportará mas información de la que podríamos obtener con los datos recogidos en muestras de 5 segundos, por ejemplo, que nos permitiría analizar un periodo mayor de tiempo con una cantidad menor de datos.

Ejemplo 2: *En una máquina de BD, donde lo importante es conocer el número de transacciones lógicas que el gestor de BD es capad de realizar, disponer de la información de la cantidad de páginas de memoria utilizadas en muestras de 1 segundo es una información no demasiado útil ya que por lo general los gestores de BD trabajan con una cantidad de memoria asignada en su arranque.*

Ejemplo 2: *En un servidor de correo que de servicio de SMTP, almacenar el número de bloqueos internos de cada uno de los procesos de servidor SMTP, es totalmente irrelevante y supondría malgastar tiempo en la recogida y el análisis de un conjunto de datos de los que no podremos obtener información relevante sobre la gestión que el servidor SMTP está haciendo del correo que gestiona. Sería más interesante tomar muestras sobre el número de conexiones que es capaz de establecer y el tiempo empleado en cada una de las peticiones.*

Ejemplo 4: *Parece que tenemos un problema con el ancho de banda de uno de los puertos de un switch, para averiguar cual es la causa decidimos obtener muestras del número de paquetes de entra y de salida, con una periodicidad de 15 minutos. Normalmente los problemas relacionados con la saturación en el ancho de banda de un componente de comunicaciones aparecen de forma puntual, lo que significa que emplear un periodo de muestreo alto podría pasar por alto el problema.*

6.6 Muestras vs Eventos

Existen dos estrategias a la hora de recoger datos de cualquier sistema, independientemente de la complejidad de éste, recoger muestras de forma periódica o bien, solo recoger las muestras cuando en el sistema se dé unas condiciones concretas. Ambos métodos tienen ventajas e inconvenientes y no todos los sistemas permiten ambas opciones.

6.6.1 *Muestreo*

Recoger periódicamente un dato se denomina muestreo y en esta forma de recoger datos lo importante es determinar la periodicidad, es decir, el tiempo entre una recogida y la siguiente. Dependiendo del elemento y la variable que estemos recogiendo muestreo puede ser más amplio o más reducido, hemos comentado, el error que supone recoger muchos datos en un parámetro no demasiado crítico. Al recoger los datos mediante muestreo también debemos tener en cuenta el tiempo que se emplea en recoger el dato propiamente dicho. Puede darse la situación en la que la periodicidad del muestreo sea tan baja que casi coincida con el tiempo necesario para recoger la muestra.

En la figura 6.10 están representadas las tres situaciones que podemos encontrar al realizar un muestreo para recoger datos, donde:

- Tp es periodo de la muestra.

- Ta tiempo de recogida de muestra de clase A.

- Tb tiempo de recogida de muestra de clase B.

- Tc tiempo de recogida de muestra de clase C.

- Tsc tiempo de solape en recogida de muestra de clase C.

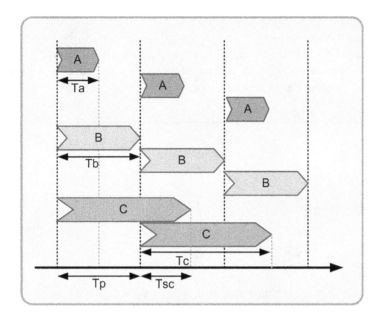

Fig 6.10: Casos de muestreo.

Para las muestras de clase A, el tiempo empleado en su recogida es inferior al tiempo de muestreo establecido, por tanto, este es el caso idóneo, donde la relación entre el tiempo de muestreo es superior al tiempo de recogida de la muestra. En el caso de las muestras de clase B, el tiempo de muestreo y el tiempo empleado en la recogida de la muestra es el mismo. Y por último, el peor caso que nos podemos encontrar es aquel en el que el periodo de muestreo es inferior al tiempo necesario para recoger la muestra. En este último caso los datos recogidos están desvirtuados por el impacto que el proceso de recogida de los datos del periodo anterior tiene sobre el periodo actual.

El periodo de muestreo presenta otro problema y es que dicho periodo depende directamente de la naturaleza de los datos que estamos recogiendo y el propósito de dichos datos, ya que es un problema tener un muestreo muy pequeño, pero igual de problemático es realizar un muestreo en el que el periodo de recogida sea muy grande. Por ejemplo pensemos en realizar un muestreo para recoger periódicamente el tamaño de ocupación de un FS, no nos es útil disponer de muestras cada segundo o cada 5 minutos, los espacio de disco se mueven en una unidades de tiempo superiores a los minutos, por ejemplo los días, es decir que tomaremos una muestra diaria.

Consejo

La periodicidad de la muestra debe ser acorde con las posibles variaciones de los datos, para intentar recoger el mayor número de anomalías posibles y poder construir una función de tendencia fiable.

6.6.2 *Eventos*

La otra estrategia que podemos seguir a la hora de recoger datos de un sistema es mediante eventos. Para recoger datos utilizando eventos es necesario establecer cuales serán las condiciones que cumplir el sistema para que se dispare un evento recogida mediante eventos, es decir cuando se cumple una serie de condiciones, se dispara un evento que permite la recogida de los datos.

La utilización de eventos permite simplificar el análisis de variables relacionadas, ya que podemos configurar un evento sobre una variable y recoger datos de otra, de esta forma conseguimos conocer cual es el comportamiento de unas variables con respecto a otras. No todos los elementos de una plataforma permiten la recogida de datos mediante eventos, pero el disponer de un sistema de eventos nos evitará recoger datos innecesarios y por lo tanto solo tendremos que estudiar los datos cuando se den unas condiciones concretas.

Ejemplo: Supongamos que queremos medir el uso de CPU de un sistema, cuando las lecturas/escrituras en disco superen los 30MB/s, en un sistema de muestreo tendríamos que estar recogiendo ambos datos a la vez, si utilizamos un sistema basado en eventos, únicamente tendríamos que configurar el sistema para que una vez que la entrada/salida a disco superase los 30MB/s, se recogieran muestras del uso de CPU.

Evento	I/O Disco MB/s	%CPU_usr	%CPU_sys	%CPU_idle
E1	30	10	5	85
E2	30	23	7	70
E3	30	24	7	69
E4	30	12	5	83
E5	30	43	9	48

Tabla 6.2: Datos capturados en los cinco eventos del ejemplo

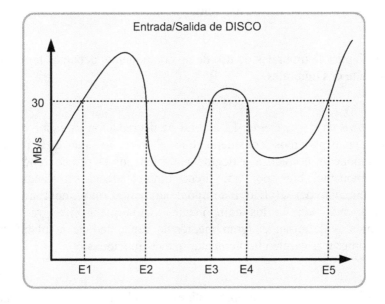

Fig 6.11: Ejemplo de captura de datos mediante Eventos.

Una de las ventajas de los Eventos sobre el Muestreo es que el volumen de datos recogidos es infinitamente inferior, ya que solo obtendremos datos cuando se generen los eventos correspondientes, pero el principal inconveniente es que no dispondremos datos que nos permitan trazar patrones sobre el comportamiento de la variable que estamos estudiando, sino con respecto a los eventos que se disparan.

6.7 Umbrales

La medición de variables en un componente de una infraestructura IT tiene un objetivo, dar a conocer el estado de utilización de dicho componente. Con lo datos obtenidos de la medición, podemos realizar distintos análisis, entre estos análisis, está el poder predecir de una forma segura el estado del dispositivo en unas condiciones determinadas. Para que el análisis que realizamos de un componente sea útil debemos tener en cuenta los umbrales de utilización del componente.

Cuando hablamos de umbrales de uso de un componente, debemos tener en cuenta principalmente dos umbrales.

- *Umbral de degradación.* El umbral de degradación es aquel valor a partir del cual podemos considerar que el servicio que está prestando el componente comienza a degradarse, bien por el propio rendimiento del componente, bien por que dicho umbral afecta significativamente al rendimiento del servicio. Este tipo de umbral es muy importante conocerlo para cada uno de los componentes de la plataforma, ya que dichos umbrales definirán en gran medida la capacidad de la plataforma para absorber más carga o implementar nuevas funciones.

- *Umbral de fallo.* Este umbral esta establecido a partir de aquel valor en el que el componente puede dejar de funcionar, y por lo tanto provocar errores en los componentes relacionados con el.

Si bien, el *umbral de degradación* es muy importante desde el punto de vista del servicio, ya que afecta a la calidad con la que el usuario percibe el uso de la aplicación, el umbral de fallo es mucho más importante, por una razón, si la plataforma no está preparada para reaccionar frente a problemas como el que un componente deje de funcionar, se pueden producir problemas graves en el servicio, como por ejemplo la perdida de datos.

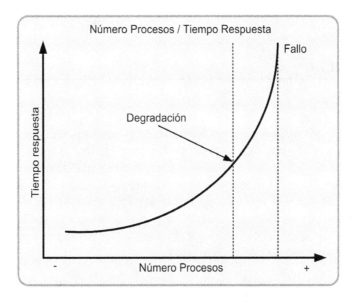

Fig 6.12: Umbrales para el número de procesos.

Consejo

Para que un Capacity Planning tenga existo, conocer los umbrales de degradación y fallo de cada uno de los componentes de la plataforma es fundamental. Este conocimiento nos permitirá tanto disponer de información para tomar acciones reactivas derivadas de la monitorización, como poder tomar acciones proactivas para reducir el número de incidencias en la plataforma.

6.8 Métricas

En un *Sistema de Información* podemos definir una serie de métricas que nos ayuden a conocer el estado de algunos de los parámetros de un de los elementos que conforman la plataforma IT. Estas métricas definen qué datos podemos recoger y la forman en la que los recogeremos. Ya hemos comentado que en sistemas complejos como son los sistemas de Información, la cantidad de parámetros que podemos medir es demasiado grande para plantearnos el análisis de todo el conjunto, por lo que debemos elegir una serie de parámetros que deben ser representativos del estado de los elementos.

La siguiente lista enumera una serie de métricas que están presentes en la mayoría de los sistemas de información. Estas métricas podemos considerarlas como la base por la que empezar en caso de no tener experiencia midiendo componentes IT.

- CPU.

- Memoria.

- Almacenamiento.

- Comunicaciones.

- Procesos/Threads.

6.8.1 *CPU*

La CPU es la unidad de procesamiento que emplean los componentes IT para trabajar con la información. Podemos considerar las CPUs como bloques de procesamiento de información. El estado de las CPUs está definido por una serie de parámetros, entre los que podemos destacar los siguientes:

- *%CPU asignado a sys,usr o idle*. La CPU es un recurso compartido en el sistema y es el sistema operativo el que decide cuanto tiempo debe emplear la CPU en la ejecución de las distintas tareas. Se puede dividir el tiempo de ejecución de la CPU en:

  - SYS, tiempo asignado al SO.

  - USR, tiempo asignado los procesos de usuario.

  - IDLE, tiempo en la que la CPU no tiene asignada tareas.

  Dependiendo de la distribución de tiempo haga la CPU, podremos identificar en qué se está empleando el tiempo de procesamiento.

- *Número de instrucciones del procesador*. Una CPU ejecuta un número de instrucciones hardware por segundo, dependiendo de varios factores como son la velocidad del reloj interno, la arquitectura del juego de instrucciones (CICS o RISC), el que disponga de varios pipelines, etc. Debemos conocer cuantas instrucciones hardware se ejecutan para saber si el procesador está al límite de su capacidad o sencillamente, por la propia arquitectura lógica de la aplicación, el procesador no es el correcto.

- *Número de fallos de cache L2*. Los procesadores básicamente se encargan de mover datos de un lado a otro, cuando estás moviendo datos es importante disponer de un sistema de cachés que ahorre tiempo en el acceso a componentes externos. La caché L2 es una caché de segundo nivel que se encuentra en el procesador y que evita el tener que acceder a la memoria física del sistema. Conocer el número de fallos de caché nos permitirá identificar problemas con la organización de los datos, el número de procesos que se están ejecutando y el tamaño de los segmentos de datos o instrucciones.

- *Número de fallos de TLB (Translation Lookaside Buffer)*. La TLB se utiliza para almacenar la conversión entre la dirección virtual de una página y su dirección física, esta cache tiene un tamaño determinado, por lo que solo puede almacenar una cantidad limitada de traducciones. Al ser una cache de traducción de direcciones los fallos en esta caché dependerán de factores como el tamaño de página de memoria o el número de instrucciones que ejecutan los procesos que corren en el SO.

- *Número de syscall ejecutadas.* Los procesos realizan peticiones al SO por medio de las llamadas a sistema (syscall). Conocer el número de llamadas a sistema que realiza un proceso, así como conocer la naturaleza de las mismas nos dará información de como el proceso está interactuando con el sistema.

- *Número de bloqueos.* Cuando un proceso intenta acceder a un recurso compartido, normalmente ejecuta un bloqueo sobre dicho recurso para impedir que otros procesos puedan acceder al recurso. Medir el número de bloqueos conseguidos y fallidos, nos dará una idea sobre como los procesos están luchando por conseguir un recurso.

6.8.2 *Memoria*

La memoria es el subsitema que permite almacenar la información dentro de un sistema, bien de manera temporal o bien de manera permanente. Podemos decir que la memoria está formada por un conjunto de componentes organizados de forma jerárquica en varios niveles, dependiendo de las necesidades que debe cubrir el sistema. Esta jerarquía de capas se establece en función del lugar que ocupa el componente de memoria en la arquitectura del sistema, y los distintos niveles o capas están establecidos según la distancia a la que están de la CPU. Podemos diferenciar tres tipos de memorias:

- *Memoria cache.* Es la memoria más rápida de la que se dispone en el sistema, normalmente está integrada dentro de los procesadores lo que obliga a que esta memoria sea de pequeño tamaño. Nosotros podemos ver el rendimiento de estas memorias y aunque no disponemos de parámetros para modificarlas, ya que son elementos hardware, si disponemos de parámetros en el SO para modificar el tipo de acceso a estas memorias.

- *Memoria principal.* Se considera memoria principal, la memoria de acceso aleatorio, que está conectada a los procesadores, pero que no forman parte de ellos, es memoria volátil y se utiliza para almacenar los datos con los que está trabajando el procesador, es la memoria conocida comúnmente como *RAM........*

- *Memoria secundaria.* Es memoria mucho más lenta que la memoria principal, porque está construida con elementos mecánicos, como los discos duros, está memoria es no-volátil y se utiliza para almacenar de forma permanente, datos de las aplicaciones, el código de las aplicaciones, etc. El acceso a memoria secundaria es, hoy día, uno de los grandes cuellos de botella de las aplicaciones y los SO, por la gran cantidad de datos con los que trabajan las aplicaciones, así como el tamaño de las misma, nos obliga a tener que almacenar mucha información necesaria para la ejecución de las aplicaciones en disco. El área de intercambio de los SO, normalmente se almacena en este tipo de memoria.

Por la posición que ocupa la memoria RAM dentro de la jerarquía de memoria, la velocidad de acceso a esta memoria es superior a la velocidad de acceso de la memoria secundaria (normalmente disco), con el abaratamiento de los costes de fabricación de la memoria RAM, se ha aumentado la memoria RAM en los sistemas de forma extraordinaria. Este aumento de memoria ha provocado, que muchas de las aplicaciones no optimicen los accesos a memoria, por lo que en muchos casos se ha producido un traslado del cuello de botella en el acceso a los datos, desde las controladoras de disco hacia los controladores de memoria. En los sistemas cada vez corren más procesos y son cada vez más complejos, necesitando cada vez más memoria.

Uno de los problemas más habituales hoy día es el problema del acceso a la memoria RAM. Los procesadores pierden mucho tiempo esperando los datos procedente de las memorias RAM, ya que al aumentar el tamaño de la memoria RAM y el número de procesos, provoca que los niveles de caché no sean tan eficientes como antes.

- *Porcentaje de uso de RAM asignada en el sistema.* Al igual que ocurre con la asignación de tiempo de la CPU, conocer como se reparte la memoria entre los distintos procesos que corren en el sistema nos puede ayudar a conocer si existe algún problema de rendimiento en algún componente del sistema. La memoria puede estar asignada a:

  - Kernel, memoria asignada al SO

  - Anon, es la cantidad de memoria asignada a páginas anónimas[22].

---

22 Todas las páginas de memoria están asociadas a un fichero del sistema de archivos mediante la tupla **inodo:desplazamiento**, la cual define el fichero al que hace referencia la página y el desplazamiento dentro del fichero. Existe un tipo de página, las llamadas páginas anónimas, las

de forma anónima USR, memoria asignada a los procesos de usuario.

- Cache de ficheros. Es la memoria asignada para el mapeo en memoria de los ficheros con los que trabaja un proceso. tiempo en la que la CPU no tiene asignada tareas.

- *Porcentaje de uso de memoria SWAP.* Podemos decir que el área de swap consiste en una zona de memoria secundaria, que el sistema utilizará para almacenar las páginas ocupadas, en memoria principal, por un proceso, una vez que el Kernel decide que dicho proceso debe ser sacado de la memoria. Normalmente esta situación, se debe a un problema con la cantidad de memoria libre en el sistema.

- *Número de páginas en IN y en OUT.* Estas dos columnas nos informan de la transferencia que se está produciendo entre la memoria secundaria y la principal. Tener un número elevado de *pi* o *po* durante un periodo prolongado de tiempo, nos indica que existe un problema con la cantidad de memoria en el sistema, ya que el Kernel está gastando mucho tiempo en coger páginas de memoria principal y pasarlas al área de SWAP o a un fichero y viceversa.

- *re page reclaims*, cuando el Kernel necesita una página nueva, la buscará dentro de las páginas libres en la *free list* o en la lista de páginas cacheadas de la *cache list*, cuando el Kernel coge una página de la *cache list* se dice que se ha producido una *page reclaim*. Por lo tanto, esta columna nos indicará que el Kernel está solicitando nuevas páginas memoria.

---

cuales no tienen asociado un fichero sino que están asociadas al espacio de **swap** directamente.
Las páginas anónimas corresponde a la memoria que se solicita de forma dinámica durante la vida de un proceso, por ejemplo cuando utilizamos la llamada de sistema **malloc()**.

6.8.3 Almacenamiento

El sistema de almacenamiento es el encargado de almacenar los datos con los que trabaja nuestra organización, está formado por una serie de dispositivos los cuales se utilizan para disponer de forma permanente acceso a la información. El sistema de almacenamiento incluye desde los discos duros locales a cada PC de la organización, los sistemas que ofrecen servicio de almacenamiento, como son los servidores NFS o iSCSI y los sistemas que forman las redes SAN de la organización. También debemos incluir dentro del sistema de almacenamiento los equipos encargados de la gestión de los backups, como pueden ser los servidores de backups, los robots de cintas o las VTLs. Es frecuente que los sistemas de almacenamiento dependan de subsistemas sobre los que están implementados o que reciben servicios de estos sistemas como son por ejemplo los sistemas de comunicaciones y los sistemas de contingencia.

La información que maneja una organización se ha convertido en uno de los principales activos de la organización, por lo tanto la plataforma IT debe asegurar tanto la velocidad de acceso a los datos como garantizar la integridad de los mismos. Los sistemas de almacenamiento son una pieza clave en el desarrollo de una plataforma IT ya que tendrán que garantizar que la cantidad de los datos con lo que opera una organización es asumible por la plataforma, tanto a cantidad como a calidad del acceso.

La mayoría de las organizaciones basan sus planes estratégicos de desarrollo del negocio en una mejora de la gestión de la información, lo que se traduce en gestionar de forma eficiente más información. Por lo tanto uno de los componentes clave en el desarrollo del Capacity Planning es el análisis de los sistemas de almacenamiento que sirven como soporte físico a la información de la organización.

Al igual que ocurre con otros componentes de la plataforma IT, el sistema de almacenamiento de la organización está formado por una serie de subsistemas los cuales se relacionan entre sí y con otros subsistemas de la organización. Podemos clasificar los componentes o subsistema de almacenamiento de la siguiente forma, aunque esta clasificación dependerá de la naturaleza de la organización.

6.8.3.1   Almacenamiento Local

Podemos identificar como almacenamiento local a todos aquellos componentes del almacenamiento que están relacionados directamente con el soporte de la información de las estaciones de trabajo, como pueden ser los discos duros, los DVDs, los discos USB, etc. Este tipo de almacenamiento se denomina DAS (Direct Attached Storage) ya que el dispositivo de almacenamiento está conectado directamente con el cliente.

DAS

Fig 6.13: Almacenamiento DAS.

6.8.3.2   Almacenamiento Compartido

Disponer de almacenamiento local en cada puesto de trabajo presenta una serie de ventajas pero también inconvenientes como es el mal aprovechamiento de los recursos disponibles para almacenar la información. El almacenamiento compartido consiste es uno o varios sistemas de almacenamientos a los que el resto de elementos de la plataforma que lo necesitan se conectan y se les asigna una cantidad de espacio. Todo el espacio es gestionado por el sistema de almacenamiento compartido para aprovechar las sinergias generadas de las necesidades de espacio de almacenamiento de todos los componentes de una plataforma IT.

Podemos ver el almacenamiento compartido como un sistema que ofrece como servicio una cantidad de espacio especifica, la cual es utilizada por el consumidor según las necesidades de este. Dependiendo de la forma en la que se accede al espacio de almacenamiento compartido existen dos posibilidades:

- *NAS (Network Attached Storage)*. El almacenamiento compartido ofrece como servicio un espacio de almacenamiento y lo presenta a los consumidores de espacio como Sistemas de Ficheros, los cuales son accedidos utilizando algunos de los protocolos de red como NFS o CIFS. Para el sistema que consume espacio de almacenamiento, los datos son presentados como ficheros de un sistema de ficheros en red, de esta forma varios consumidores pueden tener acceso simultáneo tanto en lectura como en escritura al mismo espacio de almacenamiento. Un ejemplo serían las unidades de red a la que acceden los Pcs en una oficina.

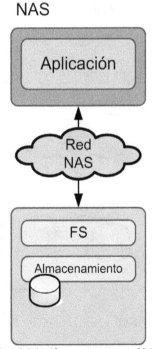

Fig 6.14: Almacenamiento NAS.

- *SAN (Storage Área Network)*. El acceso al espacio de almacenamiento del sistema de almacenamiento compartido se realiza a nivel de bloque, es decir que el sistema no accede a un sistema de ficheros como ocurre con el NAS, sino que ejecuta instrucciones de E/S sobre un dispositivo de bloques remoto que es el espacio de almacenamiento que ofrece el sistema de almacenamiento compartido. La principal diferencia con respecto al NAS es que en SAN el dispositivo de almacenamiento recibe instrucciones a nivel de bloque frente al NAS donde recibe peticiones a nivel de fichero. Al ser la SAN una red de acceso a nivel de bloque necesita que la latencia de la red de comunicaciones sea muy baja, por esta razón las primeras redes SAN se construyeron con tecnología FibreChannel. Actualmente se puede implementar una red SAN empleando elementos más baratos, como son las redes Ethernet, con tecnología IP mediante el uso de SCSI sobre IP (iSCSI).

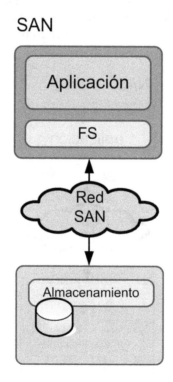

Fig 6.15: Almacenamiento SAN.

6.8.3.3   Copias de seguridad

Las copias de seguridad son la última salvaguarda que tiene una organización para rectificar un problema de pérdida de información y según la criticidad de la información perdida, el backup se convierte en un elemento crítico para la continuidad del negocio de la compañía. Por tanto, como elemento crítico para le Negocio debemos considerar de igual manera un componente crítico desde la Tecnología.

A priori, podemos pensar que las copias de seguridad no son un elemento importante a la hora de abordar un Capacity Planning y de hecho en muchos casos no solo no se considera un elemento crítico, sino que sencillamente no se aborda el análisis de la capacidad del sistema de copias de seguridad. Este error, que en un principio parece trivial, puede desencadenar un conjunto de consecuencias graves para el Negocio.

La función principal de mantener un sistema de copias de seguridad es almacenar de forma periódica la información crítica de la compañía y que dicha información esté disponible cuando la compañía la necesite. La afirmación anterior crea un vínculo entre la cantidad de datos que se necesitan almacenar y el volumen de las copias de seguridad que se deben realizar. En consecuencia, si hemos realizado un análisis de la capacidad del sistema de almacenamiento para absorber el cambio en la demanda de Negocio, debemos analizar el impacto que el cambio cuantitativo del volumen de información tendrá sobre la capacidad del sistema de copias de seguridad, para garantizar la información de la compañía en caso de que ocurra una contingencia.

Consejo

Los sistemas de copia de seguridad suelen tener un carácter secundario en la mayoría de las plataformas IT, aunque para el Negocio sea un elemento crítico frente a situaciones de contingencia. Es fundamental para el Negocio disponer de un sistema de copias de seguridad que garantice el acceso a la información de la compañía, lo que significa que es necesario que el Capacity Planning incluya al sistema de copias de seguridad.

6.8.4 Comunicaciones

A lo largo de todo el libro hemos comentado varias que dos de las características principales de un sistema de información son:

- Es un sistema complejo que está constituido por un conjunto de componentes, los cuales trabajan de forma coordinada.

- Su función principal es la de gestionar la información de una organización. Para realizar de forma optima esta gestión, los componentes del sistema intercambian datos, de tal forma, que el resultado de dicho intercambio sea la información que necesita la organización.

Es decir, los sistemas de información necesitan que los datos puedan ser transferidos entre los distintos componentes que lo constituyen y también es necesario que los clientes del sistema envíen peticiones y reciban los resultados. Por tanto, los elementos de comunicaciones son componentes críticos dentro de un sistema de Información y como elemento críticos que son, son una fuente frecuente de problemas, por lo que debemos estudiar a conciencia la forma en la que están trabajando todos los componentes de comunicaciones, tanto internamente como externamente para identificar posibles puntos negros que generen problemas de contención o bloqueo en los flujos de información.

Todos los elementos de comunicaciones de un Sistema de Información, como podemos ver en la figura 6.16, pueden ser clasificados en dos grupos, según la función que prestan dentro de la propia arquitectura del sistema:

- *Comunicaciones externas*. Todos aquellos elementos cuya función es permitir el flujo de información entre la plataforma y el exterior, ya sean clientes que utilizan redes de comunicaciones como Internet, intranets corporativas u otros SSII.

- *Comunicaciones internas*. Todos los elementos de comunicaciones que permiten la conectividad entre los distintos componentes del Sistema de Información, siendo los canales físicos sobre los que fluyen los datos de la plataforma.

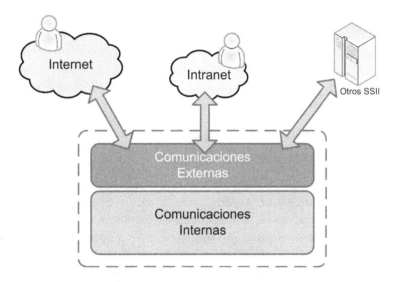

Fig 6.16: Clasificación componentes de comunicaciones.

Teniendo en cuenta esta división de los componentes de comunicaciones en externos e internos, las variables que nos interesa medir y monitorizar no serán las mismas en ambos grupos.

6.8.4.1 Comunicaciones Externas

Cuando estudiamos los elementos de comunicaciones de un sistema de información, que permiten que dicho sistema de información pueda, tanto ser accedido, como que pueda acceder al exterior. Debemos centrar nuestro análisis principalmente en medir las siguientes variables:

- *Velocidad*. En una comunicación la velocidad con la que un sistema es capaz de enviar/recibir datos, está directamente relacionada, para el usuario de la plataforma con la calidad del servicio.

- *Ancho de banda*. Tan importante es la velocidad como la cantidad de información que un sistema puede enviar/recibir. La cantidad de información que la plataforma necesita transferir desde/hacia el exterior, estará condicionada por la naturaleza del negocio al que da servicio. Estimar la cantidad de información que el Negocio necesita transferir y contrastarla con la capacidad actual de los sistemas de comunicaciones es un ejercicio necesario para garantizar la calidad del servicio.

- *Concurrencia*. La forma en la que la mayoría de los sistemas de información se comunican con el exterior es mediante conexiones de entrada/salida. El número de canales concurrentes que puede gestionar un sistema es una de las variables que debemos estudiar, para evitar que las comunicaciones con el exterior se conviertan en un cuello de botella, ya sea de entrada o de salida.

- *Disponibilidad*. Los sistemas de información que deben comunicarse con el exterior deben presentar unos tiempos de disponibilidad acorde con la criticidad del servicio que prestan. Por tanto, la disponibilidad de la conectividad es una variable importante que puede condicionar muchas de las decisiones, en cuanto al plan de Capacidad.

6.8.4.2   Comunicaciones Internas

Como hemos comentado anteriormente, los componentes de comunicaciones internas son los encargados de mantener la conectividad entre los distintos elementos de un sistema de información, los cuales presentan una serie de requisitos propios para el intercambio de información. Para analizar el comportamiento de los componentes de comunicaciones internas debemos estudiar los siguientes aspectos:

- Las políticas de reparto de carga o balanceo de carga.

- Reglas de acceso.

- Cuantificar la información que genera/recibe cada componente.

- Problemas de contención en componentes compartidos.

- Los flujos cíclicos de información.

- Problemas físicos del cableado.

6.8.5 Procesos

En un apartado anterior hemos hablado de la CPU, como la unidad hardware encargada de procesar los datos en función de una serie de instrucciones que le indican qué debe hacer con los datos. El conjunto de instrucciones se denomina programa. Al conjunto formado por el programa, los datos con los que trabaja y el estado de la CPU, se denomina un *proceso*. Es decir, se denomina *proceso* al programa que está utilizando una CPU para trabajar con un conjunto de datos. Los procesos son los elementos que relacionan la capa de software con la capa de hardware de una infraestructura IT.

Para cualquier sistema de información es importante analizar la forma en la que la capa de software interactúa con la capa de hardware, por lo tanto, estudiar cómo los procesos trabajan con los datos y hacen uso de los recursos hardware es fundamental para conocer la capacidad de los distintos componentes de una plataforma IT.

Existe una gran cantidad de variables que podemos medir en un proceso, pero solo vamos a enumerar las que podemos considerar más importantes:

- Número de instrucciones ejecutadas por unidad de tiempo.

- Cantidad de memoria requerida para trabajar con el conjunto de datos.

- Número de accesos a memoria.

- Número de accesos a almacenamiento secundario (discos).

- Dependencias con otros procesos.

6.9 Tiempo de respuesta

Los sistemas de información están constituidos por un conjunto de componentes de distintas naturalezas, que al trabajar de forma conjunta necesitan intercambiar datos entre unos y otros componentes. Esta visión simplificada de lo que es un Sistema de Información la podemos ver representada en la figura 6.17. El esquema es muy sencillo, un sujeto que puede ser una persona o bien otro Sistema de Información realiza una petición al Sistema. La petición es atendida por el componente 2, el cual a su vez realiza una petición al componente 1. El componente 1 tiene la función de administrar el dato A y por tanto, en repuesta a la petición que recibe, devuelve el dato A. El componente 2 recibe el dato A y lo transforma para atender a la petición del cliente, devolviendo el dato A', que puede ser, es una transformación del dato original.

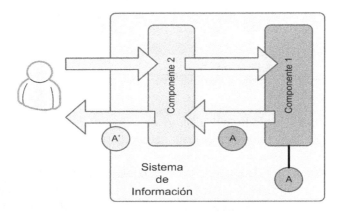

Fig 6.17: Esquema de Sistemas de Información.

Con este sencillo ejemplo podemos ilustrar la importancia del tiempo de respuesta como métrica crítica de un Sistema de Información. Podemos definir el Tiempo de Respuesta como periodo de tiempo que transcurres desde que un elemento recibe una petición hasta que se devuelve el resultado correspondiente. Todos los componentes de un Sistema de Información cuentan con esta variable, que mide el tiempo que un elemento emplea para construir una respuesta. En nuestro ejemplo podemos enumerar varios tiempos de respuestas:

- El tiempo de respuesta del Sistema (Trs).

- El tiempo de respuesta del Componente 1 (Trc1).

- El tiempo de respuesta del Componente 2 (Trc2).

Debido a la relación de dependencia que existe entre los distintos componentes del Sistema, los tiempos de respuesta mantienen esta dependencia, de tal forma que:

$$Trs = Trc2$$
$$Trc2 = Tiempo\ de\ operación + Trc1$$
$$Trc1 = Tiempo\ de\ operación$$

Consejo
Es muy importante para evaluar la capacidad de una plataforma conocer cuales son las dependencias que existen entre todos los componentes de la misma, con el objetivo de poder establecer unos criterios correctos a la hora de valorar los tiempos de respuesta.

Hasta ahora hemos hablado del *tiempo de respuesta* como una característica importante de los elementos que constituyen un Sistema de Información. Pero no solo debemos ver los tiempos de respuesta desde una perspectiva IT, ya que desde el punto de vista del Negocio, los *tiempos de respuestas* se utilizan en los Acuerdos de Niveles de Servicio (ANS o SLA, en inglés). La inclusión en los SLAs de los tiempos de respuesta es un ejercicio habitual que las unidades de negocio realizan ya que establece el tiempo que es necesario para la realización de ciertas operaciones de negocio. Para el Negocio es crítico que desde las áreas de IT se establezcan unos criterios sólidos sobre los tiempos de respuesta de los distintos componentes IT, con el fin de construir uno SLA razonable y competitivo, que garantice, por una parte unos niveles mínimos de calidad del servicio, y por otro lado estén en consonancia con el rendimiento real de la plataforma IT.

Consejo

Debemos ser sumamente prudentes con aquellos Tiempos de Respuesta incluidos en los SLAs y que tengan una dependencia externa a nuestra plataforma, un ejemplo es el tiempo de respuesta de navegación, ya que durante la navegación HTTP se produce un intercambio de paquetes entre el cliente y el servidor, pero dicho intercambio está gestionado por el protocolo que estableces unos paquetes de control. Si el cliente dispone de un acceso de red lento, esto se traducirá que una gestión lenta de los paquetes y por lo tanto repercutirá directamente en los tiempos de respuesta que el cliente percibe.

En una configuración cliente/servidor, donde el cliente realizar una petición que debe ser tratada por el servidor para devolver una respuesta, existen básicamente 3 fases:

- Envío/recepción de la petición.

- Procesamiento de la petición.

- Envío/recepción de la respuesta.

La figura 6.18 muestra un ejemplo de las tres fases cuyos tiempos participan en la construcción del Tiempo de Respuesta.

El cliente envía la petición que es recibida por el Servidor, denominamos Tr1 al tiempo de transmisión por parte del cliente y de recepción por parte del servidor. La segunda fase la constituye el procesamiento que el servidor debe realizar con la petición recibida para construir una respuesta. Y por último está la fase de envío y recepción de la respuesta por parte del cliente. La suma de los tres tiempos se conoce como Tiempo de Respuesta.

$$Tr = Tr1 + Tp + Tr2$$

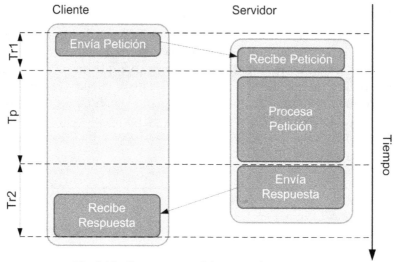

Fig 6.18: Componentes del tiempo de respuesta.

Por tanto, en el tiempo de respuesta tendrá más peso uno u otro dependiendo de la naturaleza del elementos que estamos estudiando, ya que no tendrá la misma importancia el análisis que podamos hacer del tiempo de respuesta de una transacción de base de datos, donde gran parte del peso lo tendrá el procesamiento y el envío de la respuesta, que una petición Web estática donde gran parte del peso estará en el tiempo de envío de la respuesta. En cualquier de los casos es crucial analizar el impacto que cada uno de los tiempos tienen sobre el tiempo de respuesta y la relación o dependencia de estos tiempos con los elementos IT que gestionamos.

6.9.1 *Tiempo de procesamiento*

El análisis del *tiempo de procesamiento* nos ayudará en la tarea de intentar encontrar un punto del procesamiento de la petición que podamos mejorar para que se reduzca en su conjunto el *Tp*. Dependiendo de la plataforma en la que trabajemos, debemos realizar un desglose de todas las operaciones que se realizan para procesar una petición, analizando los tiempos que se emplean en cada una de las operaciones.

Siguiendo una arquitectura típica, la mayoría de las plataformas están formadas por tres capas:

- La capa de *Presentación*.
- La capa de *Aplicación*.
- La cada de *Datos*.

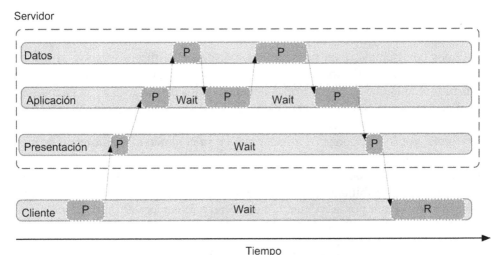

Fig 6.19: Distribución del tiempo de respuesta.

El procedimiento de análisis del Tiempo de procesamiento pasa por estudiar la forma en la que los elementos de las distintas capas se comunican para tratar las peticiones y la relación de dependencia entre los tiempos de respuesta de una capa y los tiempos de procesamiento de la capa inferior. También es fundamental estudiar los tiempos de transferencia tanto de las peticiones como de los resultados entre las distintas operaciones para identificar problemas en la infraestructura de comunicaciones sobre la que trabajan todas las capas de la plataforma.

El estudio de los tiempos de respuesta nos permite cuantificar el rendimiento de todos los componentes que participan en una petición de Negocio. Debemos recordar que cuando hablamos de buen rendimiento de un componente no estamos hablando únicamente de la velocidad con la que la petición que se ha solicitado se ha entregado, sino más bien hablamos de que los costes asociados a dicha petición justifiquen los tiempos de respuesta. No debemos pensar cuando hablemos de rendimiento únicamente de velocidad, también debemos pensar en costes y justificaciones de las distintas soluciones que se ajusten a las necesidades de negocio de nuestra organización.

El análisis del rendimiento debemos verlo como ejercicio que abarque el conjunto de la plataforma IT, ya que debemos considerar la plataforma IT como un sistema complejo formado por elementos que interactúan mediante una serie de directrices, por lo tanto en el rendimiento intervienen tanto los elementos como la definición de las directrices.

Pensemos por ejemplo, para qué queremos disponer de discos rápidos, si resulta que la infraestructura de comunicaciones no tiene suficiente ancho de banda para transmitir todo lo que las aplicaciones obtienen de los discos, este es un ejemplo de una plataforma que pensamos dispone de un buen rendimiento en los discos, pero cuya infraestructura de red está por debajo de las necesidades de la nuestra plataforma, por lo que podemos afirmar que en su conjunto el rendimiento es muy bajo, ya que tenemos elementos que tienen un coste alto, como pueden ser los discos de fibra, pero de los que conseguimos una tasa de transferencia muy por debajo de sus posibilidades potenciales, debido a que las aplicaciones no conseguirá transmitir por la red, tan rápido como podrían leer de los discos.

Otro ejemplo, podría ser el uso de CPU, actualmente existen en el mercado una serie de procesadores multicore. Este tipo de procesadores tienen un gran potencial en cuanto al rendimiento que podemos obtener de ellos. Han sido diseñados para ejecutar aplicaciones multithread, ya que se basan en un principio mediante el cual una aplicación multithread comparte el espacio de direcciones del proceso, por lo tanto todos lo threads, por el principio de proximidad tendrán las mismas peticiones de memoria y por lo tanto muchos aciertos en las cachés. Pero por muchas máquinas con procesadores multicore que tenga nuestra plataforma, si la aplicación no está preparada para cierta carga, el rendimiento que sacaremos de los procesadores será muy pobre.

Por ejemplo, un problema típico de las aplicaciones multithread es que a partir de un número de sesiones concurrentes los threads de aplicación comiencen a competir por elementos de sincronización, lo que provocará que la ejecución normal de dichos threads se ralentice. La pregunta que nos debemos hacer es ¿en qué nos ayudan nuestras nuevas CPUs multicore? La respuesta es sencilla, en disponer de más threads luchando por un recurso compartido, es decir, sencillamente en nada. Este es un ejemplo de como un elemento, como puede ser una CPU multicore, con un buen potencial en cuanto a rendimiento, en ciertas circunstancias su rendimiento es muy pobre y puede darse el caso que hasta peor que en otro tipo de CPUs, pero este es otro tema que discutiremos otro día.

Estos ejemplos, sirven para ilustrar el por qué debemos analizar los tiempos de cada una de las tareas que ejecutan los distintos elementos de una plataforma para procesar una petición. Es sorprendente la veces que en una plataforma con un potencial en rendimiento enorme, no podemos obtener los resultados esperados por culpa de que dicho potencial de rendimiento se empobreces por el comportamiento de un único elemento, que a primera vista parecía insignificante, como una tarjeta de red, un espacio de disco compartido, el número de semáforos de un SO o la configuración por defecto del pool de conexiones a una base de datos.

6.9.1.1   Capa de Presentación

La capa de presentación es la encargada de presentar los resultados solicitados a la plataforma, normalmente está formada por un pool de máquinas, sobre las que se balancean las peticiones y de esta forma poder distribuir la carga entre todo el pool de máquinas. Existen tres problemas que se pueden presentar en la capa de presentación y que afectan directamente al tiempo de respuesta.

- *El balanceo no es homogéneo*, es decir, las máquinas del pool no reciben el mismo número de peticiones, en este caso se produciría un problema de carga en algunas de las máquinas, impidiendo que tanto la recepción como la presentación de los datos no se hagan en los tiempos esperados de operación normal del sistema.

- *El tiempo de sesión sea insuficiente*, la capa de presentación se encarga de mantener establecida la sesión con el usuario, una elección errónea en la configuración del tiempo de sesión del servicio puede provocar timeouts en las conexiones contra esta capa, generando de esta forma dos tipos de problemas, por un lado se cierra la comunicación con la capa de aplicación, lo que suponen no poder aprovechar el trabajo que ésta capa estaba realizando y por otro lado, al cerrar la conexión con el usuario, este tiene la sensación de que se ha producido un error.

- *Problemas de Caché.* Mucha de la las peticiones que recibe la capa de Presentación requieren el mismo tipo de información de respuesta, por lo que una buena estrategia para liberar de trabajo repetitivo a la capa de Aplicación es la implementación de una infraestructura de caché que almacene de forma temporal la información de respuesta para ciertas peticiones de entrada. Si la configuración del sistema de caché no es el correcto, no solo no mejoraremos los tiempo de respuesta, sino que podríamos conseguir empeorarlos con respecto a los tiempos de respuesta en el caso de no disponer de sistema de cache.

En la mayoría de los casos la capa de presentación tiene como objetivo servir de frontal a la plataforma IT, sin implementar demasiadas funciones de la lógica del Negocio, siendo una capa relativamente sencilla cuyo trabajo es recibir las peticiones y devolver los resultados, por lo tanto debemos asegurarnos que los datos, tanto de peticiones de entrada, como las respuestas de salida estén el menor tiempo posible en tránsito en esta capa.

Aunque a primera vista, la capa de presentación no tiene demasiado peso en el desarrollo de los procesos de Negocio, ya que no se suele implementar la lógica del negocio en ella, es la capa con la que interactúan los clientes y por tanto cualquier problema en esta capa tendrá un tremendo impacto sobre los tiempos de respuesta y la percepción que el cliente tenga de la plataforma.

Consejo

Al construir la Capa de Presentación debemos ser conscientes que debe tener una arquitectura sólida y sencilla. Sólida ya que es el escaparate que el cliente tiene de la plataforma IT, cualquier problema en esta capa tendrá un impacto directo en la percepción del cliente. Sencilla para que sea fácilmente modificable según las necesidades del Negocio.

6.9.1.2   Capa de Aplicación

La capa de Aplicación implementa la lógica del Negocio, dependiendo de la complejidad de esta lógica la capa de Aplicación será más o menos complicada desde un punto de vista de su arquitectura. La capa de Aplicación se encarga de modelar las respuestas que la plataforma debe dar, en función de las peticiones recibidas. Esta capa es la que puede presentar el mayor número de problemas, en cuanto al rendimiento se refiere. Es la capa más compleja desde un punto de vista lógico. También tenemos el problema de la implementación que se haya realizado en la lógica de negocio. En esta capa podemos encontrar, entre otros problemas, alguno de los siguientes, que afecten de forma directa al tiempo de respuesta:

- *Una mala implementación de la lógica de Negocio.* Los componentes de la capa de aplicación son los encargados de modelar los datos para construir una respuesta, dependiendo de la implementación de los procesos de modelado de datos, la capa necesitará más o menos tiempo.

- *Problemas de sincronización.* Hoy en día la mayoría de las aplicaciones están construidas sobre entornos multithread, permitiendo que varios threads de un mismo proceso trabajen de forma más o menos coordinada para modelar los datos. Si los métodos de sincronización entre los distintos threads no están correctamente implementados, pueden provocar esperas para intentar acceder al recurso compartido, lo que se traducirá en un aumento del tiempo de respuesta. Aparte de los problemas derivados de las espera, se puede producir una situación aún peor en la que los threads queden bloqueados, lo que se conoce como *deadlock*.

- *Problema en el balanceo de peticiones.* Al igual que ocurre en la capa de presentación, normalmente la capa de aplicación está formada por una granja de servidores, sobre los cuales se balancean las peticiones para intentar distribuir la carga. Si las peticiones que recibe la capa de aplicación no son homogéneas en cuanto al orden de magnitud de sus pesos, se puede producir un desequilibrio en el balanceo de carga, algunas de las máquinas estarían procesando peticiones pesadas mientras siguen recibiendo otro tipo de peticiones más ligeras, frente al resto de máquinas que solo reciben peticiones ligeras. Esta diferencia entra la carga de las máquinas provocaría de forma aleatoria un problema con los tiempos de respuesta.

Consejo

Una buena práctica a la hora de implementar la lógica de Negocio en la capa de Aplicación es intentar desarrollar muchas tareas ligeras que cooperen entre si, ya que este tipo de aplicaciones permiten aprovechar de forma más eficiente los recursos de la plataforma IT al reducir la granularidad de los elementos de trabajo. Con la aparición de la tecnología multithread en ámbitos tales como los lenguajes de programación, los servidores de aplicación y los procesadores, podemos implementar procesos de negocio complejos mediante el uso de un conjunto de tareas sencillas que aprovecharán al máximo los recursos disponibles.

A grandes rasgos, estos son tres ejemplos, de los problemas que primero se deberían intentar resolver en la capa de aplicación, ya que, dependiendo de la naturaleza de la plataforma IT que tenga nuestra organización, son las principales causas de aumento en el tiempo de respuesta.

6.9.1.3   Capa de Datos

La capa de datos es la encargada de almacenar y gestionar gran parte de los datos con los que trabaja la plataforma. Su función principal es mantener disponible los datos que la capa de Aplicación necesite. La forma en la que la información esté organizada y almacenada en la capa de Datos dependerá de la naturaleza y arquitectura de la plataforma.

Es frecuente que los datos con los que trabaja la plataforma estén almacenados Bases de Datos los cuales tienen unos gestores que se encargan de mantener la información. Pero no siempre los datos deben estar almacenados en una estructura de bases de datos, por ejemplo los buzones de los usuarios de un sistema de correo pueden ser ficheros y directorios, por lo tanto la capa de Datos estará constituida por la infraestructura necesaria para gestionar todos estos ficheros.

La capa de Aplicación interactúa con la capa de Datos para leer, añadir y actualizar datos. Al igual que ocurría con las capas anteriores, los tiempos de respuesta de la capa de Datos impactan directamente en el tiempo de respuesta del usuario. Los principales problemas que nos podemos encontrar en la capa de Datos son:

- *Problemas de acceso al hardware de almacenamiento.* Los datos, normalmente, están almacenados en un espacio de disco, este espacio puede ser interno a la máquina o externo, por ejemplo accediendo a una red SAN o NAS. Realizar un análisis sobre las distintas capas por la que pasa el dato desde que solicita hasta que se obtiene, es una tarea imprescindible para identificar algún posible cuello de botella.

- *Configuración de cachés en los gestores de datos.* La mayoría de los gestores de datos, normalmente las Bases de Datos, disponen de una serie de parámetros para la configuración de cachés internas, localizadas en la mayoría de las veces en memoria RAM, realizar una configuración correcta de estas cachés, evitara tener que solicitar el dato a disco y por lo tanto evitamos el tiempo que se necesita para traer el dato del disco.

- *Acceso concurrente.* Uno de los principales problemas que se propaga desde la Capa de Aplicación hacia la capa de Datos es la forma en la que se accede a los datos, ya que si no se realiza una gestión del acceso correcta, se generarán bloqueos en la capa de datos a la hora de acceder de forma concurrente al mismo dato.

El propósito de la capa de Datos es gestionar toda la información y almacenarla de forma permanente. La gestión que los elementos de almacenamiento hacen de la información debe ser cuidadosamente analizada, ya que cualquier problema con los tiempos de acceso a los datos, que en el resto de las capas podría ser irrelevante, en esta capa puede generar un problema con los tiempos de respuesta de las peticiones procesadas.

6.10 Pruebas de carga

Existen varias formas de medir el rendimiento de una plataforma IT o de alguno de sus elementos, en los puntos anteriores hemos visto las distintas variables que se pueden medir, la forma de hacerlo y el método para entender los resultados obtenidos. Una herramienta necesaria en le proceso de medición es la prueba de carga, que consiste en crear un entorno controlado, con unas condiciones de entrada determinadas, las cuales nos ayudaran a analizar el comportamiento del elemento o la plataforma que estamos estudiando.

El objetivo principal de la prueba de carga es conocer el comportamiento de un componente bajo ciertas circunstancian determinadas y en un entorno controlado, donde poder realizar una análisis en profundidad de algunas de las características del componente que estamos sometiendo a la prueba de carga. Cualquier prueba de carga está compuesta por tres componentes básicos:

- *El juego de condiciones de entrada,* está formado por el conjunto de datos de entrada y las condiciones en las que se realizará la prueba. Del juego de condiciones de entrada depende directamente el éxito de la prueba de carga, ya que si no disponemos de un juego de datos de entrada y de unas condiciones que se ajusten a la situaciones que estamos estudiando, no podremos tener la seguridad de que los datos obtenidos en la prueba corresponden al comportamiento que el sistema tendrá en una situación real. Para la creación del juego de condiciones de entrada es imprescindible conocer en profundidad el elemento sobre el que vamos a realizar la prueba de carga, así como el comportamiento esperado de dicho componente en las condiciones que estamos aplicando.

- *El sistema* sobre el que vamos a realizar la prueba de carga. Existen 2 posibilidades a la hora de realizar la prueba de carga, que dicha prueba la hagamos sobre una maqueta que simule el comportamiento del elemento que queremos medir o bien, que realicemos la prueba de carga sobre el elemento propiamente dicho.

- *Los datos de salida* que genera la prueba. La prueba de carga generará un conjunto de datos de salida, los cuales tendremos que analizar para obtener unas conclusiones sobre el comportamiento del sistema durante la prueba de carga.

Un error bastante común cuando nos planteamos realizar una *prueba de carga* es creer que lo único que debemos hacer para que la prueba de carga tenga éxito es aplicar un conjunto de condiciones de entrada generales y obtendremos un conjunto de datos de salida lo suficientemente bueno para que podamos obtener todo tipo de conclusiones sobre el comportamiento del sistema que estamos estudiando. Este error de planteamiento a la hora de diseñar una prueba de carga, surge por el desconocimiento que tenemos sobre el tamaño real del juego de condiciones de entrada para nuestra prueba.

En Sistemas complejos, como son los sistemas de información, el tamaño de juego de condiciones de entrada posibles a las que podemos someter el sistema para la prueba de carga puede llegar a ser enorme, por lo tanto dependiendo de lo parecido que sean el juego de condiciones de entrada con el juego de condiciones de entrada posibles, los resultados obtenido durante la prueba podrán generar unas conclusiones que se aproximen de forma más fiable al comportamiento del sistema bajo estas condiciones en la realidad.

Podemos decir que el juego de condiciones de entrada está formado por:

- *Juego de condiciones de entrada posibles*, que es el conjunto de todas las posibles situaciones de entrada de datos en el Sistema. Utilizamos el adjetivo *posible* porque este juego de condiciones es el conjunto de todos aquellos datos y condiciones de entrada que el Sistema pueda tener. Al ser Dependiendo de la naturaleza del Sistema que estamos estudiando y del contexto para el que realizamos la prueba, el conjunto de condiciones de entrada posible sea tan grande que se nos escape parte de dicho conjunto.

- *Juego de condiciones de entrada conocidas*, nos referimos a un subconjunto de las *condiciones de entrada posibles* y engloba a todas aquellas condiciones de entrada que conocemos. Puede darse el caso de que existan condiciones de entrada posibles pero que nosotros desconocemos, dependiendo de la diferencia entre el conjunto y el subconjunto el número de condiciones que no estarán soportadas en la prueba será mayor o menor. La situación ideal al realizar un prueba es que el conjunto de situaciones conocidas sea lo más parecidos posible al conjunto de situaciones posibles.

- *Juego de condiciones de entrada de prueba*, es un subconjunto del juego de condiciones conocidas y dependerá del propósito para el que estamos realizando las pruebas de carga. Este subconjunto puede ser más o menos parecido al conjunto de condiciones conocidas, en una prueba de carga es aconsejable, aunque no necesario, para el existo de la prueba que el conjunto de condiciones de prueba sea semejante al conjunto de condiciones conocidas.

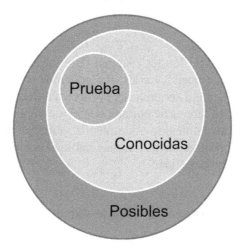

Fig 6.20: Juego de condiciones de Entrada.

La figura 6.20 representa la relación entre los juegos de condiciones de entrada *Posibles*, *Conocida* y de *Prueba*. Lo interesante a la hora de realizar una prueba es que los 3 conjuntos tengan un tamaño similar, es decir que aunque desconozcamos por completo el tamaño del conjunto Posibles, el de Conocidas sea los suficientemente grande para que podamos considerar que se acerca a Posibles y por supuesto es fundamental que el subconjunto de Prueba se asemeje en tamaño al subconjunto Conocidas.

Malas prácticas

Una mala práctica consiste en realizar pruebas de carga esperando que dichas pruebas saquen a la luz problemas que no conocíamos. Es verdad que a veces durante una prueba de carga se descubren situaciones que no eran conocidas y que pueden ser un problema para el Sistema, pero este hecho es puramente accidental, ya que esto no ocurre siempre. Debemos entender que la prueba de carga se realiza con un propósito concreto y no debemos esperar que la prueba nos revele información sobre el comportamiento del Sistema que no esperábamos recibir, ya que eso significa que no controlamos totalmente la prueba de carga y que nuestro conocimiento sobre el objetivo de la prueba es bastante pobre.

6.11 Rendimiento vs Satisfacción

Es frecuente y sobre todo entre la gente que utiliza los actuales Sistemas de Información emplear el término rendimiento para referirse al concepto de Velocidad. No es raro que un usuario de un sistema IT hable de:

- El rendimiento de esta aplicación es muy malo, es muy lenta.

- Esta página Web no tiene buen rendimiento, tarda mucho en cargar.

- El equipo que me he comprado tiene una de las CPUs con mayor rendimiento del mercado.

En todos estos casos, se ha asimilado rendimiento como un sinónimo de velocidad, de hecho según la Real Academia Española de la Lengua, el significado del término *rendimiento* es:

Rendimiento.
- *1. m. Producto o utilidad que rinde o da alguien o algo.*
- *2. m. Proporción entre el producto o el resultado obtenido y los medios utilizados.*
- *3. m. cansancio (‖ falta de fuerzas).*
- *4. m. Sumisión, subordinación, humildad.*

- *5. m. Obsequiosa expresión de la sujeción a la voluntad de otro en orden a servirle o complacerle.*

Como podemos ver en el listado, ninguna de las definiciones hacen referencia al término de *velocidad*, de hecho la que mejor se ajusta para un entorno IT sería:

"Proporción entre el producto o el resultado obtenido y los medios utilizados."

Ahora pensemos cual es la principal diferencia entre una máquina y un ser humano, sino la principal, una de las principales es la *subjetividad* con la que una persona experimenta una situación y como esta experiencia puede ser totalmente distinta para otra persona. Por el contrario, una máquina no experimenta de forma subjetiva una situación, es decir, la máquina evalúan una situación de la misma forma todas las veces que lo haga.

Para las plataformas IT que dan servicio en los Sistemas de Información, la subjetividad con la que un usuario experimenta el uso de dicha plataforma puede convertirse en un problema, aun obteniendo los mismos resultados. Cuando una persona interactúa con una plataforma IT realiza dos acciones básicas, independientemente de la complejidad de las operaciones:

- Suministrar información a la plataforma.

- Obtener una respuesta satisfactoria del sistema.

Es importante que entendamos que el usuario espera una respuesta *satisfactoria,* es decir, que la información que haya obtenido cumpla unos criterios mínimos sobre las expectativas que el usuario tenía a la hora de solicitar la información.

El tiempo que transcurre entre que el usuario finaliza la introducción de la información en el sistema, hasta que obtiene una respuesta, es el tiempo de espera. Dependiendo de la duración del tiempo de espera la satisfacción del usuario puede ser mayor o menor, además la subjetividad del ser humano impide que podamos obtener una relación directa entre *tiempo de espera* y *satisfacción.* No todos los seres humanos perciben las situaciones de la misma manera, por lo que el problema de cubrir las expectativas de los usuarios del sistema frente a los tiempos de respuesta es un problema crítico para las organizaciones, ya que usuarios insatisfechos pueden convertirse en usuario que el negocio pierde.

En este punto, hemos hablado sobre el concepto de *Rendimiento* y sobre la *Satisfacción* de los usuarios, pero no hemos comentado nada sobre la relación que existe entre ambos. No existe una relación directa entre Rendimiento y Satisfacción, ya que podemos tener una plataforma con un rendimiento inmejorable pero cuyos usuarios tengan un grado de insatisfacción enorme y viceversa, podemos disponer de una plataforma con un rendimiento pésimo pero que permite a la organización disponer de un nivel excelente de satisfacción de los usuarios. Vamos a ver dos casos que nos sirvan como ejemplo de las situaciones anteriores:

Ejemplo 1: *Una plataforma dispuesta por 5 máquinas, las cuales están dando servicio al 90% de sus posibilidades, tanto de velocidad de procesamiento, como de uso de memoria y tiempo de respuesta en el acceso a disco. La plataforma soporta una aplicación para 1000 usuarios, es normal que aun estando los tiempos de respuesta al 100% la plataforma no da unos tiempos de respuesta al usuario los cuales sean satisfactorios. Este problema de satisfacción de los usuarios no está relacionado con el rendimiento, ya que el rendimiento de la plataforma es del 90%, estamos aprovechando los recursos disponibles sacando el mayor provecho de ellos, el problema está relacionado con el Capacity Planning que se haya realizado de la plataforma, ya que la plataforma debe crecer, bien para absorber más usuarios, bien para intentar reducir los tiempos de respuesta.*

Ejemplo 2: *Supongamos la misma plataforma del ejemplo anterior, pero esta vez el número de usuarios que la utilizan es de dos, es normal que pensemos que el grado de satisfacción de los usuarios sea muy superior al del ejemplo anterior pero el rendimiento de la plataforma deja mucho que desear, ya que no estamos sacando provecho de los recursos disponibles.*

Los ejemplos anteriores ilustran como la relación entre *rendimiento* y *satisfacción* del usuario no es lineal, es decir, mayor rendimiento mayor satisfacción. Nosotros como ingenieros de la plataforma IT, debemos buscar un punto intermedio que permita tener un rendimiento en la plataforma el cual genere un grado de satisfacción del usuario correcto para el desarrollo del negocio. Como resumen, cuando empleemos el término *Rendimiento* no debemos utilizarlo como un sinónimo en *velocidad*, sino como *eficiencia*.

Capítulo 7

Modelos de escalabilidad

La escalabilidad es una de las cualidades más importantes con las que debe contar cualquier plataforma IT, ya que define la manera en la que dicha plataforma puede crecer para aumentar su capacidad de dar servicio al Negocio. Sabemos que una plataforma IT es un sistema complejo formado por una multitud de componentes y subsistemas que interactúan entre sí con un propósito definido. Por tanto, la forma en la que una plataforma IT puede crecer dependerá directamente de la arquitectura empleada para su diseño y construcción, la cual define todas las relaciones existentes entre los distintos componentes.

El análisis de la escalabilidad de una plataforma es el resultado del estudio de la escalabilidad de los distintos componentes y sus relaciones. Según la naturaleza de los componentes, podemos estudiar la escalabilidad en:

- *Software*. Es el componente lógico de la plataforma, es el encargado de trabajar con los datos, por lo tanto podemos decir que el software es escalable si es capaz de gestionar un número mayor de peticiones o nuevos tipos de peticiones.

- *Hardware.* Es el componente físico de la plataforma. Los componentes hardware por su propia naturaleza disponen de un límite de datos con los que trabajar, por lo tanto, normalmente encontraremos muchas limitaciones en la forma de escalar los componentes hardware. Un buen diseño a la hora de implementar una plataforma IT se traducirá en el empleo de componentes hardware los cuales puedan escalar de forma sencilla.

La figura 7.1 muestra las dos formas en las que un componente puede escalar. Un elemento escala horizontalmente si es capaz de trabajar con más elementos de su misma naturaleza, lo que permite aumentar la capacidad total del conjunto. El segundo ejemplo muestra un escalado vertical, donde no se trata de aumentar el conjunto de elementos, sino de aumentar los recursos que conforman un elemento determinado para aumentar de esta forma su capacidad.

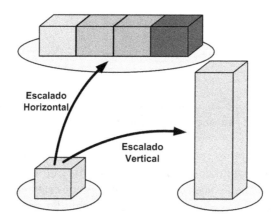

Fig 7.1: Escalado Vertical vs Horizontal.

- *Horizontal.* Decimos que un componente escala horizontalmente cuando podemos aumentar el número de componentes, los cuales colaboran para aumentar el rendimiento o capacidad del subsistema afectado.

- *Vertical.* Un componente escala verticalmente si existe la posibilidad de aumentar parte de los recursos asignados a un elemento, aumentando de esta forma la capacidad del componente para desempeñar una función determinada.

Importante

La denominación de escalado horizontal o vertical depende de la perspectiva con la que analicemos un componente, por ejemplo, cuando estamos trabajando con procesadores, añadir un nuevo procesador para que trabaje con los actuales es un escalado horizontal desde el punto de vista del grupo de procesadores con los que trabajamos pero es un escalado vertical desde el punto de vista del componente superior que engloba a los procesadores, es decir el servidor.

Para poder ejecutar Capacity Planning con éxito es imprescindible comprender los distintos modelos de escalabilidad que se pueden aplicar a cada uno de los elementos de la plataforma, ya que el modelo de escalabilidad que decidamos aplicar condicionaran, tanto la forma en la que tendremos que realizar las mediciones, como el análisis de los resultados obtenidos durante el Capacity Planning, así como las soluciones que se deberán plantear en la fase de mejora de la plataforma.

Durante gran parte del libro hemos hablado en varias ocasiones sobre la importancia que tiene conocer las características de los componentes que forman la plataforma IT. Disponer de un conocimiento claro y sólido sobre las posibilidades de escalabilidad de un elemento, nos ayudará a tomar una decisión sobre como debe crecer o cambiar la plataforma para hacer frente a las necesidades del Negocio y poder tomar las acciones necesarias para reducir el impacto de los posibles cuellos de botella que encontremos durante todo el proceso.

La escalabilidad horizontal o vertical dependerá del punto de vista que adoptemos con respecto al componente al que queremos aplicarla. Los sistemas IT están formados por componentes y estos a su vez por elementos más básicos que son los ladrillos que se emplean para la construcción de toda la arquitectura de la plataforma IT. Vamos a suponer que estamos trabajando con un componente como el de la figura 7.2 el cual está formado por un elemento de *tipo A*.

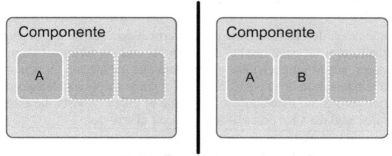

Fig 7.2: Ejemplo de escalado.

El componente puede escalar verticalmente hasta disponer de un total de tres elementos. Si bajamos a un nivel inferior, desde la perspectiva de los elementos que conforman el componente, añadir mas elementos significa un escalado horizontal. Con este ejemplo vemos de forma clara la diferencia que hay al denominar la cualidad de escalar dependiendo de la perspectiva con la que estemos trabajando.

La escalabilidad es una propiedad que se basa en al capacidad que tienen un elemento y/o parte de sus componentes, para poder trabajar de forma cooperativa, incrementando de esta forma la Capacidad de todo el conjunto. La escalabilidad no es una propiedad que podamos aplicar de forma ilimitada, ya que existen unos límites que estarán marcados, bien por limitaciones de capacidad de parte de los componentes o bien por una degradación de la capacidad obtenida del conjunto.

7.1 Escalabilidad Horizontal

La escalabilidad Horizontal es la cualidad que tiene un componente para cooperar con componentes de su misma naturaleza y de esta forma incrementar el rendimiento de la tarea que están realizando. El propósito de escalar un componente es aumentar el rendimiento de la funcionalidad en la que participa dicho componente, esto significa que no nos podemos conformar solo con emplear componentes que pueden trabajar de forma colaborativa con otros que desarrollen las mismas funcionalidades, sino que debemos cuantificar el incremento de la capacidad del conjunto.

La relación entre el número de elementos que empleamos para escalar una funcionalidad y factor de crecimiento de la Capacidad es un valor importante para realizar un Capacity Planning, ya que nos ayuda a definir cual es la opción más óptima que será implementada en los planes de Capacidad.

En sistemas complejos, como son los sistemas IT, el factor que define la relación entre el número de elementos empleado en el escalado y el incremento de la Capacidad estará definido por funciones, cuya naturaleza dependerá de factores propios de los componentes, el sistemas en el que colaboran o la funcionalidad en la que participan. En la figura 7.3 podemos ver un ejemplo de la relación entre el incremento del número de discos y el aumento casi lineal de la capacidad de almacenamiento.

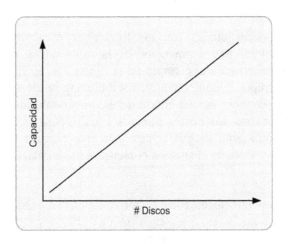

Fig 7.3: Función de escalabilidad de los discos.

No todos los elementos de una plataforma IT escalan horizontalmente de forma lineal, en la figura 7.4 podemos observar como afecta a la capacidad de procesamiento de una aplicación el número de procesos que colaboran en dicha aplicación. En este ejemplo existe un número de procesos que podemos considerar como el número óptimo, el cual, si es superado el rendimiento comienza a decrecer.

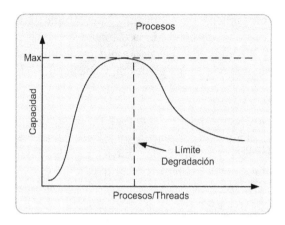

Fig 7.4: Función de escalabilidad de los procesos.

Es fundamental conocer cuales son los límites de escalado horizontal de un componente, para evitar una degradación de la capacidad y que el Negocio sea impactado, como ocurriría en el ejemplo de la figura 7.4. El límite de escalado de un componente o grupo de componentes, condicionará la elección de las distintas soluciones que se planteen, ya que aparte de factores como la capacidad, también debemos tener en cuenta los costes directos e indirectos y como los límites de escalabilidad condicionarán dichos costes y lo que es más importante conocer cuales serán los puntos donde el sistema comenzará a degradarse.

Para que un componente pueda escalar horizontalmente existe un condicionante propio del componente y es que tenga la cualidad para colaborar con otros elementos, pero el escalado horizontal se basa en poder distribuir el trabajo entre más componentes y normalmente la función de distribución del trabajo la realiza un elemento especializado en esta labor al que podemos denominar Elemento de Balancero. No todos los componentes que escalan horizontalmente necesitan un elemento de balanceo pero es frecuente que exista este tipo de componentes que arbitre el reparto de la carga entre el conjunto de componentes.

En la figura 7.5 podemos ver un esquema de un escalado horizontal, en el cual partimos de un componente A, el cual puede ser hardware o software, el cual recibe un número N de peticiones. El proceso de escalado horizontal de este componente consistiría en clonar el componente en un componente A', el número de peticiones que puede recibir el sistema es de N' y lo único que podemos asegurar es que $N<N'$, ya que la relación entre N y N' dependerá de la naturaleza del componente y la capacidad que tenga dicho componente para colaborar con otro componente de su misma clase y de esta forma aumentar la capacidad de recepción de peticiones.

Como podemos ver en la figura 7.5, el Elemento de Balanceo juega un papel importante en el escalado horizontal ya que es el componente que reparte las peticiones entre los distintos elementos, de la forma en que realice este reparto dependerá la capacidad del conjunto.

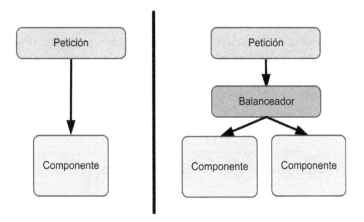

Fig 7.5: Elemento de Balanceo para escalado Horizontal.

Los elementos de balanceo se construyen dependiendo del tipo de peticiones y la naturaleza de los componentes sobre los que hay que balancear las peticiones y muchos componentes IT se diseñan pensando en la posibilidad de un escalado horizontal, por lo que están construidos incluyendo los elementos de balanceo. Vamos a ver algunos ejemplos de escalado horizontal y de como dependiendo del elemento del que hablemos el elemento de balanceo existe o debemos añadir un elemento específico para que el escalado horizontal funcione.

En los siguientes ejemplos vamos a analizar la forma en la que escalan horizontalmente algunos componentes de una plataforma IT.

7.1.1 Ejemplo A: El procesador

Los procesadores podemos considerarlos como bloques elementales dentro de la arquitectura IT, que están constituidos por elementos software (microcódigo) y hardware que se presentan en un solo chip. Sin entrar en demasiados detalles sobre la arquitectura propia de un procesador, podemos decir que el esquema básico que refleja la relación con el resto del sistema es el siguiente:

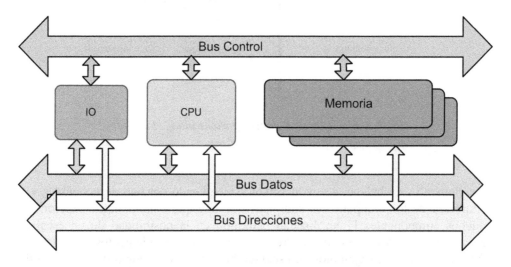

Fig 7.6: Arquitectura de Von Newmann.

La forma en la que la CPU se relaciona con el resto del sistema en mediante el uso de una serie de buses que interconectan todos los componentes permitiendo que los datos se puedan mover de un elemento a otro. Los buses son elementos físicos cuyo diseño e implementación condicionaran en gran medida la escalabilidad horizontal de los procesadores.

Supongamos que tenemos en nuestra plataforma un servidor el cual dispone de 4 zócalos de CPU pero solo tienen ocupado uno, teóricamente los procesadores pueden escalar horizontalmente sin problemas, ya que es el Sistemas Operativo el elemento encargado de distribuir el trabajo entre todas las CPU disponibles, pero esta escalabilidad tiene un límite real que es la interconexión entre las CPUs y el resto de dispositivos como es la memoria RAM y los distintos niveles de Cache implementados. Por tanto el límite de escalabilidad de los procesadores estará marcado por razones de arquitectura del sistema.

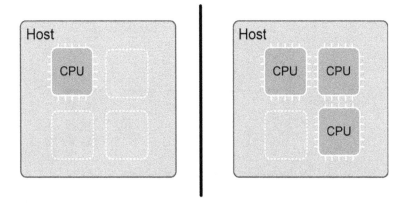

Fig 7.7: Escalado horizontal de CPUs.

Como muestra la figura 7.7 hemos aumentado el número de procesadores en dos y según la misma figura el límite está en 4. Este aumento del número de procesadores se traducirá en un aumento en el número de instrucciones hardware ejecutadas por segundo y por tanto, en un aumento teórico de la Capacidad del sistema para procesar más información.

En teoría el número de instrucciones por segundo totales que es capaz de ejecutar el sistema debería ser ahora tres veces el número de instrucciones iniciales, pero este cálculo se basa en que hemos aumentado el número de CPU y no tenemos en cuenta que las CPUs de un sistema están interconectadas con otros elementos comunes como son la memoria RAM, los buses y la memoria Cache. Estos elementos comunes actúan como cuellos de botella al recibir peticiones de todas las CPUs, lo que obliga a éstas a emplear tiempos de espera para ocupar los recursos, lo que se traduce en una reducción del número de instrucciones por segundo totales que el sistema puede ejecutar. En el gráfico 7.8 podemos ver una representación de la relación, tanto real como teórica, entre el número de instrucciones y el número de CPUs.

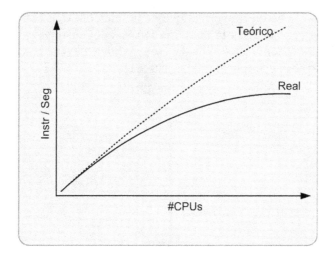

Fig 7.8: Instrucciones respecto al número de CPUs.

En el caso de un servidor que disponga de 4 zócalos de CPU, como el de nuestro ejemplo, no tendremos que añadir ningún elemento de balanceo, ya que el sistema incluye todos los elementos necesarios para que las peticiones lleguen a los 2 procesadores. En el caso de los procesadores, uno de los elementos que se encarga de enviar peticiones a un procesador u otro es el sistema operativo, junto con la electrónica necesaria para que los nuevos procesadores estén comunicados con los distintos buses de conexión con el sistema.

7.1.2 *Ejemplo B: Almacenamiento*

El propósito principal de la infraestructura de almacenamiento de una plataforma IT es alojar la información con la que trabaja la plataforma, dependiendo de las características propias de nuestra compañía y la forma en la que gestiona la información, la infraestructura de almacenamiento estará construida de una forma sencilla o por el contrario constará de múltiples subsistemas divididos en distintas capas para soportar todas las necesidades de almacenamiento de información del Negocio. Al ser por sí misma un sistema complejo, para ver un ejemplo de como un componente de la plataforma de almacenamiento escala horizontalmente, vamos a elegir los discos duros que son la base de cualquier plataforma de almacenamiento.

Existen dos razones principales por las que puede surgir la necesidad de escalar horizontalmente nuestro almacenamiento, por que necesitemos más velocidad de acceso al almacenamiento o que necesitemos aumentar el espacio en disco disponible, para cualquier de los dos casos podemos escalar horizontalmente un disco.

Vamos a plantear un ejemplo tremendamente sencillo para explicar la forma en la que un dispositivo de almacenamiento, como puede ser un disco duro, puede escalar horizontalmente. Comenzamos planteando un sistema de almacenamiento constituido por un solo disco y vamos a suponer que tenemos la necesidad e aumentar la velocidad de acceso a la información.

El tiempo de acceso a los datos alojados en el almacenamiento está formado por la suma de los tiempos de respuesta de todos los componentes del sistema de almacenamiento que intervienen en una petición de acceso. De todos los elementos que intervienen en una petición el que emplea más tiempo para devolver lo que se le solicita es el disco, debido al tiempo que necesita el disco para localizar el dato y situar el cabezal del disco sobre el dato. Los componentes de acceso a la información de un disco son elementos mecánicos que emplean mucho tiempo para obtener el dato solicitado, con respecto al resto de elementos de carácter electrónico, por lo tanto son los componentes más lentos de todos los elementos que interviene en una petición de acceso.

Una estrategia para reducir el tiempo de acceso de los elementos mecánicos es emplear más elementos mecánicos para una petición, lo que supone reducir los tiempos de esperar al tener más elementos lentos, como son los discos, trabajando en paralelo. Vamos a incluir un nuevo disco para aumentar la velocidad de acceso a los datos, el propósito es tener los datos repartidos en ambos discos de tal forma que disminuya el tiempo de acceso. En la figura 7.9 podemos ver un ejemplo.

El gestor de discos es el componente encargado de gestionar las peticiones que recibe el sistema de almacenamiento, dependiendo del hardware que tengamos el gestor de discos puede ser un componente hardware que está incluido en el sistema de almacenamiento o bien un componente software. Para el ejemplo es irrelevante la naturaleza del gestor de discos, solo necesitamos saber que es el componente encargado de gestionar las peticiones sobre el almacenamiento.

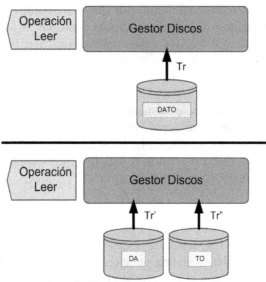

Fig 7.9: Escalado horizontal de discos.

Cuando disponemos de un solo disco, el tiempo de respuesta de la petición será el tiempo de lectura del dato sobre el disco, vamos a suponer los siguientes parámetros:

$$Tamaño\ del\ Dato =\ 4\ uds$$
$$Velocidad\ de\ Transferencia = 1/y$$
$$Tr = 4t$$
$$Tt = Tr$$

El tiempo total es de 4t.

Para el caso de disponer de dos discos, el tamaño del dato es 4 uds, pero se ha dividido el dato entre los dos discos, con lo cual ahora el gestor de discos solicitará a cada discos 2 uds.

$$Tr' = 2t$$
$$Tr''= 2t$$

Al ser una petición en paralelo sobre los 2 discos el tiempo total en este caso es de 2t, comparando este tiempo de 2t con el tiempo de 4t obtenido con la configuración de un solo disco comprobamos como hemos conseguido que escalado horizontalmente hemos aumentado la velocidad de acceso a los datos.

Para el caso del almacenamiento el papel del elemento de balanceo que hemos comentado debe existir en un escalado horizontal, lo realiza el gestor de discos, ya que es este componente el encargado de decidir si la petición debe realizarse sobre un disco o sobre el otro.

En cuanto al límite establecido para el escalado horizontal, en el caso de la velocidad de acceso lo marcará el tamaño mínimo de almacenamiento con el que trabaja el disco.

7.1.3 Ejemplo C: Host

Al igual que ocurre con las CPUs, los hosts[23] no presentan una limitación en cuanto al su escalado horizontal, ya que podemos considerarlo como el soporte físico donde se ejecutarán las distintas aplicaciones, por tanto, la única limitación para el escalado horizontal de máquinas está en las características de la infraestructura del CPD (Centro de Proceso de Datos), es decir limitaciones de espacio físico, de consumo de potencia, disipación de calor, costes de mantenimiento, etc.

7.1.4 Ejemplo D: Aplicaciones

El concepto de escalabilidad horizontal también se puede aplicar en elementos software como las aplicaciones. La escalabilidad de una aplicación permitirá que dicha aplicación sea capaz de gestionar mayor cantidad de peticiones y/o mayor volumen de datos. Al igual que ocurre con los componentes hardware, la escalabilidad en las aplicaciones es una característica que debe ser implementada durante las fases de diseño y codificación de la aplicación, ya que será durante estas fases en las que se tomarán las decisiones más importantes sobre la arquitectura de la aplicación.

---

23 En informática el término HOST se emplea habitualmente para nombrar a la máquina hardware que aloja los datos y los servicios.

Pensemos en un servicio HTTP constituido por un solo servidor HTTP, el cual tiene un rendimiento que por razones de Negocio necesitamos duplicar, para escalar horizontalmente una aplicación como es un servidor HTTP necesitaríamos una infraestructura parecida a la de la figura 7.10, en la que no solo hemos aumentado el número de servidores HTTP sino que hemos incluido el host sobre el que tiene que ejecutarse, ya que si el problema de rendimiento y origen de la necesidad de escalar el servidor HTTP estaba relacionado con el rendimiento del host la solución de escalabilidad pasa por aumentar los recursos físicos disponibles.

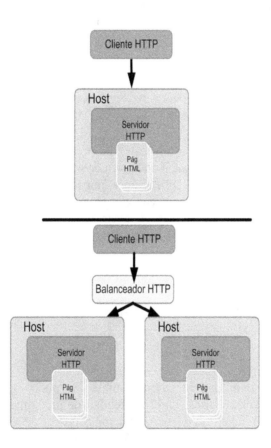

Fig 7.10: Ejemplo de escalabilidad horizontal de un host.

Al escalar horizontalmente las máquinas, necesitamos disponer de un elemento que balancee las peticiones HTTP entre las dos máquinas, de esta forma conseguimos aumentar el número de peticiones HTTP que el sistema puede soportar, pero para este caso en concreto no conseguiremos reducir el tiempo de las peticiones, ya que normalmente los balanceadores HTTP se configurar para que todas las peticiones que vienen de un origen determinado se envíen a la misma máquina, esta configuración denominada Persistencia por IP de origen permite evitar problemas con las sesiones de usuario.

Existen varias estrategias de balanceo de peticiones entre un conjunto de servidores, cada una de estos tipos de balanceo se ajustan a las distintas necesidades que presenten tanto el tipo de servicio como el de los cliente.

- Round Robin. Las peticiones se reparten entre el conjunto de servidores de forma cíclica, para repartir todas las peticiones entre todos los servidores disponibles.

- Persistencia. Algunas aplicaciones requieren que una vez aceptan un tipo de petición, el resto de peticiones asociadas a ésta sean tratadas por el mismo servidor. En este caso se utiliza alguna de las variables disponibles como criterio para elegir un servidor en concreto.

- Carga. La elección del servidor al que se enviará la petición depende de los valores de ciertas variables, con las que podemos establecer la carga de los propios servidores. Por ejemplo, el número de conexiones establecidas, el porcentaje de CPU en uso, etc.

Una aplicación podemos asegurar que es escalable horizontalmente si está diseñada siguiendo una arquitectura *Shared Nothing*, por lo que cada nodo de la aplicación no comparte nada con el resto de los nodos. En este tipo de arquitectura distribuida no existen puntos de contención que limiten el crecimiento de la aplicación. Pero pocas aplicaciones en la actualidad cumplen con la arquitectura *Shared Nothing*, ya que actualmente la división en capas que se existe en una plataforma IT imposibilita que las aplicaciones corran en instancias totalmente separadas, ya que para el caso de un servicio que necesite una capa de presentación una capa de datos y una capa de aplicación, tendría que existir una instancia de cada capa relacionada únicamente con las instancias dedicadas de las otras capas, algo parecido a lo que podemos ver el esquema siguiente.

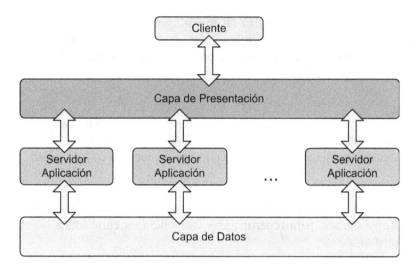

Fig 7.11: Arquitectura SharedNothing.

Pero la arquitectura *Shared Nothing* no es la única solución para escalar horizontalmente una aplicación, ya que podemos tener aplicaciones que escalen horizontalmente y que compartan información. La información que deben compartir instancias de una aplicación será información de estado de las distintas instancias, los datos que estén manejando en cada momento una instancia y la información sobre sesiones de los usuarios. Este tipo de aplicaciones se basan en que todas las instancias se comunican mediante una serie de buses que les permiten compartir información, tanto de estado de los nodos como los datos con los que trabaja la aplicación.

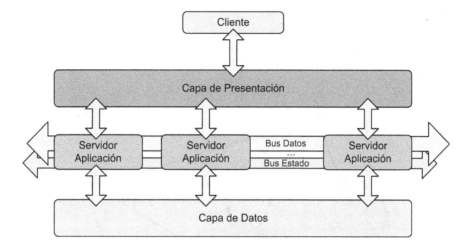

Fig 7.12: Arquitectura de Buses de Aplicación.

7.1.5 *Ejemplo E: Servicio*

Podemos decir que un Servicio IT es una organización de parte de los elementos software y hardware que componen una plataforma IT, los cuales trabajan de forma coordinada para ofrecer una utilidad determinada dentro de la plataforma IT. Dependiendo de la naturaleza de cada plataforma IT, podemos enumerar algunos ejemplos de servicios:

- Correo electrónico.

- Acceso WEB.

- Directorio de usuarios.

- Almacenamiento compartido.

- Aplicaciones corporativas.

- Acceso Remoto.

- Nombres de Dominios.

- Impresión
- Navegación Internet.

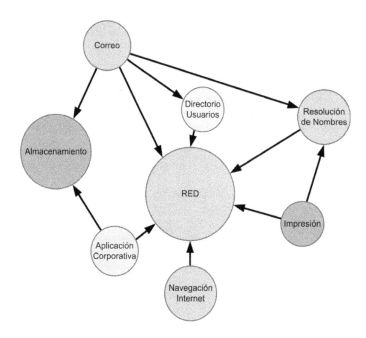

Fig 7.13: Relación entre Servicios IT.

Podemos afirmar que una plataforma IT es el conjunto de todos los servicios IT que tiene una compañía, independientemente de la orientación que tenga el servicios, es decir, que se traten de servicios IT que se ofrecen internamente o por el contrario son servicios que la compañía oferta hacia el exterior. Por ejemplo, el servicio de Correo Electrónico estaría formado por una infraestructura hardware que incluiría entre otros elementos:

- Hosts.
- Elementos de red.
- Elementos de control de acceso.
- Almacenamiento.

Además de todos los componentes físicos necesarios el servicio de Correo también debería incluir aquellos componentes software que implementan la lógica del Servicio. Entre los componentes software podemos citar:

- Servidores SMTP.

- Servidores POP.

- Servidores WEBMAIL.

- Servidores de Buzones.

- Servidores ANTI-SPAM.

- Servidores ANTIVIRUS.

Cuando trabajamos a nivel de servicios, no tiene sentido distinguir entre escalabilidad horizontal y escalabilidad vertical. La naturaleza del Servicio IT, como conjunto de componentes y subsistemas, organizados en distintas capas provoca a un Servicio solo debemos decir si es escalable o no en la medida de la escalabilidad de sus componentes.

El carácter de complejidad que rige las relaciones entre las distintos subsistemas y componentes que conforman una Servicio IT establece ciertos condicionantes a la hora analizar el nivel de escalabilidad del propio servicio ya que no solo debemos estudiar si cierto componente puede escalar, de una forma u otra, sino que debemos analizar las consecuencias que el crecimiento de ciertos componentes del servicio tendrán sobre otros.

El análisis de capacidad de los distintos componentes del servicio para absorber el crecimiento en la demanda que pueden recibir o enviar a otros elementos es fundamental para que el servicio IT pueda crecer con total fiabilidad tanto en contexto de la disponibilidad y accesibilidad del servicio como del rendimiento que los consumidores esperan.

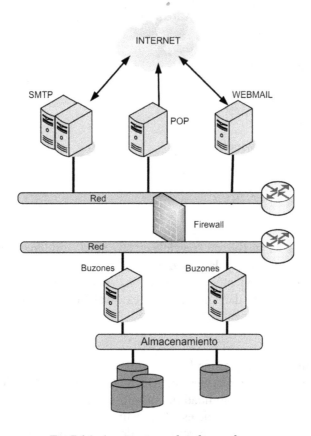

Fig 7.14: Arquitectura plataforma de correo.

Vamos a ver un ejemplo que recoge una situación a la que se están enfrentando muchas de las organizaciones que operan a nivel global. Una compañía que debido a un plan de expansión decide comenzar a operar en otro continente, con los consiguientes problemas que acarrea este tipo de decisiones. Para nuestro ejemplo vamos a elegir el servicio de Correo Corporativo, el cual debe ser usado por todos los empleados de la compañía con independencia del lugar geográfico donde estén trabajando.

El primer punto que debemos estudiar es el grado de escalabilidad del Servicio, es decir, cuales son las posibilidades de crecimiento del propio Servicio y cual se ajusta de manera más apropiada para absorber las nuevas necesidades de la compañía. El Servicio de Correo Corporativo está desplegado en las instalaciones de Europa, por tanto, partiendo de este punto inicial podemos plantear una serie de escenarios que recojan las nuevas necesidades de una manera más o menos satisfactoria. Entre todos estos escenarios podemos encontrar los siguientes:

- *Opción A*. Aumentar los recursos de las infraestructuras actuales para absorber la nueva carga y que todos los nuevos usuarios accedan a la infraestructura actual.

- *Opción B*. Desplegar infraestructura local en la nueva ubicación e integrarla parcialmente con la infraestructura actual del Servicio de Correo.

- *Opción C*. Desplegar nueva infraestructura en el continente Americano e integrarla completamente dentro del actual servicio de Correo.

Una plataforma de Correo Corporativo tiene una cantidad variable de elementos, cuyo número depende de las características de la propia compañía, pero podemos decir que las dos funcionalidades básicas de un servicio de correo son Recibir correo y enviar correo. Será en estas dos funcionalidades en las que nos centraremos para recorrer los tres casos de nuestro ejemplo.

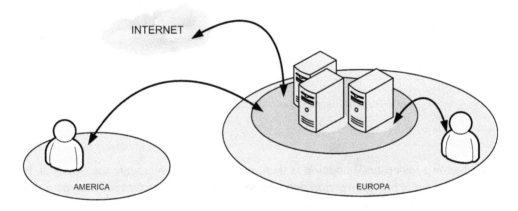

Fig 7.15: Arquitectura de la infraestructura de la opción A.

La figura 7.15 representa la arquitectura necesaria para implementar la opción A, en la cual la organización ha decidido escalar la infraestructura actual del servicio de Correo Corporativo, con el condicionante de que los nuevos usuarios localizados en el continente Americano deben conectarse a la infraestructura actual. El principal problema que plantea esta solución es la latencia de las comunicaciones que los nuevos usuarios deberán soportar. Como principal ventaja es que el coste de esta solución es considerablemente inferior al resto de opciones.

La figura 7.16 muestra la solución de la opción B, en la que se ha optado por escalar el servicio de Correo añadiendo nueva infraestructura en el continente americano, asumiendo de esta forma parte de las funciones del servicio en local. Si los buzones de correo de los usuarios están geográficamente cerca de ellos, se reducirán los tiempos de las operaciones interactivas que los usuarios mantienen con el servicio de correo. El principal inconveniente de esta solución es que los usuarios están condicionados a su zona geográfica.

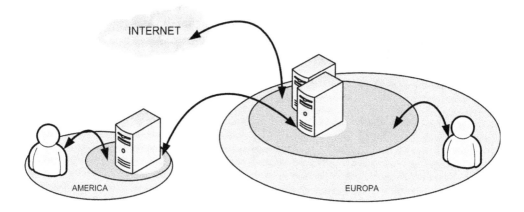

Fig 7.16: Arquitectura de la infraestructura de la opción B.

En relación a los costes, la opción B incrementa considerablemente los costes de la opción A, ya que la organización debe desplegar la infraestructura mínima para que el servicio sea operativo.

Por último, la figura 7.17 muestra un ejemplo de la opción C en la que se ha optado por escalar el servicio de Correo, añadiendo nueva infraestructura que estará en ambos continente y que será totalmente trasparente para el usuario independientemente de la zona geográfica en la que se encuentre. Esta solución presenta unos costes muy superiores a las dos opciones anteriores y su implementación debe salvar varias situaciones complicadas en cuanto a la tecnología se refiere, pero es sin duda la opción más acertada para la organización.

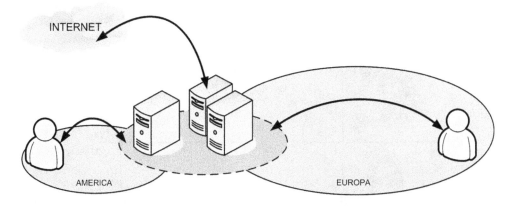

Fig 7.17: Arquitectura de la infraestructura de la opción C.

7.1.6 Ejemplo F: Comunicaciones

La infraestructura de comunicaciones de una plataforma IT estará constituida por varios tipos de componentes cuyo número y naturaleza dependerán del tamaño y complejidad de la propia plataforma. Pero uno de los elementos de comunicaciones que encontraremos en cualquier plataforma IT serán los switches de comunicaciones que son los elementos encargados de gestionar toda la interconexión de los distintos componentes de la plataforma.

La mayoría de las plataformas IT actuales se basan no tanto en la capacidad de cálculo de los elementos de proceso, como en la capacidad para mover información de unos componentes de la plataforma a otros, debido a la complejidad de las aplicaciones y la especialización de los distintos procesos que la plataforma implementa. Todo esto significa que los elementos de comunicaciones se han convertido en componente clave durante el estudio de la Capacidad de una Plataforma IT. Muchos de los problemas derivados de una mala gestión de la

Capacidad están relacionados por problemas en la infraestructura de Comunicaciones que a causa de una mala estrategia provoca un rendimiento deficiente en el desarrollo de los procesos de Negocio.

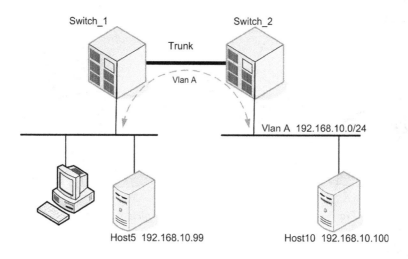

Fig 7.18: Ejemplo de Vlan extendida.

Cuando conectamos una serie de Hosts y Pcs a un conmutador de comunicaciones o switch, es habitual crear una VLAN (*Virtual Local Área Network*) la cual es una agrupación lógica de puertos que permite aislar de forma segura el tráfico de red con otras VLANs. Si tuviéramos la necesidad de escalar horizontalmente un switch porque nos hubiéramos quedado sin puertos físicos una solución sería montar un nuevo switch conectado con el primero mediante un Trunk para compartir la configuración de ambos y poder extender las VLANs entre los dos, de esta forma podríamos conectar nuevos equipos al nuevo switch que tendrían acceso a la VLAN creada.

7.2 Escalado Vertical

Como hemos comentado anteriormente, el escalado vertical de un componente consiste en asignar nuevos recursos o cambiar parte de los recursos propios de un componente con el propósito de aumentar su Capacidad. El escalado vertical presenta una ventaja frente al escalado horizontal y es que si el componente puede escalar verticalmente significa que no debemos implementar ningún elemento externo al componente que estamos escalando, consiguiendo de esta forma no tener que hacer cambios a nivel de arquitectura en la plataforma IT y los cambios está localizados en aquellos componentes que estamos escalando. El tener un impacto mínimo sobre la arquitectura de la plataforma y disponer de una localización exacta de los componentes afectados, permite gestionar el impacto del cambio en el resto de la plataforma de forma mucho más eficiente que en el caso de un escalado horizontal.

El principal problema que plantea el escalado vertical es que lo que en principio es una de sus ventajas, conocer la localización del cambio, también es uno de sus inconvenientes, ya que podemos focalizar un problema de Capacidad sobre uno o varios componentes y optar, en el caso que sea posible por un escalado vertical, con la premisa de que asignar más recursos supondrá un aumento del rendimiento y no debemos olvidar que el escalado vertical es una solución local para uno o varios componentes, pero que tiene un efecto global en la plataforma, por lo que debemos analizar con detalle el impacto que este tipo de cambios tendrá en la plataforma.

Un error muy extendido cuando aparece un problema de Capacidad en una plataforma IT es optar por escalar verticalmente aquellos componentes o sistemas que a primera vista están generando el problema sin analizar la causa real de éste. El escalado vertical es una solución limpia, ya que requiere de pocos cambios en el resto de la plataforma y rápida, solo tenemos que adquirir y asignar más recursos a estos componentes. Una plataforma IT es un sistema complejo en el que la información fluye según los flujos establecidos por los procesos de Negocio, manteniendo un equilibrio que le permite ser operativa, si en algún momento, ya sea por un problema de disponibilidad o de Capacidad en algún componente o subsistema, se produce un desequilibrio en los flujos de información que desembocarán en un problema para el Negocio. Por tanto, debemos ser extremadamente cuidadosos al modificar la Capacidad de una parte de la plataforma ya que este cambio podría suponer que se genere un cuello de botella en otra parte de la plataforma.

Debemos ser conscientes que en sistemas de nodos interconectados como es una plataforma IT un problema de capacidad supone que el rendimiento descienda pero que el sistema esté disponible, pero modificar alguno de los nodos sin analizar el impacto en el resto de la red de nodos puede suponer la saturación de otra parte del sistema y el colapso de toda la red de nodos.

7.2.1 Ejemplo A: El procesador

Los procesadores presentan una limitación a la hora de escalar verticalmente y es que están fabricados en un único chip el cual no podemos modificar. Por tanto, no podemos añadir más recursos al procesador para aumentar su capacidad. Solo existe una técnica, llamada *Overclocking*[24] que permite aumentar la Capacidad de un procesador.

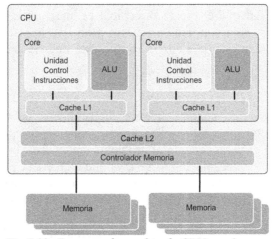

Fig 7.19: Esquema de un chip de CPU con 2 cores.

---

24 Overclocking es una técnica que permite aumentar la frecuencia del reloj que controla la CPU para aumentar la frecuencia de parte de los componentes e incrementar el número de instrucciones hardware que la CPU puede ejecutar.

El *Overclocking* se basa en modificar la frecuencia del reloj de la CPU, aunque este tipo de modificaciones están fuera de cualquier uso en un ámbito profesional ya que el fabricante no garantiza el buen funcionamiento del procesador en otras condiciones que no sean las que el ha establecido.

7.2.2 Ejemplo B: Almacenamiento en disco

Al igual que ocurre con los procesadores, desde un punto de vista de arquitectura de la plataforma IT, parte de los componentes de la infraestructura de almacenamiento debemos considerarlos como bloques sólidos que no podemos modificar y que son la base para la construcción de los distintos sistemas y subsistemas. En la capa de almacenamiento y dependiendo de las características que ésta tenga en cada plataforma IT, elementos como los discos duros, no pueden escalar verticalmente, ya que no podemos modificarlos para incluir o modificar parte de los componentes con los que están construidos, pero existen otros elementos como son, la controladoras de disco, las bandejas o los puertos de entrada/salida los cuales si pueden escalar verticalmente.

La mayoría de los fabricantes de sistemas de almacenamiento disponen en sus porfolios de productos que ofrecen distintos tipos de acceso al almacenamiento como por ejemplo:

- CIFS.
- iSCSI.
- FC.
- NFS.

Estos sistemas de almacenamientos disponen de una serie de puertos hardware para servir el almacenamiento según el protocolo de acceso que vayamos a emplear. En ciertas circunstancias podemos tener la necesidad de aumentar el caudal de acceso a ciertos servicios de almacenamiento, por ejemplo, por un problema de rendimiento en el acceso a ficheros de video. Para aumentar el caudal de acceso a una controladora de almacenamiento podremos escalar verticalmente añadiendo nuevos puertos de acceso, añadiendo nuevas tarjetas Ethernet o FC, en el caso de que los puertos estén disponible podríamos crear un trunk[25] con varios puertos, aumentado de esta forma el caudal de la controladora para este tipo de puertos.

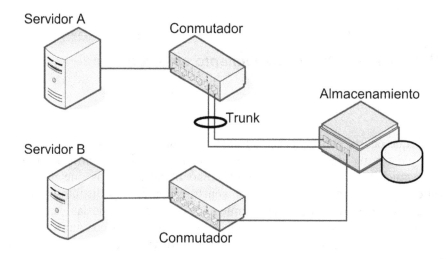

Fig 7.20: Trunk en un dispositivo de almacenamiento.

7.2.3 Ejemplo C: Hosts

Un host está constituido por una gran cantidad de elementos que interactúan entre sí para gestionar la información en base a unos patrones a los que denominamos programas. Realizando un ejercicio de abstracción, podemos simplificar la complejidad de un host en cuatro conjuntos de componentes, según muestra la figura 7.21.

---

25 En comunicaciones se utiliza el término trunk para hacer referencia un enlace construido con la agregación de varios enlaces físicos, de esta forma se consigue sumar el ancho de banda de las líneas individuales.

Host

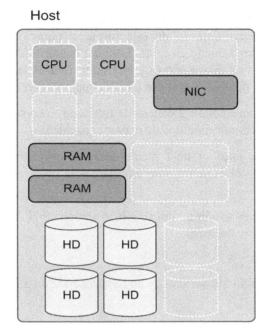

Fig 7.21: Diagrama de los componentes principales de Host.

- CPU.

- RAM.

- Hard Disks o Discos Duros.

- NIC (Network Interface Controller).

La escalabilidad vertical es la propiedad que tiene un componente para aumentar su capacidad como resultado de un incremento, bien del número de los recursos asociados, bien de la capacidad del alguno de los recursos. Es decir, un host escala verticalmente siempre que exista la posibilidad de añadir nuevos recursos o bien sustituir los recursos actuales por otros similares pero de características superiores.

Según el diagrama de ejemplo de la figura 7.21, un host que tuviera esa configuración, en cuanto al número de CPUs, memoria RAM, Discos duros y NICs, podría escalar verticalmente de las siguientes formas, dependiendo de las necesidades que provoquen dicho escalado:

- *CPU*. Existen dos posibilidades, añadir dos procesadores a los dos existentes, incrementando de esta forma el número de instrucciones de CPU que el host puede ejecutar. También existiría la posibilidad, siempre que la familia de procesadores y la arquitectura de la máquina lo permita, actualizar las dos CPUs con dos CPU de mejores prestaciones.

- *RAM*. Podríamos añadir 2 bancos de memoria o en su defecto sustituir los bancos actuales por módulos de mayor capacidad.

- *HD*. En este caso el host puede escalar verticalmente hasta 6 discos interno, según el esquema solo tendríamos la opción de añadir dos discos nuevos.

- *NIC*. Podríamos añadir un nuevo NIC o actualizar el actual con una versión con mejores prestaciones.

En resumen, la escalabilidad vertical de un host depende de dos factores:

- Arquitectura del host que define el número de recursos que dicho host puede gestionar

- La compatibilidad dentro de una familia de componentes para poder actualizar componentes de la misma familia a aquellos que han quedado obsoletos.

7.2.4 *Ejemplo D: Aplicaciones*

Podemos pensar en una aplicación como la implementación de cierta lógica que se debe aplicar a un conjunto de datos según las peticiones recibidas, las cuales condicionarán la forma en la que los datos son transformados y presentados. Es decir, una aplicación debe recibir unos datos de entrada que bien pueden ser transformados según cierta lógica definida o bien pueden condicionar la lógica con la que la aplicación tiene que trabajar con el conjunto de datos.

Pero una aplicación no es una entelequia TI, todo lo contrario, una aplicación debe emplear una serie de recursos que son su soporte físico. Podemos definir una aplicación como un elemento que:

- Implementa cierta lógica para tratar datos.

- Trabaja sobre un Conjunto de Datos.

- Tiene asignados recursos, CPU, memoria, espacio en disco, ancho de banda de red, etc.

Vamos a centrarnos en las dos primeras características, ya que el estudio de la asignación de los recursos que la aplicación requiere cae del lado de la infraestructura de sistemas disponibles. Una aplicación escala verticalmente cuando es capaz de gestionar de forma razonable un cambio en la lógica, es decir, la aplicación está preparada para asumir ciertos cambios en la forma de trabajar con lo datos. También podemos decir que una aplicación tiene la capacidad de escalar verticalmente cuando al aumentar el tamaño del conjunto de datos, la aplicación es capad de mantener tanto las funcionalidades como el rendimiento.

El tamaño del conjunto de datos de una aplicación es uno de los factores claves en la escalabilidad de ésta, ya que una aplicación puede trabajar perfectamente, dando unos tiempos de respuesta razonables con un conjunto de datos, pero cuando el tamaño del conjunto de datos crece, podemos encontrar problemas no solo de rendimiento en los tiempos de respuesta de la aplicación, sino problemas de disponibilidad de la misma al ser ésta incapaz de gestionar datos a partir de una cantidad determinada.

7.3 Los costes de la escalabilidad

Los dos modelos de escalabilidad que hemos visto, la escalabilidad horizontal y la escalabilidad vertical, presentan ventajas e inconvenientes directamente relacionados con las características propias de cada uno de los elementos que estamos estudiando. También hemos visto como existen distintos condicionantes que subordinan la elección de un modelo u otro como son las características del componente, como en el caso de las CPUs, en la que las decisiones que el fabricante haya tomado a la hora de construir el chip impactará en el modelo de escalabilidad de todos los componentes que dependen de la CPU o la arquitectura de las distintas capas de la plataforma que a su vez puede condicionar la forma en la que los elementos se relacionan entre sí y también la forma en la que pueden crecer.

Hasta ahora hemos comentado la forma en que distintas características de los elementos de tecnología que participan en una plataforma IT condicionan los modelos de escalabilidad que podemos aplicar en componentes, sistemas y capas de una plataforma IT. También debemos tener en cuenta los costes asociados a los distintos modelos de escalabilidad, para poder disponer de un plan de inversiones y una justificación del gasto asociado a la plataforma IT que sea totalmente razonable y acompañe a los planes de negocio de la organización.

Supongamos el siguiente caso en el que estamos pensando en comprar servidores de 4 CPUs frente a servidores de 1 CPU. Ambas máquinas tienen distintos modelos de escalabilidad y ambas presentan sus ventajas e inconvenientes. Hemos construido el ejemplo con los modelos de máquinas de la tabla 7.1.

Modelo	Sockets	CPUs	Coste Maq
A	4	1	7000
B	1	1	700

Tabla 7.1: Características de los modelos de máquinas

- El modelo A escala verticalmente hasta 4 CPUs, por lo que la granularidad sería de 1 CPU hasta completar los 4 sockets, una vez alcanzadas las 4 CPUs en una máquina el salto para incrementar la capacidad de cómputo consistiría en adquirir otro chasis completo.

- El modelo B escala horizontalmente, ya que las máquinas solo disponen de 1 socket de CPU, la única solución para incrementar la capacidad de cómputo es comprar una nueva máquina.

Ambos modelos utilizan el mismo tipo de CPU y para simplificar el ejemplo vamos a trabajar a suponer que el número de instrucciones por segundo que se ejecutan en cada CPU es el mismo, realizando una aproximación muy superficial al comportamiento real de los procesadores en ambos modelos.

En la gráfica 7.22 podemos ver una representación de los costes de adquisición de cada uno de los modelos frente al incremento del número de CPUs

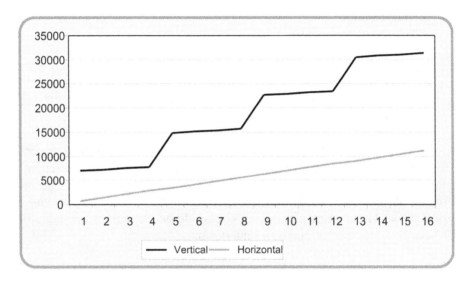

Fig 7.22: Los costes de adquisición y el número de CPUs.

No vamos a justificar la diferencia entre los costes de adquisición de un tipo de máquina y otro, lo interesante es analizar como ambos modelos se comportar de distinta forma, ya que el modelo vertical está escalonado, con una leve pendiente en el escalón. En cambio el modelo horizontal presenta una pendiente más suave y no se aprecia el efecto escalonado, debido a que la granularidad de esta solución para su crecimiento es la máquina, por tanto, los costes de adquisición son constantes.

Desde el punto de vista de los costes no solo es importante analizar qué modelo de escalabilidad se ajusta mejor a las necesidades de la compañía, también debemos estudiar las dependencias que los elementos que estamos estudiando tienen con el resto de la plataforma.

Para nuestro ejemplo vamos a analizar la relación que existe entre los modelos de máquinas que estamos estudiando y la infraestructura de red. Supongamos que cada máquina está conectada a 4 redes de la plataforma:

- Red de Servicio.

- Red de Administración.

- Red de Almacenamiento.

- Red de backup.

En la infraestructura de comunicaciones es frecuente disponer de uno o varios chasis y tarjetas de 48 puertos RJ45. Hemos representado en la gráfica 7.23 a relación entre la asignación de puertos y el crecimiento del número de CPUs.

De la gráfica podemos deducir que con el modelo de escalado vertical, el total de puertos para 10 máquinas de 4 CPUs es de 40 puertos, por lo que entran en una sola tarjeta de 48 puertos. Con el modelo horizontal, al ser la granularidad de crecimiento de máquina, tendremos que aprovisionar 4 puertos nuevos con cada máquina nueva, lo que supondrá que en el caso de que tengamos que adquirir 40 CPUs necesitaremos tres tarjetas de 48 puertos más.

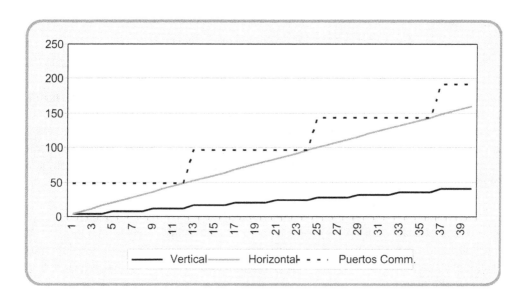

Fig 7.23: Provisión de puertos de red y el incremento de CPUs.

Es importante a la hora de analizar los costes asociados a los distintos modelos de escalabilidad estudiar qué impacto tendrá un modelo determinado sobre los elementos con los que existen dependencias, ya que si establecemos una estrategia de crecimiento para un componente desde una perspectiva aislada sin tener en cuenta su relación con otros elementos del sistema, podremos generar no solo problemas de rendimiento, sino problemas económicos relacionados con el ajuste de los planes de inversión y gasto.

7.4 Puntos de contención y bloqueos

Ya hemos repetido varias veces a lo largo del libro que el propósito de una plataforma IT es gestionar la información necesaria para el desarrollo de una parte o de la totalidad de los procesos de Negocio de una compañía. La gestión de la información que realiza una plataforma IT está condicionada por las operaciones propias del Negocio, que son las que dictan como los datos son trasformados en información útil para el Negocio. Esta transformación de los datos se basa en un principio básico de mover los datos de unos componentes a otros de la plataforma IT para modificarlos y agruparlos y de esta forma dar cierta inteligencia a un grupo de datos que por sí solos no representan demasiada información.

En una plataforma IT los datos circulan entre los distintos componentes y elementos que los modifican, transforman y agrupan para generar nueva información la cual sigue fluyendo por las distintas capas de la arquitectura hasta que la información que ha solicitado cierta operación se ha generado correctamente. Son estos flujos de información dentro de la plataforma IT lo que muchas veces condicionan la capacidad de ésta para desarrollar parte de las operaciones que se le solicitan, por tanto, es importante desde un punto de vista del estudio de la Capacidad analizar como la información fluye en la plataforma, tanto para descubrir carencias en ciertas partes de ésta que impacten en el rendimiento de ciertas operaciones como encontrar componentes cuyo uso está infravalorado.

Consejo

Analizar el equilibrio en los flujos de información es fundamental para que una plataforma IT funcione con un rendimiento óptimo.

Si tomamos una perspectiva de la plataforma IT como un sistema complejo dentro del cual la información fluye según ciertas reglas, debemos buscar aquellos punto dentro del sistema que impiden que la información fluya de forma normal, nos referimos a:

- Puntos de contención, son aquellos puntos que ralentizan el flujo de información sin llegar a pararlo.

- Puntos de bloqueo, son puntos en los que el flujo de información se paraliza de forma temporal o permanente.

7.4.1 Puntos de contención

En cualquier plataforma IT la información por las distintas capas de la arquitectura de la plataforma, siendo transformada, transmitida, agrupada, etc. Por los distintos componentes y elementos IT, describiendo una serie de caminos cuyas intersecciones, normalmente están compartidas por varios flujos. Por lo que es frecuente encontrar números elementos dentro de una plataforma IT que trabajan como concentradores de información en los que desembocan varios flujos y a su vez generan nuevas salidas. Podemos definir un punto de contención como aquel elemento o grupo de elementos en los cuales desembocan ciertos flujos de información y que por problemas en la capacidad para gestionar los flujos de información generan un problema de rendimiento que se puede traducir en una ralentización del procesado de la información, sin llegar a paralizar el flujo.

Los puntos de contención son aquellos en los que bajo ciertas circunstancias el tratamiento de la información se ve impactada por un problema en la capacidad para gestionar la cantidad de información requerida. Los puntos de contención son un problema grave en cualquier plataforma IT porque pueden condicionar el rendimiento de toda la plataforma a un único punto que a primera vista puede parecer normal pero que tras un análisis detallado podemos apreciar el problema de rendimiento y como impacta en los procesos que desarrolla la plataforma.

En la figura 7.24 podemos ver un ejemplo de un sistema de tuberías las cuales conectan varios depósitos de agua, cada tubería tiene un ancho determinado que permite al agua fluir con cierta velocidad. En la figura podemos ver como existen varios puntos de contención que no impiden que el agua fluya pero que obliga a que ésta lo haga más lento de lo que debería ya que el depósito se llenará más tarde o temprano provocando un problema en el sistema.

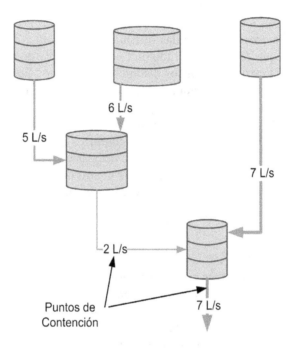

Fig 7.24: Ejemplo sistemas de tuberías.

Los sistemas de información presentan puntos de contención, en los que varios elementos acceden a la información, es necesario identificar todos los puntos de contención de un sistema para analizar el impacto que un problema de rendimiento en dichos puntos tendrá sobre el sistema. Solo cuando hemos analizado todos los posibles puntos de contención y la relación con el sistema podremos aplicar los cambios necesario en dichos puntos, aumentando la capacidad, en la medida de lo posible, de los elementos que intervienen en el punto de contención y de esta forma poder identificar el modelo de escalabilidad que mejor se ajuste a las necesidades de los distintos componentes.

Los problemas generados a partir de puntos de contención están relacionados directamente con una mala gestión de la capacidad de los componentes que intervienen en el punto de contención. Esta mala gestión de la capacidad de los componentes tiene solo dos posibles orígenes causantes de este problema:

- *Un mal diseño.* Los sistemas complejos como son los sistemas de información están basados en el diseño que se creo para que la información pasara de un subsistema a otro, cuando el diseño no es correcto puede provocar la aparición de fallas que hubieran sido fácilmente superadas en el caso de que se hubiera tenido un buen conocimiento técnico de como la información es tratada por los distintos subsistemas. En la construcción de sistemas de información, normalmente se emplean subsistemas prefabricados a modo de bloques, los cuales se relacionan con otros subsistemas mediante conexiones lógicas y/o físicas para intercambiar información. El diseño con bloques simplifica las tareas de creación de un sistema pero presenta el problema de utilizar ciertos subsistemas sin tener la certeza de como pueden interactuar dentro del sistema y el impacto que estas interacciones entre elementos tendrá en el rendimiento total o parcial del sistema.

- *Una mala gestión de la capacidad.* Si no disponemos de información suficiente para realizar una estimación de la capacidad necesaria en un sistema, podemos encontrarnos problemas relacionados con puntos de contención. Un sistema puede tener un diseño correcto, en cuanto a su arquitectura, pero podemos tener problema a la hora de cuanta información pueden manejar los distintos subsistemas.

Vamos a ver dos ejemplos de problemas en puntos de contención, uno relacionado con un mal diseño y otro relacionado con una mala gestión de la capacidad.

7.4.1.1   Ejemplo: Un mal diseño

Una plataforma debe alojar una aplicación para que soporte N usuarios concurrentes, según las especificaciones de la aplicación necesitaremos montar un número X de nodos, con un nodo en cada máquina. Todas las máquinas están conectadas a un mismo switch. Cada máquina consumirá un ancho de banda de Y bits/seg para atender las peticiones y un ancho de banda de Y' bits/seg para solicitar datos a la capa de Datos.

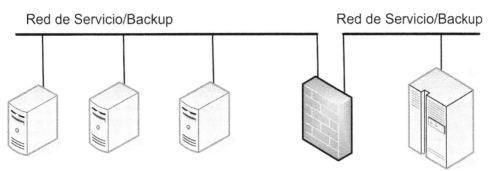

Red de Servicio/Backup   Red de Servicio/Backup

Fig 7.25: Ejemplo de contención por un mal diseño.

La arquitectura que muestra la figura 7.25 presenta un punto claro de contención y es la boca del Firewall donde están conectadas todas las máquinas, ya que por este puerto circula todo el tráfico que mueven las máquinas. Para reducir el impacto de este punto de contención sobre el rendimiento de la plataforma y permitir que podamos aumentar la capacidad de procesamiento de la misma, sería conveniente cambiar la arquitectura un modelo donde se diferenciara el tráfico según la capa a la que va dirigido, es decir, crear una vlan para la red que conecta las máquinas con la capa de presentación y otra red para conectar las máquinas con la capa de datos.

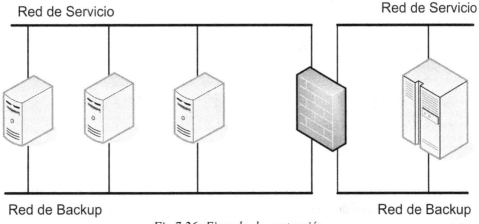

Red de Servicio   Red de Servicio

Red de Backup   Red de Backup

Fig 7.26: Ejemplo de contención.

En esta nueva arquitectura seguimos teniendo un posible punto de contención como sería el Firewall, por lo que tendremos que analizar como el tráfico que genera la capa de aplicación afecta al uso de CPU del Firewall, ya que puede darse el caso que no tengamos un problema de contención en el uso del ancho de banda del Firewall sino en el uso de CPU.

En este ejemplo podemos ver lo importante que es conocer el comportamiento de los distintos subsistemas con los que estamos construyendo el sistema y como al intentar identificar un punto de contención, puede aparecer otro. Tal como hemos comentado lo importante de los puntos de contención es conocerlos para intentar mitigar el impacto de dichos puntos en el rendimiento de la plataforma.

7.4.1.2   Ejemplo: Mala gestión de la capacidad.

Durante la fase de análisis de las necesidades se recogen una serie de especificaciones de las áreas de Negocio sobre una aproximación del uso esperado de la plataforma que se está desarrollando El Área de Negocio presenta las siguientes estimaciones:

* Usuario por hora 350.

* Crecimiento mensual de usr/hora del 7%.

* Terminar los 12 meses con ~750 usr/hora.

El área técnica realiza la siguiente estimación:

* Un usuario genera una media de 32.000 transacciones en Base de Datos.

* Cada transacción consume de media el 0,0083% de la capacidad de cómputo de la máquina.

Con todos los datos se construye la siguiente tabla, con la que se justifica la elección de un tipo de máquina que permite ejecutar un máximo de 12.000 transacciones/seg .

Mes	% Inc	Usr/hora	Usr/min	Trans/seg	% CPU
1	0	350,0	5,8	3111,1	26
2	7	374,5	6,2	3328,9	28
3	7	400,7	6,7	3561,9	30
4	7	428,8	7,1	3811,2	32
5	7	458,8	7,6	4078,0	34
6	7	490,9	8,2	4363,5	36
7	7	525,3	8,8	4668,9	39
8	7	562,0	9,4	4995,8	42
9	7	601,4	10,0	5345,5	45
10	7	643,5	10,7	5719,7	48
11	7	688,5	11,5	6120,0	51
12	7	736,7	12,3	6548,4	55

Tabla 7.2: Estimaciones de Negocio.

Debido a un problema de coordinación entre las áreas de Negocio, no se ha contemplado dentro de las especificaciones de Negocio la inclusión de ciertas acciones que podrían incrementar de forma considerable el número de clientes. En la tabla 7.3 hemos reflejado el desarrollo real del incremento de usuarios que se ha producido.

Mes	% Inc	Usr/hora	Usr/min	Trans/seg	% CPU
1	0	350,0	5,8	3111,1	26
2	7	374,5	6,2	3328,9	28
3	7	400,7	6,7	3561,9	30
4	10	440,8	7,3	3918,1	33
5	12	493,7	8,2	4388,3	37
6	14	562,8	9,4	5002,6	42
7	17	658,5	11,0	5853,1	49
8	19	783,6	13,1	6965,2	58
9	24	971,6	16,2	8636,8	72
10	**25**	**1214,6**	**20,2**	**10796,0**	**90**

Tabla 7.3: Resultados reales.

Como se ve en la tabla en el mes 10 se ha alcanzado el 90% de uso de CPU en la máquina de Base de Datos, el problema de tener un porcentaje de uso medio tan alto es que habrá picos en los que el uso real alcance el 100% lo que significa que se producirán un problema de contención en los accesos a bases de datos, ralentizando todas las transacciones que en los picos de uso se estén ejecutando en la máquina de base de datos.

7.4.2 *Bloqueos*

El otro elemento que impacta en los flujos de información de una plataforma IT son los bloqueos. Un bloqueo se produce cuando un componente del sistema interrumpe el flujo normal paralizando la información en cierto punto del proceso. El bloqueo no consiste en una interrupción del proceso de transformación de la información, sino en una parada del desarrollo de dichas transformaciones lo que provoca que parte del sistema pase a un estado de espera que impacta en parte de los procesos de Negocio. El bloqueo consiste en asignar recursos a una operación e impedir que otras operaciones hagan uso de dichos recursos, lo que provoca que todos aquellos elementos que tengan dependencias con el recurso bloqueado queden a la espera de su liberación.

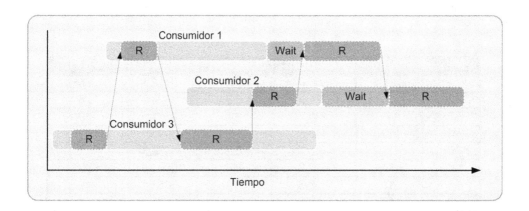

Fig 7.27: Ejemplo uso de bloqueo.

Los bloqueos son una herramienta útil e imprescindible en cualquier plataforma IT, ya que permite, en condiciones normales, optimizar el uso de los recursos disponibles, por ejemplo, permitiendo controlar qué instancias de una aplicación pueden escribir en una tabla de base de datos. Pero existen circunstancias provocadas por una mala utilización de los bloqueos o un evento no esperado que pueden desembocar en problemas no solo de rendimiento de la plataforma como ocurren con la contención, sino de disponibilidad de parte de los componentes y la consiguiente imposibilidad para los procesos de negocio de completar algunas de sus operaciones.

En cualquier sistema IT en el que un recurso concreto es utilizado por varios elementos, es imprescindible que el sistema disponga de una forma de asignar dicho recurso a uno de los consumidores y evitar que el resto interfiera en las operaciones del elemento que ha sido asignado para utilizar el recurso. En una situación normal, los bloqueos permiten organizar según ciertos criterios el acceso a los recursos compartidos. Pero no siempre esta organización en el acceso a los recursos se mantiene, de hecho existen situaciones donde los bloqueos pasan de ser una herramienta útil para convertirse en un problema para el Sistema. Podemos decir que existen dos tipos principales de bloqueos, atendiendo a su temporalidad:

- Bloqueo temporal. Por definición el bloqueo tiene un carácter temporal, el cual permite asignar durante un espacio de tiempo concreto el uso de un recurso a uno de sus consumidores.

- Bloqueo permanente. En cualquier sistema gestionado por bloqueos, pueden existir circunstancias concretas en las que el recurso permanece bloqueado por uno de los consumidores de forma indefinida, lo que supone un problema para el desarrollo de las operaciones en las que intervine el recurso bloqueado.

Por supuesto, el impacto que ambos tipos de bloqueos tienen sobre los procesos de Negocio dependerán de las operaciones en las que intervienen y los recursos a los que afectan, pero los bloqueos permanentes tienen un mayor impacto ya que provocan que un recurso no pueda ser utilizado por otros consumidores los cuales no podrán concluir las operaciones que estaban desarrollando y debido a la naturaleza de los sistemas IT, donde existen múltiples dependencias entre todos sus componentes, no es extraño que un bloqueo permanente en alguno de los recursos críticos pueda afectar no solo al rendimiento de la plataforma sino a su propia disponibilidad.

Un tipo de bloqueo permanente es el interbloqueo (deadlock) de dos o más de los consumidores de un recurso, al intentar acceder a un recurso compartido el cual está en posesión de otro consumidor que a su vez está esperando para acceder a uno de los recursos que el primero tiene bloqueado. En esta situación se produce un problema de acceso a los recursos que a menos que esté previsto no se solucionará y por tanto el bloqueo de los consumidores puede ser permanente.

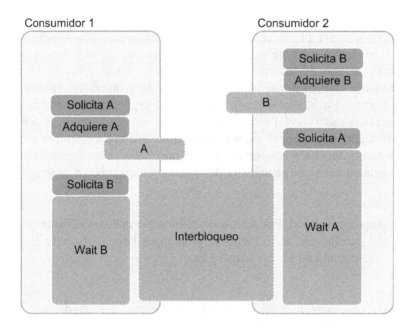

Fig 7.28: Ejemplo de deadlock.

Capítulo 8

CLOUD COMPUTING Y CAPACITY PLANNING

En este capítulo realizaremos una breve descripción de qué es el Cloud Computing y el impacto que este nuevo paradigma está teniendo sobre los Sistemas de Información de las compañías. También estudiaremos cual es el impacto que el Cloud Computing tienen sobre el Capacity Planning IT de una organización y repasaremos algunos de los mitos que planean sobre el Cloud.

Debido a que el coste del Cloud Computing está ligado directamente a al uso que se haga de los recursos, planificar la capacidad necesaria para procesar la carga de trabajo en la nube está directamente ligada a la estimación de costes y consecuentemente a la decisión sobre las opciones disponibles para IT.

Forrester Consulting

Antes de comenzar debemos entender cuales son los antecedentes que provocan la aparición en la escena IT del Cloud Computing. Hemos salido de un periodo de bonanza económica que ha tenido un reflejo en la forma en la que se han desarrollado las tecnologías de la Información y estamos entrado inmersos en una época de contracción económica lo que obliga a las empresas a reducir los costes e intentar aumentar los beneficios. Una forma de gestionar esta difícil formula es aumentar el rendimiento de los recursos de la organización, realizando un aprovechamiento de los recursos realizando una concentración de la información

Desde el punto de vista IT, estamos saliendo de una etapa donde se ha producido una dispersión de la información, cualquier empresa o usuario disponía de capacidad para la creación y almacenamiento de la información, esto ha supuesto que la información de una compañía, por ejemplo, aunque pensemos lo contrario, se encuentre dispersada por centenares de sitios, desde PCs de usuarios a bases de datos en servidores y ahora nos estamos dando cuenta del coste real de mantener toda esta información y sobre todo qué información de toda la que maneja una organización es realmente útil para el desarrollo del negocio.

Un ejemplo, ¿cuánto espacio de almacenamiento de una empresa contiene información personal de los empleados? ¿Cuánto cuesta el mantenimiento anual de toda esta información? ¿Cuánto ocupa el backup de toda esta información? En la actual época de recortes en los presupuestos, tener que destinar dinero de un departamento de IT para gestionar información que no está directa o indirectamente relacionada con el negocio de nuestra organización se ha convertido en un despilfarro. Hemos puesto el ejemplo del almacenamiento, pero otro tanto ocurre con las licencias de software o las infraestructuras para maquetas o pruebas, son casos en los que el gasto IT se dispara

En una situación de desaceleración económica, las organizaciones se enfrentan a varios retos importantes, entre ellos la reducción tanto de los costes de inversión, como los costes de producción, lo que obliga a las área de IT a replantear su política de gastos, buscando en el mercado aquellas alternativas que mejor se ajusten, tanto a las necesidades de sus organizaciones como los retos de reducción de costes. Tecnologías como la *virtualización* reaparecen con fuerza en el escenario de IT, como una solución para racionalizar el uso de los recursos IT disponibles. También aparece en escena el concepto de *Cloud Computing* como paradigma redentor de los problemas de las áreas de IT y solución idónea para la reducción de costes.

8.1 ¿Qué es Cloud Computing?

Es difícil definir de forma precisa qué es *Cloud Computing* ya que no existe unanimidad sobre qué es realmente esta nueva forma de computación. Esta falta de acuerdo provoca que bajo el paraguas de este amplio término se acomoden todo tipo de tecnologías e implementaciones, generando una profundo desconcierto tanto entre la gente de las áreas de Tecnología, a los que se les solicitan servicios en la *Nube*, como entre la gente de Negocio que ven en el *Cloud* la solución para muchos sus problemas, sobre todos aquellos que dependen de las áreas de IT.

De forma general podemos decir que Cloud Computing permite ocultar al consumidor de un servicio toda la complejidad de la implementación de dicho servicio. En la figura 8.1 podemos ver un ejemplo de lo que sería un esquema típico de implementación de un servicio, donde existe un consumidor, un servicio y una infraestructura que implementa dicho servicio.

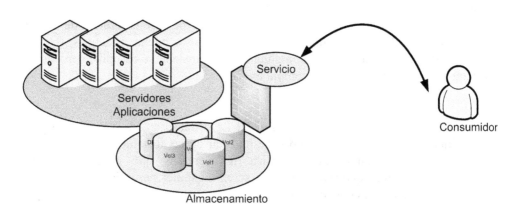

Fig 8.1: Implementación tradicional de un Servicio.

En el modelo de Cloud Computing, que está representando en la figura 8.2, el usuario del servicio no tienen ninguna visión sobre la implementación del servicio, únicamente lo percibe como un elemento colocado en la nube que está disponible para ser usado sin tener que preocuparse por los problemas relacionados con la implementación del propio servicio, los costes y los riesgos.

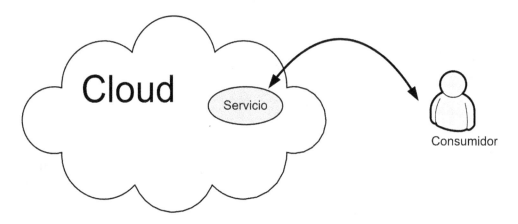

Fig 8.2: Esquema básico de Cloud Computing.

Como hemos comentado anteriormente no existe un acuerdo en cuanto a la definición del concepto de Cloud Computing, es bastante genérico y no existe un estándar que se pueda seguir, por lo que los distintos fabricantes aplican este término a tecnologías que a veces, no tienen mucho que ver entre ellas. Pero dejando a un lado el problema de la definición formal del concepto de Cloud, podemos analizarlo desde una perspectiva en la que se engloba, de forma totalmente general y abierta, una serie de tecnologías y buenas prácticas. Existen una serie de características que una solución Cloud debería cumplir, pero no es estrictamente obligatorio que las cumpla todas:

- *Deslocalización de la plataforma IT.* La infraestructura IT necesaria para que el servicio funcione, no necesita estar en las instalaciones del cliente. El cliente sencillamente utiliza un servicio que está sobre una infraestructura que puede localizarse en cualquier parte del globo y de la que no necesita conocer nada.

- *Elasticidad de los recursos.* El cliente no debe preocuparse por la capacidad de los recursos asignados al servicio que ha contratado, ya que se pueden asignar más recursos al servicio en caso de que fuese necesario, por ejemplo frente a un pico de carga. La asignación de recursos IT a un servicio es de forma dinámica, permitiendo redimensionar de forma automática los recursos que utiliza el servicio. Una vez que las necesidades de recursos disminuyan, éstos se liberan para poder ser asignados a otros servicios.

- *Auto-Billing.* La facturación se realizará en función de lo que el cliente ha consumido, sin la necesidad de renegociar Servicio siempre que las condiciones acordadas se mantenga. El modelo de facturación es el mismo que el empleado en la facturación telefónica, se cobra por lo consumido.

- *Virtualización.* La virtualización es una tecnología imprescindible para desarrollar un servicio Cloud, ya que permite aprovechar de forma más eficiente los recursos IT disponibles, balanceando dichos recursos entre distintos servicios si fuese necesario y sin impacto en la disponibilidad del Servicio.

- *Acceso universal.* Un servicio que esté en la nube debe ser accesible desde cualquier parte del planeta, ayudando de esta forma a la integración de aplicaciones en entornos corporativos distribuido en distintas localizaciones.

- *Gestión simplificada.* La gestión por parte del cliente del servicio debería ser mediante una serie de procedimientos y aplicaciones sencillas que faciliten el trabajo de provisión, incidencias, cobros, etc. De los servicios contratados, así como seguimiento de los niveles de servicios acordados.

- *Reducción de los costes.* Normalmente las infraestructuras que soportan servicios Cloud son utilizadas por varios clientes, lo que permite reducir los costes de inversión y mantenimiento de la misma, trasladando estos ahorros a los costes que el cliente tiene al contratar el servicio.

- *Gestión del acceso a la información.* Las plataformas que implementan servicios Cloud necesitan gestionar de forma correcta el acceso a la información de sus clientes para garantizar que no se producen incidentes de acceso a información de un cliente por parte de otro.

8.2 Servicios en la nube

Los servicios que se pueden encontrar en la nube son de muy distinta naturaleza, ya que gracias al avance en las redes de comunicaciones y al auge de la cultura Web, cualquier servicio IT puede estar alojado en la nube. Podemos realizar una clasificación de los servicios de la nube según la capa que ocupa dicho servicio en la pila IT. Existen tres tipos de servicios básicos, cada uno de ellos dispone de un ámbito y características determinadas y se ajusta a una serie de necesidades, por lo que somos nosotros como clientes, los que debemos decidir qué modelo elegir, según las necesidades de nuestra organización.

- *IaaS - Infraestructura* como Servicio.

- *PaaS* - Plataforma como Servicio.

- *SaaS* - Software como Servicio.

La figura 8.3 muestra la relación entre las tres capas de servicios de la Nube y las cuatro capas de la pila IT.

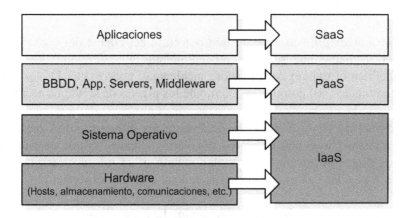

Fig 8.3: Capas IT y Capas Cloud.

8.2.1 IaaS – Infraestructura como un Servicio

Este modelo permite a los clientes acceder a servicios tales como uso de CPU, capacidad de almacenamiento, comunicaciones, máquinas virtuales o sistemas operativos, es decir todos aquellos componentes de la infraestructura IT necesarios para construir una plataforma. Este tipo de servicios permite a los usuarios acceder a componentes IT con los que construir una infraestructura propia, con las ventajas que ofrece emplear elementos de la nube.

- CPU.
- Almacenamiento.
- CPD virtual.
- Comunicaciones.
- Hosts.
- Sistema Operativo.

Los servicios IaaS son realmente útiles para aquellas situaciones en las que necesitamos infraestructura para la implementación de un proyecto y no disponemos de los medios necesarios para desarrollar toda la infraestructura IT necesaria. Un ejemplo de un servicio IaaS que podríamos encontrar en la nube es la contratación de máquinas virtuales que muchas empresas ofrecen. Estas máquinas virtuales tienen asignados una serie de recursos los cuales podemos aumentar o disminuir según nuestras propias necesidades.

8.2.2 *PaaS – Plataforma como un Servicio*

La *Plataforma como un Servicio* consiste en disponer de una plataforma sobre la que los clientes implementar sus procesos de Negocio utilizando una serie herramientas de desarrollo y gestión de datos, con las que modelar la lógica de los procesos que se quieren implementar. Los servicios PaaS normalmente dan acceso a un conjunto de APIs (*Application Programming Interface*) propios del proveedor para facilitar el desarrollo y customización de las aplicaciones, este conjunto de APIs son el interfaz entre el cliente y la infraestructura del proveedor.

- Middleware.
- Bases de Datos.

- Herramientas de desarrollo.

- Runtime.

- Gestores de Colas de mensajes.

8.2.3 SaaS – Software como un Servicio

El último tipo de servicio en la nube es el *Software como un Servicio*, el cual consiste en acceder a una aplicación software que implementa una serie de características con las que cubrir un conjunto de necesidades, de esta forma el usuario solo debe de preocuparse por buscar el servicio SaaS que mejor se adapte a sus necesidades y contratar el tipo de uso que desee. Este modelo no necesita que el usuario desarrolle aplicaciones o gestione infraestructura, el servicio es el software en sí. Ejemplos de servicios *SaaS* serían:

- CRM.

- ERP.

- Recursos Humanos.

- Herramientas colaborativas.

- Monitorización.

- Mensajería.

8.3 Perspectiva del cliente

Desde el punto de vista de un usuario que contrata un servicio alojado en la nube, existen una serie de ventajas y desventajas que debemos conocer antes de migrar algún servicio de nuestra organización a la nube. Entra las ventajas podemos citar:

- *Solo se paga por lo que se usa*, esta característica genera un ahorro directo, ya que con el modelo de *nube*, no hay que repercutir conceptos como los costes de mantenimientos de software y hardware o las inversiones para la ampliación de infraestructuras en caso de que nuestro negocio necesite crecer, solo debemos pagar por los recursos consumidos en la nube.

- *Se reducen los tiempos de desarrollo del Negocio*. Cuando nos planteamos utilizar un servicio en la nube solo debemos contratar el servicio con unos requerimientos mínimos para que pueda sostener la implementación del negocio que vamos a realizar y pagaremos más cuando el servicio comience a ser utilizado. Montar maquetas es un proceso sencillo y barato ya que no necesitamos realizar una inversión en infraestructura IT, únicamente contratamos un servicio en la nube, creamos una maqueta y comprobamos si es viable la implementación del negocio, una vez terminada la prueba podemos o bien terminar el contrato del servicio o reducir los recursos contratados para de esta forma reducir el coste del servicio contratado.

- *Se reducen los problemas derivados de una plataforma IT*. El usuario no debe preocuparse por problemas como la escalabilidad o las copias de respaldo, la nube se encarga de todo, por lo que la organización no tiene que emplear ni tiempo ni recursos en mantener una infraestructura para el Negocio. La organización se puede concentrar en el desarrollo del Negocio.

- *Concentrar los esfuerzos en el Negocio*. Con recursos IT accesibles desde la Nube, las organizaciones cuya orientación no tenga una fuerte componente tecnológica pueden concentrar todo su esfuerzo en el Negocio propiamente dicho, evitando emplear recursos en elementos que no aportan valor al Negocio.

Como desventajas podemos citar:

- *No controlar la localización de los datos.* Un servicio en la nube puede almacenar los datos en distintas localizaciones y el usuario del servicio no tiene control sobre donde están sus datos. Esta falta de control puede suponer un problema dependiendo del carácter de los datos y la legislación de cada país. Por ejemplo, existen verdaderos problemas para poner datos médicos sobre pacientes en la nube o datos de organizaciones gubernamentales que sean catalogados como clasificados, ya que las leyes de cada país con respecto a este tipo de datos son muy estrictas.

- *El usuario debe preocuparse por los SLA* (acuerdos de niveles de servicio). La única herramienta que el usuario posee para garantizar el servicio que está contratando son los acuerdos de niveles de servicio (SLA), con lo que se medirá la calidad del servicio.

- *Inversión en comunicaciones.* Otra de las desventajas de utilizar servicios en la nube es que las comunicaciones con la nube deben ser lo suficientemente fiables como para garantizar el acceso a los servicios contratados. Además de la disponibilidad también debemos asegurarnos que el caudal que tenemos de acceso a los servicios en la nube garantizan que el acceso al servicio tiene la calidad necesaria para el desarrollo del Negocio. Las comunicaciones externas son sensiblemente más caras que las comunicaciones internas. Al tener servicios en la nube nuestra organización podría tener que aumentar los caudales de acceso a la nube con el consiguiente gasto.

- *Nuestra información "podría" ser accedida por terceros.* La gestión del acceso a nuestra información la hemos delegado a un proveedor de servicios en la nube, un problema de seguridad en dicho proveedor puede provocar que los datos alojados en la infraestructura del proveedor pudieran ser accesibles por otras personas. Nosotros como usuarios debemos ser conscientes de este riesgo y lo que supondría que terceros tuvieran acceso a nuestra información.

- *Cuidado con los PaaS.* Al desarrollar aplicaciones en Plataformas como un Servicio podemos encontrar el problema de la migración, tanto de los datos, como del código a otro proveedor. Muchos proveedores de PaaS ofrecen plataformas propias de desarrollo de aplicaciones por lo que todo lo que desarrollemos en esta plataformas, muy rara veces podremos migrarlo a otras.

- *Los recursos no son infinitos*. Una de las características de los servicios en la nube es la elasticidad de los recursos, el proveedor nos dará recursos según nuestras necesidades, pero debemos ser conservadores con esta idea, ya que un proveedor de servicios no puede darnos recursos ilimitados y podemos encontrar situaciones donde nuestras necesidades de negocio requieran más recursos y el proveedor no puede suministrarnos lo que necesitamos, quedando atrapados en un servicio que nos costará mucho esfuerzo migrar a otro proveedor.

Hemos citado ventajas y desventajas que los servicios en la nube pueden presentar para nosotros como usuarios que contratamos un servicio. No todos los servicios presentan todas las ventajas y desventajas, pero debemos recordar que los proveedores de servicios los ofrecen en unas condiciones concretas y que fuera de esa condiciones, todo lo que no esté reflejado en los acuerdos de nivel de servicio, el proveedor no estará obligado a cumplirlo, por lo tanto el utilizar servicios en la nube requiere un esfuerzo a la hora de entender perfectamente qué se está contratando y las características del servicio que se contrata, así como dejar muy claro cuales serán los SLAs que se firmarán.

Existen cuatro características que todos los SLA de cualquier servicio en la nube deben incluir:

- *Disponibilidad del Servicio*, que establece los criterios que el proveedor del Servicio debe garantizar en cuanto a la accesibilidad del Servicio. Dentro de la disponibilidad del Servicio el proveedor debe garantizar una serie de tiempos como son las ventanas de Servicio, los MTBF (*Mean time between failure*) o tiempo entre fallos y el MTTR (*Mean time to repair*) o tiempo de reparación del servicio. La disponibilidad es un factor que tiene un impacto directo e inmediato sobre el Negocio, ya que si no hay servicio, todos los elementos de Negocio que tengan un a dependencia del Servicio que no está disponible se verán afectados.

- *Capacidad*. El servicio, sea de la naturaleza que sea tendrá que garantizar unos valores mínimos de capacidad de algunas de sus características, por ejemplo, si hemos contratado un servicio de almacenamiento, el proveedor debe garantizar la capacidad que hemos contratado, ya que uno del os principales problemas de los servicios en la nube es que los proveedores con frecuencia emplean técnicas de *overbooking*. También debemos aclarar los anchos de bandas aplicados a las distintas conexiones del servicio.

- *Rendimiento*. El proveedor debe garantizar un rendimiento mínimo de los componentes de la infraestructura IT sobre la que implementa el servicio, para poder asegurar unos tiempos de respuesta que entren dentro de las necesidades que nosotros como clientes demandamos. También es importante que el proveedor garantice un número de operaciones por unidad de tiempo.

- *Escalabilidad*. Una de las ventajas que ofrecen los servicios en la nube es la elasticidad de los recursos asignados al Servicio. Esta propiedad permite utilizar pocos recursos en las primeras fases de un proyecto, aumentando los dichos recursos cuando las necesidades lo establezcan. Es importante que en los acuerdos de nivel de servicio aparezcan de forma clara cuales son los niveles de escalabilidad de la tecnología que soporta el servicio.

8.4 Capacity Planning IT

Aunque las ventajas que presentan la utilización de los distintos tipos de servicios en la nube para una organización son varias, la mayoría de las empresas que se acercan a soluciones en la nube lo hacen por un solo motivo, el ahorro de costes. Para las organizaciones, sean del tamaño que sean, es tremendamente atractivo poder disponer de la modalidad de pago por uso de un recurso y esta es la principal ventaja que presenta un servicio en la nube frente a un servicio tradicional, los ahorros que se generan por utiliza solo lo que se necesita. Para que el servicio que se contrata en la nube sea realmente rentable, la organización necesita ajustar de forma precisa en cada momento cuantos recursos son necesarios para aprovisionarlos y de esta forma estar pagando únicamente por la cantidad de recursos que producen un beneficio real al negocio.

Uno de los principales bulos que ha aparecido a la sombra del Cloud Computing es que gracias al carácter elástico de los recursos en la nube, ya no es necesario que las organizaciones dispongan de un plan de Capacidad IT, porque gracias a la nube solo pagaremos por lo que consumamos, esta idea despertó muchas ilusiones entre las áreas financieras y de desarrollo del Negocio, ya que la imputación de gastos asociados a los recursos que necesita el negocio se ajustaban perfectamente entre el coste de los recursos y el beneficio del negocio.

En la figura 8.4 podemos ver un ejemplo de la relación entre los costes y los ingresos de un servicio tradicional. Los costes normalmente podemos representarlos como una línea horizontal con cierto grado de inclinación, que indica un aumento constante de los costes. Por otro lado, los ingresos suelen tener un patrón que depende del tiempo y que se representa mediante picos y valles que reflejan las fluctuaciones del mercado. En este caso, los costes suelen ser constantes y no podemos modelarlos en base a la demanda, por lo tanto en los periodos de ingresos vaya, los ingresos pueden caer por debajo de los costes, lo que producirían una situación de pérdidas.

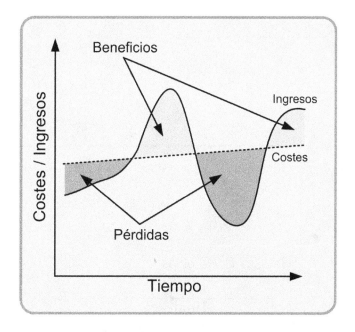

Fig 8.4: Relación Costes y Beneficios en un modelo tradicional.

El pago por uso que ofrece el modelo de Cloud Computing, permite ajustar los costes asociados a los recursos que se utilizan, de forma que teóricamente podríamos aumentar los beneficios, al conseguir disminuir de forma considerable las pérdidas asociadas a cambios en la demanda del Negocio. La figura 8.5 muestra un ejemplo de la forma en la que el empleo de un servicio en la nube, puede ayudarnos al ajustar los costes en cada momento en función de las necesidades del Negocio, obteniendo un incremento de los beneficios.

Por tanto, para la una compañía utilizar recursos IT de la Nube presenta una ventaja frente a disponer de estos recursos internamente en el hecho de poder modelar los costes de explotación de estos recursos en función de las necesidades del Negocio, como se puede apreciar en la figura 8.5, y es en este punto, donde el Capacity Planning IT se vuelve imprescindible para cualquier organización que se plantee emplear servicios en la nube. Si nosotros como consumidores de recursos en la nube no disponemos de un plan de capacidad que refleje de forma precisa cuales serán las necesidades de nuestro negocio y el plan de acciones para cubrir estas necesidades, no conseguiremos ajustar los costes del servicio con los beneficios esperados.

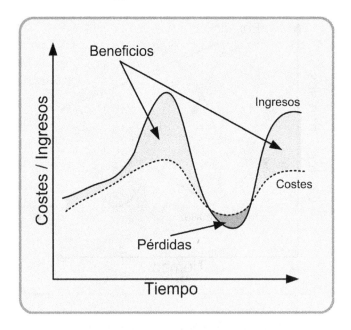

Fig 8.5: Relación Costes y Beneficios con un modelo Cloud.

El Capacity Planning IT se ha convertido en una herramienta imprescindible para cualquier organización que esté estudiando la posibilidad de utilizar servicios en la nube. Debemos tener en cuenta que las ventajas que presenta el modelo Cloud Computing pueden ocultar muchas de sus desventajas para nosotros, por tanto, es necesario que la decisión de utilizar servicios Cloud Computing esté respaldada por un plan de actuaciones que justifique la elección de un tipo de servicio u otro y también planifique las acciones necesarias para cubrir todas las posibles situaciones a las que la organización podría enfrentarse durante el ciclo de vida del Negocio.

El modelo de infraestructura local, en la que se asignan recursos a una parte del Negocio, tiene inconvenientes frente al nuevo modelo de la nube, pero presenta un ventaja que dependiendo de la naturaleza del negocio de nuestra organización, puede ser la diferencia entre tener éxito o fracasar. Nos referimos a los tiempos necesarios para cambiar la tecnología. Cuando por razones del Negocio necesitamos realizar una migración a un nuevo tipo de tecnología, la nube presenta un inconveniente y es que los proveedores ofrecen servicio que intentan llegar al mayor número de clientes y por lo tanto si nosotros queremos mover parte de nuestros procesos de negocio hacia otra tecnología que el proveedor no ofrece, tendremos un serio problema, ya que por un lado estamos utilizando una infraestructura que funciona correctamente pero por otro lado necesitamos un cambio de tecnología en parte de los recursos que empleamos y que nuestro proveedor no soporta. Este tipo de situaciones, donde los clientes permanecen en un estado cautivo y obligados a utilizar la tecnología que el proveedor tiene puede llegar a ser un verdadero problema para el desarrollo del Negocio de algunas organizaciones.

Disponer de un Capacity Planning IT puede ayudarnos, como organización consumidora de recursos en la nube, para evitar situaciones en las que las carencias de un proveedor de servicio impacten directamente en la estrategia de Negocio de nuestra organización.

Consejo

Los servicio Cloud Computing, se basan en ofrecer algo que la mayoría de la gente necesita, sacrificando las necesidades de una minoría. Para cualquier organización pasar de un conjunto de necesidades que el proveedor cubre, a tener necesidades propias que no cubre el proveedor, puede tener un impacto directo en nuestro Negocio. Es necesario disponer de un plan de Capacidad que ayude a la organización a establecer las acciones necesarias para mantener cubierta las necesidades de nuestros clientes.

Otra de las características que hace muy atractiva la adopción de servicios en la nube es la elasticidad de los recursos contratados. La mayoría de los proveedores de servicios en la nube ofertan servicios que pueden crecer y decrecer de forma automática o semiautomática según las necesidades de consumo. Esta característica es interesante ya que permite a una organización que contrate recursos en la nube, no tener que preocuparse por los picos de carga, ya que el proveedor de servicios garantiza que estos picos pueden ser soportados aumentando más recursos. El problema de la elasticidad de los servicios estriba en que los proveedores emplean técnicas de *overbooking* en las que emplean menos recursos que la suma de recursos contratados por todos los clientes, asumiendo que nunca todos los clientes estarán en una situación de pico en el mismo instante, sino que los picos de los distintos clientes se compensarán con los valles de otros.

La figura 8.6 muestra un ejemplo de la distribución de los recursos del proveedor entre las necesidades de dos clientes. Los picos de necesidad de ambos cliente no se solapan lo que permiten que los recursos necesarios estén por debajo del máximo que el proveedor posee.

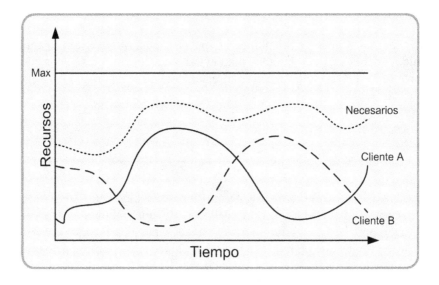

Fig 8.6: Asignación de recursos a clientes.

En la figura 8.7 se han solapado los picos de dos clientes lo que genera una demanda de recursos que supera al límite máximo que el proveedor tiene disponible. Este problema con la Capacidad de los recursos del proveedor impactará de forma negativa en el negocio de los clientes, ya que el proveedor no dispone de los recursos necesarios para satisfacer las necesidades que ambos clientes demanda.

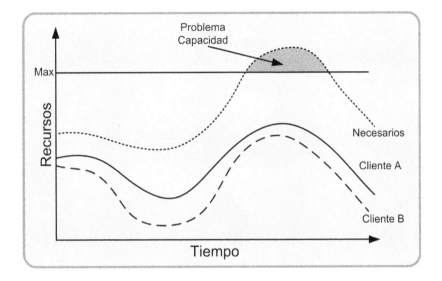

Fig 8.7: Asignación de recursos a clientes

Por razones obvias, nosotros como clientes de un servicio en la nube, no tenemos acceso al información sobre el estado de la capacidad de los recursos que el proveedor ha asignado para un servicio en concreto y por tanto, no podremos conocer la causa del problema que impacta en el servicio que hemos contratado. La única forma que tenemos de salvaguardar la disponibilidad de recursos es mediante los *Acuerdos de Nivel de Servicio* a los que está sujeto el servicio que estamos contratando.

Es importante que las especificaciones que se indican en los ANS se ajusten a nuestras necesidades, ya que de otra forma, cualquier problema que tengamos con un servicio en la nube y que no esté recogida en los ANS del servicio, el proveedor no se responsabilizará de las repercusiones derivadas para nuestro Negocio.

Antes de asumir los niveles de servicio que el proveedor propone necesitamos una herramienta, como el Capacity Planning que nos ayude a decidir si las condiciones que reflejan los *Acuerdos de Nivel de Servicio* son suficientes para desarrollar de forma correcta nuestro Negocio.

Anexo A

DOCUMENTACIÓN

En cualquier proyecto o proceso de una compañía, la documentación juega un papel relevante como elemento encargado de transformar la información en un elemento manejable y comprensible. Por tanto, la documentación, como parte de la información de la compañía desempeña una labor fundamental en el desarrollo de un Capacity Planning, ya que a su carácter como elemento habilitador de la información debemos añadir una característica extra, la cual aportan valor en el proceso de análisis de la Capacidad, que es su carácter pseudo-contractual.

La documentación del Capacity Planning refleja el acuerdo al que han llegado las distintas áreas sobre cual será su participación en el Capacity Planning. Tener constancia de este tipo de información y que esté reflejada en la documentación, permite a los responsables del Capacity Planning justificar las desviaciones que se produzcan entre la aportación esperada de un área y la aportación real, en aquellas áreas que puedan ser fuente de problemas para el desarrollo del Capacity Planning. Para procesos transversales a la compañía como es el Capacity Planning, donde participan áreas de las distintas líneas organizativas, es fundamental disponer de documentación donde se reflejen los acuerdos en materia de colaboración de las áreas con el desarrollo del Capacity Planning. Debemos entender que el Capacity

Planning es un proceso cuyas actividades necesitan de la colaboración de las áreas. Pero esta intromisión puede ser recibida como una actividad hostil o por el contrario puede ser vista como una oportunidad de colaboración. En ambos casos disponer de la documentación que acredite la actitud de un área frente al Capacity Planning, nos ayudará con el escalado en caso de que aparezcan obstáculos en el desarrollo del estudio de la Capacidad.

Aparte de su carácter pseudo-contractual, en el contexto del Capacity Planning, la creación de la documentación permite alcanzar los siguientes objetivos:

- La propia documentación se convierte en la bitácora donde se reflejan todas las decisiones que se toman sobre la forma de ejecutar el Capacity Planning.

- Recoger el estado real del conocimiento que la organización tiene sobre ella misma y los distintos procesos de Negocio.

- Disponer de un inventario de operaciones de Negocio y la relación que tienen con operaciones de Tecnología.

- Identificar de forma clara cuales son los objetivos del Capacity Planning y de la estrategia del Negocio.

- Que sirva la documentación como el compromiso de la aceptación de las distintas condiciones del Capacity Planning.

- Inventariar los flujos de datos, identificando problemas que la información tienen para recorrer los procesos de la organización.

- Identificar la responsabilidad de cada unidad organizativa y/o personas dentro de los procesos de negocio, así como inventariando los propietarios de la información y el impacto que tiene ésta sobre el Negocio.

A.1   Fase I: Análisis de las Necesidades

A.1.1   Documento: Objetivos

Este documento debe recoger una descripción lo más detallada posible de los distintos objetivos que se han establecidos para consecución del Capacity Planning. Por tanto la información que debe recoger el documento podrías ser:

- Descripción General.
- Necesidades del Negocio.
- Definición de Objetivos.

A.1.1.1   Descripción General

Descripción detallada que refleje la idea que la organización tiene sobre los beneficios de disponer de un plan de Capacidad.

A.1.1.2   Necesidades del Negocio

Identificar cuales han sido las causas que han desencadenado la necesidad por parte de la compañía de abordar un Capacity Planning.

A.1.1.3 Definición de Objetivos

Documentar cada uno de los objetivos establecidos, utilizando la descripción de secciones siguiente:

- Definición.
- Alcance temporal.
- Ámbito de aplicación.
- Costes vs Beneficios.
- Controles.

A.1.2 Documento: Definición de roles

Este documento recoge toda la información sobre la organización jerárquica de la compañía y los componentes del equipo encargado de realizar el plan de Capacidad. La información que debe reflejar en el documento sería:

- Información sobre la Organización.
- Equipo.
- Canales de Comunicación.

A.1.2.1 Información sobre la Organización

Para establecer los roles de cada uno de los miembros del equipo es necesario disponer de toda la información necesaria sobre como está organizada la compañía, las personas de contacto de las distintas unidades funcionales, así como los ámbitos de responsabilidad dentro del desarrollo del Negocio. Con esta información podremos establecer un cuadro de competencia y capacidad para establecer las necesidades dentro del propio equipo.

- Organigramas.

- Personas de contacto dentro cada unidad funcional.

- Ámbitos de responsabilidad de la unidad funcional.

A.1.2.2   Equipo

Esta sección recoge la información de como está organizado el equipo y la descripción de los distintos roles que desempeñan cada uno de sus miembros, incluyendo las competencias y responsabilidades asignadas dentro del equipo, así como un análisis de la Capacidad que tiene el equipo para abordar el estudio de la Capacidad dentro de la organización.

- Miembros.

- Competencias y responsabilidades.

- Capacidades y limitaciones.

A.1.2.3   Canales de Comunicación

Descripción de los canales de comunicación que se han establecido para la recogida de información y la participación de las distintas áreas funcionales de la organización en la construcción del plan de Capacidad.

- Buzones de correo.

- Repositorios de información

- Calendario de reuniones.

- Uso de intranets y boletines internos.

- Teléfonos

A.1.3 Documento: Estrategia del Negocio

Este documento debe recoger toda la información relativa a la Estrategia de la Compañía para el desarrollo del Negocio. La importancia de disponer de todos los datos sobre como la compañía entiende que debe enfrentarse al futuro, es crucial para el Capacity Planning, ya que durante el desarrollo del propio plan de Capacidad se deben tomar una serie de decisiones que afectarán en mayor o menos medida a los planes estratégicos que tenga la compañía. Alinear plan de Capacidad con plan Estratégico permite a las organizaciones desarrollar infraestructuras de manera más eficiente, independientemente de que los planes estratégicos no den los resultados esperados.

Siguiendo el modelo de Henry Mintzberg, podemos definir cualquier estrategia como la suma de cinco elementos:

- Plan.

- Maniobra.

- Patrón.

- Posición.

- Perspectiva.

A.1.4　　*Documento: Niveles de Servicio*

El documento debe estar validado por todas las partes y sobre todo debe tener la validación de la dirección de la organización, ya que será este órgano el que dará la validación final sobre un elemento tan importante para el Negocio como son los niveles mínimos de servicio que se deben garantizar para dar un servicio de calidad.

En caso de que no exista un Catálogo de Servicios, se debería inventariar el conjunto de servicios que están implementados en la organización, ya sean de carácter interno como externo. El Catálogo de Servicios pretende ser el repositorio en el que se mantiene toda la información referente a los distintos servicios de la compañía. En el Catálogo debe existir una entrada por cada Servicio en la que se recoja al menos la siguiente información:

- Definición.

- Necesidades que cubre el Servicio.

- Clientes que lo demandan.

- Dependencias con otros servicios o unidades de la organización.

- Recursos asignados al Servicio.

- Indicadores, los cuales establecen los criterios de calidad o KPI's (Key Performance Indicators) para el Servicio.

- Procesos de Motorización para vigilar los distintos indicadores de calidad.

- Escalado:Definir todos los procedimientos de escalado de incidencias y calidad del Servicio.

El documento de Definición de los Niveles de Servicio será la base para la creación de los acuerdos de nivel de servicio que se ofrecerán a los clientes, por lo tanto es muy importante que el documento esté validado por todas las áreas de la organización. Cualquier modificación del documento debe estar acordada por todas las partes.

A.1.4.1   Acuerdo de Nivel de Servicio

- Las necesidades que los clientes demanda del servicio.

- Una definición clara y sin ambigüedades sobre el alcance del Servicio.

- Las responsabilidades del proveedor para garantizar la calidad del servicio y la responsabilidad del cliente para el uso del mismo.

- La definición de los indicadores que se emplearán para medir el cumplimiento del ANS.

- Penalizaciones. El incumplimiento de los ANS conllevan en muchos casos la aplicación de unas penalizaciones que intentan mitigar los costes asociados a las pérdidas que el problema en el Servicio cause al cliente. Las penalizaciones son únicamente un elemento de presión por parte del cliente, pero no se puede convertir en una forma de recuperar las pérdidas derivadas de un problema en un Servicio contratado.

A.1.5   Documento: Procesos de Negocio

Debemos realizar un inventario de todos los procesos de Negocio de la organización que nos ayude a entender la forma en la que la organización desarrolla el Negocio, como las distintas áreas funcionales interactúan entre sí, qué procesos son realmente críticos para el Negocio, la forma en la que los recursos IT son consumidos por las distintas actividades dentro de la compañía, etc. Por tanto debemos recoger, al menos, la siguiente información en este documento.

- Inventario de los Procesos de Negocio:

  - Nombre.

  - Propietario.

  - Dependencias.

  - Entrada.

  - Funciones y actividades.

  - Salida.

- Diagrama relacional de todos los procesos de Negocio.

A.1.6   *Documento: Flujos de información*

Los flujos de información describen la forma en la que la información circula en la organización. Para el estudio de la Capacidad necesitamos conocer cuanta información circula, cual es el tamaño de esta información, cuales son los repositorios o generadores de la información, así como identificar quién y cuándo se consume la información. Es decir debemos recoger en este documento toda la información relativa a la forma en la que la información se mueve dentro de la compañía.

- Identificar los repositorios de información
- Inventariar los flujos de Información:

  - Origen.

  - Características de la Información, tipo, tamaño, periodicidad, etc.

  - Destino.

- Diagrama de Flujos entre Procesos de Negocio.

- Diagrama de flujos entre áreas funcionales.

A.1.7 Documento: Unidades de trabajo

Este documento es el eje principal sobre el que giran todos los trabajos del Capacity Planning, ya que en este documento mantendremos actualizada toda la información relativa a las Unidades de Trabajo. En el documento de Unidades de Trabajo se debemos reflejar la siguiente información:

- Diagrama relacional de Procesos de Negocio-UT-Tecnología.
- Definición de las Unidades de Trabajo.
  - Proceso de Negocio.
  - Funciones/Tareas de Negocio.
  - Operaciones IT.
  - Componentes IT.

A.2 Fase II: Estudio de la Capacidad

A.2.1 *Documento: Organización IT*

Este documento debe recoger toda la información referente a la organización IT de la compañía, incluyendo la descripción de los distintos niveles de jerarquía, responsabilidades y funciones de cada uno de los puestos y la relación que tienen tanto con la Tecnología como con el Negocio de la organización.

A.2.2 *Documento: Recursos IT*

Debemos realizar un inventario a groso modo, sin describir con excesiva profundidad, ya que para esto existen los inventarios de la plataforma, pero si es necesario disponer de un inventario de los recursos disponibles, clasificados según las siguientes categorías:

- Recursos hardware.
- Recursos software.
- Recursos humanos.

Como hemos comentado este documento no pretende suplir a los inventarios que ya existan, sino recoger en un mismo documento toda la información relevante, así como la localización de los inventarios originales, para que sirva como herramienta durante todo el desarrollo del plan de Capacidad.

A.2.3   Documento: Dependencias externas

La dependencia que la plataforma IT tenga con el exterior debemos recogerlas en este documento que nos ayude en la identificación de posibles riesgos y/o cuellos de botella para el desarrollo esperado de nuestro Negocio. Es necesario que el documento incluya las siguientes dependencias:

- Soporte de los fabricantes.
- Externalizaciones.
- Integración con terceros.

A.2.4   Documento: Riesgos para el Negocio

En este documento debemos crear un inventario de todos los posibles riesgos que existan en la plataforma IT y que por lo tanto afecten al Negocio. Es crucial que este documento refleje de forma clara tanto el origen de cada uno de los riesgos cómo el impacto real sobre el Negocio.

Ya que el Capacity Planning es un proceso cíclico, el documento de riesgos ayuda a mantener un control sobre el impacto que cualquier cambio en la demanda del Negocio tendrá sobre la Tecnología y viceversa.

Para catalogar cada uno de los riesgos podemos utilizar la siguiente nomenclatura, en la que se define, para cada uno de dichos riesgos:

- Conjunto de desencadenantes.
- Elementos a los que afecta.

- Conjunto de consecuencias.

- Probabilidad.

- Criticidad.

A.2.5   *Documento: Definición Plan de Pruebas*

Este documento recoge todas las especificaciones que definen el plan de pruebas que pretendemos seguir, incluyendo los procedimientos de recogida de datos, los ficheros de datos, su ubicación, formato, etc. Para la elaboración de este documento podemos seguir la estructura del IEEE 829:

- Plan de la prueba.

- Diseño de la prueba.

- Casos de la prueba.

- Procedimiento de la prueba.

- Registro de la prueba.

- Reporte de incidencias.

- Informe de la prueba.

Anexo B

LA JERARQUÍA DIKW

El salto evolutivo desde el modelo de sociedad industrial que ha imperado a lo largo de todo el siglo XX, a la sociedad de la información en la que nos encontramos actualmente, ha significado no solo un cambio en la mentalidad de como se deben hacer las cosas, también se ha desplazado el centro de masa de la actividad de las compañías desde los activos tangibles, como son las materias primas o las infraestructuras, a los activos intangibles como es la información.

Este desplazamiento del elemento estratégico en una compañía desde lo tangible focalizar gran parte de los esfuerzos de las compañías en gestionar algo que hasta ahora no era relativamente importante, como es el conocimiento, ya que en el modelo industrial el éxito lo garantizaba disponer de materias primas, infraestructura, logística y una buena política de marketing, básicamente se creaba un producto y se hacía llegar a los consumidores, el problema de este modelo es que con el auge de nuevas compañías la competencia ha aumentado hasta saturar el mercado con productos similares. Ahora las compañías necesitan saber qué quieren. También al calor del desarrollo de los ordenadores ha nacido un nuevo tipo de compañías cuyo producto es modelar información para ofrecerla a los consumidores, como son todas las compañías relacionadas con la Web.

La Gestión del Conocimiento debemos entenderlo como un proceso complejo y con un ámbito de actuación global a toda la organización. Decimos que se trata de un proceso complejo ya que pretende no solo normalizar el conocimiento como bien intangible de la compañía, sino que debe conseguir transformar este conocimiento en uno de lo motores que permitan a la organización aumentar su ventaja competitiva en el mercado frente a sus competidores.

Recuperar y clasificar la información no aporta ningún valor diferencial que permita a una organización destacar en el mercado, a menos que se utilice dicha información para generar más información lo que incrementa el valor para nuestros clientes. Y decimos que es un proceso global a la compañía porque aplica a cualquier área independientemente de cual es el rol que un área desempeña en la propia organización.

La gestión del Conocimiento tiene cuatro objetivos principales dentro de una organización:

- Identificar todo el conocimiento de la compañía.
  - ○ Cuantificar y clasificar todo el conocimiento.
  - ○ Identificar las fuentes y repositorios de conocimiento.
  - ○ Especificar el número y la naturaleza de los distintos canales de comunicación utilizados tanto interna como externamente para transmitir el conocimiento.
- Incrementar el conocimiento.
- Aplicar el conocimiento disponible para incrementar el valor del Negocio.
- Conseguir que el Conocimiento sea tratado como un activo más dentro de la organización.

B.1   El modelo DIKW

DIKW es el acrónimo en inglés de Dato Información Conocimiento Sabiduría (*Data Information Knowledge Wisdom*) y se trata de un modelo piramidal que permite estructurar la relación entre los Datos, la Información, el Conocimiento y la Sabiduría. La figura 8.8 representa la pirámide DIKW, cuya base está constituida por la capa de Datos. En el nivel superior al Dato se encuentra la Información, al que se consigue acceder tras analizar los datos. Sobre el nivel de Información se encuentra el de Conocimiento y por último, coronando la pirámide se encuentra en nivel de Sabiduría

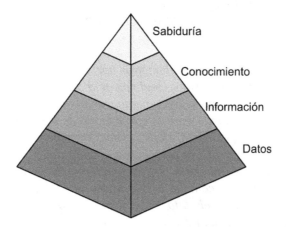

Fig 8.8: Jerarquía DIKW.

Los cuatro niveles que forman la pirámide DIKW pueden ser utilizados para clasificar el ámbito de trabajo de los distintos componentes de un sistema de Información y establecer los procedimientos para conseguir avanzar desde el nivel inferior del Dato hasta el superior de la Sabiduría. Como parte de la gestión del Conocimiento, el modelo DIKW nos ayuda a clasificar el conocimiento de la organización y nos permite una gestión tanto de los recursos necesarios para avanzar en el modelo como para identificar lagunas y carencias de conocimiento que podrían provocar de manera directa problemas en la gestión tanto de los Sistemas de Información como del equipo humano.

B.1.1   *Los Datos*

Podemos definir el *dato* como la unidad mínima de información con la que trabajamos y que por sí mismo no aporta ningún valor a la organización, ya que no podemos tomar decisiones en base al dato, sin tener en cuenta otros factores externos al propio dato. Simplemente nos ayuda a disponer de una representación entendible para nosotros, de ciertas características tangibles o abstractas de un elemento.

Esta explicación del Dato puede parecer un poco vaga e inexacta, ya que cualquier persona piensa en el dato como una fuente de información, pero hagamos una analogía sencilla para entender que se pretenden explicar.

Ejemplo: Un dato es el número de kilómetros por hora a los que puede circular un vehículo, si durante un recorrido elegimos una muestra de la velocidad del vehículo y ese dato en concreto se lo comunicamos a otra personas, sin mencionar el itinerario, el tipo de vehículo y otras características del viaje y le preguntamos ¿qué le parece que en un momento dado de nuestro viaje nuestra velocidad fuese de 87km/h ? La otra persona nos preguntaría más datos para poder dar una opinión, ya que 87km/h es mucha o poca velocidad dependiendo de si circulamos en una moto, un coche o un camión, o si lo hacemos por el centro de la ciudad o por una autopista, es decir el dato 87km/h por sí solo no aporta información suficiente para poder tomar una decisión.

Podemos concluir con la siguiente afirmación que establece no solo una definición clara sobre lo que es el Dato en un Sistema de Información, sino que también lo sitúa en la base de la pirámide DIKW.

> **Dato** = *Unida mínima de información*

B.1.1.1   La Información

La *Información* es el segundo nivel de la pirámide DIKW. Como hemos comentado en el apartado anterior el D*ato* por sí solo no aporta ningún valor, es necesario agrupar un conjunto de datos relacionados para que el propio conjunto aporte un mínimo de información. La información consiste en la agrupación de un conjunto de datos, de forma que esta agrupación confiere un significado al conjunto, añadiendo más valor del que se puede obtener independientemente de cada uno de los datos por sí solos.

Obtener información de un conjunto de datos es un ejercicio de inteligencia propiamente dicho, ya es necesario un proceso de abstracción del conjunto de elementos para interpretar no solo el valor del dato sino la relación que un dato tiene con el otro y de esta forma aumentar el valor del conjunto. Por tanto la información transmite un mensaje que puede ser interpretado.

Si retomamos el ejemplo del apartado anterior sobre los datos obtenidos durante el recorrido que hemos realizado con nuestro vehículo y además del número de kilómetros por hora añadimos otros datos como:

- Nuestra velocidad era de 87km/h.
- Circulábamos con nuestra motocicleta.
- Por el centro de la ciudad.

Con este conjunto de datos conseguimos transmitir a nuestro interlocutor un mensaje concreto para que éste se pueda hacer una idea algo más clara sobre el entorno y su relación con los propios datos.

Como ejemplos de *Información* de un Sistema de Información podemos citar el estado de una máquina. La información de estado está compuesta por la agrupación de todos los datos relevantes sobre ciertas características de una máquina, por ejemplo el uso de CPU, el uso de disco, el uso de la red, etc. Todos estos datos en su conjunto permiten dar información sobre el estado en el que se encuentra una máquina, es decir, si está sobrecargada o por el contrario no está desarrollando ninguna función.

Si escalamos un nivel en la jerarquía de la arquitectura de un Sistema de Información, podemos considerar que el estado de un sistema IT está formado por la agrupación de la información de los estados de todos los componentes que conforman el Sistema IT. En este caso el dato es la información que se obtiene de cada sistema y la información es la agrupación de todos los estados, dando de esta forma información sobre el sistema de información en su totalidad.

Información = *Agrupación de los datos para trasmitir un mensaje del conjunto.*

B.1.2   El Conocimiento

La información nos permite agrupar los datos disponibles y de esta forma generar cierta abstracción del conjunto que nos ayuda a reducir el número de datos con los que trabajamos, ya que lo hacemos con una representación del conjunto. Para continuar avanzando en la pirámide DIKW debemos aportar más valor a la información y esto lo conseguimos mediante la *experiencia*. Decimos que el *Conocimiento* es la suma de la I*nformación* y la *experiencia*. Podemos recoger todos los datos de un sistema, agruparlos para obtener información, por ejemplo información de estado de los elementos de la plataforma, el Conocimiento sería aplicar nuestra experiencia a la información para identificar posibles tendencias en el comportamiento del sistema.

Una característica que tiene la Experiencia es que permite completar a la información con datos obtenidos de otras situaciones similares, lo que convierte a la experiencia en un elemento importante para el conocimiento. Una persona con experiencia no necesita conocer toda la información que podemos obtener de un sistema para identificar problemas, tendencias, etc. Mientras que si no se tiene demasiada experiencia si se necesitará una gran cantidad de información del sistema que ayude a suplir la carencia en experiencia.

Retomando el ejemplo viaje en coche, sumando la información que le hemos facilitado a nuestro interlocutor sobre la velocidad, el itinerario y el tipo de vehículo, con la experiencia que éste tenga sobre la circulación por el centro de la ciudad, con un coche, nuestro interlocutor tendrá un conocimiento claro sobre lo que hemos hecho, si es una locura por circular a esa velocidad por el centro de la ciudad o es algo normal por el tipo de vías que existen.

$$\textbf{\textit{Conocimiento}} = \textit{Información} + \textit{Experiencia}$$

B.1.3   La Sabiduría

El último peldaño de la pirámide es la sabiduría que es la cúspide del entendimiento que podemos llegar a tener sobre algo, dejando a un lado connotaciones filosóficas podemos definir la Sabiduría como la suma del *Conocimiento* y la *Optimización*.

$$\textbf{\textit{Sabiduría}} = \textit{Conocimiento} + \textit{Optimización}$$

La optimización es realizar una acción de la forma más correcta posible en función de los recursos disponibles y el entorno en el que se desarrolla, es decir que la acción consiga el resultado más óptimo posible. Si añadimos al Conocimiento que tengamos de algo, la seguridad de que las acciones que se realizan son las más optimas para conseguir el resultado más eficiente, obtendremos la Sabiduría. De estas formas podríamos decir que la Sabiduría consiste en base al conocimiento que tengamos aplicar aquellas acciones que nos garanticen el éxito en lo que estamos haciendo.

Alcanzar el nivel de Sabiduría sobre algo significa no solo que se tendrá un conocimiento amplio sobre el tema en concreto sino que cualquier decisión que se tome sobre este tema será la correcta, ya que está garantizado el éxito y la eficiencia.

B.2 Sistemas de Información y DIKW

La gestión del conocimiento tiene varios objetivos claramente identificables, entre uno de estos objetivos se encuentra recuperar toda la información relativa a los repositorios de conocimiento, incluyendo a los elementos encargados de generar y mantener dicho conocimiento. Con la información de los distintos repositorios y los responsables de su generación y mantenimiento, se puede construir un mapa que refleje de una forma fiable dónde se encuentra el conocimiento y cómo se genera y mantiene. Los Sistemas de Información, por la propia naturaleza de ellos mismos, juegan un papel importante dentro de la gestión del conocimiento de una organización, por ser responsables de parte del conocimiento de la organización.

Ya hemos repasado las cuatro partes de la pirámide DICS, ahora debemos analizar donde están los distintos componentes de nuestro Sistema de Información en dicha pirámide y como esta distribución afecta al proceso de negocio de nuestra organización. Mucha gente piensa que cuando hablamos de gestión del conocimiento únicamente nos referimos a las personas, pero los Sistemas también pueden retener conocimiento, mediante modelos de aprendizaje asistido por ejemplo, un claro ejemplo son los sistemas detección de correo basura. Estos sistemas se basan en el aprendizaje de unos patrones que les permiten identificar correos que "pueden ser" SPAM.

Por una razón puramente práctica vamos a separar la parte de Sistemas IT y recursos humanos de un Sistemas de información. Aunque en la práctica los Sistemas de Información los operan recursos humanos en mayor o menor medida, por lo que dicha separación es ficticia y únicamente la vamos a realizar para facilitar el ejercicio de identificación del estado de nuestros Sistemas de información dentro de la pirámide DICS.

B.2.1 Sistemas IT

Un sistema de información está compuesto por una serie de elementos Hardware y Software que son los encargados de gestionar toda la información para generar un producto. La unidad con la que trabajan los Sistemas IT son los datos, los cuales son de distinta naturaleza dependiendo del componente del Sistema.

Algunos componentes de un Sistema IT, trabajan con los datos, organizándolos de forma que se pueda obtener cierta información del conjunto de datos transformados, por ejemplo las herramientas de monitorización, las cuales transforman los conjuntos de datos que obtienen de los distintos sistemas, para generar información en base a un conjunto de reglas que se aplican a los datos capturados. Esta información que genera un sistema de monitorización puede ser interpretada por un operador humano para detectar un posible problema.

Los sistemas también puede adquirir experiencia, en base a la información que generan y la forma que esta información impacta en el medio en el que trabajan, por ejemplo los sistemas de detección de correo SPAM que pueden aprender nuevos patrones para marcar correo sospechosos. También los sistemas de monitorización pueden aprender sobre alarmas repetitivas y su verdadera criticidad y por supuesto, todos los componentes del *Business intelligence*, como son los cuadros de mando, ayuda a la toma de decisión, etc. Los cuales utilizan la información disponible sobre el Negocio para generar el conocimiento suficiente para garantizar un alto porcentaje de acierto en la toma de decisión.

Por desgracia, la sabiduría es un nivel de la pirámide que *por ahora* está fuera del alcance de los Sistemas.

B.2.1.1   Equipo humano

Frente a los elementos hardware y software de un Sistema de Información, que solo pueden ocupar tres niveles de la pirámide DIWK, los recursos humanos que forman parte del Sistema de información pueden estar presentes en los cuatro niveles de la pirámide. Los recursos humanos pueden generar datos, interpretar la información, tener la experiencia suficiente para adquirir conocimiento y disponer de la sabiduría necesaria para entender como los Sistemas de Información interactúan con el Negocio para mejorar los procesos de gestión de la información.

La aportación que cada componente del equipo de personas que explotan un Sistema de Información se puede medir de muchas formas, pero hay dos variables que son tremendamente útiles, la actitud y la aptitud.

- *La actitud* es la forma en la que una persona se comporta frente a una situación, decimos que alguien tiene una buena actitud frente a un problema, cuando su comportamiento refleja cierta predisposición positiva para solucionar el problema.

- *La aptitud* es la cualidad que una persona tiene para realizar una tarea concreta, decimos que alguien tiene una buena aptitud frente a un problema, cuando creemos que dispone del conocimiento suficiente para resolver con éxito dicho problema.

Aclarados los matices que diferencia la aptitud de la actitud, entendemos mejor, como estos dos criterios nos pueden ayudar a medir las cualidades de un equipo humano. La figura 8.9 muestra las cuatros zonas en las que podemos clasificar a una persona utilizando los criterios de aptitud/actitud. Consideramos deseable disponer de una buena actitud y una buena aptitud, frente a aquellas clasificaciones en las que la actitud sea baja y hemos clasificado como *no deseable* aquellas situaciones en las que se tenga una aptitud alta, es decir un conocimiento alto sobre las tareas asignadas, pero un actitud pobre.

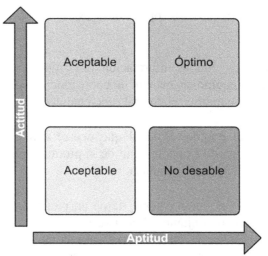

Fig 8.9: Actitud vs Aptitud.

Vamos a partir de un ejemplo típico de equipo que opera un Sistema de Información y asignaremos los roles que por defecto suponemos a cada uno de los componentes del equipo.

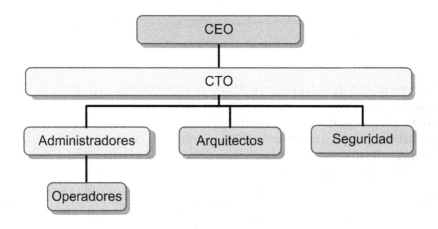

Fig 8.10: Ejemplo jerarquía IT.

- *Operadores,* se encargan de recibir datos del sistema y deben tener la capacidad para interpretar los datos que el sistema genera. Por tanto podríamos decir que los operadores están en la capa de Datos y/o Información.

- *Administradores,* con la información disponible sobre el sistema y su experiencia, el equipo cuenta con un conocimiento sobre los sistemas de la plataforma que garantice el normal funcionamiento del mismo.

- *Seguridad,* este equipo, al igual que ocurre con el de administradores estaría en la capa de Conocimiento de la pirámide DICS, ya que se basan en la información y la experiencia.

- *Arquitectura,* es el único equipo, desde un punto de vista del Sistema de información en su conjunto, al cual se le puede considerar que tienen un conocimiento sobre la plataforma y sabe como se deben optimizar los procesos de la misma y por lo tanto en este equipo de personas radica la sabiduría de la plataforma, siempre pensando desde un punto de vista de Sistemas.

- *CTO,* con el responsable técnico ocurre una paradoja y es que sus competencias no pasan por adquirir la sabiduría del equipo de Arquitectura, ni el conocimiento de las áreas de administración o seguridad. Podemos decir que está a un nivel más cercano al negocio que el resto de los equipos. El CTO se encarga de gestionar los recursos necesarios para que los objetivos marcados en el Sistema de Información se cumplan.

Este es un ejemplo de roles de los distintos componentes de un equipo de Sistemas y como podemos asignar cada componente del equipo a una de las capas de la pirámide DIKW, aunque esta clasificación lo realizamos desde la perspectiva global del Sistema de Información. Si concentramos nuestro análisis en cada una de las áreas de competencia de cada grupo, podemos clasificar nuevamente a los componentes del equipo según el papel que juegan dentro del conocimiento que tengan en sus propias áreas. Es durante este análisis más detallado, donde podemos encontrar desviaciones significativas entre el nivel dentro de la jerarquía DIWK que se espera y el que realmente tienen las personas que forman el grupo.

En el siguiente ejemplo podemos ver como un equipo al que se le supone ciertos conocimientos dentro de su área de competencia, en la realidad muestra enormes carencias. Tenemos un equipo de administración de sistemas formado por tres personas y que tienen las siguientes áreas de competencia, según la tabla siguiente.

	SO	Almacenamiento	Networking	Serv. Internet	Backup
Administrador 1	C	S	I	S	D
Administrador 2	S	S	C	D	D
Administrador 3	D	C	I	D	I

Tabla 8.1 Asignación de niveles DIKW.

En el cuadro se han empleado las siguientes abreviaturas:

- S = Sabiduría.

- C = Conocimiento.

- I = Información.

- D = Dato.

Para nuestro ejemplo, el equipo tiene un serio problema con el Backup, porque solo uno de los administradores podemos situarlo en la capa de Información de la pirámide DICS, lo que significa que este equipo únicamente puede saber si se han realizado los backups, pero en la realidad, no puede realizar tareas de administración sobre el backup, cuando ésta es una de sus áreas de competencia y responsabilidad.

Otro problema que podemos deducir del cuadro anterior es la diferencia tan grande que existe entre los conocimientos de los administradores 1 y 2 con respecto al del administrador 3, dependiendo de la *actitud* de los componentes del equipo, podría surgir un problema de tensión entre los distintos componentes por el reparto de competencias y responsabilidades.

Como resumen, podemos decir que para garantizar el mayor rendimiento de un Sistema de Información, entre otras actividades debemos analizar como los sistemas con los que trabajamos y las personas, bien sean parte de los equipos que gestionamos, bien como compañeros, están situados dentro de la pirámide DICS. Este análisis nos permitirá identificar problemas actuales o conflictos futuros, carencias y necesidades en la plataforma. La gestión del conocimiento es una herramienta fundamental en la optimización de los procesos que controlan el Sistema de Información.

Anexo C

Un modelo matemático sencillo

Sin lugar a duda, una de las tareas que consumen más tiempo durante la ejecución de un Capacity Planning es la construcción de los modelos, sobre los que podremos realizar la batería de pruebas y la toma todas las mediciones especificadas en el plan de pruebas, que nos ayuden en la identificación de aquellos componentes cuyo comportamiento en determinadas situaciones podemos catalogarlo como crítico para la Capacidad de la plataforma IT y por lo tanto para el Negocio.

Una buena estrategia a la hora de abordar la construcción de los modelos en un Capacity Planning es intentar reducir los tiempos de implementación de dichos modelos, simplificando en la medida de lo posible su construcción para intentar reducir tanto los tiempos como los costes de implementación. Una solución consiste en utilizar modelos matemáticos los cuales simulen, de la forma más realista posible el comportamiento de los elementos o subsistemas que estamos estudiando.

La utilización de un modelo matemático que simule el comportamiento de un componente en ciertas circunstancias concretas pasa por tener un conocimiento muy profundo sobre el comportamiento del elementos que estamos simulando, ya que de otra forma, sin el conocimiento suficiente sobre todos los parámetros y variables que rigen el comportamiento de un elemento, el modelo puede que no reproduzca con la precisión que necesitemos el comportamiento ante ciertos eventos.

Crear una simulación virtual mediante un modelo matemático puede ayudarnos a reducir los tiempos de implementación, lo que permite reducir considerablemente el ciclo de vida de desarrollo de un modelo, ya que las modificaciones pueden ser implementadas de formas más rápida que en el caso en el que el modelo sea construido con componentes físicos mediante una maqueta del sistema que estamos simulando. Pero todo no son ventajas al crear un modelo matemático, ya que existen una serie de inconvenientes con los que debemos contar a la hora de decidir si optaremos por una solución como esta. Entre los principales problemas está que un error en el modelo matemático que creemos supondrá un problema que no podremos detectar, si no realizamos labores de verificación del modelo contra datos obtenidos de forma empírica.

Existen tres principios básicos que debemos seguir a la hora de construir los modelos necesarios durante la ejecución de un Capacity Planning. Debemos ser conscientes que la construcción de los modelos son tareas con suficiente peso para llegar a ser consideradas por sí solas como proyectos dentro de la plataforma IT, por tanto, estas tres reglas nos pueden ayudar durante el proceso de toma de decisión sobre como construir un modelo.

- *Versátil.* Un Capacity Planning es un proceso vivo durante la vida de un proyecto o una plataforma IT, por lo que debemos ser extremadamente cuidadosos a la hora de construir un modelo, ya que éste debe ser lo suficiente versátil para adaptarse a todas aquellas modificaciones necesarias en el futuro para estudiar la capacidad de los elementos modelados frente a ciertos requerimientos no establecidos.

- *Sencillos.* No debemos olvidar que un Capacity Planning es el medio no el fin. En ocasiones la implementación de ciertos componentes del Capacity Planning evolucionan de tal manera que adquieren vida propia dentro de la propia plataforma IT, lo que desemboca en la construcción de modelos excesivamente complicados que cubren todas las especificaciones de manera extraordinaria pero cuya implementación, mantenimiento y costes tienen un impacto demasiado elevado sobre el desarrollo del propio Capacity Planning que puede provocar el fracaso de todo el proceso. Por lo tanto, debemos concentrar todo nuestro esfuerzo en construir modelos sencillos y útiles que aporte valor al estudio de la Capacidad que estamos abordando.

- *Fiables*. El modelo de representación de la realidad que construimos en un Capacity Planning debe emular con la mayor realidad posible el comportamiento de la plataforma IT o de parte de sus elementos y por su puesto que los datos que obtengamos de dichos modelos tengan la suficiente fiabilidad para que podamos utilizarlos para la elaboración de las acciones que implementará el Capacity Planning.

Construir modelos matemáticos para simular el comportamiento de ciertos elementos de una plataforma IT es una solución que cumple con los tres requisitos anteriores, ya que al no necesitar de una implementación física tienen la suficiente versatilidad como para cambiar el modelo con unos costes muy inferiores con respecto a la misma implementación de un modelo físico. Los modelos matemáticos son sencillos y no necesitan de demasiada infraestructura y por último, quizás la característica más floja es la fiabilidad, ya que este puto depende de factores como el conocimiento que se tenga sobre el comportamiento del componente a modelar y el control sobre las variables aplicadas al modelo.

Consejo

Aunque el modelo matemático no es la opción perfecta, si nos puede servir como una primera aproximación sobre la forma en la que podemos implementar dicho modelo, las variables que necesitamos medir o las situaciones a las que debemos enfrentar el modelo.

C.1   Interpolación

La interpolación es una forma de construir una función matemática en base a una serie de muestras que hemos elegido. Es decir, nos basamos en un conjunto de datos obtenidos mediante la medición de cierta variable y mediante alguno de los métodos de interpolación, construiremos la herramienta matemática que necesitamos para simular variaciones en el comportamiento del fenómeno que generó las muestras y como estas variaciones generan una serie de resultados que nos pueden ayudar a predecir el comportamiento de la variable que estamos simulando.

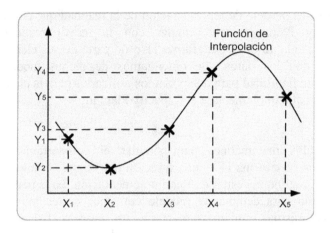

Fig 8.11: Ejemplo función de Interpolación.

Los métodos de interpolación se basan en elegir una serie de muestras dentro del conjunto de valores posibles y construir una función, la cual aseguramos validará al menos, las muestras que hemos utilizado para construirla. Debemos entender que la Interpolación se basa en la idea de disponer de una función que se ajuste en la medida de lo posible a una serie de puntos representativos de la muestras, pero no tiene porque ajustarse a todos los puntos, aunque este caso sería el idóneo, ya que obtendríamos una función que se corresponde con todos y cada uno de los posibles valores del conjunto. Dependiendo de la distribución de los valores del conjunto que estamos estudiando, construir una función de este tipo puede suponer un esfuerzo innecesario, frente a disponer de una función más fácil de construir y que cumple con nuestras necesidades.

Si entendemos que las funciones obtenidas mediante cualquier de los métodos de Interpolación, consisten en una aproximación, debemos ser conscientes que dependiendo del grado de interpolación que realicemos, la aproximación seré mejor o peor, de lo que derivamos que el error cometido al generar la función de aproximación estará directamente relacionado tanto con la calidad como cantidad de los datos que estamos seleccionando para crear la función de interpolación.

C.1.1   *Interpolación polinómica*

Existen varias formas de construir la función de interpolación, pero un método sencillo para obtener dicha es emplear polinomios de un grado determinado. Los polinomios son expresiones de la forma:

$$P(x) = a_n x^n + a_{n-1} x^{n-1} + a_{n-2} x^{n-2} + \dots a_2 x^2 + a_1 x + a_0$$

$$P(x) = \sum_{i=0}^{n} a_i x^i$$

Donde decimos que el Grado del polinomio es el grado del monomio mayor y que (an..a0) son los coeficientes del polinomio.

Para construir un polinomio dependeremos del número de puntos que dispongamos para su construcción, si disponemos de un solo punto, podremos construir un polinomio de grado 0, es decir un monomio con el término independiente. Si disponemos de 2 puntos podremos construir un polinomio de grado 1 el cual representa la recta que pasa por ambos puntos. Con tres puntos podremos construir un polinomio de grado 2. Con 4 puntos podremos construir un polinomio de grado 3 y así consecutivamente. Con lo que podemos deducir que a mayor número de puntos mayor será el grado del polinomio.

Ejemplo: disponemos de 3 puntos y deseamos calcular el polinomio interpolador que al menos pasa por los 3 puntos datos.

$$(x_0, y_0)(x_1, y_1)(x_2, y_2)$$

$$y_0(x) = A x_0^2 - B x_0 + C$$
$$y_1(x) = A x_1^2 - B x_1 + C$$
$$y_2(x) = A x_2^2 - B x_2 + C$$

Obtenemos un sistema de tres ecuaciones con tres incógnitas. Una vez resuelto el sistema obtenemos la función de interpolación polinómica siguiente:

$$(1,3)(3,2)(6,7)$$

$$3 = A\,1^2 - B1 + C$$
$$2 = A\,3^2 - B3 + C$$
$$7 = A\,6^2 - B6 + C$$

Al resolver el sistema obtenemos:

$$y = 0{,}4333\,x^2 - 2{,}2333\,x + 4{,}8$$

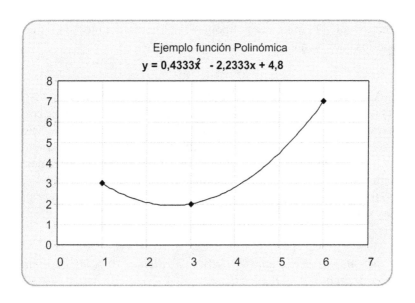

Fig 8.12: Ejemplo de función polinómica.

C.1.2   Polinomios de Lagrange

Resolver sistemas de N ecuaciones con M incógnitas nos es una tarea que podamos considerar rápida y sencilla, teniendo en cuenta las necesidades del marco de trabajo donde pretendemos desarrollar este tipo de actividades, que en nuestro caso es la ejecución de un Capacity Planning. Existen herramientas que nos ayudan en la búsqueda de los polinomios de interpolación de una forma sencilla y rápida. Una de las herramientas de las que disponemos es el método para construir polinomios de Lagrange. Este método construye el polinomio de la forma:

$$P_l = \sum_{i=0}^{n} f(x_i) l_i(x)$$

Donde $l_i(x)$ corresponde al polinomio de Lagrange que se construye de la siguiente forma:

$$l_0(x) = \frac{(x - x_1)(x - x_2)}{(x_0 - x_1)(x_0 - x_2)}$$

$$l_1(x) = \frac{(x - x_0)(x - x_2)}{(x_1 - x_0)(x_1 - x_2)}$$

$$l_2(x) = \frac{(x - x_0)(x - x_1)}{(x_2 - x_0)(x_2 - x_1)}$$

$$l_i(x) = \prod_{j \neq i}^{n} \frac{(x - x_j)}{(x_i - x_j)}$$

Por lo tanto, el Polinomio interpolador de Lagrange se calcula de la siguiente forma:

$$P_l = \sum_{i=0}^{n} f(x_i) \prod_{j \neq i}^{n} \frac{(x - x_j)}{(x_i - x_j)}$$

Vamos a realizar un ejemplo del cálculo del polinomio interpolador de Lagrange.

Disponemos de 3 puntos (1,3) (3,2) (6,7) y calculamos los polinomios de Lagrange para cada uno de los 3 puntos:

$$l_0(x) = \frac{(x-x_1)(x-x_2)}{(x_0-x_1)(x_0-x_2)} = \frac{(x-3)(x-6)}{(1-3)(1-6)} = \frac{x^2-9x+18}{10}$$

$$l_1(x) = \frac{(x-x_0)(x-x_2)}{(x_1-x_0)(x_1-x_2)} = \frac{(x-1)(x-6)}{(3-1)(3-6)} = \frac{x^2-7x+6}{-6}$$

$$l_2(x) = \frac{(x-x_0)(x-x_1)}{(x_2-x_0)(x_2-x_1)} = \frac{(x-1)(x-3)}{(6-1)(6-3)} = \frac{x^2-4x+3}{15}$$

$$P_I = \sum_{i=0}^{n} f(x_i) \prod_{j \neq i}^{n} \frac{(x-x_j)}{(x_i-x_j)} = f(x_0)l_0(x) + f(x_1)l_1(x) + f(x_2)l_2(x)$$

$$P_I = 3\left(\frac{x^2-9x+18}{10}\right) + 2\left(\frac{x^2-7x+6}{-6}\right) + 7\left(\frac{x^2-4x+3}{15}\right)$$

Obtenemos el siguiente polinomio interpolador

$$P_I = 0{,}43333\, x^2 - 2{,}23333\, x + 4{,}8$$

Podemos comprobar el polinomio sustituyendo los valores de X de los puntos que hemos utilizado para construirla.

$$P_I(1) = 0{,}43333 * 1^2 - 2{,}23333 * 1 + 4{,}8 = 3$$
$$P_I(3) = 0{,}43333 * 3^2 - 2{,}23333 * 3 + 4{,}8 = 2$$
$$P_I(6) = 0{,}43333 * 6^2 - 2{,}23333 * 6 + 4{,}8 = 7$$

C.1.3 Diferencias divididas de Newton

Este método para calcular el polinomio interpolador muestra algunas ventajas frente al método de Lagrange. El método de Newton se basa en calcular diferencias divididas al considerar el polinomio de la siguiente forma:

$$P_n=c_0+c_1(x-x_0)+c_2(x-x_0)(x-x_1)+...+c_n(x-x_0)(x-x_1)..(x-x_{n-1})$$

$$P_0(x)=c_0=f[x_0]=f(x_0)=y_0$$
$$P_1(x)=P_0(x)+c_1(x_{-x_0})=f[x_0]+f[x_0,x_1](x-x_0)$$

$$P_2(x)=P_1(x)+c_2(x-x_0)(x-x_1)$$
$$P_2(x)=f[x_0]+f[x_0,x_1](x-x_0)+c_2(x-x_0)(x-x_1)$$
$$P_2(x)=f[x_0]+f[x_0,x_1](x-x_0)+f[x_0,x_1,x_2](x-x_0)(x-x_1)$$

$$P_n(x)=\sum_{i=0}^{n}f[x_0,x_1,..x_i]\prod_{j=0}^{i-1}(x-x_j)$$

x_0	$f[x_0]$		
x_1	$f[x_1]$	$f[x_0,x_1]=\dfrac{f[x_1]-f[x_0]}{x_1-x_0}$	
x_2	$f[x_2]$	$f[x_1,x_2]=\dfrac{f[x_2]-f[x_1]}{x_2-x_1}$	$f[x_0,x_1,x_2]=\dfrac{f[x_1,x_2]-f[x_0,x_1]}{x_2-x_0}$

Para 3 puntos, deberíamos calcular la pirámide anterior y con los datos obtenidos en aquellos términos que contenga x_o podemos construir el polinomio interpolador:

$$P_2(x)=f[x_0]+f[x_0,x_1](x-x_0)+f[x_0,x_1,x_2](x-x_0)(x-x_1)$$

Vamos a realizar un sencillo ejemplo de la forma en la que podemos construir el polinomio interpolador, utilizando el método de diferencias divididas de Newton. Los puntos que vamos a utilizar para el ejemplo son los siguientes:

(1,3) (3,2) (6,7)

$$x_0=1 \Rightarrow f[x_0]=3$$
$$x_1=3 \Rightarrow f[x_1]=2$$
$$x_2=6 \Rightarrow f[x_2]=7$$

$x_0=1$	$f[x_0]=3$		
$x_1=3$	$f[x_1]=2$	$\dfrac{f[x_1]-f[x_0]}{x_1-x_0}=\dfrac{-1}{2}$	
$x_2=6$	$f[x_2]=7$	$\dfrac{f[x_2]-f[x_1]}{x_2-x_1}=\dfrac{5}{3}$	$\dfrac{f[x_1,x_2]-f[x_0,x_1]}{x_2-x_0}=\dfrac{13}{30}$

Sustituimos en el polinomio interpolador

$$P_2(x)=f[x_0]+f[x_0,x_1](x-x_0)+f[x_0,x_1,x_2](x-x_0)(x-x_1)$$

$$P_2(x)=3-\frac{1}{2}(x-x_0)+\frac{13}{30}(x-x_0)(x-x_1)$$

Resolviendo la ecuación obtenemos el polinomio interpolador:

$$P_2(x)=0,43333\,x^2-2,23333\,x+4,8$$

Podemos comprobar que hemos obtenido el mismo polinomio utilizando este método que el polinomio que obtuvimos con el método de Lagrange. La ventaja de utilizar el método de diferencias divididas de Newton frente al de Lagrange es que si queremos añadir un nuevo punto, los cálculos que hemos realizado hasta ahora nos servirían, aprovechando de esta forma el trabajo de cálculo que hemos realizado. Las diferencias divididas de Newton es muy fácil de implementar mediante un algoritmo.

C.2   Construir un modelo matemático sencillo

Las matemáticas son una herramienta imprescindible en todas las ramas de ingeniería, ya que nos ayudan no solo en el proceso de calculo necesario para decidir como se debe construir algo o qué material aguantará mejor la tensión, también nos ayudan a la hora de construir modelos, sobre los que podemos experimentar la forma en la que se comportan en situaciones concretas, que de otra forma no sería posible realizar.

Por tanto, podemos decir que las matemáticas en ingeniería se utilizan para obtener aproximaciones del comportamiento teórico de ciertos elementos con los que estamos trabajando y es precisamente el propósito de este punto, construir un modelo matemático que nos ayude en el estudio de la Capacidad de ciertos elementos dentro de un sistema de información.

Consejo

Para comprender cómo funciona cualquier elemento de una plataforma IT, podemos basarnos en la experiencia sobre el comportamiento previo, adquiriendo de esta forma un conocimiento sobre el comportamiento de facto o por el contrario podemos aprender como modelar ciertas situaciones y la respuesta que obtenemos del sistema que estamos analizando. Para este caso necesitamos las matemáticas para modelar el comportamiento teórico de un componente.

Vamos a desarrollar un ejemplo, el cual es de una sencillez extrema, pero que nos permitirá entender cual es el procedimiento para crear un modelo matemático. Dicho procedimiento podremos aplicarlo en un Capacity Planning para construir modelos que nos ayuden a simular aquellas situaciones que pensamos pueden presentar un riesgo para la Capacidad de los elementos que estamos modelando.

El procedimiento es el siguiente:

- Elegir las variables que vamos a modelar.
- Estudiar la relación entre las variables y el impacto sobre el sistema.
- Calcular las funciones necesarias para el modelado.
- Realizar los cálculos sobre estimaciones en los modelos.

Para nuestro ejemplo vamos a suponer que necesitamos simular el comportamiento de un sistema, que recibe una serie de peticiones y en base a estas peticiones se generan las respuestas correspondientes, estas respuestas consumen una cantidad de recursos determinada y es este consumo lo que necesitamos conocer.

C.2.1   *Elegir las variables*

El primer paso para construir un modelo es conocer qué atributos de los elementos que pretendemos simular vamos a estudiar. La elección de estas variables es crucial para la construcción del modelo, ya que la implementación que estamos haciendo estará condicionada a este conjunto de variables. Para nuestro ejemplo vamos a analizar las siguientes variables:

- El porcentaje de uso de CPU.

- El número de peticiones que puede recibir el sistema.

La elección de estas variables nos permitirá, una vez construido el modelo, realizar la simulación de distintas situaciones, por ejemplo estudiar el impacto sobre el uso de CPU utilizada por el sistema debido al número de peticiones recibidas por éste. Este tipo de información puede ayudarnos durante el proceso de toma de decisión al aumentar la probabilidad de éxito en la elección y ejecución de ciertas acciones, el momento en el que ejecutarlas y los riesgos que podría presentar algunas de las situaciones.

Supongamos que disponemos de un conjunto de muestras, las cuales hemos recogido durante un periodo de 24 horas que podemos calificar como periodo representativo.

	%CPU	# TipoA			%CPU	# TipoB
00:00	30	14		00:00	38	14
01:00	27	12		01:00	34	12
02:00	11	5		02:00	14	5
03:00	9	4		03:00	12	4
04:00	9	4		04:00	11	4
05:00	9	4		05:00	11	4
06:00	9	4		06:00	11	4
07:00	9	4		07:00	11	4
08:00	9	4		08:00	12	4
09:00	10	5		09:00	13	5
10:00	15	7		10:00	19	7
11:00	31	14		11:00	39	12
12:00	36	16		12:00	46	13
13:00	37	17		13:00	47	14
14:00	55	25		14:00	70	14
15:00	56	25		15:00	71	15
16:00	57	26		16:00	72	15
17:00	51	23		17:00	65	13
18:00	41	19		18:00	52	5
19:00	23	10		19:00	29	2
20:00	20	9		20:00	26	5
21:00	24	11		21:00	30	11
22:00	28	13		22:00	36	13
23:00	28	13		23:00	35	13

La tabla recoge las muestras que hemos obtenido del uso de CPU para dos tipos concretos de peticiones que puede recibir nuestro sistema.

- *Tipo A,* son peticiones que consumen una cantidad fija de CPU y todas consumen la misma cantidad de CPU. Este tipo de peticiones son por ejemplo el número de bytes transferidos, el tiempo de CPU que se emplea para transferir un byte es el mismo que para otro byte, siempre desde el punto de vista de un sistema simple.

- *Tipo B,* son peticiones que no consumen la misma cantidad fija de CPU. Este tipo de peticiones son por ejemplo las peticiones que recibe un servidor de Aplicaciones o de Base de Datos, donde el uso de CPU de cada petición dependerá de la naturaleza de la misma.

En la figura 8.13 se muestra la distribución a lo largo de un día del uso de CPU que emplea el sistema para atender a las peticiones de tipo A.

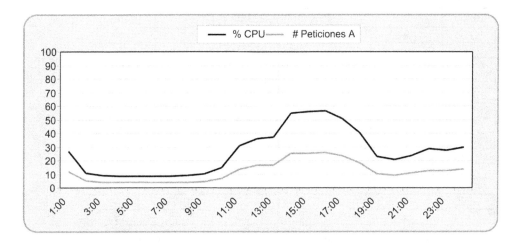

Fig 8.13: CPU de las peticiones de tipo A.

En la figura 8.14 se ha representado el consumo de CPU por parte del sistema para atender a las peticiones de tipo B.

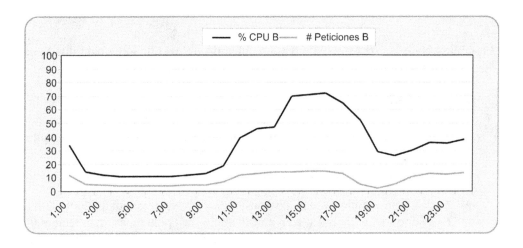

Fig 8.14: CPU de las peticiones de tipo B.

C.2.2   *Estudiar la relación entre las variables*

En este paso debemos analizar la relación que existe entre las dos variables que estamos estudiando, el %CPU y el número de peticiones. Una forma sencilla es representar ambos conjuntos de datos en una gráfica donde tendremos en el eje de la X los valores de %CPU y en el eje de la Y los valores con los números de peticiones.

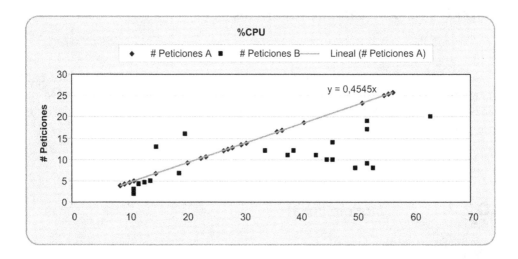

Podemos ver como las peticiones de tipo A y tipo B se distribuyen de forma distinta en el gráfico. Podemos utilizar alguna función de regresión para obtener una función que represente a la distribución de tipo A y B. Con cualquier programa de tipo hoja de cálculo podemos obtener una función de regresión. Para nuestro ejemplo hemos utilizado una hoja de cálculo y hemos obtenido:

- Para las peticiones de tipo A tenemos la función

$$F_a(x) = 0,4545\,x$$

- Para las peticiones de tipo B podemos obtener la función polinómica para realizar una aproximación, pero al no tener una relación lineal dejaremos para más tarde el cálculo de esta función.

Con esta información sabemos que la relación que existe entre el uso de CPU y el número de peticiones de tipo A es lineal, es decir si una petición de tipo A consume un porcentaje de CPU, dos peticiones de tipo A consumen el doble de porcentaje de CPU y así sucesivamente.

La relación entre el uso de CPU y el número de peticiones de tipo B es NO lineal y por lo tanto es algo más complicado su estudio.

C.2.3   Construir las funciones

Una vez que conocemos la naturaleza de la relación entre las dos variables que estamos estudiando, si son lineales o no, podemos comenzar con el proceso de construir las funciones que nos ayudarán a simular el comportamiento de estas variables concretas.

C.2.3.1   Modelo lineal

Hemos visto que la relación entre uso de CPU y el número de peticiones de tipo A es lineal y hemos obtenido la función que describe dicha relación:

$$F_a(x) = 0,4545 \, x$$

Es decir que cada petición consume el 2,2% del uso total de CPU.

Pero normalmente, los sistemas tienen una distribución a lo largo del tiempo que define el comportamiento del mismo. No es igual la carga que podemos añadir a un sistema a las 03:00 de la mañana que a las 17:00 de la tarde. Debemos recordad que uno de los objetivos del Capacity Planning se dar respuesta a preguntas como:

¿Podrá el sistema aguantar un incremento del 27% de usuarios?

Pero estos usuarios tendrán una distribución en el tiempo. Por lo tanto debemos modelar el funcionamiento de nuestro sistema durante un periodo de tiempo. En el siguiente gráfico hemos representado la distribución del %CPU y las peticiones de tipo A.

Hemos incluido la función polinómica de grado 6, que podremos emplear para describir el comportamiento de la variable %CPU y el número de peticiones.

$$P_{cpu}(x) = -1\text{E-}05\, x^6 + 0,0013\, x^5 - 0,050\, x^4 + 0,790\, x^3$$
$$-4,611\, x^2 + 5,751\, x + 19,75$$

$$F_{pet}(x) = -4\text{E-}06\, x^6 + 0,0006\, x^5 - 0,0228\, x^4$$
$$+0,359\, x^3 - 2,096\, x^2 + 2,614\, x + 8,977$$

Podemos ver que la relación que existe entre ambas funciones tiene un factor de 2,2.

C.2.3.2   Modelo NO lineal

En este cas, el conjunto de peticiones de tipo B no son iguales y además se distribuyen en el tiempo de una forma determinada, tenemos que encontrar la función que define la relación entre %CPU y número de peticiones.

En la siguiente tabla tenemos una columna para el %CPU, el número de peticiones de tipo B y el factor Fcpb.

$$F_{cpb} = \frac{\%CPU}{Peticiones\, B}$$

	%CPU	# Peticiones B	Fcpb
0	34	12	2,80
1	14	5	2,80
2	12	4	2,80
3	11	3	3,67
4	11	2	5,5
5	11	2	5,5
6	11	3	3,67
7	12	4	2,8
8	13	5	2,8
9	19	7	2,80
10	39	12	3,25
11	46	14	3,29
12	52	17	3,06
13	63	20	3,15
14	52	19	2,74
15	20	16	1,25
16	15	13	1,15
17	43	11	3,91
18	46	10	4,6
19	52	9	5,78
20	53	8	6,63
21	50	8	6,25
22	45	10	4,5
23	38	11	3,45

Tabla 8.2: Factor peticiones B

En el siguiente gráfico representamos la columna FcpB para obtener la función polinómica de grado 6 que define su comportamiento.

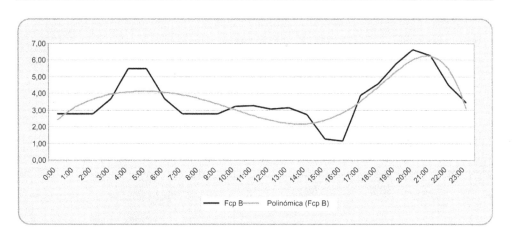

Ya tenemos la función que relaciona ambas variables.

$$P_{cpB}(x) = -3.358722688 * 10^{-6} x^6 + 1.96615466 * 10^{-4} x^5 - 4.272124677 * 10^{-3} x^4$$
$$+ 4.734127195 * 10^{-2} x^3 - 0.339102972 x^2 + 1.517718234 x + 1.17801098$$

Ahora podemos calcular cuanta CPU utilizarán un número determinado de peticiones en un momento determinado. Pero tal como comentamos al principio, aunque hemos utilizado una función polinómica de grado 6, en este dicha función está cometiendo 2 errores importantes:

- Primero, está sesgando el pico que se produce a las 05:00, por lo que podemos cometer un error al calcular el uso de CPU de un determinado número de peticiones en ese momento.

- Segundo, hemos sesgado el valle que se produce a las 14:00 lo que puede generar un problema a la hora de calcular de obtener los resultados para esa hora, ya que haremos una previsión superior a la realidad.

C.2.4   *Realizar los cálculos con nuestro modelo.*

Una vez que tenemos el modelo construido y somos conscientes de los defectos que presenta el modelo, podemos hacer nuestros cálculos sobre la capacidad, los siguientes gráficos muestran una simulación de un incremento de 0% de peticiones, de un 30% y de un 60%.

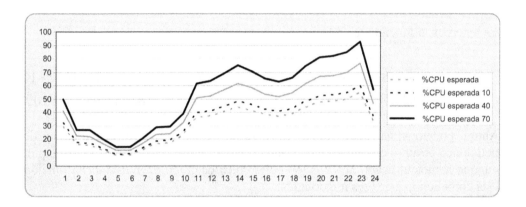

Número máximo de peticiones permitidas para que el % de CPU se mantenga en el 100% de manera constante.

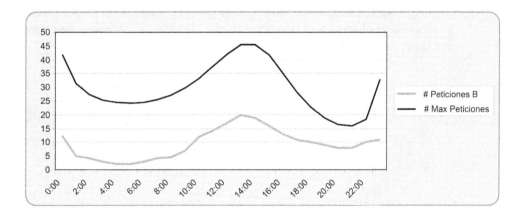

Anexo D

LICENCIA CREATIVE COMMONS

Reconocimiento-NoComercial-CompartirIgual 3.0 España

8.4.1.2 *Licencia*

LA OBRA O LA PRESTACIÓN (SEGÚN SE DEFINEN MÁS ADELANTE) SE PROPORCIONA BAJO LOS TÉRMINOS DE ESTA LICENCIA PÚBLICA DE CREATIVE COMMONS (*CCPL* O *LICENCIA*). LA OBRA O LA PRESTACIÓN SE ENCUENTRA PROTEGIDA POR LA LEY ESPAÑOLA DE PROPIEDAD INTELECTUAL Y/O CUALESQUIERA OTRAS NORMAS QUE RESULTEN DE APLICACIÓN. QUEDA PROHIBIDO CUALQUIER USO DE LA OBRA O PRESTACIÓN DIFERENTE A LO AUTORIZADO BAJO ESTA LICENCIA O LO DISPUESTO EN LA LEY DE PROPIEDAD INTELECTUAL.

MEDIANTE EL EJERCICIO DE CUALQUIER DERECHO SOBRE LA OBRA O LA PRESTACIÓN, USTED ACEPTA Y CONSIENTE LAS LIMITACIONES Y OBLIGACIONES DE ESTA LICENCIA, SIN PERJUICIO DE LA NECESIDAD DE CONSENTIMIENTO EXPRESO EN CASO DE VIOLACIÓN PREVIA DE LOS TÉRMINOS DE LA MISMA. EL LICENCIADOR LE CONCEDE LOS DERECHOS CONTENIDOS EN ESTA LICENCIA, SIEMPRE QUE USTED ACEPTE LOS PRESENTES TÉRMINOS Y CONDICIONES.

1. Definiciones

a. La *obra* es la creación literaria, artística o científica ofrecida bajo los términos de esta licencia.

b. En esta licencia se considera una *prestación* cualquier interpretación, ejecución, fonograma, grabación audiovisual, emisión o transmisión, mera fotografía u otros objetos protegidos por la legislación de propiedad intelectual vigente aplicable.

c. La aplicación de esta licencia a una *colección* (definida más adelante) afectará únicamente a su estructura en cuanto forma de expresión de la selección o disposición de sus contenidos, no siendo extensiva a éstos. En este caso la colección tendrá la consideración de obra a efectos de esta licencia.

d. El *titular originario* es:

i. En el caso de una obra literaria, artística o científica, la persona natural o grupo de personas que creó la obra.

ii. En el caso de una obra colectiva, la persona que la edite y divulgue bajo su nombre, salvo pacto contrario.

iii. En el caso de una interpretación o ejecución, el actor, cantante, músico, o cualquier otra persona que represente, cante, lea, recite, interprete o ejecute en cualquier forma una obra.

iv. En el caso de un fonograma, el productor fonográfico, es decir, la persona natural o jurídica bajo cuya iniciativa y responsabilidad se realiza por primera vez una fijación exclusivamente sonora de la ejecución de una obra o de otros sonidos.

v. En el caso de una grabación audiovisual, el productor de la grabación, es decir, la persona natural o jurídica que tenga la iniciativa y asuma la responsabilidad de las fijaciones de un plano o secuencia de imágenes, con o sin sonido.

vi. En el caso de una emisión o una transmisión, la entidad de radiodifusión.

vii. En el caso de una mera fotografía, aquella persona que la haya realizado.

viii. En el caso de otros objetos protegidos por la legislación de propiedad intelectual vigente, la persona que ésta señale.

e. Se considerarán *obras derivadas* aquellas obras creadas a partir de la licenciada, como por ejemplo: las traducciones y adaptaciones; las revisiones, actualizaciones y anotaciones; los compendios, resúmenes y extractos; los arreglos musicales y, en general, cualesquiera transformaciones de una obra literaria, artística o científica. Para evitar la duda, si la obra consiste en una composición musical o grabación de sonidos, la sincronización temporal de la obra con una imagen en movimiento (*synching*) será considerada como una obra derivada a efectos de esta licencia.

f. Tendrán la consideración de *colecciones* la recopilación de obras ajenas, de datos o de otros elementos independientes como las antologías y las bases de datos que por la selección o disposición de sus contenidos constituyan creaciones intelectuales. La mera incorporación de una obra en una colección no dará lugar a una derivada a efectos de esta licencia.

g. El *licenciador* es la persona o la entidad que ofrece la obra o prestación bajo los términos de esta licencia y le concede los derechos de explotación de la misma conforme a lo dispuesto en ella.

h. *Usted* es la persona o la entidad que ejercita los derechos concedidos mediante esta licencia y que no ha violado previamente los términos de la misma con respecto a la obra o la prestación, o que ha recibido el permiso expreso del licenciador de ejercitar los derechos concedidos mediante esta licencia a pesar de una violación anterior.

i. La *transformación* de una obra comprende su traducción, adaptación y cualquier otra modificación en su forma de la que se derive una obra diferente. La creación resultante de la transformación de una obra tendrá la consideración de obra derivada.

j. Se entiende por *reproducción* la fijación directa o indirecta, provisional o permanente, por cualquier medio y en cualquier forma, de toda la obra o la prestación o de parte de ella, que permita su comunicación o la obtención de copias.

k. Se entiende por *distribución* la puesta a disposición del público del original o de las copias de la obra o la prestación, en un soporte tangible, mediante su venta, alquiler, préstamo o de cualquier otra forma.

l. Se entiende por *comunicación pública* todo acto por el cual una pluralidad de personas, que no pertenezcan al ámbito doméstico de quien la lleva a cabo, pueda tener acceso a la obra o la prestación sin previa distribución de ejemplares a cada una de ellas. Se considera comunicación pública la puesta a disposición del público de obras o prestaciones por procedimientos alámbricos o inalámbricos, de tal forma que cualquier persona pueda acceder a ellas desde el lugar y en el momento que elija.

m. La *explotación* de la obra o la prestación comprende la reproducción, la distribución, la comunicación pública y, en su caso, la transformación.

n. Los *elementos de la licencia* son las características principales de la licencia según la selección efectuada por el licenciador e indicadas en el título de esta licencia: Reconocimiento, NoComercial, CompartirIgual.

o. Una *licencia equivalente* es:

  i. Una versión posterior de esta licencia de Creative Commons con los mismos elementos de licencia.

  ii. La misma versión o una versión posterior de esta licencia de cualquier otra jurisdicción reconocida por Creative Commons con los mismos elementos de licencia (por ejemplo: Reconocimiento-NoComercial-CompartirIgual 3.0 Japón).

  iii. La misma versión o una versión posterior de la licencia de Creative Commons no adaptada a ninguna jurisdicción (*Unported*) con los mismos elementos de la licencia.

2. Límites de los derechos. Nada en esta licencia pretende reducir o restringir cualesquiera límites legales de los derechos exclusivos del titular de los derechos de propiedad intelectual de acuerdo con la Ley de propiedad intelectual o cualesquiera otras leyes aplicables, ya sean derivados de usos legítimos, tales como la copia privada o la cita, u otras limitaciones como la resultante de la primera venta de ejemplares (agotamiento).

3. Concesión de licencia. Conforme a los términos y a las condiciones de esta licencia, el licenciador concede, por el plazo de protección de los derechos de propiedad intelectual y a título gratuito, una licencia de ámbito mundial no exclusiva que incluye los derechos siguientes:

a. Derecho de reproducción, distribución y comunicación pública de la obra o la prestación.

b. Derecho a incorporar la obra o la prestación en una o más colecciones.

c. Derecho de reproducción, distribución y comunicación pública de la obra o la prestación lícitamente incorporada en una colección.

d. Derecho de transformación de la obra para crear una obra derivada siempre y cuando se incluya en ésta una indicación de la transformación o modificación efectuada.

e. Derecho de reproducción, distribución y comunicación pública de obras derivadas creadas a partir de la obra licenciada.

f. Derecho a extraer y reutilizar la obra o la prestación de una base de datos.

Estos derechos se pueden ejercitar en todos los medios y formatos, tangibles o intangibles, conocidos en el momento de la concesión de esta licencia. Los derechos mencionados incluyen el derecho a efectuar las modificaciones que sean precisas técnicamente para el ejercicio de los derechos en otros medios y formatos. Todos los derechos no concedidos expresamente por el licenciador quedan reservados, incluyendo, a título enunciativo pero no limitativo, los establecidos en la sección 4.f, así como los derechos morales irrenunciables reconocidos por la ley aplicable. En la medida en que el licenciador ostente derechos exclusivos previstos por la ley nacional vigente que implementa la directiva europea en materia de derecho sui generis sobre bases de datos, renuncia expresamente a dichos derechos exclusivos.

4. Restricciones. La concesión de derechos que supone esta licencia se encuentra sujeta y limitada a las restricciones siguientes:

a. Usted puede reproducir, distribuir o comunicar públicamente la obra o prestación solamente bajo los términos de esta licencia y debe incluir una copia de la misma, o su Identificador Uniforme de Recurso (URI). Usted no puede ofrecer o imponer ninguna condición sobre la obra o prestación que altere o restrinja los términos de esta licencia o el ejercicio de sus derechos por parte de los concesionarios de la misma. Usted no puede sublicenciar la obra o prestación. Usted debe mantener intactos todos los avisos que se refieran a esta licencia y a la ausencia de garantías. Usted no puede reproducir, distribuir o comunicar públicamente la obra o prestación con medidas tecnológicas que controlen el acceso o el uso de una manera contraria a los términos de esta licencia. Esta sección 4.a también afecta a la obra o prestación incorporada en una colección, pero ello no implica que ésta en su conjunto quede automáticamente o deba quedar sujeta a los términos de la misma. En el caso que le sea requerido, previa comunicación del licenciador, si usted incorpora la obra en una colección y/o crea una obra derivada, deberá quitar cualquier crédito requerido en el apartado 4.d, en la medida de lo posible.

b. Usted puede distribuir o comunicar públicamente una obra derivada en el sentido de esta licencia solamente bajo los términos de la misma u otra licencia equivalente. Si usted utiliza esta misma licencia debe incluir una copia o bien su URI, con cada obra derivada que usted distribuya o comunique públicamente. Usted no puede ofrecer o imponer ningún término respecto a la obra derivada que altere o restrinja los términos de esta licencia o el ejercicio de sus derechos por parte de los concesionarios de la misma. Usted debe mantener intactos todos los avisos que se refieran a esta licencia y a la ausencia de garantías cuando distribuya o comunique públicamente la obra derivada. Usted no puede ofrecer o imponer ningún término respecto de las obras derivadas o sus transformaciones que alteren o restrinjan los términos de esta licencia o el ejercicio de sus derechos por parte de los concesionarios de la misma. Usted no puede reproducir, distribuir o comunicar públicamente la obra derivada con medidas tecnológicas que controlen el acceso o uso de la obra de una manera contraria a los términos de esta licencia. Si utiliza una licencia equivalente debe cumplir con los requisitos que ésta establezca cuando distribuya o comunique públicamente la obra derivada. Todas estas condiciones se aplican a una obra derivada en tanto que incorporada a una colección, pero no implica que ésta tenga que estar sujeta a los términos de esta licencia.

c. Usted no puede ejercitar ninguno de los derechos concedidos en la sección 3 anterior de manera que pretenda principalmente o su actuación se dirija a la obtención de un beneficio mercantil o una contraprestación monetaria. El intercambio de la obra por otras obras protegidas por la propiedad intelectual mediante sistemas de compartir archivos no se considerará como una manera que pretenda principalmente o se encuentre dirigida hacia la obtención de un beneficio mercantil o una contraprestación monetaria, siempre que no haya ningún pago en relación con el intercambio de las obras protegidas.

d. Si usted reproduce, distribuye o comunica públicamente la obra o la prestación, una colección que la incorpore o cualquier obra derivada, debe mantener intactos todos los avisos sobre la propiedad intelectual e indicar, de manera razonable conforme al medio o a los medios que usted esté utilizando:

    i. El nombre del autor original, o el seudónimo si es el caso, así como el del titular originario, si le es facilitado.

    ii. El nombre de aquellas partes (por ejemplo: institución, publicación, revista) que el titular originario y/o el licenciador designen para ser reconocidos en el aviso legal, las condiciones de uso, o de cualquier otra manera razonable.

    iii. El título de la obra o la prestación si le es facilitado.

iv. El URI, si existe, que el licenciador especifique para ser vinculado a la obra o la prestación, a menos que tal URI no se refiera al aviso legal o a la información sobre la licencia de la obra o la prestación.

v. En el caso de una obra derivada, un aviso que identifique la transformación de la obra en la obra derivada (p. ej., "traducción castellana de la obra de Autor Original," o "guión basado en obra original de Autor Original").

Este reconocimiento debe hacerse de manera razonable. En el caso de una obra derivada o incorporación en una colección estos créditos deberán aparecer como mínimo en el mismo lugar donde se hallen los correspondientes a otros autores o titulares y de forma comparable a los mismos. Para evitar la duda, los créditos requeridos en esta sección sólo serán utilizados a efectos de atribución de la obra o la prestación en la manera especificada anteriormente. Sin un permiso previo por escrito, usted no puede afirmar ni dar a entender implícitamente ni explícitamente ninguna conexión, patrocinio o aprobación por parte del titular originario, el licenciador y/o las partes reconocidas hacia usted o hacia el uso que hace de la obra o la prestación.

e. Para evitar cualquier duda, debe hacerse notar que las restricciones anteriores (párrafos 4.a, 4.b, 4.c y 4.d) no son de aplicación a aquellas partes de la obra o la prestación objeto de esta licencia que únicamente puedan ser protegidas mediante el derecho sui generis sobre bases de datos recogido por la ley nacional vigente implementando la directiva europea de bases de datos

f. Para evitar cualquier duda, el titular originario conserva:

i. El derecho a percibir las remuneraciones o compensaciones previstas por actos de explotación de la obra o prestación, calificadas por la ley como irrenunciables e inalienables y sujetas a gestión colectiva obligatoria.

ii. El derecho exclusivo a percibir, tanto individualmente como mediante una entidad de gestión colectiva de derechos, cualquier remuneración derivada de actos de explotación de la obra o prestación que usted realice que no queden sujetos a esta licencia de acuerdo con lo establecido en el apartado 4.c.

5. Exoneración de responsabilidad

A MENOS QUE SE ACUERDE MUTUAMENTE ENTRE LAS PARTES, EL LICENCIADOR OFRECE LA OBRA O LA PRESTACIÓN TAL CUAL (ON AN "AS-IS" BASIS) Y NO CONFIERE NINGUNA GARANTÍA DE CUALQUIER TIPO RESPECTO DE LA OBRA O LA PRESTACIÓN O DE LA PRESENCIA O AUSENCIA DE ERRORES QUE PUEDAN O NO SER DESCUBIERTOS. ALGUNAS JURISDICCIONES NO PERMITEN LA EXCLUSIÓN DE TALES

GARANTÍAS, POR LO QUE TAL EXCLUSIÓN PUEDE NO SER DE APLICACIÓN A USTED.

6. Limitación de responsabilidad. SALVO QUE LO DISPONGA EXPRESA E IMPERATIVAMENTE LA LEY APLICABLE, EN NINGÚN CASO EL LICENCIADOR SERÁ RESPONSABLE ANTE USTED POR CUALESQUIERA DAÑOS RESULTANTES, GENERALES O ESPECIALES (INCLUIDO EL DAÑO EMERGENTE Y EL LUCRO CESANTE), FORTUITOS O CAUSALES, DIRECTOS O INDIRECTOS, PRODUCIDOS EN CONEXIÓN CON ESTA LICENCIA O EL USO DE LA OBRA O LA PRESTACIÓN, INCLUSO SI EL LICENCIADOR HUBIERA SIDO INFORMADO DE LA POSIBILIDAD DE TALES DAÑOS.

7. Finalización de la licencia

a. Esta licencia y la concesión de los derechos que contiene terminarán automáticamente en caso de cualquier incumplimiento de los términos de la misma. Las personas o entidades que hayan recibido de usted obras derivadas o colecciones bajo esta licencia, sin embargo, no verán sus licencias finalizadas, siempre que tales personas o entidades se mantengan en el cumplimiento íntegro de esta licencia. Las secciones 1, 2, 5, 6, 7 y 8 permanecerán vigentes pese a cualquier finalización de esta licencia.

b. Conforme a las condiciones y términos anteriores, la concesión de derechos de esta licencia es vigente por todo el plazo de protección de los derechos de propiedad intelectual según la ley aplicable. A pesar de lo anterior, el licenciador se reserva el derecho a divulgar o publicar la obra o la prestación en condiciones distintas a las presentes, o de retirar la obra o la prestación en cualquier momento. No obstante, ello no supondrá dar por concluida esta licencia (o cualquier otra licencia que haya sido concedida, o sea necesario ser concedida, bajo los términos de esta licencia), que continuará vigente y con efectos completos a no ser que haya finalizado conforme a lo establecido anteriormente, sin perjuicio del derecho moral de arrepentimiento en los términos reconocidos por la ley de propiedad intelectual aplicable.

8. Miscelánea

a. Cada vez que usted realice cualquier tipo de explotación de la obra o la prestación, o de una colección que la incorpore, el licenciador ofrece a los terceros y sucesivos licenciatarios la concesión de derechos sobre la obra o la prestación en las mismas condiciones y términos que la licencia concedida a usted.

b. Cada vez que usted realice cualquier tipo de explotación de una obra derivada, el licenciador ofrece a los terceros y sucesivos licenciatarios la concesión de derechos sobre la obra objeto de esta licencia en las mismas condiciones y términos que la licencia concedida a usted.

c. Si alguna disposición de esta licencia resulta inválida o inaplicable según la Ley vigente, ello no afectará la validez o aplicabilidad del resto de los términos de esta licencia y, sin ninguna acción adicional por cualquiera las partes de este acuerdo, tal disposición se entenderá reformada en lo estrictamente necesario para hacer que tal disposición sea válida y ejecutiva.

d. No se entenderá que existe renuncia respecto de algún término o disposición de esta licencia, ni que se consiente violación alguna de la misma, a menos que tal renuncia o consentimiento figure por escrito y lleve la firma de la parte que renuncie o consienta.

e. Esta licencia constituye el acuerdo pleno entre las partes con respecto a la obra o la prestación objeto de la licencia. No caben interpretaciones, acuerdos o condiciones con respecto a la obra o la prestación que no se encuentren expresamente especificados en la presente licencia. El licenciador no estará obligado por ninguna disposición complementaria que pueda aparecer en cualquier comunicación que le haga llegar usted. Esta licencia no se puede modificar sin el mutuo acuerdo por escrito entre el licenciador y usted.

Aviso de Creative Commons

Creative Commons no es parte de esta licencia, y no ofrece ninguna garantía en relación con la obra o la prestación. Creative Commons no será responsable frente a usted o a cualquier parte, por cualesquiera daños resultantes, incluyendo, pero no limitado, daños generales o especiales (incluido el daño emergente y el lucro cesante), fortuitos o causales, en conexión con esta licencia. A pesar de las dos (2) oraciones anteriores, si Creative Commons se ha identificado expresamente como el licenciador, tendrá todos los derechos y obligaciones del licenciador.

Salvo para el propósito limitado de indicar al público que la obra o la prestación está licenciada bajo la CCPL, ninguna parte utilizará la marca registrada "Creative Commons" o cualquier marca registrada o insignia relacionada con "Creative Commons" sin su consentimiento por escrito. Cualquier uso permitido se hará de conformidad con las pautas vigentes en cada momento sobre el uso de la marca registrada por "Creative Commons", en tanto que sean publicadas su sitio web (website) o sean proporcionadas a petición previa. Para evitar cualquier duda, estas restricciones en el uso de la marca no forman parte de esta licencia.

Puede contactar con Creative Commons en: http://creativecommons.org/.

Bibliografía

- **Guerrilla Capacity Planning** de Neil Gunter. **ISBN-13:** 978-3642065576

- **Performance by Design: Computer Capacity Planning By Example** de Daniel Menasce, Virgilio A.F. Almeida, Lawrence W. Dowdy.

- **The Art of Capacity Planning: Scaling Web Resources** de John Allspaw.

- **La investigación operativa: una herramienta para la adopción de decisiones** de Ángel Sarabia Viejo

- **Introducción a la Simulación y a la Teoría de Colas** de Ricardo Cao,Ricardo Cao Abad ISBN-13: 978-8497450171

- **ITIL Version 3 - Service Transition (ST)** ISBN: 9780113310487

- **ITIL Version 3 - Service Design (SD)** ISBN: 9780113310470

- **ITIL Version 3 - Continual Service Improvement (CSI)** ISBN: 9780113310494

- **ITIL Version 3 - Service Operation (SO)** ISBN: 9780113310463

- **ITIL Version 3 - Service Strategy (SS)** ISBN: 9780113310456

- **Fundamentos de la Gestión de Servicios de TI basada en ITIL V3**. ISBN 978-90-8753-060-0. *Jan van Bon y otros. Van Haren Publishing 2004*

- **IEEE Standard for Software and System Test Documentation**. ISBN: 978-0-7381-5746-7

- **The strategy process: concepts, contexts, cases**. Henry Mintzberg. ISBN: 978-0-273-65120-8.

Nomenclatura

Acuerdo de Nivel de Servicio. Consiste en un convenio entre el proveedor de un servicio y el cliente de dicho servicio. Describe de forma contractual la relación que existirá entre el proveedor y el cliente, definiendo todas aquellas características del servicio que el proveedor debe cumplir, según las condiciones en las que el cliente las ha contratado, como son responsabilidades y garantías que el proveedor debe adquirir y cumplir.

Arquitectura Shared Nothing. Es un tipo de arquitectura de Sistemas que permite escalar horizontalmente de forma fácil, ya que esta arquitectura emplea elemento los cuales no comparten ningún tipo de información y son totalmente independientes, tanto lógica como físicamente.

Big Data. El concepto de Big Data hace referencia a un conjunto de datos que tanto por su volumen como por lo heterogéneo de las fuentes que los generan, hace que los métodos tradicionales de gestión de la información queden obsoletos, obligando a las organizaciones a emplear estrategias alternativas para el análisis de la información.

BPM *(Business Process Management)*. La gestión de los procesos de negocio se ha convertido para las compañías en uno de los ejes principales sobre los trabajar. En un ambiente de continuos cambios, las compañías necesitan disponer de herramientas y metodologías que les permitan ajustar sus procesos de negocio a las necesidades cambiantes de los mercados, por tanto, es crítico para cualquier compañía disponer de una gestión óptima de sus procesos de Negocio.

Capa de Aplicación. En una arquitectura multicapa, la capa de Aplicación es la encargada de implementar la lógica de negocio de la plataforma.

Capa de Datos. Los datos con los que trabaja una plataforma, deben ser gestionados por una capa de software y hardware especializada que garantice el acceso y la disponibilidad de la información. La capa de Datos de encarga de mantener los datos accesibles para que la capa de Aplicación puede trabajar con ellos.

Capa de Presentación. La capa de presentación está especializada en ofrecer los datos de la plataforma para que puedan ser usados por los clientes de ésta.

CAPEX *(Capital expediture).* Gastos de inversión, son los gastos imputables a la adquisición de activos para el desarrollo de los servicios de un negocio. Dentro del CAPEX debemos incluir todos aquellos gastos de adquisición y desarrollo de componentes de una plataforma, compra de máquinas, compra de equipos de comunicaciones, proyectos de desarrollo, etc.

CEO *(Chief Executive Officer).* Es la persona que ostenta la máxima responsabilidad en la gestión y dirección de la organización.

CIO *(Chief Information Officer).* Es el cargo más alto de una compañía responsable de los sistemas de información. El CIO, normalmente, reporta directamente al CEO de la compañía.

CIFS *(Common Internet File System).* Es un protocolo de Microsoft que permite compartir ficheros e impresoras en una red de ordenadores. Microsoft desarrollo CIFS a partir de SMB de IBM, añadiendo nuevas características como utilizar TCP para reemplazar a NetBIOS.

DSS (Decision Support System). Los Sistemas de apoyo a la Decisión son sistemas de información que permiten ayudar al proceso de toma de decisión de la organización gracias a la utilización de modelos, sobre los que aplicamos ciertos juegos de datos de entrada.

HSM *(Hierarchical Storage Management)*. Almacenamiento Jerárquico es una técnica que permite almacenar la información en distintos tipos de soporte dependiendo del valor que dicha información tenga en cada momento para la organización, reduciendo los costes asociados al mantenimiento de la información.

iSCSI (Internet Small Computer System Interface). Es el protocolo que implementa SCSI sobre TCP/IP, de esta forma podemos acceder a un volumen de datos utilizando una red TCP/IP como es Internet.

FC (FibreChannel). Es la tecnología que permite conectar dispositivos utilizando una velocidad de 4Gbps. Inicialmente el medio de transporte fue la fibra óptica, aunque FC también puede utiliza cobre. FCP es el protocolo de transporte que implementa SCSI sobre FC.

NFS (Network File System). Es un protocolo, desarrollado por Sun Microsystem, que permite compartir sistemas de ficheros entre todos los ordenadores que tengan acceso a la red en la que son compartidos. Para la máquina que accede a un sistema de ficheros mediante NFS, trabaja de la misma forma a como lo haría con un sistema de ficheros local.

OPEX *(Operating Expensive)*. Gastos de explotación, son los gastos imputables a la operación de un servicio. Dentro del OPEX están todos los gastos de mantenimiento, licencias anuales, etc.

KPI *(Key Performance Indicators)*. Son los indicadores de rendimiento que se definen para comprobar el estado de cumplimiento de las estimaciones de Negocio.

ROI *(Return On Investment)*. Retorno de la Inversión, es un ratio que mide la diferencia entre los beneficios obtenidos y la inversión que se ha realizado.

SAN. (Storage Area Network), es la infraestructura formada por elementos de almacenamiento, como controladoras de discos, switches de fibra óptica. La cual está especializada en servir volúmenes de almacenamiento a cualquier sistema conectado a la red.

Servicio. Según la nomenclatura ITIL, un Servicio es el conjunto de acciones mediante las cuales, se consigue dar valor al cliente, éste es el objetivo principal de ITIL, ofrecer una serie de buenas prácticas con las que se consiga dar valor a las peticiones de servicio que realizan los clientes.

Sistemas de Información. Conjunto de elementos que interrelacionan con el propósito de gestionar la información con la que trabaja una organización.

TCO *(Total Cost OwnerShip)*. El Coste Total de Propiedad es el modelo que representa todos los costes de un componente. Incluye los costes de adquisición, implantación y mantenimientos de los componentes, también puede incluir costes que no están directamente relacionados con el componente, como pueden ser, la formación del personal encargado de la explotación, los costes asociados al fallo del componente, los costes de consumo energético, etc. El TCO pretende ser un modelo que refleje los costes directos e indirectos de un componente.

Unidad de Trabajo. Es el componente de carácter lógico, que relaciona de forma inequívoca la dependencia entre un componente de Negocio y un componente de Tecnología.

Índice alfabético

www.ingramcontent.com/pod-product-compliance
Lightning Source LLC
Chambersburg PA
CBHW082108070326
40689CB00052B/3751